江苏大学专著出版基金资助出版

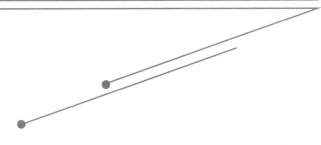

网络嵌入与
中小企业开放式创新

田红云　著

上海三联书店

序　言

　　我们处在一个开放的时代，无论是宏观层面的国与国之间，还是微观层面的企业和企业之间都需要开放与合作。2015年达沃斯论坛上，李克强总理讲到，"面对多变的经济形势，我们主张要大力推动开放创新，也就是说，要激发开放创新的活力。"在上个世纪80年代以前，大多数企业为了保证技术创新成果的独享和垄断而将研发活动限定于企业内部，然而随着科技更替速度的加快以及技术复杂程度的提高，将研发活动限制于企业内部的封闭式创新模式已经难以适应科技发展的趋势。当今世界许多高度活跃的创新型公司都有卓有成效的开放式创新实践：思科公司除了内部研发，还通过战略联盟和大量收购来获得新技术和新的解决方案；特斯拉通过开源所有专利来提升技术的普适性，进而抢占未来标准制定的有利地位；苹果公司将自己的策划与外界的技术巧妙结合在一起；我国的海尔公司遵循开放、合作、创新、分享的理念，通过搭建开放创新平台来整合全球的资源和创意，凡此，均属成功之例。

　　开放的创新实践催生开放的创新理论，自2003年美国哈佛商学院教授Chesbrough提出开放式创新概念以来，开放式创新已成为近十几年来创新领域研究的热点。那些能够充分利用外部知识和资源的企业更容易解决技术创新中所遇到的瓶颈，通过外部互补性知识来弥补自身的短板并获得创新能力的提升。在开放经济时代，如何由传统的封闭式创新向开放式创新转变，已经成为所有企业必须面对的挑战。开放式创新不仅在大企业中屡见不鲜，在中小企业中也广泛存在，而且与大企业相比，中小企业拥有更强的开放式创新动机。现实中，中小企业技术创新能力低下，其创新过程所面临的资源困境远比大企业严峻，依靠传统的封闭式创新根本无法解决中小企业的资源瓶颈，而开放式创新所提倡的利用外部互补性资源来弥补自身不足，为中小企业走出资源困境提供了崭新的思路。

但是与大企业相比，中小企业影响力较弱，可供交换的资源少，即便是小企业自身也更愿意与大企业进行合作，因此如何才能获取并有效利用外部创新资源，则是中小企业开放式创新所必须解决的难题。显然，中小企业获取外部资源的重要前提是与外部资源拥有者建立良好的关系，外部关系的广度和强度直接影响了中小企业获取外部资源的速度、种类、数量和质量。随着信息技术的发展和产业分工的深化，各类经济主体之间的联系越来越广泛，这些联系形成了庞大的网络，有效嵌入上述网络则是成功获取外部资源的关键。

虽然从网络嵌入视角研究开放式创新的文献不少，但是系统研究网络嵌入与中小企业开放式创新的著作很少。本书首先对国内外开放式创新理论研究成果进行了总结和梳理，然后构建了网络嵌入影响中小企业开放式创新的理论模型并进行了实证检验，在此基础上从微观层面探讨了中小企业网络嵌入模式、能力及创新伙伴关系构建，从宏观层面就如何推动中小企业开放式创新展开了系统研究。《网络嵌入与中小企业开放式创新》为著者近年潜心研究的成果，不仅对中小企业开放式创新实践具有重要的启发，对政府宏观政策的制定亦具有参考价值。

北京工业大学经济与管理学院

目　　录

图目录

表目录

摘　　要

中小企业是我国经济发展的重要动力源、是技术创新的载体。我国中小企业提供了全国大约 65％的发明专利,75％的企业创新和 80％以上的新产品开发。然而长期以来我国中小企业在技术创新中面临的资源短缺、人员素质低、融资困难等困境,导致我国中小企业长期处于国际价值链的低端,利润极其微薄。如何快速提升广大中小企业的技术创新能力成为理论和实践中亟待解决的难题。

2003 年,美国哈佛商学院教授 Chesbrough 提出开放式创新概念,他认为开放式创新是指均衡协调企业内部和外部的资源来产生创新思想,同时综合利用企业内、外部市场渠道为创新活动服务的创新方式。显然开放式创新理论为中小企业克服资源瓶颈,提升创新能力提供了新的思路。本书的研究目的是通过对网络嵌入性理论和中小企业开放式创新理论的总结和梳理,分析网络嵌入性对网络知识转移的影响,探讨中小企业成功嵌入创新网络的模式和途径以及通过网络嵌入来搜索、获取、转化、利用和共享网络资源的开放式创新机理,从而为中小企业如何管理创新网络中的伙伴关系和政府如何制定推动中小企业网络嵌入和开放式创新的政策提供理论支撑。本项目的主要研究内容和研究成果包括:

(1) 已有理论的总结和回顾。在大量搜集和阅读国内外相关文献的基础上,界定了开放式创新的内涵,阐述了开放式创新的过程和行业分布,对国内外开放式创新理论、国内外中小企业开放式创新理论以及开放式创新网络理论的已有研究成果进行了总结和梳理,分析了已有开放式创新理论的不足,指出了未来的研究趋势。为研究网络情境下中小企业开放式创新奠定理论基础。

(2)网络嵌入视角下中小企业开放式创新的机理。首先对创新网络、网络嵌入性的内涵进行了界定,阐述了创新网络的分类、要素以及网络嵌入性的维度划分。其次,探讨了创新网络与中小企业开放式创新的关系,重点分析了创新网络中中小企业实施开放式创新的外部动力、内部动力、网络效应。从网络嵌入性与知识的分布及转移的关系入手,深入研究了创新网络影响中小企业开放式创新的途径。

(3)网络嵌入影响中小企业开放式创新的实证检验。首先对组织学习理论进行了简单介绍,然后结合前面章节的理论分析建立了网络嵌入性、组织学习和创新绩效关系的理论假设,在此基础上以组织学习为中介变量,构建网络嵌入性影响中小企业创新绩效的概念模型。以江苏中小型制造企业为样本,通过问卷调研收集相关数据,运用 AMOS 和 SPSS 软件检验了结构嵌入性、关系嵌入性、组织学习与中小企业创新绩效之间的关系。最后验证了模型中组织学习的中介作用。

(4)中小企业嵌入创新网络的能力和途径。指出中小企业网络嵌入的两种模式,即交易性嵌入和关系性嵌入,并分析了两种嵌入模式的演化过程。提出中小企业能否有效嵌入到创新网络中取决于其网络能力,即中小企业发起、发展和管理外部网络关系的能力。结合中小企业外部伙伴关系生命周期全过程,分别研究了中小企业开放式创新伙伴关系发起、发展和终结三个阶段的特点,并就各个阶段伙伴关系的管理方法进行了探讨。

（5）推动中小企业开放式创新的政策研究。首先分析了政策影响中小企业开放式创新及网络嵌入的机制,然后从金融财税政策、知识产权政策、创新平台建设、科研院所和企业的合作、大企业和中小企业的合作、科技中介服务体系建设等方面梳理了已有的政策措施,结合网络情境下中小企业开放式创新机理指出当前政策的不足,并提出相应的建议。最后根据国外创新政策的最新动向,提出推动中小企业开放式创新必须坚持创新系统观,实施宽基创新政策,创新政策的着力点不仅要针对创新供给,同时也要考虑创新需求。

本项目的主要创新点:

（1）实践表明开放式创新在中小企业中普遍存在,早期开放式创新的理论研究多集中在高科技大企业,近几年一些学者才开始关注中小企业的开放式创新。但在研究内容上已有的成果主要针对个体企业获得外部资源的途径、手段和能力,较少结合创新网络来探讨企业的开放式创新行为。创新网络解决了现代创新环境下,技术创新的不确定性、资源稀缺性以及企业内部技术创新能力有限性之间的突出矛盾。企业创新资源的获取和利用不仅受惠于创新网络,同时也受制于整体创新网络。因此研究创新网络情境下中小企业的开放式创新机理一方面有助于厘清中小企业创新不同于大企业的特点和规律,另一方面也为解决中小企业创新资源困境,提高区域创新资源使用效率,加快整个产业结构的升级提供了新的思路。

（2）从知识的视角探讨了网络嵌入性影响创新绩效的机理。知识是中小企业试图通过开放式创新获取的最重要的资源,创新网络对于网络成员的意义主要集中在为其提供了稳定外部知识源。因此,本文研究了网络嵌入性对于知识分布和知识转移的影响,通过引入组织学习的概念研究了中小企业开放式创新过程中的知识搜索、知识获取、知识吸收、知识利用等活动,揭示了创新网络中的多层次组织学习,重点是二元跨组织学习和网络层面的群体组织学习。上述研究不仅有助于深入了解网络嵌入性对中小企业开放式创新的影响,也是对网络中组织学习理论研究的重要补充和完善。

(3)实证检验了网络嵌入性影响中小企业开放式创新的机理。有关企业网络嵌入性与创新绩效的研究已成为理论界研究的一大热点,已有文献大多检验网络嵌入性和企业创新绩效的直接关系,对网络嵌入性影响创新绩效的传导机制还缺乏深入的研究。本文以组织学习为中介变量,探讨了中小企业实施开放式创新过程中网络嵌入性(关系嵌入性和结构嵌入性)与创新绩效之间的关系。新模型更贴近实际,有助于揭示开放式创新网络影响企业创新绩效机理的理论黑箱。

(4)从网络能力和创新合作伙伴关系生命周期全过程探讨了中小企业如何有效嵌入创新网络。中小企业如何有效嵌入到创新网络取决于企业的网络能力,即在创新网络中发起、发展和终结开放式创新伙伴关系的能力。为此,本文结合中小企业特点,分别探讨了如何选择创新合作伙伴、如何吸引伙伴、如何对伙伴关系进行治理(包括隐性合约、显性合约、对机会主义的控制、信任治理机制)和终结等。上述研究涵盖了创新网络中伙伴关系形成和发展的全过程,是对已有网络能力理论和伙伴关系理论的总结和深化。

关键词:开放式创新;中小企业;创新网络;网络嵌入性;组织学习

ABSTRACT

Small and Medium-Sized Enterprises (SMEs) are driving forces and main carriers of China's technology innovation. Nearly 65% patents, 75% business innovations and 80% new product developments are provided by SMEs. However China's SMEs have over the years faced a number of challenges such as unskilled personnel, financial and other resource limitations. These put the SMEs into the lower end of international industrial value chain with less profits. Innovation capacity, both in terms of theory and practice, has therefore become a necessity for promoting SMEs.

In 2003, Henry Chesbrough, a professor of Harvard Business School, developed the concept of open innovation, which was defined as "a paradigm that assumes that firms can and should use external ideas as well as internal ideas, and internal and external paths to market, as the firms look to advance their technology". It is obvious that the theory of open innovation provides new approach for SMEs to overcome resource bottleneck and improve their innovation capabilities. The research objectives of this book are as follows: After summarizing theories of network embeddedness and SMEs open innovation, we analyze how network embeddedness influence knowledge transfer in innovation network, find the patterns and approaches of SMEs embedding the innovation network, research the mechanism of SMEs open innovation including searching, acquisition, transformation, exploitation and sharing innovation sources. Based on the above analysis, we provide suggestions on how to manage partnerships in innovation network and how to make the policies to promote SMEs embeddedness and their open innovation. The main contents and contributions of this book are as follows:

(1) Review of empirical literature. Based on literatures, both home and abroad, we defined the term open innovation, described the process of open innovation, as well as its industrial distribution. We also presented theories relevant to SMEs open innovation, analyzed theoretical inadequacies of current open innovation research, and made some suggestions for future research. The literature and theoretical review presented, formed the basis for researching SMEs open innovation in the context of network.

(2) Researched the mechanism of SMEs open innovation from the perspective of network embeddedness. Firstly, we discussed the definition of innovation network and network embeddedness, categories and factors of innovation network and dimensions of network embeddedness. We studied the relationship between innovation network and SMEs open innovation, analyzed the effects of internal and external drivers of SMEs open

innovation in innovation network. Starting from analyzing relationships between network embeddedness, and knowledge distribution and transition in innovation network, we presented ways innovation network impacts on SMEs open innovation.

(3) Empirically tested how network embeddedness influence SMEs open innovation. Firstly, we introduced organizational learning theory, and then proposed some theoretical hypothesis on relationships among network embeddedness, organizational learning and innovation performance. Based on these theoretical analyses we constructed the conceptual model of network embeddedness impacting on SMEs innovation performance, in which organizational learning served as a mediator. In order to test this conceptual model, we sampled manufacturing SMEs in Jiangsu province and collected data through survey. By using AMOS and SPSS software we tested the relationships among structural embeddedness, relational embeddedness, organizational learning and SMEs innovation performance. Finally, we tested the mediating effect of organizational learning in the conceptual model.

(4) Studied the capabilities and approaches of SMEs embeddedness in innovation network. We presented two modes of SMEs network embeddedness, i. e. transactional embeddedness and relational embeddedness, and analyzed the evolution process of these two modes. We concluded that the success of SMEs embeddedness in innovation network largely depends on its networking capabilities, that is, the capability of

initiating, developing and managing external network relationships. Combining with life cycle of SMEs' external partnership, we researched the characteristics of three stages in life cycle, i. e. initiating, developing and ending partnerships, and discussed the management of partnerships in each of the stages.

（5）Researched on policies of promoting SMEs open innovation. We analyzed the policies impacting on SMEs open innovation and embeddedness. We further reviewed policies on finance and tax, intellectual property, innovation platform, intermediary service system, cooperation between research institutes and firms, cooperation between big firms and small firms, and presented the limitations of the current policies and provided some suggestions. Based on international innovation policy researches and our current findings, we recommended that our government should pay further attention to the design and implementation of broad-based innovation policies, to promote open innovation among SMEs. Innovation policy should focus not only on supply side of innovation, but the demand as well.

The contributions of this program are as follows:

（1）The practice showed that open innovation generally exists among SMEs. Although past studies on open innovation focused much on big high-tech enterprises, in recent times, some scholars are paying attention to open innovation in SMEs. However existing research focused on issues of approaches, means and capabilities by which individual enterprise obtain external resources. Few of these studies focused on enterprise's open innovation behavior on the background of innovation network. Innovation network solves the contradiction between uncertainty and resource shortage in the process of technology innovation and business internal innovation capability. Acquisition and exploitation of business innovation resource do not only benefit from innovation network, but also restricted by the whole innovation network. On the one hand, researching the mechanism of open innovation in SMEs will help people to understand the characteristics and laws of SMEs innovation, which are different from those of large enterprises. And on the other hand, it will provide the new idea for solving resource shortage in SME innovation, improve the efficiency of innovation resource usage and enhance the industrial structure.

(2) From the perspective of knowledge, we researched the impact of network embeddedness on innovation performance. Knowledge is the most important external resources that SMEs try to acquire in open innovation. The meaning of innovation network to members lies in providing the steady external knowledge sources. So we analyzed how network embeddedness influences the knowledge distribution and transfer. By introducing the concept of organizational learning, we studied the activities of knowledge search, knowledge acquisition, knowledge absorption and knowledge exploitation. We also discussed the multi-level organizational learning, and the emphasis lies on dyad-level organizational learning and network-

level organizational learning. The research work will not only help to understand the process of network embeddedness impacting on open innovation in SMEs, but also complement the theory of organizational learning in network.

（3） We empirically tested the process of network embeddedness impacting open innovation in SMEs. In academia, it is hot theoretical issue for scholars to research relationship between network embedde-dness and innovation performance. Most of current literatures test the direct relationship between network embeddedness and innovation performance, and few of them discussed the influence of a third variable. In this program, we researched the relationship between network embeddedness and innovation performance, by considering the influence of organizational learning serving as a mediator. The new conceptual model is more practicable, and will be helpful for revealing the black box of innovation network impacting the business innovation performance.

（4） We studied how SMEs can embed in innovation network effectively from the perspective of network capabilities, and the life cycle of innovation partnership. The success of SMEs embeddedness in innovation network largely depends on its network capabilities, which are the capabilities of initiating, developing and ending open innovation partnership in innovation network. In this program, we explored how to select, attract, manage （ including implicit contract, explicit contract, opportunism control and trust governance mechanism） and end the innovation partnership. The research covered the formation and full development process of partnership, and the research will deepen the understanding of the theory of network capability and partnership.

Keywords: open innovation, SMEs, innovation network, network embeddedness, organizational learning

第 1 章 绪 论

1.1 研究背景

1.1.1 国际背景

（1）国际分工的深化和技术的日益复杂化要求企业进行创新合作。

随着新科技革命的进一步发展、互联网技术的不断革新以及交通运输业的快速发展，全球经济实体的联系和交流日益增多。跨国公司越来越多地在全球范围内寻找市场、销售产品，并谋求土地、劳动力、技术、资金等生产要素的最优配置，以期实现利润最大化。由此带来全球社会分工的进一步深化，和各类专业性的生产、技术企业之间的合作加强。愈加细化的社会分工和技术复杂性的增加使企业面临的创新压力大大增加，即便是实力雄厚的大企业也不可能拥有创新所需要的所有资源和技术。这种形势要求每个企业与外部经济实体进行各种各样的合作，在利用自身创新资源和能力的同时，能够将外部创新资源为己所用，通过整合内外部的创新资源来有效提升自己的创新能力。

技术复杂性的增加,包括技术难度不断增加,构成技术产品的组件数量不断增多,技术变得越来越难以理解。技术的复杂化使得单个企业很难深度熟练掌握开发完整产品的所有技术,这就需要企业在开发新产品的过程中与其他企业进行合作创新,以弥补某些方面知识的欠缺,通过优势互补突破新产品开发的技术难关。

(2) 经济全球化,资源要素流动加快,全球化创新网络逐步形成。

经济全球化造成资源要素跨国流动的加速,如何在全球范围内有效配置资源是各国企业降低研发成本,提升科技竞争力所面临的重要问题。为此一些发达国家的企业为了利用世界上创新活跃地区的大学、研究机构和竞争者的先进成果,开始创建海外科技园和研发中心。例如,1977年美国跨国公司国外技术研发支出仅为20.75亿美元,1982年增加到36.47亿美元,90年代初跃至101.87亿美元;瑞典最大的20家跨国公司,约25%的研发在海外进行(吴守贵,2001)。上述发展趋势要求我国广大企业加快融入全球创新网络,开放性的利用所有的创新资源,通过境内境外研发联动,把握世界先进技术的发展趋势,壮大本土研发实力,实现自身创新能力的提升。

(3) 推动中小企业开放式创新,鼓励中小企业嵌入创新网络是国际上许多国家中小企业政策的重要内容。

鼓励中小企业实现开放式创新,推动广大中小企业有效嵌入创新网络是各国政府提升中小企业创新能力的重要政策措施。以美国为例,美国政府出台了多项专门支持向中小企业技术转移的法律,并设立了一些科技计划。从1980年起颁布了《拜杜法案》《史蒂文森-怀特勒创新法》,1992年获得通过的《加强小企业研究发展法》以及专门设立的"小企业技术转移研究(STTR)计划",鼓励通过中小企业与大学、联邦政府实验室的合作,促进面向中小企业的技术转移。此外,在很多科研计划中,也包含许多促进技术转移的内容,如先进技术计划(ATP)、国家关键技术计划、技术再投资计划等,这些计划都很大程度上鼓励和支持中小企业的参与,以加速向中小企业进行技术转移。技术转移的另一种方式是鼓励大学、科研机构和企业间科研人员的相互流动。与此同时,美国立法机构先后颁布的《专利法》《知识产权法》《商标法》《垄断法》等逐步构建了完善的知识产权保护,大大减少了中小企业在创新网络中面临的核心知识产权泄露的风险,减少了合作伙伴的机会主义行为。而《小企业法》《小企业经济政策法》《中小企业创新发展法》和《小企业担保信贷法》则为中小企业的创新提供了金融和法律保障。这些政策和法律为中小企业的开放式创新和不同层次创新网络的嵌入提供了有利的环境和条件。

(4) 环境的动荡性、技术更新速度的加快要求企业通过开放式创新尽可能缩短产品的研发周期。

随着新科技革命的到来,知识总量和知识更新以飞快的速度增长,也加剧了全球经济社会环境的不确定性。技术更新速度的加快使得产品的生命周期变短,新技术、新产品层出不穷。例如现在的电子产品,从磁带随身听到 CD 机,索尼公司用了 10 年的时间,而从 MP3 发展到 MP4,市场仅仅用了半年的时间。

但是,多数企业并不具备这种创新速度的条件,尤其在消费者需求"来得快,走得快"并且变化频繁的时代。对于规模小、资金少的中小企业而言,完全依靠自身的力量进行创新并且紧跟消费者步伐是十分困难的事情。开放式创新的核心理念是创新资源的开放和共享,并且处理好利益相关者的关系,发挥利益相关者的创新优势。用户的创新可以减少企业市场需求搜索的时间,例如在2004 年,美的风扇举办了"第一届美的风扇产品设计大赛",广征风扇产品的外观、用途等方面的创新,目的就是鼓励消费者参与到创新和设计上来,并且从侧面来了解消费的需求。知识产权购买、科研合作等技术创新方式,使得企业以更快的速度获得所需要的技术,而用户、供应商、相关企业、竞争对手等利益相关者的合作和创新则加快了技术转化为市场需要的产品的速度,使得广大中小企业能够以更少的成本、更短的时间利用更多的资源,创造出更符合市场需求的产品,大大提高了中小企业的创新能力和竞争力。

(5)信息技术的飞速发展密切了企业之间的联系,为创新网络的形成和发展提供了有利条件。

知识经济时代,随着互联网信息技术的不断发展,信息交流越加频繁。人才、资金的快速流动,跨国公司的全球经营,知识产权的频繁交易等都使得知识总量积累和知识繁衍的速度加快。信息技术的迅猛发展解决了以往物理空间距离所导致的联系困难,密切了企业之间的联系,扩展了创新网络的范围。另外,信息技术的进步不仅极大地方便了企业之间的知识交流,也为知识爆炸时代信息的搜索、筛选、贮存、传递和分享提供了便捷的手段。信息技术也丰富了开放式创新的内容,赋予创新网络的治理以新手段。

1.1.2 国内背景

(1)中小企业转型升级的需要

虽然近年来,我国中小企业获得很大的发展,取得了巨大的成就。但是受国内外经济大环境的影响,目前我国的中小企业面临比以往更多的困难,主要表现有市场需求不足,成本价格大幅上升,融资困难,税费负担较重,劳动资源丰富的优势逐渐消失等。因此,中小企业需要不断地进行创新,开发新产品、新工艺,增加产品的附加值,实现结构化的转型,改变处于全球价值链低端的现状,在激烈的市场竞争中发展壮大。

根据国家统计局数据显示,从经济发展总量上看,2010年我国GDP达到39.7万亿元,总量已超过日本成为世界第二大经济体,但从经济发展质量上看,我国的GDP大约占世界总量的9.5%,却消耗了全世界36%的钢材、38%的煤炭、52%的水泥和16%的能源。由此可以看出,我国的经济发展仍然是粗放型的,是用高投入、高消耗、高污染换来的低效益。因此可持续发展成为全社会经济社会发展的必由之路,我国中小企业作为资源消耗大户、经济社会发展的重要力量,必须实现经济发展的转型升级。开放式创新为中小企业加快创新的脚步提供了捷径,有利于中小企业自身品牌的树立,有利于企业长期技术积累,还有利于人力资源充分开发,提高企业研发、生产、销售的效率,实现资源节约和环境保护。开放式创新可以加快我国中小企业由"世界加工厂"变为"世界创造厂",改变我国中小企业长期处于全球价值链低端的现状。

(2) 建设高效协同国家创新体系的需要

创新是一个民族进步的灵魂。早在2011年,教育部、财政部为贯彻党中央的要求,联合下发了"2011协同创新计划"。2016年国务院印发的《"十三五"国家科技创新规划》中明确要求建立高效协同的国家创新体系,并提出构建开放协同的创新网络是实现这一目标的重要手段。

区域协同创新网络的建设要求打通科技向市场转化的通道,围绕技术市场、资本市场和人才市场,加强各类创新主体之间的合作,推动资源共享。这些要求和措施正是秉承开放式创新理念,与强调创新资源的开放性分享相一致。中小企业作为协同创新网络中的重要行动主体,如何鼓励和吸引它们加入到创新网络中,推动它们充分利用创新网络中的资源来提升自身的技术能力,既是企业层面也是区域和国家层面所面临的难题。因此，从网络嵌入角度来探讨中小企业实施开放式创新的机理有助于了解协同创新网络的形成和演化，充分发挥中小企业在创新网络中的作用，提升区域内经济合作水平和发展能力，使得整个区域协同创新体系良性发展。

（3）实现产学研合作的需要

为提高我国企业技术创新的能力，促进创新成果向市场转化，我国政府在总结世界各发达国家经验的基础之上，大力倡导和促进产学研合作，使得这种产学研合作创新的模式蓬勃发展。在2007年11月，中国产学研合作促进会成立，它是以提升企业自主创新能力，促进创新成果商品化、产业化、国际化为目标的全国性非营利社会团体。产学研合作创新是指以企业为主，企业、大学、科研单位及政府的相关部门为追求发展目标，在利益驱动下，运用各自资源相互协作所进行的经济和社会活动。

产学研的有效合作不仅是创新网络中协同创新的重要内容，也是实现创新网络中知识转移和新知识合作创造的重要手段。中小企业作为我国经济发展和创新的重要力量，是产学研合作活动的重要组成部分。通过嵌入创新网络，中小企业在创新过程中可以实现与大学和科研单位优势互补、利益共享和风险共担。开放式创新模糊了企业的边界，创新思想可以来自企业的研发部门或其他部门，也可以来自企业外部。开放式创新理念有助于促进产学研合作创新的进展，加深企业、大学、科研单位彼此的信任和合作，发挥各方的优势，加快创新技术流转速度，使得创新成果可以第一时间产品化、市场化，实现各合作方的利益和长期发展。

（4）是实现我国中小企业"专精特新"发展的需要

早在2008年的时候，针对中小企业经营困难的问题，工信部就提出要鼓励中小企业走专、精、特、新的路子，提高市场竞争力和抗风险能力。《中国产业发展和产业政策报告(2011)》提出,"十二五"时期,我国将大力推动中小企业向"专精特新"方向发展,即专业化、精细管理、拥有特色和不断创新。2016 年工信部印发的《促进中小企业发展规划(2016—2020 年)》也提出"专精特新"中小企业培育工程。

中小企业进行专业化生产是由其自身规模、资金力量所限定的,精细管理也是对我国中小企业管理中的粗放、短视等问题提出的,特色则是中小企业在竞争中取胜的关键力量,创新自然是一些高科技中小企业出奇制胜的法宝。"专精特新"针对我国中小企业现存的问题,提出了有效的解决途径,并对我国中小企业的发展进行了准确的定位。开放式创新作为中小企业发挥创新优势的崭新模式,有利于中小企业集中于对自身有利的细分市场进行创新和发展,形成自身的产品或服务、技术等方面的特色,提高自身创新能力,实现精细化的管理。同时,正是因为中小企业的专业性生产、研究使得企业间的合作变得更为重要,需要通过开放式创新实现中小企业与外部资源的合作。因此,开放式创新模式可以有力地促进我国中小企业向"专精特新"的战略方向发展,提高自身的竞争力。

1.2 研究意义

1.2.1 理论意义

首先,从理论上看,研究中小企业开放式创新是对开放式创新理论的丰富和补充。传统的创新理论认为大企业和中小企业擅长于不同类型的创新,中小企业由于缺乏资源和完整的创新过程管理能力,因而天生地更加依赖于组织间的关系和外部联系以保持竞争力(Edwards 等,2005)。而相关调研数据也表明开放式创新现象在中小企业中普遍存在(Vareska Van de Vrande 等,2009;Lichtenthaler,2008)。早期的开放式创新研究主要以大企业为研究对象,中小企业开放式创新的重要性在近几年才逐步得到学界的重视。由于企业的大小对于创新作用的影响存在差异,因此从中小企业的观点来探讨开放式创新无论在理论上还是在实践中都具有很高的价值。Henry Chesbrough(2006)在分析开放式创新未来有待进一步研究的问题时也强调有必要了解大企业采用开放式创新是否与小企业不同?

其次,从网络嵌入的视角来研究中小企业开放式创新不仅符合开放式创新的本质特征,同时也是未来开放式创新理论研究的重要方向之一。开放式创新与创新网络的形成是相辅相成的,开放式创新要求企业在创新过程中与外部发生联系并利用外部创新资源。外部联系的日益增多和固化必然会形成创新网络,而创新网络的形成不仅方便了企业对外部资源的获取,而且其示范效应会吸引更多的企业加入网络中来。随着科技进步和创新主体之间的联系日益增强,孤立的、封闭式的创新逐渐被相互合作、优势互补、联系紧密的创新网络所替代。几乎所有的企业都处于特定的区域创新网络和社会网络之中,中小企业也不例外,而能否有效嵌入上述网络是决定中小企业吸收和利用外部资源的关键。一些实证研究检验了网络嵌入性与企业创新绩效的关系,但是对于网络嵌入性影响企业绩效的过程缺乏深入研究。此外,中小企业如何有效嵌入到创新网络?如何处理网络伙伴关系?在理论上都有待进一步深入探讨。

第三,网络情境下的组织学习是中小企业开放式创新成功的关键,但是网络情境中组织学习的机制人们还知之甚少。尽管已有的理论研究了网络嵌入对于网络中知识转移的影响,但是创新网络只是为企业提供了丰富的外部知识源,企业并不是一个简单的知识存储器,外部有价值的知识资源进入企业并被利用不是简单的、自动的过程。一些学者用吸收能力的概念来解释企业对外部知识的吸收,但是隐藏在吸收能力背后的是组织的学习能力。大量的研究集中在单个组织的学习以及组织中个体和群体的学习,而网络中的组织学习是一个多层次概念,既有单个组织中的个体和群体学习,也有成对组织之间的学习以及网络层面群体组织之间的学习。已有的研究很少涉及网络情境下的跨组织学习和网络层面群体组织学习,而这恰恰是创新网络影响参与主体知识吸收的关键。因此,研究网络情境下的多层次组织学习对开放式创新的影响既是对组织学习理论的补充,也有助于人们从理论上加深对创新网络演化机理以及开放式创新机理的理解。

1.2.2 现实意义

首先,中小企业是国民经济的重要组成部分,是技术创新的重要载体。研究中小企业创新对于提升我国的科技竞争力,建设创新型国家具有重大的现实意义。截止到 2015 年末,全国已经在工商局注册的中小企业数量超过 2000 万家,个体工商户超过 5400 万户。全国中小工业企业中处于规模以上的企业为 36.5 万家,占规模以上工业企业数量的 97.4%;实现税金 2.5 万亿元,占规模以上工业企业税金总额的 49.2%;完成利润 4.1 万亿元,占规模以上工业企业利润总额的 64.5%。在改善民生、提供就业方面,中小企业提供了 80% 以上的城镇就业岗位并且其对国家的利税贡献正在稳步提高。在技术创新方面,相关数据表明,改革开放以来,约 65% 的专利是中小企业发明的,75% 以上的技术创新由中小企业完成,80％以上的新产品由中小企业开发。2015年国务院发布的中央八号文件明确指出创新是推动一个国家和民族永续发展和持续前进、推动整个人类社会向前发展的重要力量,应尽快加强创新驱动发展战略的实施和开展,以提高整个国家的创新实力。中小企业作为创新的重要载体,其科技能力的提升对于增强我国的产业国际竞争力,实现创新型国家建设的宏伟目标意义重大。

其次,以网络嵌入为视角,研究网络情境下中小企业开放式创新为解决中小企业创新资源短缺提供了理论依据和现实途径。当前我国中小企业创新所面临的关键问题是创新能力弱,创新资源严重缺乏。传统的封闭式创新无法解决中小企业所面临的资源短缺难题,开放式创新强调企业应充分利用外部资源并主动分享非核心资源,这一全新理念为解决中小企业当前所面临的困境提供了新的思路。然而现实中开放式创新所强调的外部资源获取并非易事,它需要企业与外部建立密切的联系,而创新网络则为网络中的参与者提供了稳定可靠的外部资源。从整个国民经济发展大环境来看,我国现在正处于转变经济发展方式、优化产业结构的重要时期,创新驱动战略的实施,迫切需要中小企业参与到创新网络中实施开放式创新。因此,研究中小企业如何嵌入到创新网络,如何通过网络有效获取外部资源,如何管理网络中的伙伴关系,如何吸收和利用外部知识等问题对于推动区域创新网络的发展,化解中小企业资源困境具有重大的现实意义。

第三,政府是科技创新的重要推动者,研究创新网络情境下中小企业开放式创新有助于政府制定有针对性的措施来推动企业的开放式创新。由于对政策影响开放式创新的内在机理缺乏深入的了解,学者们在设计开放式创新的政策上缺乏针对性,政府在政策的制定和实施上缺乏有效的抓手。从本质上看,创新网络是企业实施开放式创新的结果,也是企业有效开展开放式创新的重要组织形式,它体现了区域、国家乃至全球创新发展的重要趋势。本书试图通过对当前创新政策的梳理,结合政策影响创新活动的基础理论来揭示当前创新政策在推动中小企业开放式创新方面的不足,并提出相应的建议。上述研究可以为政府有针对性地制定宏观政策提供有效的理论支撑。

1.3　研究主要内容及技术路线

鉴于我国中小企业在国民经济发展和创新型国家建设中的地位和作用,研究中小企业如何通过良好的网络嵌入性影响创新绩效的机理具有十分重大的理论和现实意义。本书通过对相关文献的分析、总结和梳理,围绕中小企业中网络嵌入性影响企业创新绩效的关系机理构建相关的概念模型,并运用实证研究检验了相关假设。在此基础上从企业层面探讨了中小企业有效嵌入创新网络的途径,从宏观层面分析已有创新政策在推动中小企业开放式创新方面存在的不足,并提出了相应对策。全书共分七章,各章主要研究内容如下:

第一章　绪论。首先阐述了本文的研究背景和研究意义,详细介绍本书的主要研究内容、研究方法、研究思路以及各章节的框架和内容安排,在此基础上画出了技术路线图,指出了本研究的主要创新点。

第二章　相关理论研究综述。在大量搜集和阅读国内外相关文献的基础上,界定了开放式创新的内涵,阐述了开放式创新的过程和行业分布,对国内外开放式创新理论、国内外中小企业开放式创新理论以及开放式创新网络理论的研究成果进行了总结和梳理,分析了已有开放式创新理论的不足,指出了未来的研究趋势。为研究网络情境下中小企业开放式创新奠定理论基础。

第三章　网络嵌入性影响中小企业开放式创新的机理。首先对创新网络、网络嵌入性的内涵进行了界定,阐述了创新网络的分类和要素以及网络嵌入性的维度划分。其次,探讨了创新网络与中小企业开放式创新的关系,重点分析了创新网络中中小企业实施开放式创新的外部动力、内部动力、网络效益;以创新网络中的知识源为主线,从网络嵌入性与知识的分布及转移的关系入手,深入研究了创新网络影响中小企业开放式创新的途径。

第四章　网络嵌入性影响中小企业开放式创新绩效的实证研究。首先对组织学习理论进行了简单介绍,然后结合前面章节的理论分析建立了网络嵌入性、组织学习和创新绩效关系的理论假设,在此基础上构建了以组织学习为中介变量的网络嵌入性影响中小企业创新绩效的概念模型。以江苏中小型制造企业为样本,通过问卷调研收集相关数据,运用 AMOS 和 SPSS 软件通过多层回归分析和结构方程实证检验了结构嵌入性和关系嵌入性与中小企业创新绩效的关系,组织学习与中小企业创新绩效的关系,网络嵌入性与组织学习的关系以及组织学习的中介作用。

第五章　中小企业网络嵌入模式、网络能力以及开放式创新伙伴关系的构建。本章指出中小企业网络嵌入的两种模式,即交易性嵌入和关系性嵌入,分析了两种嵌入模式的演化过程。提出中小企业能否有效嵌入到创新网络中取决于其网络能力,其本质上是中小企业发起、发展和管理外部网络关系的能力。结合中小企业外部伙伴关系生命周期的完整过程,分别研究了中小企业开放式创新伙伴关系发起、发展和终结三个阶段的特点,并就各个阶段伙伴关系的管理方法进行了探讨。

第六章　创新网络情境下推动中小企业开放式创新的政策研究。首先分析了政策影响中小企业开放式创新及网络嵌入的机制，然后从金融财税政策、知识产权政策、创新平台建设、科研院所和企业的合作、大企业和中小企业的合作、科技中介服务体系建设等方面梳理了已有的政策措施，结合网络情境下中小企业开放式创新机理指出当前政策的不足，并提出相应的建议。最后根据国外创新政策的最新动向，提出推动中小企业开放式创新必须坚持创新系统观，实施宽基创新政策，创新政策的着力点不仅要针对创新供给，同时也要考虑创新需求。

第七章　结论及展望。对全书的论证过程做出总结，指出本书的理论贡献和局限性，并根据本研究存在的不足指出未来应该继续研究的方向，进而为后续的相关研究工作提供参考。

本书各章研究内容之间的逻辑关系如图1－1。

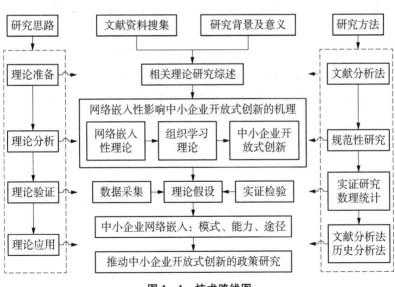

图1-1　技术路线图

1.4 研究方法

本书主要运用理论研究与实证分析相结合、文献阅读与实地调查问卷相结合、定性与定量分析相结合的研究方法来探讨网络情境下中小企业开放式创新机理,具体研究方法包括以下四个方面:

(1) 文献资料研究法。利用中国知网、EBSCO、Web of Science 等国内外知名数据库搜索与开放式创新、创新网络、网络嵌入性和组织学习等相关的文献资料,在对比分析的基础上对开放式创新、创新网络、网络嵌入性、组织学习等概念内涵进行界定。通过对上述理论研究的最新成果进行总结梳理厘清理论演进脉络,归纳出相关理论的最新研究进展和研究趋势,为本书后续的研究奠定坚实的理论基础。

(2) 实证研究方法。在已有相关文献分析梳理的基础上,建立网络嵌入性、组织学习和创新绩效等变量之间的关系概念模型,提出各变量之间相互关系的假设。以江苏中小型制造企业为样本通过问卷调查获取相关数据,运用多层回归分析和结构方程检验相关假设。

(3) 数理统计分析方法。本书对收集(实地发放、在线平台发放)来的问卷数据进行整理和编码,对收集问卷进行描述性统计分析,运用 SPSS18.0、Amos21.0 统计分析软件检验问卷的信度和效度,并通过多元线性回归方法对回收问卷得到的数据进行统计分析,验证本书提供的相关假设。

(4) 历史研究法。通过对上个世纪 90 年代以来我国创新政策的回顾与分析,结合中小企业开放式创新基础理论和实践经验,

指出我国当前创新政策方面存在的问题，并提出相应的建议和
对策。

1.5　本研究的主要创新点

本研究的创新点主要体现在以下几个方面：

（1）早期对开放式创新的研究多集中在高科技大企业，近几
年学者们才开始关注中小企业的开放式创新，已有文献表明开放
式创新在中小企业中普遍存在，本书以江苏省中小制造企业为研
究对象有助于丰富中小企业开放式创新的理论内容，为后续学者
关于中小企业开放式创新的相关研究提供理论参考。

（2）从知识的视角探讨了网络嵌入性影响创新绩效的机理。
知识是中小企业试图通过开放式创新获取的最重要的资源，创新
网络对于网络成员的意义主要集中在提供了稳定外部知识源。因
此，本书从创新网络中知识的视角研究了网络嵌入性对于知识分
布和知识转移的影响，通过引入组织学习的概念研究了中小企业
开放式创新过程中的知识搜索、知识获取、知识吸收、知识利用等
活动，揭示了创新网络中的多层次组织学习，重点是二元跨组织学
习和网络层面的群体组织学习。上述研究不仅有助于深入了解网
络嵌入性对中小企业开放式创新的影响，也是对网络中组织学习
理论研究的重要补充和完善。

（3）实证检验了网络嵌入性影响中小企业开放式创新的机
理。有关企业网络嵌入性与创新绩效关系的研究已成为理论界研
究的一大热点，已有文献大多检验网络嵌入性和企业创新绩效的
直接关系，对网络嵌入性影响创新绩效过程还缺乏深入的了解。
一些文献在研究网络嵌入性与企业绩效的关系时考虑了吸收能

力,但是我们认为吸收能力固然会影响企业对外部知识的吸收,但是隐藏在吸收能力概念背后的是组织学习,因此本书以组织学习为中介变量,探讨了中小企业实施开放式创新过程中网络嵌入性(关系嵌入性和结构嵌入性)与创新绩效之间的关系,新模型更贴近实际,有助于揭示创新网络影响企业创新绩效的机理。

(4) 通过网络能力和创新合作伙伴关系生命周期全过程探讨了中小企业如何有效嵌入创新网络。中小企业如何有效嵌入创新网络取决于企业的网络能力,即组织构建、利用、发展网络的能力,从本质上看就是在创新网络中发起、发展和终结开放式创新伙伴关系的能力。为此,本书结合中小企业特点,分别探讨了如何选择创新合作伙伴、如何吸引伙伴、如何对伙伴关系进行治理(包括软性合约、硬性合约、对机会主义的控制、信任治理机制)、如何终结关系和休眠关系等。上述研究涵盖了创新网络中伙伴关系形成和发展的全过程,是对已有网络能力理论和伙伴关系理论的总结和深化。

1.6　本章小结

本章作为文章的开篇,大体涉及以下几个方面的内容:首先介绍了本研究的背景,包括国际背景和国内背景,阐述了本研究的理论意义和实践意义;其次对各章的主要内容进行了介绍,画出各研究内容之间的逻辑关系图,阐明了本研究所采用的方法。本章重点是从四个方面阐述了本研究的主要创新点。

第 2 章　相关理论研究综述

2.1　开放式创新内涵、过程及行业分布

（1）开放式创新内涵

"开放式创新"的概念最早由哈佛商学院教授 Chesbrough（2003）提出，他认为开放式创新是指均衡协调企业内部和外部的资源来产生创新思想，同时综合利用企业内、外部市场渠道为创新活动服务的创新方式。事实上，多种多样的创新途径是一个连续体，一端是封闭性途径另一端是开放式途径（Trott& Hartmann，2009）。这两个极端被 Chesbrough 捕捉到，他提出当企业寻求发展技术时，企业可以也应该像采用内部思想一样采用外部思想，运用内部和外部途径去到达市场。

2006 年这个思想被进一步澄清，当时 Chesbrough（2006）和同事声称"开放式创新是有目的的运用知识输入流和输出流去加速内部创新，相应地为创新的外在运用扩展市场"。内向开放式创新（inbound open innovation）是由外而内的过程，它包含开放创新过程以便进行知识探索（即从外部源泉获得知识）。与此相对应，外向开放式创新（outbound open innovation）是由内而外的过程，它

包括开放创新过程以便进行知识开发。企业应该结合由外而内和由内而外的过程来整合内向和外向开放式创新。

Ulrich Lichtenthaler(2011)基于过程来了解开放式创新,他认为开放式创新可以被界定为,在组织边界内外系统执行知识探索、保留和开发,并贯穿整个创新过程。这一概念将开放式创新的框架与知识管理、组织学习及企业边界联系起来。这个概念明确考虑了组织之间的创新过程,但是内在活动对开放式创新过程同样很关键。

West 和 Gallagher(2006)认为开放式创新指企业系统地在内部和外部的广泛资源中鼓励和寻找创新资源,有意识地把企业的能力和资源与外部获得的资源整合起来,并通过多种渠道开发市场机会的一种创新模式。它的特征体现在以下四个方面:创新环境的开放性,创新主体的开放性,创新资源的开放性,创意开发的开放性(王圆圆等,2011)。

Tom Poot、Dries Faems 和 Wimvan Haverbeke(2009)认为由封闭式创新向开放式创新转变是一个给企业带来巨大冲击的过程,而不是随时间连续变化的过程。其次,内在和外在的创新战略是互补关系,而不是替代关系。

开放式创新经常与软件开发中的资源开放概念相混淆。尽管资源开放在整个产业价值链中共享价值创造,但是其拥护者通常拒绝或贬低价值获取的重要性。在获取价值的过程中,商业模式的作用是使企业可以从开放式创新中获得利润。由于软件开发中开放资源首先强调价值创造,因此根据开放式创新的框架,从企业层面来看,许多开放资源的活动似乎并不构成中心活动。因此,开放资源并不必然是开放式创新的一部分。然而,如果企业依赖于开放资源的途径去开发内部或外部商业化的产品,它们就遵循了开放式创新的方式,因为这种商业模式使它们能够从开放式创新中获得价值。

从理论上看开放式创新理论首先通过明确整合内部和外部的知识转移推动了已有的研究。其次开放式创新研究指向了组织内外的知识管理过程;开放式创新框架有助于将技术管理研究和创新管理文献整合起来。

（2）开放式创新的过程

1）开放式创新的基本范式

在传统的封闭式创新过程中,企业的创新活动基本限定在企业内部,通过组织内部的资金、人力和物力来开展创新。开放式创新则完全不同,企业在创新过程中不仅需要内部资源,而且强调通过各种途径获取外部资源来支持创新活动,所形成的创新成果也不仅仅留给企业自己而是会通过外部许可、合资、出售等方式实现商业化价值。开放式创新范式体现了进入研发过程的内部知识流,研发过程的产出除了通过内部渠道外,还通过外部渠道进入市场。尤其重要的是在整个创新过程中始终有思想和技术的流入或流出。思想可以通过外部调研、外部的研究、发放许可证流入其他公司或者从其他公司获得产品。类似的,思想也可以在创新过程中以很多方式流出并进入市场。这些思想的流出中许多是通过公司自己的渠道进入市场,也有一些是通过发放许可证、通过风险资金建立分支结构,或者新的联合投资。管理开放式创新过程的机会和挑战与经济中的 IT 部门相关,开放式创新平台是这种范式的最好例子。开放式创新范式见图 2-1。

Valentina Lazzarotti 和 Raffaella Manzini（2009）将公司的开放程度分解为两个维度:一种是公司合作伙伴的数量和类型,简称为"伙伴变量";第二种是公司对外开放的创新过程类型和数量,

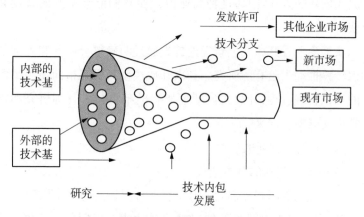

图 2 - 1 开放式创新范式

资料来源：Open Platform Innovation：Creating Value from Internal and External Innovation by *Henry Chesbrough*，Intel Technology Journal，Volume 7，Issue 3；2003）

简称"创新通道的开放性"。通过对这两个变量的交叉，可以得到四个开放式创新的基本模式：封闭创新者、开放创新者、专门的合作者和整合合作者。封闭创新模式所对应的公司是指为开放式创新通道的某个特定的、单个阶段获得外部知识源，是典型的二元合作。例如，在新产品开发过程中，公司为了获得外部样品服务；专门的合作者模式所对应的公司是指能够与许多不同的伙伴共事，但是将他们的合作集中在创新通道的某个点。例如，在创新过程的创意产生阶段，公司使很多行动者参与进来（顾客、专家、供应商和研究中心）；整合性合作者模式所对应的公司是开放整个创新通道，但是只对少数类型的伙伴（典型的有，供应商和/或顾客）开放；开放式创新模式对应的公司是能够真正管理广泛的技术关系，这些关系影响着整个创新通道，并包含了广泛的不同的伙伴。研究表明，在某些情况下，完全开放的创新并非唯一的，而是最合适的选择,不同的开放程度和方式和完全封闭的选择一样,都能取得成功。

2) 开放式创新的核心过程

Ellen Enkel、Oliver Gassmann 和 Henry Chesbrough(2009)通过对 124 个公司的分析,识别了开放式创新的三个核心过程:由外而内的过程、由内而外的过程和双向过程(如图 2-2)。由外而内的过程是指通过整合供商、顾客来丰富公司自身的知识基,外部知识源可以提高公司的创新性;由内而外的过程是指通过将思想传递到外部环境来实现在不同的市场上开发创意、销售知识产权和繁殖技术,以便获利;双向过程指通过与互补性公司联盟将由外而内和由内而外的过程联系起来,在这个过程中供给和索取都是成功的关键。这三个核心过程代表了开放式创新的策略,但是对每个公司而言,三者并非同等重要。许多开放式创新遵循由外而内的过程,而由内而外的过程研究较少。对开放式创新的三对过程研究吸引了许多学者的关注。这些不同的过程帮助我们理解如何以及在何处向知识密集的过程中增加价值。

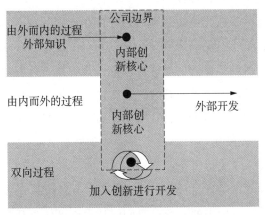

图 2-2 开放式创新的核心过程

Sverre J Herstad、Carter Bloch 和 Bernd Ebersberger 等(2010)认为尽管大多数公司理解外部创新的需要，但是极少数能够捕捉到外部技术提供者所有伙伴的关系价值。通过对外部创新的管理过程，可以建立价值。外部创新价值链的建立可以被认为有 5 个阶段构成，首字母缩写成 SERVE：①机会搜索；②评价市场潜力和给定机会的创新性；③通过建立令人信服的理由来招募潜在的合作者；④通过商业化来获得价值；⑤拓展创新成果。

Gene Slowinski 和 Matthew W. Sagal(2010)将开放式创新实践过程分解为"需要、寻找、获得、管理"四阶段模型。在这个模型中，企业可以通过"四阶段生命周期"来进行开放式创新的努力。这个努力可以从问题开始，"企业为了达到这个增长目标需要什么？"一旦识别出需要的东西，企业就必须寻找必要的资产。如果资产无法从内部获得，那么企业必须从外部获得资产，并通过关系合作采取行动解决这个问题。最后，企业必须管理开放式创新关系以便获得成功。这个开放式创新关系管理的生命周期法可以使管理层将开放式创新过程视为一系列相互关联的阶段，每个阶段都需要建立工具和管理技巧。

虽然有关开放式创新过程的划分存在不同的观点，但是 Ellen Enkel、Oliver Gassmann 和 Henry Chesbrough(2009)的三过程模型目前已得到学界的广泛认可。探讨其中某一过程对于创新绩效的影响以及内向和外向开放式创新过程的相互关系已成为开放式创新理论研究的重要课题。Uros Sikimic、Vittorio Chiesa 和 Federico Frattini 等(2016)认为开放式创新范式强调通过整合内向和外向技术流来提升企业创新绩效的重要性。这种双向整合主要在概念性文章中被讨论，实证研究基本上只检验开放式创新的内向或者外向维度中的一个。它们以技术许可作为开放式创新的主要合约方式,从企业层面调研了技术内向许可和外向许可活动的关系。特别是,认为技术内向许可通过两个机制对外向许可的数量产生正向影响。第一是基于资源的发生机制,因为内向许可投资扩展并丰富了企业的技术,因此增加了它的机制,结果为外向许可创造了更多机会;第二是基于能力的发生机制,因为内向技术许可和外向许可依赖于绩效任务和所需要的技术,重复的执行内向许可合约会有助于更高外向许可能力的发展,结果会增加外向许可的数量。这些观点通过 1998—2007 年西班牙制造业 837 个面板数据的检验得出的,实证分析表明,更高的投资于内向许可以及更多广泛的内向许可经验会导致更优秀和更大数量的外向技术许可。

与上述认为内向开放式创新与外向开放式创新成正相关的观点不同,Bruno Cassiman 和 Giovanni Valentini(2016)指出开放式创新范式的一个新的含义是内向知识流和外向知识流是互补的。他们认为同时从事知识购买和销售会增加创新产出。与此同时,开放性的企业可以通过整合知识内向流和外向流来降低相关的成本(认知、交易和组织成本)。但从实证看,他们没有从比利时制造企业样本中发现这类互补的证据。企业购买和销售知识会增加它们新产品的销售,但是与此同时它们的研发成本会不成比例的增加?

(3) 开放式创新者的分类

Marcus Matthias Keupp 和 Oliver Gassmann(2009)运用探索-开发二分法作为理论的框架,以创新的深度和广度作为维度,划分了开放式创新者的类型。开放式创新宽度与企业所联系的资源数量相关,而开放式创新深度与每个外部资源合作的强度相关。通过将宽度和深度划分为低-中-高三个等级,他们识别了开放式创新的四种类型：专业者(Professionals)、探索者(Explorers)、侦察者(Scouts)、孤立者(Isolationists)（如图 2-3）。专业者在两个指标上得分都比较高，这就意味着这些企业不仅与大量的外部知识源有着广泛的联系，同时与这些知识源的合作强度也比较高；探索者在宽度指标为中高等，但是在深度上得分中等，这意味着这些企业与大量的外部知识源合作，但是合作的强度不如专业者；侦察者在深度上比较低，但是在宽度上属于中-高等，这说明这些企业与外部知识源有合作，但是合作方法并不包含深度合作，他们只是扫描环境以便发现合适的资源，但不必然介入深度合作；孤立者得分在两个维度上都比较低，这意味着他们既没有大量的外部知识源，同时也很少与这些知识源有深度合作。这类企业更倾向于将创新活动封闭起来。有关企业开放式创新的分类有助于了解企业在开展开放式创新互动的程度上为什么不同，如何不同这个问题。

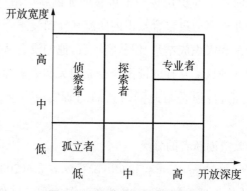

图 2-3　开放式创新者的类型

（4）开放式创新的适用行业

Henry W. Chesbrough(2003)认为针对创新模式，不同类型

的行业可以被视为一条连续光谱,光谱的一端是完全使用封闭式创新模式的行业,另一端则是完全使用开放式创新模式的行业。很多行业正处在这两种模式之间的过渡阶段,比如:汽车、生物工程、制药、卫生保健、电脑、软件、通信设备、银行、保险、零售业,甚至军工和通信系统制造业。早期的研究中,他认为并非所有的行业都适合于开放式创新,高技术产业更加符合开放式创新的特点。2006年,他又通过案例研究发现开放式创新并非仅仅与高技术产业相关,开放式创新概念存在于较为广泛的产业范围之内(Chesbrough,2006)。Gassmann(2006)则认为尽管开放式创新的趋势可以预见,但并不是每个企业和创新者都必须采用开放式创新。具有以下特性的行业可能更适合于采用开放式创新:①全球化(Globalization);②技术强度(Technology intensity);③技术联合(Technology fusion);④新商务模式(New business models);⑤知识优势(knowledge leveraging)。

但是随着开放式创新研究深入,越来越多的学者对一些传统产业的开放式创新进行了探讨。Marco Greco、Giorgio Locatelli和Stefano Lisi(2017)从文献和多个案例分析(包括7个英国企业和在电力和能源产业运作的大学)来收集证据,通过识别电力和能源行业鼓励企业实施开放式创新的关键动力弥补相关研究领域的缺憾,并提出了提升开放式创新采用率和在电力和能源部门保持创新持续性的合适策略。Glenn P. Carroll、Sanjay Srivastava和Adam S. Volini等(2017)的研究表明如今许多医药公司通过开放式创新方法的变化来努力获得全球科研人才、思想和假说以补充他们传统的研发模式。

2.2 国外开放式创新理论研究成果回顾

自 Chesbrough 提出开放式创新概念以来，开放式创新理论发展迅猛，涌现了一批有价值的成果，已有成果主要集中在以下几个方面：

2.2.1 开放式创新中的能力问题

有关开放式创新能力的研究主要集中在两个方向，第一是构建开放式创新所需要的能力体系；第二，探讨某个能力在开放式创新过程中的作用及其影响，其重点是吸收能力。

（1）开放式创新的能力体系。实施开放式创新的企业需要哪些能力？Sabiölla Hosseini 等（2017）比较了开放式创新能力框架与其他相关的创新能力框架，分析已有的开放式创新能力知识体，提出了开放式创新能力框架，包含 23 个能力领域，伴随着战略精炼、治理、方法、信息技术、人员和文化等因素。

（2）吸收能力与开放式创新。由于开放式创新的关键涉及对企业流入和流出知识的管理，因此一些学者从知识管理的视角来研究如何管理开放式创新。其中有关吸收能力的探讨是重点，事实上吸收能力的概念提出要远早于开放式创新概念，但是由于企业通过开放式创新提升自身创新能力的一个关键环节就是拥有较高的吸收能力。因此吸收能力天然的和开放式创新有着密切的联系。Cohen and Levinthal（1990）提出企业认识新的价值、外部信息、同化并应用于商业用途的能力是创新能力的关键。因此，吸收能力概念是理解成功内向开放式创新的关键，这种内向创新具有依赖于外部知识的特点。Dyerhe 和 Singh（1998）以及 Lane 和

Lubatkin(1998)将吸收能力和组织之间的层次联系起来。Lane和 Lubatkin(1998)沿着 Cohen and Levinthal(1990)的观点,指出在识别和评价新的外部资源时,企业先前的知识必须满足两个标准:在接受和转移的组织间具有相似的知识基和使用新的专业化知识需部分多样化。Ulrich Lichtenthaler 和 Eckhard Lichtenthaler(2009)整合了知识管理、吸收能力以及动态能力,将开放式创新视为企业边界内外的知识探索、保留和开发。

　　早期的开放式创新研究意识到吸收能力在开放式创新中的作用,并研究如何提升吸收能力。而近期的相关研究侧重于将吸收能力置于整个开放式创新过程,解释吸收能力影响企业开放式创新的机理。M. Muzamil Naqshbandi(2016)考虑了现实吸收能力的中介作用并解释了企业认识新信息价值的能力、吸收它并应用于商业终端的能力是如何推动开放式创新的,他们通过一个整合模型来检验管理联系和两种类型开放式创新之间的关系。Tianjiao Xia 和 Stephen Roper(2016)探讨了中小企业开放式创新两个关键方面之间的关系——吸收能力和外部关系——以及它们对美国和欧洲生物制药产业增长的效应。结果表明,现实吸收能力在决定企业增长方面扮演重要角色。根据企业吸收能力和外部关系之间的交互作用,发现了探索关系强烈依赖于研发的连续性,而开发关系是以企业的现实吸收能力为条件的。Olga Kokshagina、Pascal Le Masson 和 Florent Bories 等(2017)指出企业获得新知识的能力依赖于强大的搜索实践和相应的吸收能力来推进开放式创新过程,后者(吸收能力)预先确定了企业超越其核心能力领域的范围。吸收能力通常被视为开放式创新成功的先决条件。通过研究几种开放式创新案例,发现企业吸收能力内部缺乏会被能为企业发展出吸收能力的开放式创新中介所控制。研究证明了中介如何推动吸收能力的价值认知功能,因而潜在地进一步推进知识扩散。Bongsun Kim、Eonsoo Kim 和 Nicolai J. Foss 等(2016)通过发展吸收能力和根植于注意力观的内向开放式创新的整合框架探讨了企业如何基于可持续性基础发展新的创意并将它转化为可获利的创新。特别地他们从吸收能力的观点分析了为什么开放式创新和封闭式创新之间的平衡是重要的,并提出如何实现这种平衡。单纯追求开放式或内向封闭式创新会导致潜在吸收能力和现实吸收能力之间的不平衡,以及内向观察的吸收能力和外向观察的吸收能力的不平衡,而这些不平衡会阻碍创新绩效。因此企业可以通过切换注意力来重复或有选择的开展开放式和内向封闭式创新,发展相关的吸收能力,推动吸收能力的平衡以提升创新绩效。

2.2.2 开放式创新面临的风险及挑战

企业在开放式创新中面临诸多挑战,如识别相关的开放式创新伙伴,合作方法以及项目风险等。Lichtenthaler U(2007)认为,企业若要采用开放式创新,同样也面临着一些挑战,如外部技术市场的低效率,使得外部技术开发非常困难;交易技术资产涉及较高的交易成本;此外,识别合适的技术交易合作伙伴,如许可证持有人也十分困难。

开放式创新强调创新资源的共享与交换,而且这种共享和交换无法完全通过合约加以详细规定和约束,这就涉及资源共享和合作过程中核心知识和商业机密的保护问题。而有关知识产权的保护问题不仅是开放式创新中参与各方所面临的风险同时也是挑战。Chesbrough 最早对 Xerox 公司进行调查,指出开放式创新促成了知识的快速扩散,从而有可能导致研发企业或机构失去对知识的所有权而蒙受巨大损失的风险等。这些创新风险如同企业开放式创新的好处与优势一样伴随着实施这种创新范式的企业或公司。为此,J Hogan(2005)研究了在产品创新的开放系统中,中小企业如何保护他们的思想并从开放系统获益。Lichtenthaler U(2007)认为企业采取开放式创新还面临知识产权保护的问题,企业哪些知识可以对外开放,采取何种方式开放不仅影响到开放式创新的成效,同时也会关系到企业核心技术的保护。Laursen 和Salter 指出,如果企业过多强调对知识的保护,就会导致保护近视症(Myopia of Protectiveness),即企业狭隘地寄希望于知识产权来保障其从创新中获利,而忽视了对外部资源与支持的整合,失去将外部发明进行商业化的机会。由此可见过度强调知识产权保护并不利于开放式创新,而缺乏核心知识的保护必将导致泄密从而损害合作方的利益。因此,一些学者围绕知识产权保护和合作成果所有权的分配进行了深入的研究,Arina Gorbatyuk、Geertrui Van Overwalle 和 Esther van Zimmeren(2016)指出在与研发伙伴谈判的过程中知识产权所有的分配,特别是专利所有权和商业秘密的控制是一个困难的任务。缺少知识产权法律的协调导致对合作双方和第三方的挑战。许多法律上的专利系统对联合开发的技术施加共同所有权作为一个备用制度。然而在这样的制度下开发权力会显著变化并且会开出一些其他所有者在一定情况下使用、许可和销售共同拥有专利的条款。这些内容要求会伤害合作方的利益并使得未来相关技术的开发更为复杂。另一方面商业秘密的控制也只是基于合约基础,当立法者无法预见规则缺陷时将会有麻烦。特别是合约的机密本质将排除第三方获得信息,而这些信息构成了开放式创新过程的基础。无论是备用制度或者基于合约的制度都提供了必要的透明度和确定度来确保平稳开发共同研发的专利和商业秘密以及未来从事开放式创新的合作方和第三方。因此针对双向开放式创新过程检验现有的知识产权框架，针对当前的法律漏洞来提出完善建议也是未来研究的重要内容。

事实上作为一种新型的创新合作模式，开放式创新的复杂性和不可预见性，使得开放式创新的参与各方不可能完全通过合约和相关法律来对合作行为进行界定和约束。而合作中隐性知识的传递更是超越了合约的能力范畴，在这种情境下合作方的信任是确保合作能够持续的重要因素。Nina Hasche(2017)描述和讨论开放式创新中信任的重要性，指出缺少信任这个前因会导致开放式创新过程无法运行。他们的研究表明，团体会基于缺乏能力和能导致信任的愿景前因而选择中断合作。

实施开放式创新的组织还面临人力资源挑战，包括组织内部的人际关系、组织内的权力转移、在工人中创建共同价值观，经理必须为员工建立一个有利于开放式创新开展的更好的工作环境。Sabrina Lenz、Monica Pinhanez 和 Luis Enrique Urtubey De Césaris(2016)基于扎根理论，分析了巴西油气公司 Petrobras 的案例，发展了理论框架来解释这些挑战并检验了经理使用哪些策略解决这些问题。

开放式创新的执行是个相当困难和具有挑战的过程。开放式创新不仅仅是创新理念的转变，同时需要组织文化的变革。已有的组织结构、文化和知识都被描述为变革的障碍。一定的文化障碍，如开放度不够、风险厌恶、组织惰性和特定综合征都会阻碍开放式创新过程的成功。然而开放式创新中介如何帮助克服这些障碍还没有深入研究。Barbara Aquilani、Tindara Abbate 和 Anna Codini(2017)基于已有的开放式创新过程研究成果，试图通过引入开放式创新中介来帮助解决上述问题。根据由外而内、由内而外和双向开放式创新过程的特性,他们发展了理论框架,识别了影响每个过程的特定文化障碍,并提出哪一种中介类型可以更好地适应企业实施这些过程。这个框架有助于企业开放内部研发活动时选择与文化最匹配的中介来解决可能的文化障碍。Björn Remneland Wikhamn 和 Alexander Styhre(2017)基于 50 个访谈,就大型药企如何主动执行开放式创新提供了深度案例研究。除了将现有的内部知识和结构视为需要解决的问题,更多地将这些资源作为开放式创新中价值供给的基础。当然,员工从事开放式创新也会导致更为开放和更具有动力的氛围,并提升内部和外部的公司创业形象。

此外,Matthias R. Guertler、Ioanna Michailidou 和 Udo Lindemann(2016)认为通常不充分的计划也是后续开放式创新项目亏损的原因。因此他们试图通过分析影响和限制开放式创新的相关情境因素寻找指导开放式创新发展的一般方法,包括:①提出了潜在情景的分析标准;②提供了情境分析的指导原则;③提供了与开放式创新特定情境相关的指标。

2.2.3 开放式创新对绩效的影响

尽管从理论上讲,开放式创新突破企业的资源限制,为企业创新提供了全新的模式。但是开放式创新对企业创新绩效还有待实证检验。Jan de Wit,Ben Dankbaar 和 Geert Vissers(2007)的研究表明,尽管开放式创新可以作为突出的方法使企业不对自身的研发组织进行大量投资就可以提高长期绩效,但是如何通过开放式创新来提高绩效仍需要研究。JinHyo Joseph Yun 等(2017)用开放式创新策略、时间范围和产业条件这三个因素建立了研究框架来分析具体开放式创新对绩效的影响。研究发现,开放式创新对绩效的关系不仅仅是倒 U 型曲线,而且还是根据三个因素进行波动的。Mauro Caputo(2016)探讨了企业开放度和创新及财务绩效的关系。研究发现创新绩效、研发产出和收益与专利的比例随着开放度增加而减少,与此同时专利增长不受开放式创新采用情况影响。关于财务绩效,销售增长与开放度成正向趋势,而运营利润和总收益随开放式创新的采用而减少。特别是,运营利润与内向开放式创新是倒 U 型关系,而与外向开放式创新成 U 型关系。Philipp Nitzsche、Bernd W. Wirtz 和 Vincent Göttel(2016)基于动态能力观假设企业的开放度、吸收能力和灵活性决定了内向开放式创新环境中的创新成功。通过应用结构方程分析了来自德国 496 个样本的企业检验这个假设,结果表明:在三个构念和创新成功之间存在正向的联系。Emma L. Hitchen 和 Petra A. Nylund(2017)认为,尽管从开放式创新获得异质性知识加速了创新,但是是否存在对创新开放度利益的限制。他们将创新群体的规模作为权衡知识异质性和创新团队协调成本因素,提出了创新规模影响创新绩效的理论。他们假设开放度和国际化对创新群体规模和创新绩效之间的关系具有正向调节,但是这种正向调节受到知识异质性和协调成本的权衡的限制,而实证调研结果也支撑他们假设。上述研究结果表明,开放度与绩效之间的结果并非线性关系,二者之间的关系可能受到诸多因素的影响。由于开放度是一个综合概念,包含开放的宽度和深度,宽度涉及知识搜索范围,而深度则涉及交互关系质量和频率。因此一些学者撇开开放度这个综合概念,直接分析搜索策略对绩效的影响。

开放式创新过程的中心问题涉及企业组织搜索具有商业潜力的新思想的方式,因此一些学者首先检验了这种外部搜索对绩效的影响。Laursen, K. 和 Salter, A(2006)运用大规模工业企业样本,研究了搜索策略与创新绩效的关系,发现搜索的深度和广度与绩效呈倒 U 型相关。这说明外部搜索到的知识信息并非越多越好,因为太多的信息会超越企业的信息处理能力,并影响到它们对未来趋势的判断。Marco Greco、Michele Grimaldi 和 Livio Cricelli(2016)指出当企业求助于外部创新伙伴时,过度搜索和过度合作现象也会减少开放式创新的边际回报。他们假设企业所采用的外部创新渠道的多样化(搜索宽度),企业合作的深度(搜索深度)以及企业与外部渠道合作的程度与创新绩效成曲线关系。实证研究结果表明,搜索宽度与所有创新绩效成曲线关系,而搜索深度在大多数例子中并不导致边际回报减少,双向开放式创新与激进性新产品的发展和商业化成曲线关系。他们的研究结果有助于从实践上帮助经理将影响创新绩效的不同策略付诸实施,在理论上为未来的研究提出了一些建议。Achim Hecker(2016)也运用 13 个国家 49919 个企业样本验证了外部搜索宽度和深度对创新绩效成曲线关系,这一点同 Laursen 和 Salter(2006)的观点一致。但是他们研究表明,搜索对绩效的关系受到国家文化的影响,文化因素不仅直接影响创新绩效,而且与搜索宽度和深度交互作用,因而调节了内向开放式创新策略的成功。Dan Zhang、Shengxiao Li 和 Dengpan Zheng(2017)检验了新兴市场情境下考虑独占性危害时知识搜索如何影响开放式创新绩效。研究表明与目标国内市场的企业相比,目标国际市场的企业的知识搜索与开放式创新绩效具有较强的正向关系。

由于开放式创新过程包含内向开放式创新、外向开放式创和双向开放式创新,也代表了三种不同的开放式创新策略,这些策略对于不同的公司其重要性是不一样的。现实中许多公司对上述策略的采用情况也有所差别,因此研究某种类型的开放式创新策略对绩效的影响极有必要。Colin C. J. Cheng、Chenlung Yang 和 Chwen Sheu(2016)基于动态能力的基础知识,检验了知识能力如何对内向和外向开放式创新活动与激进性创新绩效关系的影响。通过对 213 个企业调研,结果表明内向和外向开放式创新活动取决于知识获取能力和知识共享能力。特别是企业实施内向开放式创新活动加强激进性创新更可能从知识共享而不是知识获取能力中获益。与此相对照,外向开放式创新活动更可能通过知识获取能力而不是知识共享能力来提升激进性创新绩效。Mattia Bianchi、Annalisa Croce 和 Claudio Dell'Era 等(2016)认为已有的内向开放式创新对绩效影响的实证证据比较模糊,这种模糊的结果是因为调节因素,这些因素影响企业从外部源泉获得技术知识并将其转化成创新产出的企业能力。他们集中在容易被忽略的调节因素:研发组织。探讨了两种组织机制:一种是非正式的外部导向(涉及研发活动中的外部咨询者),另一种是正式的内部导向(有贡献的研发单元的存在)。外部咨询者介入的研发活动通过增加从研发外包获得外部技术知识的边际收益强化了内向开放性创新活动对创新绩效的影响。然而它减少了与最高创新绩效相对应地内向开放式创新的水平。相反,现有的有贡献的研发单元通过减少从研发外包获得外部技术知识的边际效益降低了企业对内向开放式创新水平变化的敏感性,增加了与最高创新绩效相对应的内向开放式创新的水平。

事实上,开放式创新对绩效的影响是一个复杂的过程,单纯地考虑二者的直接关系并不能很好地解释实施开放式创新企业之间的绩效差异。因此,后续的研究试图加入中介变量和调节变量来解释开放式创新影响绩效的过程。Ulrich Lichtenthaler(2009)检验了环境因素在开放式创新战略和企业绩效之间的中介调节作用,结果表明技术的波动程度、技术市场的交易率和技术市场的竞争强度加强了外向开放式创新对企业绩效的影响。与此相对应,专利的保护程度不利于开放式创新的成功。这个结论对于经理而言极其重要,因为它表明在何种环境条件下开放式创新战略能够提升绩效。Ann-Kristin Zobel(2017)指出最近的研究虽然指出了开放式创新对绩效的意义,但是企业如何将开放度转变成创新产出还存在理论鸿沟。为了弥补这个鸿沟,他们建立了吸收能力的多维度概念来解释产品创新中吸收能力要素与竞争优势的关系。研究表明:首先外部技术资源获取与产品创新中的竞争优势具有正向非直接线性关系,企业与技术相关的能力起中介作用;其次,吸收能力因素改变了这个非直接的线性关系,认知能力与外部技术资源的获取正向联系,同化能力构成了线性关系的基本相关条件;外部技术资源的获取和产品创新中的竞争优势依赖于同化能力的水平;开发能力与产品创新中的竞争优势具有额外的独立的直接正向联系。

2.2.4 开放式创新的管理方法和实施途径

Henry W. Chesbrough, Melissa M. Appleyard(2007)认为开放式创新需要有完全不同于传统战略思想的新"开放式战略"。开放战略是在传统战略原则和开放式创新承诺之间进行平衡,有效的开放式战略将会平衡价值获取和价值创造,而不只是在追逐创新过程中思考价值获取。根据开放式创新过程,已有的相关管理方法和实施途径主要集中在以下几个方面:

(1)关于外部知识搜索及伙伴选择。Lopez-Vega、Fredrik Tell、Wim Vanhaverbeke(2016)认为搜索外部知识对于企业的创新活动非常关键。为了理解搜索,他们提出了两个知识搜索维度:

搜索空间(本地和远方的)和搜索方法(经验的和认知的)。结合这两个维度,识别了四个搜索途径:位置路径,类推路径,经验路径,科学路径,这些路径与"哪里搜索"和"如何搜索"相对应。他们强调了每个搜索路径中问题的架构和边界以便识别解决技术问题的方法。Matthias R. Guertler 和 Udo Lindemann(2016)认为开放式创新项目的成功直接与合适伙伴的选择相关,这些伙伴在运营和战略上为实现开放式创新项目的目标做贡献。迄今为止开放式创新伙伴选择的相关方法很有限,这些方法不是太抽象而难以用于实践,就是太过于集中在某一方面。为此他们结合不同领域整合了识别、选择方法,如利益相关者分析,领导用户识别和系统工程。这些方法在制造型中小企业的产业开放式创新项目中得到应用。

(2) 由内而外开放式创新的管理:Ulrich Lichtenthaler (2010)运用管理文献中工作相关市场的概念来帮助企业识别外部技术许可的机会,在此基础上,提出整合技术开发路径图概念,帮助企业在战略规划过程中运用工作相关市场来整合技术许可。Ulrich Lichtenthaler(2008)指出在开放式创新中,企业从外部源泉获得技术的需要日益增加,但是如何管理外部技术开发则是企业所面临的一大挑战,为了克服这一挑战,企业需要建立合适的战略技术规划过程,为此他提出将产品-技术路径图延展到开放式创新过程。Henry W. Chesbrough 和 Andrew R. Garman(2012)提出了将创新由企业内部推向企业外部的几种方法:①成为你先前内部项目的顾客或者供应商;②让他人发展非战略性新方案;③使知识产权为你和他人发挥更大的作用;④即便你自己没有发展,也要发展你所处的生态系统;⑤创造开放领域以减少成本并扩展参与领域。

(3) 由外而内开放式创新管理:Dianne M. Proia(2009)认为

开放式创新过程中,企业在签署技术转移协议前,要考虑一下问题:①确定交易背后每一方的驱动因素;②评估推荐战略伙伴;③保护公司技术和商业方面的隐私;④不要害怕限制了披露信息的数量;⑤适当的勤勉;⑥决定哪一种技术转移将会发生;⑦识别可能的过时技术转移的商业机会;⑧定价。Nicolette Lakemond、Lars Bengtsson 和 Keld Laursen 等(2016)指出尽管大量的证据关于内向开放式创新的潜在利益,但对于企业如何有目的管理内向知识流人们知之甚少。通过调研在内向开放式创新中所采用两个知识管理步骤——项目管理和知识管理的匹配情况,他们发现,除了开放式创新文献和吸收能力文献已经表明的对外部知识整合比较重要的"知识先兆"外,企业的知识管理也与创新绩效相关。Mikus Dubickis 和 Elina Gaile-Sarkane(2017)则集中在作为企业管理途径的开放式创新中内向技术诀窍的转移。主要涉及:成功的技术诀窍转移有什么构成? 如何评价技术诀窍转移的绩效? 转移技术诀窍需要干什么? 研究表明:技术诀窍转移绩效受到所陈述的目标(认知结果),应用的教学、学习和评价方法以及介入过程中的利益相关者所处的内外部环境特点的影响。他们还提出了技术诀窍转移绩效评价方法以及 6 步过程模型。

(4)开放式创新过程的管理。Rohrbeck,Holzle 和 Gemunden(2009)通过案例分析,结合创新过程与创新模式的类型考察并归纳了常用的创新工具,如前瞻工作坊、高管论坛、顾客整合、联盟项目(Consortia Projects)、公司风险资本家、网络平台、测试市场等等。这些技术与工具一方面能够进一步挖掘与释放顾客与用户的黏性知识与创新潜力,另一方面能够对全球多样化创新资源进行更好的协调与汇聚,从而大大促进创新资源的流动与价值创造。Johan Grönlund、David Rönnberg Sjödin 和 Johan

Frishammar(2010)通过将开放式创新原理与组织新产品研发过程中著名的阶段-门过程结合,探讨了企业如何从开放新产品开发过程中获益。他们提出了一个动态的实践者导向工作模型,模型展现了如何影响开放式创新利益、最小化联系风险,进行系统评价和通过新产品开发重构价值创造和获取途径。Davide Chiaroni、Vittorio Chiesa 和 Federico Frattini.(2011)认为开放式创新范式的实施可以分为三个阶段:解冻阶段、推动阶段和制度化阶段,开放式创新执行过程的变化包含四个主要维度,即网络、组织结构、评价过程和知识管理系统。他们构成了管理的和组织的杠杆,创新企业采用这些杠杆可以踏上开放式创新之旅。Sharlene Biswas 和 Chris Akroyd(2016)检验开放式创新情境下跨企业共同发展的治理,并探讨如何将产品研发过程中的阶段门用于支持这种跨企业发展关系。研究发现在开放式创新背景下(在这个情境下生产伙伴依赖于针对所有产品发展活动的研发伙伴),产品研发过程阶段门可以作为治理机制,因为它能实现支撑共同合作关系的信任和合作的发展。

(5)组织管理模式。Elias G. Carayannis 和 Dirk Meissner(2017)指出随着创新资源和伙伴数量及类型的增加,公司建立了制度来管理多重资源的潜在问题。为了发展和保持创新活动的效率和效果,创新伙伴也日益遇到挑战。基于不同产业和公司代表的案例研究,他们得到如下发现:开放式创新是一个长期的实践范式,但是其主要的努力是为了应对新的创新挑战而不断发展公司的组织和管理模式。Christian Tabi Amponsah 和 Samuel Adams(2017)探讨了可以应用于开放式创新过程系统化的各类复杂因素,如功能化的知识流,内向和外向开放式创新,加速内部创新和解决外部市场使用创新。在此基础上提出了面向商业化互动的开放式创新系统化概念模型。研究表明开放式创新系统化需要在针对商业化的知识探索和知识开发的二元性，以及这些变量关系之间进行平衡。

2.2.5　推动开放式创新的政策

除了从企业层面探讨开放式创新外，一些学者还从宏观层面就推进开放式创新政策措施进行了研究，相关研究成果集中在以下两个方面：

（1）探讨推动开放式创新的宏观政策。Yuandi Wang、Wim Vanhaverbeke 和 Nadine Roijakkers（2011）认为开放式创新实践至少对国家创新系统有三方面的影响：首先是加强了国家创新系统的重要性；其次是提升了其有效性；第三是使创新网络多样化。Sverre J Herstad、Carter Bloch、Bernd Ebersberger 和 Els van de Velde（2010）研究了国家创新政策和全球开放式创新，指出公共政策需要在下列两者之间达到平衡：①为知识源推动国际联系的形成和信息披露之间的平衡；②为了建立吸收能力向本国内部研发提供激励与知识积累之间的平衡；③维持国内网络以便累积性知识扩散与网络重组之间的平衡。Peter Teirlinck and Andre' Spithoven（2008）认为不管是创新组织还是对外部知识的利用都取决于物理的、社会经济的和文化的环境。分析结果支持了开放式创新可以从空间上加以组织的观点，与预期相反，位于城市化程度较低区域的创新企业反而展现了更大的开放性。Tom Poot、Dries Faems 和 Wim Vanhaverbeke（2009）通过大规模的数据分析发现由封闭向开放式创新模式的转变并非随时间连续变化的过程，而是一个震荡过程，这种震荡的时期因产业而异。内部和外部创新战略是互补而非替代关系。Jeroen P. J. de Jong、Tarmo

Kalvet 和 Wim Vanhaverbeke(2010)识别了开放式创新政策制定的准则,除了提出研发和交互作用导向的政策外,他们还认为开放式创新要求政策领域包含更广的范围,包括创业、教育、科学、劳动力市场和竞争等。Franz Tödtling、Peter Prud'homme van Reine 和 Steffen Dörhöfer(2011)发现公司的开放式创新战略得益于特定的区域文化特点,并没有一个统一的适用于所有地区的开放式创新模式。Tommy Clausen 和 Einar Rasmussen(2011)开放式创新政策必须通过一系列措施来加以执行,这些措施的最终目标是保护并保留对社会有经济价值的知识。通过开放式创新中介和公开支持的孵化器可以将知识从大企业转移到社会。Markus Perkmann 和 Kathryn Wals(2007)探讨了大学和产业之间合作关系的特点和扩散。在开放和网络化创新背景下,公共研究组织和产业组织之间的关系在推动创新过程上扮演着重要的角色。这种关系对商业部门创新活动的贡献大大超越了对知识产权转移的贡献。

(2) 检验宏观政策对企业和区域开放式创新的影响。Gwang Min Yoo 和 Sunjoo Kwak(2016)实证调研企业层面和区域层面企业采用开放式创新实践的决定因素。他们将 16 个韩国区域分类成 7 个区域创新类型,来解释每个区域创新条件的变化。通过使用《韩国创新调研》的数据和分层线性模型,发现企业层面的因素(如企业规模、研发创新能力和吸收外部知识的网络数量)和区域层面因素(如当地政府研发资金配套)对开放式创新具有显著的正向效应。同时他们还发现企业层面的决定因素,网络数量对开放式创新也具有强烈的影响,这一点和区域创新类型是不同的。基于这些发现,他们提出创新政策在努力激励开放式创新时应该充分考虑每个区域的创新资源和环境,而不是试图寻找一个适用于所有区域的最优模式。Marco Greco、Giorgio Locatelli 和 Stefano Lisi(2017)指出作为一个新的模式,开放式创新推动创新发展的成功导致公共权力部门激励企业与外部组织合作。这些激励通常是以对研发活动进行公共补贴的形式。一些研究发现公共补贴在实现推动开放式创新的目标方面是成功。然而当伙伴数量增加时,由于过度搜索和过度合作问题导致的合作对创新绩效的正向效应趋于减少。在这个观点上,企业合作倾向的微小的增加不应该让公共权力部门满意,相反应该自己监督公共补贴如何能提升合作效率。本书通过评估地方的、国家的和欧盟的权力部门提供的资金如何与开放式创新效率相联系,推动了公共补贴和开放式创新关系的研究。研究表明,地方和国家补贴与开放式创新效率相联系,而欧盟的补贴在统计意义上联系并不显著。在理论观点上,本书引进了开放式创新效率的概念,分析了公共政策的驱动力,提出了未来研究的建议。

2.3 国外中小企业开放式创新理论研究进展

自 2003 年哈佛商学院教授 Chesbrough(2003)提出开放式创新概念以来,开放式创新受到理论界的高度关注。然而已有的开放式创新理论研究主要针对大企业,对中小企业开放式创新的关注较少。鉴于中小企业在国家创新体系中的重要地位和作用,以及开放式创新对于快速提升中小企业技术创新能力的显著影响,近年来越来越多的学者将目光投向中小企业开放式创新,取得一批有价值成果的同时也出现了一些理论分歧和争论,从纷繁芜杂的理论关系中梳理出内在的逻辑和联系是推动新兴理论走向繁荣的重要环节。

2.3.1　中小企业开放式创新的研究意义

Hyukjoon Kim(2010)等发现有关开放式创新的成功案例大多来自大型企业,只有很少来自中小企业,这让人怀疑开放式创新的战略是否适合于中小企业。Sungjoo Lee 等(2010)认为小企业开放式创新之所以被排除在主流文献研究之外,主要原因在于大企业的开放式创新更容易研究,中小企业获得外部资源的能力更少,可供交换的技术资产更少。

然而,已有的调研数据表明开放式创新现象在中小企业中普遍存在。Vareska Van de Vrande 等(2009)通过调研荷兰 605 个创新性中小企业,发现中小企业介入到多种开放式创新实践中,并且这些实践在过去的 7 年里被大量采用(Vareska Van de Vrande,2009)。Lichtenthaler(2008)通过对德国、奥地利和瑞士的中小企业和大企业调研发现,32.5%的被调研企业某种程度上介入了开放式创新。虽然中小企业在灵活性和专业化方面更具有优势,但是很少有中小企业拥有充分的能力独立管理全部的创新过程,这反过来会激发它们与其他企业合作(Laursen,K.,Salter,A.J,2004)。

中小企业开放式创新的重要性是近几年才被许多学者认识到。Edwards 等(2005)认为,大企业和中小企业擅长于不同类型的创新。中小企业天生地更加依赖于组织间的关系和外部联系以保持竞争力。

尽管小企业对开放式创新有着巨大的贡献,但它们受开放式创新过程影响的方式与大企业显著不同,小企业开放式创新的侧重点以及它如何影响开放式创新的产出及企业绩效仍然不清楚。因此研究开放式创新影响小企业绩效的方式极为必要(Sarel

Gronum，Martie-Louise Verreynne，2011）；中小企业创新的外部联系大多受限于合作关系和联盟，人们对中小企业如何介入开放式创新，并识别外部知识和资源知之甚少。如果企业大小对创新作用的影响理由仍然存在，那么从中小企业的观点来探讨开放式创新就是有价值的（Sungjoo Lee，2010）。

2.3.2 中小企业开放式创新的特点

事实上，开放式创新对于许多中小企业而言并不新鲜，中小企业的开放式创新甚至呈现出与大企业完全不同的特点（Sungjoo Lee，2010）。

中小企业创新模式和活动与大企业迥异，中小企业通常更具有柔性，更低的正式化和决策较快，中小企业的内部研发资源非常有限。它们无法涵盖实现成功创新所需要的所有创新活动，因此外部创新和运营资产对于中小企业具有高度的吸引力。尽管有关中小企业的开放式创新刚刚兴起，有关中小企业开放式创新的特征人们知之甚少，但是仍有少量文献对中小企业开放式创新的特征进行了阐述。

首先大企业和中小企业擅长于不同类型的创新（Vossen，1998），大企业可能对现有主流技术的改进上更具有优势，而中小企业对于新兴技术机会的捕捉和把握上更具有敏锐度和灵活性；其次，开放式创新的概念对他们而言并不新鲜，中小企业比大企业更多采用非内部的创新方法，因为它们将联盟或者网络视为扩展技术竞争力的方法（Edwards，et al.，2005；Rothwell，1991），那就意味着中小企业的创新已经有一个外部的中心。但是它们的合作被限制在主要通过其他中小企业建立与大企业的联盟和外包上。考虑到具有多样性联系的企业比只有一种联系的企业更具创新性,因此调研开放式创新背景下中小企业不同类型联系的可能性极为重要。第三,中小企业将外部资源视为创新较晚阶段进入市场营销和销售渠道的途径(尤其是商业化阶段),然而开放式创新通常更多的集中于创新的早期阶段,接近外部技术资源并与技术提供者、创新性上游公司结成网络(Vanhaverbeke 和 Cloodt,2006)。第四,在中小企业开放度问题上,学者们的意见并不一致。Priit Vahter 等(2012)运用面板数据对爱尔兰制造企业进行调研,发现平均而言小企业开放程度显著比较低。但是,开放的宽度(即不同类型的创新联系)对创新绩效影响比大企业强。对小企业而言,外部联系可以解释 40％的创新销售,而大企业只有 25％左右。他们的研究结果表明小企业可以从采用开放式创新战略显著获益,但是如何选择合适的方式是一个重要的问题。Vareska Van de Vrande 等(2009)提出小企业的创新更加开放,究其原因是小企业自身缺少开发和商业化新产品的资源,结果他们更加倾向于或被迫与其他组织合作。在制造业和服务产业中企业开放式创新没有差异,但是中等规模企业比小企业更多的介入开放式创新。Hannele Väyrynen、Nina Helander 和 Tytti Vasell(2017)则提出了相反的观点。他们比较中小企业和大公司之间关键的知识管理实践和他们对开放式创新的影响,结果表明大公司比中小企业更具有创新的外部开放性,大企业从开放对话和知识共享中获益更多。小企业似乎更多依赖于发展内部实践来支持创新。他们还识别了不同规模公司发展知识管理实践以支持开放式创新的因素。

2.3.3　中小企业开放式创新的动机及障碍

（1）中小企业开放式创新的动机

从理论上看企业实施开放式创新的动机首先是基本的创业价

值观,如实现增长和获得收益,这些应该是开放式创新实践的关键动机,Eirma(2003)发现大公司研发经理在投资中遵循与市场相关的动机,如满足顾客需求,但是也有获得新知识的动机。Jacobs 和 Waalkens(2001)发现组织"创造新的创新过程"是为了减少进入市场的时间,更好地应用内部创意,因此市场的考虑和知识的创造是开放式创新的潜在动机之一。其他潜在的动机与创新合作相关,企业从事合作是为了获得遗失的知识、互补资源或者资金以分散风险,扩大社交网络或者减少成本。总体上看,上述动机主要反映了由外而内的考量,Koruna(2004)识别了企业外部开发机会的不同动机,包括收益、获得知识,建立产业标准,获得学习效应,从违约中获得收益,通过与其他组织建立交叉许可协议确保运作的自由。

Vareska Van de Vrande 等(2009)将中小企业开放式创新的可能动机分为 10 种,即控制、目标集聚、创新过程、知识、成本、能力、市场、应用、政策,不同动机的解释如表 2.1。

表 2.1 中小企业开放式创新可能动机

类别	解释
控制	对活动增加控制,更好的组织复杂的过程
目标集聚	与核心能力相匹配,更清晰的集中于企业的部分活动
创新过程	提高产品开发、过程和市场创新,整合新的技术
知识	获得知识,将专业知识带入企业
成本	曾本管理、利润率和效率
能力	不能单独做,缺乏对应平衡的能力
市场	与现有市场发展、顾客和增长或者市场份额同步
应用	优化人才、知识、质量以及雇员积极性的使用
政策	组织原则,管理相关雇员所期待的信念

他们通过实证数据检验了中小企业开放式创新的动机，发现大多与市场相关，其中采用新的创新模式被认为是保持市场发展和满足顾客需求的途径，它最终会导致销售增长、更好的财务结果或者市场份额的增加。市场导向的动机是企业从事风险项目、参与到其他企业以及将用户纳入创新过程的最重要的因素。中小企业开放式创新中与控制、目标集聚、成本和能力相关的动机很少被实践者提及。

（2）中小企业开放式创新的障碍

Chesbrough 和 Crowther（2006）识别了 NIH（not-invented-here）综合症以及缺少内部承诺作为主要的障碍因素。NIH 综合症先前被视为外部知识获取的主要障碍，尽管集中外部知识获取，其潜在的前因也可以应用于技术开发，解释导致 OUH（only-used-here）综合症的原因。其他与合作创新相关的潜在障碍有"相似性"，Boschma（2005）识别了各种形式的相似性，这些对于有效的合作极其重要，它们包括合作伙伴之间在认知的、组织的、文化的和制度的差异，意味着由于知识的缺乏，文化、组织模式或者官僚性因素可能会导致潜在的问题。其他一些潜在的障碍包括资源缺乏，搭便车行为和合约问题等。由于组织文化在创新实施中扮演着重要的角色，文化的错误匹配和误解是创新失败的重要原因。因此一些学者专门针对中小企业实施开放式创新的文化障碍进行了研究，开放的组织文化特点是空间开放，愿意改变，对不确定性和运作灵活性具有较高的忍耐度。空间开放是指在整个环境中，与创造宽广的运作网络相关的企业活动。开放度不仅应用于顾客、供应商，也应用于竞争者（Katarzyna Szymanska，2016）。

Vareska Van de Vrande 等（2009）列出了中小企业开放式创新中的 13 项可能的障碍，即管理、资金、知识、营销、组织/文化、资源、知识产权、伙伴质量、采纳、需求、能力、承诺和思想管理（见表2.2）。实证研究表明，中小企业开放式创新的主要障碍与风险、外部参与和研发外包相关。当两个公司合作并面对介入风险项目、参与到其他企业或者外部团体、用户参与时将会遇到与文化相关的障碍。时间和资源问题几乎是所有开放式创新活动所面临的问题，管理障碍大多出现于风险项目、参与到其他企业和外部团体的介入等开放式创新活动中，尤其是与政府或者非营利团体合作时这种障碍较多。

表2.2　中小企业开放式创新可能的障碍

障碍	解　释
管理	官僚的、管理负担、冲突的规则
资金	获得财务资源
知识	缺少技术知识、有能力的人员或者法律/管理知识
营销	市场信息不充分，市场的亲和性、产品的营销问题
组织/文化	平衡创新和日常任务，沟通问题、对伙伴行为的矫正、创新的组织
资源	创新成本，所需时间
知识产权（IPR）	开发出的创新的所有权，不同团体合作时用户的权利
伙伴质量	伙伴没有达到预期
采纳	采纳问题的观点，误判的顾客需求和
需求	顾客需求过于具体，创新似乎无法与市场匹配
能力	雇员缺乏知识/能力，劳动力的柔性不够
承诺	缺乏雇员承诺，抵制变革
思想的管理	雇员拥有太多的思想，却没有管理支持

Hakikur Rahman 和 Isabel Ramos(2010)认为中小企业成功的开放式创新战略需要通过发现创造性的方法来开发内部创新，

不仅需要将外部创新纳入内部发展,同时还要能够推动外部行动者来保持外部创新流的持续性。中小企业发现很难进入一个可持续的价值链市场,他们只是集中在短期的市场促销;由于资源有限,他们甚至缺乏中期的需求;缺乏一个切实有效的联系网络。开放式创新中的企业更愿意与大企业而不是那些草根企业保持很好的联系。位于地区层面的中小企业,技术设施比较差,在项目研究的驱动上比较松散,没有充分的资源通过适当的市场分析去识别创新需求,并界定相应的创新项目。

与大企业相比,中小企业在创新中有大量的问题,特别是从开发阶段进入商业化阶段,在这个阶段它们受到资金的限制和遇到其他瓶颈,如缺少训练有素的人员和市场上相关产品的替代性较低,固定资产不足等。尽管中小企业通过新产品开发使其成为合适的合作伙伴方面具有一定的优势,因为它们通常官僚性较低,且总体上它们比大企业拥有更大的成功动力。但是,作为中小企业希望被包含在获得较高创新绩效的网络中,这又会产生如何在网络中组织新产品开发的问题。

Mattia Bianchi 等(2010)开放式创新实践的关键因素是定期识别企业核心业务以外的外部技术许可机会。这对中小企业而言是个挑战,因为它们专注于业务组合、专门的知识基,有限的财务资源以便为创新活动做贡献。

2.3.4 吸收能力与中小企业开放式创新

有关中小企业开放式创新能力的研究也是当前中小企业开放式创新的热点之一。开放式创新能力中,吸收能力是被提及最多的。Cohen 和 Levinthal(1990)提出企业认识新的价值、外部信息、同化并应用于商业用途的能力是创新能力的关键,因此吸收能力概念是理解成功内部开放式创新的关键。吸收能力对于开放式创新的正面意义已经被许多实证研究所支持（DeSanctis et al.，2002；Tsai，2001）。Stock et al.（2001）提出在吸收能力和新产品开发成功之间存在倒 U 型关系，只有达到一定水平的吸收能力才会对新产品开发的更高水平做贡献。

Fang Huang 和 John Rice（2009）认为开放式创新途径强调企业与上游供应商之间的知识渗透，但是忽略了转变效率和知识到达中心组织后的效果，他们以中小企业为背景检验了开放式创新战略和吸收能力之间的交互效应，发现有效的知识吸收能力是推动创新效果的关键因素。Andy Cosh 等（2007）以高技术产业中的中小企业为调研对象，发现企业规模并非成长和创新的障碍，年轻的企业更具有创新性。中小企业在吸收能力方面的欠缺是其创新和成长的关键障碍，管理团队的素质和经验是影响吸收能力的因素之一，对付吸收能力低下的一个方法就是与其他组织合作，但是对于企业而言没有一个统一的合作模式。有证据表明，高成长企业和新企业更喜欢介入到合作中。对于高成长企业来说，供应商作为知识源泉显得更为重要，而顾客和客户作为知识源对创新型企业而言更重要，高成长企业和创新企业都很喜欢从咨询企业那里获得重要的知识资源。

Spithoven 等（2011）证明了创新过程的开放性迫使缺乏吸收能力的企业从事内向创新时寻找替代方式，他们以传统部门和中小企业为背景，探讨了如何在内向开放式创新中建立吸收能力。首先，吸收能力不仅包括研发活动，同时还包括与研发相关的活动；其次，即使企业的吸收能力可以仅仅由内部产生，技术中介也可以在它们的客户企业中通过执行一定的活动来建立吸收能力，这些活动包含在集体层面通过组织吸收能力来执行知识情报服务、知识代理功能和知识存储。Yushan Sun 等(2010)认为,已有的开放式创新研究大多针对企业的外部网络建设,但是较少涉及外部网络与内部能力的匹配问题,开放式创新的成功受创新战略特定时间、开放度以及互补伙伴的选择等因素决定。它们以台湾生物技术产业中的小企业为研究对象,对企业的发展进行阶段性划分,发现在企业不同的发展阶段需要不同的内部能力,且都体现出利用外部资源来执行创新的过程,开放度随时间而变化,并且以内部能力为基础,在不同的阶段根据内部能力来决定开放度。

Joachim Hafkesbrink 等(2010)根据开放式创新的挑战,以数字经济中的中小企业为研究对象构建了连接外部驱动力、开放式创新和能力的概念模型,概念模型分为三个模块,分别解决:(1)外部驱动力如何影响中观层面的直接环境和微观层面公司的创新活动;(2)在外部驱动力中,哪些是环境变化和单个企业开放式创新过程中特定的组织和个体能力的前因;(3)开放式创新成功的标准是什么,哪些个体和组织能力对于开放式创新的管理最为有效。他还将组织开放式创新的能力分解为:组织的准备能力、合作能力、吸收能力,并分别探讨了能力提升问题。

2.3.5　开放式创新对中小企业绩效的影响

(1) 中小企业开放式创新对绩效的直接影响

Sarel Gronum 等(2011)指出,已有的开放式创新研究将重点放在调查企业开放式创新导向与创新绩效的关系,而开放式创新与企业绩效的直接关系则被大大忽略了。通过调研开放式创新、正式网络、创新宽度和绩效的关系,发现早期形成的正式网络有助于提高小企业参与开放式创新的效益,采取由外而内的开放式创新对提高创新宽度和小企业的绩效有益。通过建立正式的网络,小企业可以缓解规模障碍,并提高创新及其对企业绩效的效应。Vinit Parida 等(2010)指出已有文献几乎没有调研中小企业开放式创新活动对创新绩效或竞争的影响。他们把中小企业由外而内的开放式创新活动分解为技术搜索、技术水平扫描、技术垂直扫描和技术精炼。通过调研 252 个技术型中小企业发现,不同的开放式创新活动有益于不同的创新绩效。技术精炼对激进性创新有益,而技术探索与渐进性创新相联系。他们强调对中小企业进行开放式创新研究非常有价值。Priit Vahter 等运用 1994—2008 年爱尔兰制造业企业的面板数据,发现就开放广度对创新绩效的影响而言,小企业比大企业要强。与大企业相比,小企业可以从开放式创新战略上明显获益,但是选择合适的开放式创新模式是有待研究的重要问题。Jin-Hyo,Joseph Yun 等(2010)检验了 IT 医疗、IT 机器人、太阳能和燃料电池设计等作为增长引擎的技术领域中开放式创新和中小企业绩效的关系。发现,中小企业为了生存,从业务生产线向更有前景的高技术领域转变方面是非常主动的。连续的增长和发展不能单纯指望封闭式创新。在验证阶段中小企业的生存会受到威胁,因为他要花费很多时间去获得市场或者科技商业圈的支持和认可。Mokter Hossain 和 Ilkka Kauranen (2016)对现有的中小企业开放式创新文献进行了整合。研究发现中小企业采用开放式创新增加了总体的创新绩效。

(2)影响中小企业开放式创新与绩效关系的因素

一些学者认为,中小企业开放式创新对绩效的影响是一个复杂的过程,其间受诸多因素影响。Weiwei Huang 认为当中小企业要执行由外而内的开放式创新时,技术互补性是资源互补性中最为重要的要素,而转化能力对资源互补性、由外而内的开放式创新以及厂商绩效具有显著的中介效果,由外而内的开放式创新对厂商绩效有正向影响。Simona Popa、Pedro Soto-Acosta 和 Isabel Martinez-Conesa(2017)实证检验了创新前因和创新氛围对开放式创新以及中小企业绩效的影响,分析了环境的动态性和竞争性在创新氛围和内向与外向开放式创新关系中的调节作用。他们针对429个西班牙中小企业采用基于方差的结构方程模型分析了网络关系。结果表明:组织因素,如基于投资的人力资源实践对创新氛围有正向影响,创新氛围对内向和外向开放式创新有影响。另一个重要的发现是权变因素,如环境动态性加强了创新氛围对外向开放式创新的正向效应。Jinhyo Joseph Yun、Kyungbae Park、Janghyun Kim等(2016)认为尽管开放式创新已成为提升企业创新的受欢迎的策略,但是人们对创业情境下的开放式创新仍然不太了解。特别是在中小企业中,结合开放式创新来理解创业角色的必要性越来越高。研究表明开放式创新对绩效的影响强烈依赖于创业这一重要角色。

并非所有的研究结果都证实开放式创新对企业绩效具有正向影响,Rosenbusch 等(2011)认为内部创新项目比与外部伙伴合作的创新项目导致更好的企业绩效,聚焦于外部合作的创新项目不能增加小企业的绩效。他们还指出创新与绩效的关系依赖于情境,如企业的年龄、创新的方式以及文化背景等。Hyukjoon Kim 和 Yongtae Park(2010)运用回归分析了外部活动对开放式创新产出的效应,并将结果与大企业进行对比。实证研究结果表明并非中小企业所有的开放式创新活动都对创新产出有正向影响。

2.3.6 中小企业开展开放式创新的策略和方法

中小企业作为开放式创新研究的新热点,如何开展开放式创新吸引了众多学者的关注。由于方法本身是中性的,中小企业能用大企业同样能用,因此有关中小企业开放式创新方法的不少研究成果很难体现中小企业的特点,但鉴于他们以中小企业为研究对象,有助于从中归纳出中小企业开放式创新方法的特殊性,因此我们将搜集到的相关研究成果分类整理如下:

(1) 搜索策略和方法

中小企业开放式创新搜索战略以组织情境为条件的,这些战略在提高创新绩效的能力以及管理创新的内在组织需求方面显著不同。Sabine Brunswicker 等(2011)实证研究表明中小企业有意识的对外部创新输入进行开放,他们根据中小企业在开放式创新实践中的搜索特点,将中小企业的搜索策略划分为五种类型:即封闭的创新者、供应链搜索者、技术导向搜索者、应用导向和需求驱动搜索者、全方位搜索者。研究表明,需求驱动和广泛的多样化搜索可以提高中小企业创新的成功率。很多中小企业属于家族企业,家族式的管理是否导致中小企业开放式创新行为的特殊性?Rodrigo Basco 和 Andrea Calabrò(2016)调研了自然资源产业集群中与家族中小企业和非家族中小企业内部创新活动相联系的开放式创新搜索策略类型。结果表明,家族和非家族中小企业在内部开放式创新活动条件下的搜索策略没有显著差异。特别是家族中小企业在封闭的网络关系中(及顾客,供应商和竞争者)搜索新思想和新知识,而非家族企业主要依赖于更宽的网络关系(如大学、公共机构和公平贸易组织)。外部搜索既包括从外部发现新的互补知识,同时也包括从外部发现技术商业化的机会,这是外向开放式创新的重要环节。开放式创新实践的另一个关键因素是定期识别企业核心业务以外的外部技术许可机会。这对中小企业而言是个挑战,Mattia Bianchi 等(2010)通过采用已有的 TRIZ① 工具

---

① TRIZ 理论是由俄语"发明问题解决理论"(Teoriya Resheniya Izobretatelskikh Zadatch)的首字母组成。

结合非财务权重、排序技术以及投资组合管理工具提出了识别向外发放许可证机会的快速简便方法。

（2）合作途径和方法

开放式创新需要中小企业实现由封闭创新到开放创新，由研发到联系并发展，由竞争到合作，由边缘封闭到网络化范式的转变。为了获得高创新绩效，中小企业需要与外部网络合作，Hakikur Rahman 等（2010）提出了中小企业与外部创新资源合作的四条途径：共有的或者合并的研发，拓展或者合作开发，在伙伴关系中推进产品并通过众包吸引类似的行动者自愿创造良好的氛围。从能力方面看，中小企业需要关注如何最好地使用内部研发能力来最大化竞争优势，这些能力包括为与传统模式相似的内部商业化而产生创新的能力，建立吸收能力和运用该能力去识别外部创新，形成创新以便通过外部商业化推动价值链，形成知识产权以便通过知识溢出或者相关产品的销售获益。Wim Vanhaver-beke（2010）以丹麦被子生产行业为研究对象，探讨了中小企业如何通过采用开放式创新以获得竞争对手难以模仿的竞争优势，他从新概念的搜索、长期合作、持续改进和多样化探讨了中小企业开放式创新中的伙伴合作及知识获取。Roberto Gabriele（2017）调研了区域背景下企业的研发合作，结果表明企业利用以公共研发机构为代表的知识中心，聪明的企业不仅从本地的中心获得知识，而且从区域外的资源获得知识，公共补贴在形成这类采购策略中确实扮演着一定的角色。

（3）对开放式创新过程的管理

针对中小企业开放式创新需要具备的能力和条件，Joachim Hafkesbrink 等（2010）以数字经济中的中小企业开放式创新为例，提出了"快速检验"审计工具来衡量中小企业开放式创新中更高开放度的组织前因和能力,审计工具主要包含三个维度:即组织的准备度、合作能力和吸收能力,每个维度都包含相应的测度指标。Juan Ignacio Igartua, Jose Albors Garrigós 和 Jose Luis Hervas-Oliver(2010)指出在恶劣的环境条件下,中小企业比大企业更难以生存。创新作为获得持续竞争优势和企业可持续发展的动力应该受到企业的重视。在发展创新管理的技巧和工具的过程中,中小企业的经理们往往被忽略了。为此他们研究了中小企业开展开放式创新过程中创新管理的技巧和工具。W. Krause 和 C. S. L. Schutte(2016)基于开放式创新生命周期框架提出了中小企业开放式创新途径的建议。Stefanos Marangos 和 Lorraine Warren(2017)检验了生命科学产业研发密集型中小企业的 CEO 所执行的与开放式创新相关的战略,分析了开放式创新战略的关键因素,发现中小企业采用一定范围的开放式创新和合作战略是有一定的条件,提出多层次的路径图将行动者与更为广泛的领域相联系。Kaisa Henttonen 和 Hanna Lehtimäki(2017)研究检验了技术型中小企业如何开展开放式创新。识别了商业化阶段三个多企业合作模式:拥有领导伙伴的网络、平等的伙伴关系、外部技术商业化的伙伴关系。研究表明在中小企业中,开放式创新被用于商业化多于研发。研究的主要结论是商业化阶段的合作模式取决于企业的核心竞争力和开放式创新策略。

(4) 对合作研发和知识产权的管理

中小企业必须认识到知识产权作为信息、工具和资产的价值,中小企业需要学习如何优化知识产权管理以保持或促进增长。知识产权使中小企业享有创新开发的独有权,独享意味着控制和为投资、合作和许可创造激励,并能为推进一致性的全球策略提供坚实的企业平台(Stanley 和 Franklin, 2010)。Alexander Brem、

Petra A. Nylund 和 Emma L. Hitchen(2017)主要研究中小企业开放式创新和使用知识产权的关系。作者考虑了专利、产业设计（在美国是设计专利）、商标和版权。研究的关键结论是：中小企业从开放式创新获益，或者以与大企业同样的方式从专利中获益。此外，结果还表明中小企业以不同的方式从知识产权中获利，主要取决于它们的规模和相应的知识产权。

大多数为了持续增长的创新活动都是对研发项目进行协调，即使在同一个企业内鉴于项目和开放式创新的特点使得这些协调具有广泛的差异。因此当评价开放式创新策略的绩效以及探讨跨层次交互作用下开放式创新的成本和收益的形成时考虑这些项目的特殊性是很重要的。Byungun Yoon、Juneseuk Shin 和 Sungjoo Lee(2016)从企业层面和项目层面识别了成功和不成功的开放式创新项目的差异。中小企业由于通常缺乏有效发展、生产和商业化创新所需要的内部资源和能力，因而必须采用开放式创新来实现可持续性发展。通过整合企业和项目层面，可以有效应对实施开放式创新项目时组织内部所面临的挑战。从更高的层面看，发展中国家和发达国家不同的条件是导致有关中小企业开放度或者采用开放式创新水平的研究结论相互冲突的重要原因之一。Serhat Sağ、Bülent Sezen 和 Mevlüdiye Güzel(2016)通过界定推动或者阻碍发展中国家中小企业采用开放式创新方法的因素，提出了政策要求和采取有利于支持中小企业的开放式创新生态系统的行动，如激励中小企业-大学和中小企业-大企业合作，创建创新中心来提升中小企业的网络能力，免费提供知识产权咨询，代表中小企业进行外部搜索等。

（3）初创企业的开放式创新

近一两年一些学者将注意力转移到初创企业的开放式创新。

Muhammad Usman，Wim Vanhaverbeke(2017)指出初创企业的开放式创新相对而言是未被研究的领域,从前人的观点看初创企业与大企业的合作创新事实上不存在。他们通过描述初创企业如何成功地组织和管理与大企业的开放式创新,指出了初创企业在采用开放式创新并获益的实践时所面临的共同挑战和障碍,肯定了初创企业经理在成功实施开放式创新中所扮演的关键角色,并表明拥有在大企业工作或合作经验的初创企业经理如何才能有效处理创新网络中企业与更大伙伴的关系。Francesca Michelino、Antonello Cammarano 和 Emilia Lamberti 等(2017)的研究发现企业在初创阶段开放度水平比巩固阶段要高,初创阶段开放度越高,与科研组织合作的倾向就越高。研发合作的发生与联合发展活动中所涉及的知识领域专业化程度相关。

2.4 开放式创新网络理论研究进展

企业实施开放式创新必然与其他企业形成一个资源共享,相互利用,共同受益的创新网络。因此创新网络和联盟的治理也成为开放式创新的一个新的研究方向。

组织边界外日益增加的网络重要性是由于企业让思想流出组织的需要日益增加,以便发现适于发挥特点的更好的场所,并以新的回馈物及商业模式的形式流回公司。在这个背景下,开放式创新模式将 R&D 看成开放式系统,并强调这两个过程的相互性,通过互补的联盟公司实现由外而内和由内而外思想流动的连接。因此,自组织的网络成为复杂技术和系统解决方法的主导创新者。

2.4.1 开放式创新网络的形成

开放式创新网络的形成是一个渐进的过程,企业为了从外部获取或者商业开发技术及知识必然需要与外部进行合作,合作的方式多种多样,如许可协议,非股权联盟,购买和提供技术和科学服务。当一些类型的合作项目出现并取得了预期的正面效应,这些项目就会从短期、基于项目的合作向长期、基于制度化的创新网络转变。随着合作的存续与发展,企业通过更多地将运营于核心领域之外的外部伙伴包容进来逐渐修正它们所处的创新网络,与此同时更多地开放式创新途径被采用;在内向和外向开放式创新中,联盟扮演着越来越多的角色,企业越来越频繁地采用开放式创新途径寻找连接创新过程与外部行为者的纽带(Mattia Bianchi,Alberto Cavaliere,Davide Chiaroni 等,2011)。在企业创新网络形成的过程中,伙伴选择无疑是企业所面临的首要问题,尽管人们已经认识到为创新网络选择伙伴的重要性,但是研究中很少有人关注经理们应用于伙伴评价的标准。Rusanen,Helena(2013)认为现有的创新文献讨论的伙伴选择标准无法满足合作的交互性要求,他们探讨了考虑开放式创新特殊性的伙伴评价标准,指出选择创新合作伙伴的标准应基于提供更多价值的能力,提出由特定的技术、态度和资源所构成的能力作为跨组织创新网络伙伴选择的合适标准。

企业从封闭式创新转向开放式创新的过程,是形成新的价值网络的过程。开放式创新网络与战略网络、商业生态系统具有关联性及内在逻辑,开放式创新网络的形成及演化取决于战略网络的类型和动态变化趋势以及商业生态系统中核心物种的生态位进化(彭华涛、Bert Sadowski,2014)。开放式创新模式的采用是建立在导致创新的组织环境基础之上，包括创建知识共享的文化，建立信任环境和丰富的 IT 资源（Ulrika H. Westergren，Jonny Holmström，2012）。特别是开放式创新得益于互联网的兴起，它使得企业对广泛的外部创新思想源开放变得更容易更便宜。开放式创新中介网络的爆炸式增长使得那些寻找知识来解决挑战的企业可以快速与拥有相关知识的其他企业和个人匹配。中介网络允许采购部门从传统一次性交易关系的供应商网络以外的企业和个人获得可编码和不可编码的知识。尽管理论上以这种方式获得创意对于知识的搜索和转移等提出了问题，但是公司可以凭借采购发展出过程和整合机制，进而发展出有效的组织学习惯例。这些惯例在战略上对于通过使用中介网络的开放式创新获得新的思想和创造竞争优势至关重要（Corey Billington，Rhoda Davidson，2013）。Janssen，Wil（2014）分析了开放式创新中中介在创新过程探索阶段和开发阶段进行控制和开发所需要的能力，拥有合适的能力体系的中介在开放式创新中扮演着重要角色，创新中介的角色在创新的创造和发展阶段关联度更高。Weissmann，Paul Heger，Tobias（2012）认为有关解释合作创新和跨组织网络，以及阻碍组织利用所有伙伴资源的文献比较丰富，但是推动这些网络中创新的过程和方法需要进一步地探讨。他们简要回顾了解释创新网络形成的理论，得出网络面临的中心挑战。基于调研提出了在人力资源、结构、管理和财务以及文化领域形成合作创新的工具。

2.4.2　开放式创新网络治理

为了使开放式创新网络能够健康发展并持续为参与企业提供有价值的知识和信息，推动参与者创新能力的不断提升，就需要对创新网络进行有效的管理。Joakim Wincent、Sergey Anokhin 和 Hakan Boter(2009)认为在开放式创新网络中可以成立雇主委员会来有效管理联合研发活动,并承担适当的功能。委员在网络中的基本作用是协调和规范成员的合作领域,通过提供专业知识和管理现有及未来的创新企业来为联合 R&D 项目的发展提供帮助。为此,他们还推出一套可供网络管理委员选择的有效运作工具,并强调了网络管理委员会的连续性对于网络成员创新绩效的影响。Thomas Clauss 和 Patrick Spieth(2017)认为开放式创新网络中联合创新产出的实现、协调联合过程(如知识共享)和消除不希望的行为(如机会主义)的有效管理机制密切相关。他们分析多重治理途径对国内和国际范围内开放式创新网络产出的复杂影响。研究表明三种治理机制:交易治理、关系治理和制度化治理显著形成了开放式创新网络的创新产出。在国家开放式创新网络中,只有关系治理有正向影响,国际范围内交易治理和制度化治理是必需的。

信任作为关系治理的重要内容,由于它直接影响到伙伴关系质量和隐性知识的转移因而也吸引了诸多学者的兴趣。María Isabel Roldán Bravo、Francisco Javier Lloréns Montes 和 Antonia Ruiz Moreno(2017)提出,企业开放式创新导向受到以往对开放式创新伙伴的信任、投资和所感知到的程序公正的期望的影响。对信任的正向不一致(即感到的信任超出期望)在企业与供应商网络开展开放式创新意图的形成中扮演关键角色。John Skardon (2011)也检验了信任(拥有多种可能的制度角色)对于创新网络,特别是枢纽企业的成功运作极其关键。Hardwick Jialin、Anderson Alistair R 和 Cruickshank Douglas(2013)检验建立信任的时间和过程以及信任在产品创新合作网络中使用的情况,并与虚拟网络进行比较。研究发现，信任被视为成功合作创新的必要条件，但是已有文献只涉及信任建立的过程中不同信任维度的识别。信任通过建立形成信息流和隐性知识交换的信誉平台而发生作用。两种类型的信任关系——技术的和社会的，以不同的方式产生不同但是互补的信任类型。虚拟环境下适合于技术信任的建立，但是较少适合建立更深入、更持久的信任形式。Wenbo Guo、Jing Betty Feng 和 Brad McKenna（2017）在中国资源密集型中介的案例研究中探讨了跨组织治理对双边信任建立的影响。研究表明正式控制和相关的治理机制对于研发众包中迅速的基于知识的信任很重要。案例揭示中国企业持续使用"关系"作为相关的和应急的机制来保持基于情感的信任，但是"关系"被发现阻碍了中国开放式创新基于网络的众包成长。

　　创新网络的实施对于产生可持续的竞争优势至关重要，而网络协调机制是保证网络正常运营的前提和保障。Satish Nambisan 和 Mohanbir Sawhney（2011）描述了网络创新中枢纽企业协调过程的本质。网络协调过程反映了创新设计和网络设计因素之间的交互作用。Favre-Bonté Véronique、Gardet Elodie、Thevenard-Puthod、Catherine（2016）指出与产业创新不同，服务创新无法通过专利和设计加以保护。他们针对产生服务创新的跨组织网络形式，检验了跨组织网络特点和所发展出的服务创新的类型。结果表明，根据创新的类型不同，网络的伙伴类型和地理范围也有差异，无论发展出何种创新都需要中心行动者来协调各类伙伴并运用经济规则模式。Laperche 和 Blandine（2012）研究了知识产权在网络化企业生产和组织目标中的功能，他们认为知识产权具有的重要调节功能使得网络企业各部分之间的关系处理更容易。这种协调作用是基于开放式创新，协调作用与传统的知识产权的激励和防御功能相联系,这个功能是为了激励企业知识资本的形成。值得注意的是不少学者指出网络推动者在网络协调和发展中的关键作用。Klaus Fichter(2009)认为开放式创新研究迄今未能与跨越组织边界的转换领导者、网络捍卫者和推进者的角色研究很好的联系起来。他们基于推动者理论介绍了创新社区的新的构念(即网络推动者),探索了开放式创新中网络推动者及其承担的角色。

2.4.3 创新网络与绩效的关系

尽管理论界较早开展了关于创新网络的研究,但是开放式创新情境下探索网络对于企业的影响则是近几年开放式创新理论研究的新趋势。Tove Brink(2014)研究了网络情境下由内而外和由外而内的双重创新途径对中小企业营业额的影响。研究发现由外而内和由内而外的途径对创新和增长都有显著的正向影响。M. G. Perin、C. H. Sampaio 和 D. Jiménez-Jiménez 等(2016)认为社会网络是创造知识和构建激进性创新的基石,而知识创造和激进性创新的构建反过来又会触发新知识转化为企业的绩效。外部社会网络在开放思想与内部社会网络的关系中起中介作用,而且外部社会网络对企业的绩效有直接的影响。

鉴于网络的复杂性,一些学者从网络的不同维度分别探讨了对企业绩效的影响,已有的成果主要集中在以下几个方面:

网络结构对企业绩效的影响。JinHyo Joseph Yun、EuiSeob Jeong 和 JinSeu Park(2016)分析了网络结构和企业联合专利申请的特点,如中间性和中心度、结构洞和封闭性。研究发现:第一,合作网络的结构对企业的创新绩效既有直接效应也有间接效应;第二,在联合专利申请过程中,存在联合专利申请网络的长尾现象;第三,专利数量和国际专利分类的亚类共同构成了企业创新绩效有意义的测度方法。Erica Mazzola、Giovanni Perrone 和 Dzidziso Samuel Kamuriwo(2015)探讨了中心性和结构洞位置在开发新产品可能性中所承担的角色,以及开放式创新流对他们关系的调节作用。实证研究表明网络中心的位置对新产品开放过程有正向影响,而结构洞的位置对前面提到的绩效没有影响。两个网络位置的交互作用和开放式创新流对新产品开发的可能性有正向影响。Srikanth Paruchuri(2010)提出了跨组织网络中企业的位置影响企业内部创新活动的机制是调整企业之间的信息流数量。通过探索企业的内部创新活动,他们检验了在跨企业合作创新的网络中发明者的结构中心性与它对企业创新活动的影响成倒 U 性关系,而且这种关系被跨企业网络中企业的中心性和结构洞的跨度所调节。Leminen Seppo、Nyström Anna-Greta 和 Westerlund Mika 等(2016)讨论欧洲"living labs"中网络结构的差异及其对创新产出类型的影响。结果表明,在"living labs"中特定的网络结构,即分布式复合网络结构支持激进性创新,而分布式集权网络结构支持渐进性创新。

网络异质性对企业绩效的影响。已有研究证明了外部联系对于增强内部研发的价值,然而很少有人了解经理如何能够调节开放合作创新模式的潜在利益来创造一个创新时代。Sarel Gronum、Martie-Louise Verreynne 和 Tim Kastelle(2012)认为网络连接和绩效之间的联系比较复杂,因为创新在二者的正向联系中起中介作用,强大的异质性联系有助于提升中小企业的创新绩效。Zouaghi Ferdaous、Garcia Marian 和 Garcia Mercedes Sanchez(2015)检验了合作网络中多样性对创新绩效的价值,探讨了研发人力资本对联盟多样性与创新绩效的关系的调节作用,结果显示二者关系是曲线关系,但是联盟多样性在高技术产业中作用更明显，特别体现在技术复杂性、市场不确定和技术发散的高技术产业中的激进性创新。

开放式创新能广泛吸收企业内外部创新资源，加速企业技术创新进程，提升企业核心竞争力。创新社区网络内部影响因素的有效组合配置，能使企业获得较好的开放式创新绩效，为企业进一步有效实施开放式创新奠定基础（夏恩君、王素娟、张明等，2014）。总体而言，开放式创新中联盟组合的结构特征对开放式创新绩效的影响，联盟组合资源多样性（数量）、资源异质性（质量）、开放广度（数量）、开放深度（质量）、结构强度和耦合机制这六个结构要素与创新绩效之间呈正相关关系（江积海、蔡春花，2014）。此外，个别学者探讨了网络关系嵌入性对企业绩效的影响，发现国际制造网络中企业的关系嵌入性通过探索性学习对技术创新绩效具有正向影响，信任、信息共享和联合解决问题有利于新知识的获取和应用，继而提高了技术创新绩效（Xu，Guannan；Liu，Xuefeng；Zhou，Yuan等，2012）。

2.4.4 推动网络形成和发展的政策

尽管创新网络对于开放式创新的正面意义已经成为共识，但是人们对于如何通过政策来影响创新网络的形成和发展了解不多。大学作为知识创新的重要机构，其在创新网络中具有特殊的地位，因此大学与企业之间的关系也成为开放式创新政策研究的重点。Kazuhiro Asakawa、Hiroshi Nakamura 和 Naohiro Sawada（2010）检验了企业层面开放式创新政策和实验室层面的外部合作对实验室研发绩效的影响，表明了开放式创新政策是如何对实验室与本地大学或商业组织之间的合作关系产生正向显著效应的。Susan Christopherson、Michael Kitson 和 Jonathan Michie（2009）

认为现有的政策比较狭隘的集中在技术转移，因而无法抓住多样性、复杂性、地点的作用和路径依赖的重要性。他们探讨了信息和知识在企业社区扩散和在大学与企业间转移的各类方式，这些方式的实施是一个重复和共生的过程。证据表明应该更加重视大学以及与技术转移活动相关的实现，而且地区和空间的角色在网络运作和创新结果中具有重要意义。Patricia van Hemert、Peter Nijkamp 和 Enno Masurel(2013)指出政策制定者也许没有充分意识到在中小企业的探索性网络和开发性网络保持适当平衡的重要性。在开放式创新模式中，政策制定者总是增加激励中小企业发展探索新技能。许多研究显示中小企业比大企业拥有更高的研发生产心理，而且创新型中小企业更可能与其他中小企业或诸如大学等机构构成外部网络，但是对中小企业创新活动成功性的检验很少。他们调研了 243 个荷兰中小企业，通过结构方程模型检验表明探索性机会与机构(如大学)和私人研究机构对中小企业的成功非常重要。

关于创新网络的空间特征，Peter Teirlinck 和 André Spithoven(2008)认为，不管是创新组织还是对外部知识的利用，都取决于物理的、社会经济的和文化的环境。他们的分析结果支持了开放式创新得以从空间上加以组织的观点，与预期相反，位于城市化程度较低区域的创新企业反而展现了更大的开放性。

2.5 国内开放式创新理论研究进展

2.5.1 以一般企业为研究对象的开放式创新理论进展

国内最早提及开放式创新是 2003 年罗丹，他在《开放式创新，欲废专利藩篱》提出国外开放式创新与专利保护之间已出现冲突，接下来的几年里一些实践性较强的商务期刊上开始出现开放式创新的概念。学界有关开放式创新研究的正式成果发表出现于2006年，后锐等（2006）在《科技进步与对策》期刊上发表了《企业开放式创新：概念、模型及其风险规避》一文。其后有关开放式创新理论的研究逐渐引起我国理论界的关注，近年来更是成为战略管理和创新理论研究领域的一大热点。总结我国理论界已有的成果主要体现在以下几个方面：

（1）开放式创新的基本概念及研究框架

我国理论界关于开放式创新的概念基本停留在引用和介绍国外成果，其中尤以引用Chesbrough2003年提出的概念最多，几乎没有学者就开放式创新的内涵提出自己的观点。王雎、曾涛（2011）以开放式创新的本质——价值创新为起点与核心，延伸到实现开放式创新的价值识别、价值创造与价值获取三个维度，建立起一个关于开放式创新的认知性框架。

（2）开放式创新的机理及其与创新绩效的关系

已有的关于开放式创新对企业绩效影响的研究主要从以下三个方向展开：

首先，开放式创新对创新绩效的直接影响。开放式创新主要是通过获取市场信息资源和技术资源，以弥补企业内部创新资源的不足，开放式创新行为与程度均对企业创新绩效有显著的正向影响（陈钰芬、陈劲，2009；崔维军、王文婧和傅宇等，2017；吴晓云、杨岭才、李辉，2016）。鉴于开放式创新策略包括内向、外向和双向开放式创新，因此有文献指出内向型开放式创新、知识产权保护对根本性创新绩效均有显著的正向影响；决策中心性会正向强化内向型开放式创新对根本性创新绩效的影响；当知识产权保护机制更为健全时,决策中心性在内向型开放式创新对根本性创新绩效影响中的正向调节作用会被显著增强(张振刚、王华岭、陈志明等,2017)。邵福泽、周伟(2016)的研究发现开放式创新战略与企业创新绩效呈显著正相关关系,并且开放式创新战略与战略柔性对创新绩效的影响存在显著正向交互作用。当然也有学者指出,开放式创新模式中并非企业的所有外部联系都会对绩效产生正向影响,汪涛、王繁荣、陈炜然(2017)认为在开放式创新背景下,新兴企业与行业价值链伙伴的垂直联结关系会正向影响企业探索式创新对创新绩效的作用,而负向影响企业利用式创新对创新绩效的作用。

其次,以吸收能力作为中介探讨开放式创新对绩效的影响。开放式创新是当前国际技术创新管理领域的研究前沿,开放式创新必然涉及对外知识的吸收和利用,因此引入吸收能力来解释开放式创新影响企业绩效的机理也成为很多学者研究的重点。从研究的结果看,大多数学者认为开放式创新对企业的创新绩效有正向影响,而吸收能力对在开放式创新影响绩效的关系中起中介作用,(张振刚、陈志明、李云健,2015;丁宇、王卫江、刘正刚等,2016;李志强、果艳梅,2016)。部分学者在分析吸收能力作用的时候,将吸收能力分解为实际吸收能力和潜在吸收能力,实际吸收能力在开放式创新与创新绩效间起完全中介作用,而潜在吸收能力在内向型开放式创新与创新绩效间起显著的负向调节作用,在外向型开放式创新与创新绩效间起显著的正向调节作用(张振刚、陈志明、李云健,2015)。罗琼(2016)将企业开放式创新与绩效的关系研究置于企业生命周期的情景之下,认为开放式创新能力的不同维度在生命周期不同的阶段对绩效的影响是不同的,她发现吸收能力在成长期与成熟期对企业创新绩效具有显著正效应,在衰退期对创新绩效具有显著负效应;连接能力在成长期与成熟期对创新绩效具有显著正效应,在衰退期与创新绩效呈正相关,但不显著;解吸能力仅在衰退期对企业创新绩效有显著的积极效应,在成长期和成熟期与创新绩效存在正相关,但不显著。陶永明(2015)则认为在开放式创新过程中,吸收能力的作用具有产业差异性,在科技驱动型产业中吸收能力的中介作用比在经验驱动型产业中要明显更大。这个研究结论为开放式创新的产业政策差异提供了一定的理论支撑。

第三,从知识管理和组织学习的视角探讨开放式创新对企业绩效的影响。从知识管理的视角看,开放式创新本质上是企业对外部知识的搜索、吸收、转化,最终创造出新的知识,与此同时将内部知识输出到企业外部并获得相应收益的过程。运用知识管理理论和组织学习理论来研究开放式创新机理也是当前国内开放式创新理论研究的一个重要方向。

与传统的封闭式创新相比,开放式创新扩大了企业知识搜索的范围和外部知识搜索的力度,使企业有机会获得外部互补性知识,有效地提升企业的创新能力和创新绩效(赵立雨,2016)。当然也有学者认为外部知识丰富性虽然对知识搜索广度和深度均有正向影响,但是外部知识的丰富性与企业开放式创新的绩效并非成正比关系,而是倒 U 型关系(谭云清、原海英、马永生等,2017)。李柏洲、齐鑫、徐广玉(2016)以知识创造为中介变量,构建开放式创新对企业创新绩效作用机制的概念模型。实证结果表明:内向型和外向型开放式创新对企业创新绩效有倒 U 型影响;内向型和外向型开放式创新对知识创造有倒 U 型影响;知识创造对企业创新绩效有正向影响,知识创造在开放式创新与企业创新绩效关系间起部分中介作用。董豪、曾剑秋、沈孟茹(2017)则认为内向与外向开放式创新均对创新绩效起到正向影响作用;组织的隐性知识在内向和外向开放式创新过程中均起到正向的调节作用。彭正龙等(2011)将资源共享分为资源共享频率、资源输出和资源输入三个维度,引入知识转移作为中介变量,实证研究资源共享对创新绩效的作用机理以及知识转移的中介效应。研究发现,资源共享频率、资源输出和资源出入均对知识转移和创新绩效产生影响,而知识转移仅在资源输入对创新绩效的影响中具有显著的中介效应。余维新、顾新、万君(2016)研究了开放式创新中的知识分工,认为开放式创新中的知识分工对创新绩效具有正向影响,但是也降低了成员参与知识创造的意愿,提高了知识整合的难度。他们提出了知识分工协同的三大机制:基于知识优势的知识配置机制、基于 Web2.0 技术的同侪研发机制和基于关系产权的知识占有机制。通过这三项机制可以实现资源协同、运营协同和价值协同。李志强、果艳梅(2016)指出知识共享在吸收能力与企业创新绩效之间存在着正向调节作用,即企业内部知识共享程度越高,吸收能力对企业创新绩效的正向作用越强。陈志明(2016a)的研究结果表明知识连接多样性与知识连接深度对渐进性创新绩效、突破性创新绩效具有显著正向影响,且知识连接多样性对两类创新绩效的影响均高于知识连接深度。

在开放式创新模式中组织学习被认为能够帮助企业更有效率地从外部获取异质性知识,从而提升企业的创新绩效,但企业研发活动的开放程度、组织学习和创新产出之间的关系并不明确。为此,一些学者研究了开放式创新中组织学习对于创新绩效的影响。顾晓敏等(2011)的研究表明学习能力能显著提升与供应商的合作创新绩效,高学习能力的企业与科研院所的合作创新绩效也高,但其与顾客的合作创新绩效与低吸收能力企业差别不大,学习能力对企业与竞争者合作的创新绩效影响也不显著。陈文沛(2014)认为获得式学习以知识转移为中介影响开放式创新;环境动态性是有中介的调节变量,在获得式学习与知识转移的关系中起调节作用,并进一步通过知识转移影响开放式创新。高良谋、于也丁(2015)认为组织学习通过影响开放度进而影响开放式创新导向,而开放式创新导向对开放式创新能力有积极影响,并在这一过程中网络能力发挥着重要的正向调节作用。高照军(2016)的研究表明对于国际化企业而言,高新技术企业的内向型创新模式能够提高创新绩效,但国际化程度负向调节它们之间的关系;同时,投机性学习行为削弱了内向型与创新绩效之间的正向关系,即投机性学习不利于提高内向型开放式创新绩效。刘建湘、单汨源(2016)在开放式创新理论和组织学习理论的基础上,提出开放式研发活动与组织二元学习对企业创新绩效作用的整合模型,为进一步探索开放式创新和组织学习对创新绩效的作用机制指明了方向。

第四,考虑其他变量对开放式创新与绩效关系的影响。除了吸收能力和组织学习外,还有一些学者在探讨开放式创新对绩效的关系时引入其他的变量,如彭正龙等(2010)从利益相关者的角度对企业社会责任表现进行维度划分,并以创新过程的三个阶段作为中介变量,构建企业社会责任表现对开放式创新绩效产生影响的概念模型。闫春、蔡宁(2014)认为创新导向和商业模式在创新开放度与开放式创新绩效之间扮演了中介角色,虽然细分的创新开放度(探索式创新开放度和开发式创新开放度)对开放式创新绩效的影响最终依然以财务指标的形式表现出来,可是它们的绩效贡献存在差异很大的形成机制。赵付春、冯臻(2015)认为开放式创新对企业绩效的影响需要企业内部信息技术(IT)作为互补性资源,开放式创新能力是 IT 管理能力对绩效影响的中介变量,IT 就绪度是 IT 能力和开放式创新的基础。赵凤、王铁男、王宇 (2016)将动态能力分解为吸收能力、适应能力和创新能力三个要素,研究表明这三个要素对外部技术获取与产品多元化间的关系有正向调节作用。赵立雨(2016)的研究表明,内部 R&D 与环境波动对开放式创新与绩效的关系具有调节作用。与外部技术开发相比,外部技术获取正向影响了企业绩效;外部技术获取加强了外部技术开发与企业绩效之间的联系。在较高内部 R&D 投资及环境波动条件下,外部技术获取与外部技术开发均和企业绩效正向相关。技术波动正向影响外部技术获取和企业绩效之间的联系,但对外部技术开发和企业绩效之间的关系影响不明显。闫春 (2014)以商业模式为中介变量研究了探索式创新和开发式创新对企业开放式创新绩效的贡献,发现二者贡献水平基本相当,可是二者的绩效形成机制却存在较大差异,而且两种创新导向内部存在正向的互动促进关系。陈志明(2016b)在分析企业外向型开放式创新与突破性创新绩效之间关系时引入了组织协作机制。实证结果显示:第一,外向型开放式创新对突破性创新绩效有着显著的正向影响;其次,协调机制中的决策中心性对突破性创新绩效有着显著的负向作用,但在外向型开放式创新与突破性创新绩效之间起着显著的正向调节作用;第三,协调机制的规范化、联通性对突破性创新绩效均有着显著的正向影响,但在外向型开放式创新与突破性创新绩效之间关系的调节作用不显著。古继宝、王冰、吴剑琳(2017)认为内向型开放通过创新速度和创新质量影响新产品市场绩效;外向型开放通过创新速度对新产品市场绩效产生影响;内向型开放对新产品市场绩效的总作用效果大于外向型开放对新产品市场绩效的总作用效果。

（3）开放式创新的微观管理与实施

开放式创新的特点主要表现为创新主体的多元化、创新网络的开放性和动态性，这种创新活动可以为公司发展带来积极效应，但也存在着不确定性和风险。从创新过程来看，风险表现为外部创新主体的能力和行为的不确定以及公司自身协调能力的不确定；从创新结果来看，风险表现为知识产权保护风险和创新的惯性与系统锁定风险。一个稳定的开放式创新合作关系是创新主体之间利益博弈均衡的结果，有效的风险规避机制可通过利益分配、创新激励、惩戒和知识产权管理等正式契约机制以及信任、声誉等非正式契约机制而构建起来（刘媛，2017）。为此我国一些学者针对上述问题进行了广泛深入地探讨，研究成果主要集中在开放式创新的管理模式、内部研发管理、知识产权管理等方面。

首先，开放式创新管理模式。开放式创新需要对企业创新资源的搜索与获取、整合与利用、保持与流动以及动态更新等内容进行管理，但是建立企业创新资源管理体系需要以开放式创新条件下企业可利用创新资源的特征，即可选择性、流动性、非独占性以及边际效应递减规律减弱为依据（张震宇、陈劲，2008）。陈钰芬（2013）指出开放能提升创新绩效，但企业内部能力和不同开放模式之间存在交互效应。文章指出不同特质的企业应选择与内部能力相匹配的开放模式。王海军、冯军政、施慧斌（2015）比较了封闭式创新和开放式创新的特征，提出了全流程开放式创新业务模型，研究了技术开放创新协作模式和伙伴资源动态优化机制。孙华、王楠楠、丁荣贵等（2016）基于企业长期核心能力视角，认为组织核心能力包括能力支点和能力外围两个层次，开放式创新的深度创新、广度创新模式应分别适应于较高进入门槛的"专有能力外围"和低进入门槛的"群聚能力外围"。杨静武认为，吸收能力和转化能力有利于公司将内部技术和外部技术整合起来,以形成更为复杂的技术组合,用来创造新系统和新架构。因此,成功地实施开放式创新模式,要求企业增强吸收能力、转化能力和技术扩散能力。温兴琦、David Brown(2016)则分析了创新驱动发展战略下开放式创新面临的挑战及拓展方向,包括开放式创新测度、创新资源专用性影响、开放式创新失败以及开放式创新管理等。相应地提出了开放式创新的治理路径,主要包括完善治理机制设计、强化协同创新效应、注重收益分配公平、建立退出保障体系。

其次,企业内部的研发管理。开放式创新的多重性、动态性和协同性使得开放式创新管理不同于封闭式创新管理,创新方式的转型要求企业对原有研发管理机制进行重构。企业对技术环境扫描的行为决定其识别外部创意的能力,基于平台型创新战略的创意筛选模式可有效降低创新复杂性,企业应依据自身与合作伙伴的相容性选择恰当的合作架构,建立涵盖合作界面环境评估、创新风险控制以及知识管理等方面的合作界面管理体系(姜黎辉,2015)。王文华、张卓(2017)构建了开放式创新下外部技术与内部研发协同管理体系,包括资源分配协同、战略文化协同、技术协同和组织协同四个维度,从资源分配、战略文化、技术和组织管理等方面提出成功实施开放式创新的措施和路径。

第三,知识产权管理。开放式创新下,知识产权的占有和使用途径更为多样化,知识产权管理已不再是“成功的创新需要控制”,而是更多地关注知识产权的跨组织流动和优化配置,探索知识产权管理与开放式创新有机结合的模式。为此,创新企业应采用积极的和系统的知识产权管理策略,实现知识产权有效利用和增值(张永成、郝冬冬,2016)。曹勇等(2011)认为企业应该根据技术所处的不同阶段选择合适的专利管理方式。基于技术生命周期

(TLC)理论,他们提出了开放式创新条件下的企业专利管理模式,并通过摩托罗拉公司在全球移动通信技术(GSM)中专利管理的案例研究验证该模式的有效性。刘征驰、张晓换、石庆书(2015)从创新企业面临的专用性知识获取困境出发,分析了"进入权"对外部企业专用性知识投资的激励效果,揭示了创新任务间知识关联对进入权授予模式的影响。针对创新任务间存在的"替代性""累加性""互补性"三种知识关联类型分别建立相应的生产函数,在合作博弈框架下探讨了创新企业的最优进入权安排。互联网对创新活动的组织模式产生了重要影响,创新活动步入面向全球开放、效率更高的开放式创新时代。开放式创新参与者希望更快实现其成果价值,不再追求独占的产权,并要求更直接地实现其利益,与此同时,创新智力资源的流动不再受限制,知识分享也不再有制度保障。这些变化对专利制度提出了挑战。专利制度要发挥激励创新的主导作用就应该进行必要的改革和完善:不仅要更充分地保障实现职务发明人的利益,还要设计更灵活的科技成果转化制度(马碧玉,2016)。

个别文献强调了高管团队的社会资本对于企业开放式创新能力的影响,高管团队内、外部社会资本影响了企业内部资源的获取,进而影响到企业开放式创新的能力。研究表明,高管团队的外部社会资本对企业(外部)资源获取有显著正向影响;高管团队的内部社会资本对企业(内、外部)资源整合有显著正向影响(孙善林、彭灿、杨红,2017);

(4)开放式创新的宏观政策

开放式创新情境下需要我国科技中介机构正在由"中介"向"服务"的角色演变、由知识转移向兼具知识转移和知识生产、知识应用的方向演化,相应的宏观政策也应由支持科技中介"机构"的发展转为促进科技中介"服务体系"建设(郭兴华,李正风,2014)。在中国,开放式创新实践逐步出现,但现有的政策工具无法有效激励该创新模式。在创新范式转型的情况下,创新政策设计需要有两点变化:一是在现有创新政策体系中引入开放式创新理念,丰富金融政策、税收政策等"奖励"式政策工具;二是政府应通过公共知识库的建设进一步激发私有部门自下向上的创新动力(戴亦欣、胡赛全,2014)。

综上所述,国内外有关开放式创新的研究主要集中在内涵、使用的范围、开放式创新的模式、开放式创新与创新绩效的关系以及开放式创新的管理方式等方面,有关中小企业开放式创新的研究相对较少。事实上,中小企业在各国的产业创新中都承担着重要角色,然而与大企业相比中小企业资源少,技术能力弱,抗风险能力,通过开放式创新加入到创新网络实现资源共享,这不仅有利于中小企业的创新能力的提高,对于大企业的技术创新乃至于一国整个产业竞争优势的形成和发展同样具有重大的实践价值。

2.5.2　网络与开放式创新关系

（1）开放式创新网络的形成与构建

企业的结盟能力直接影响到企业能否有效融入开放式创新网络,我国中小企业的结盟能力可分为亲缘关系型、依赖政府型、市场寻求型与科研攻关型四种类型,不同类型的结盟能力将影响中小企业采用不同的开放创新模式。而且随着开放创新活动经验的积累与企业发展阶段的推进,中小企业结盟能力还会随着开放式创新模式的改变而提升或变化(余菲菲,2015)。中小型企业的创新意愿、吸收能力及互补性等因素对开放式创新以及结网具有影响(陈宇明、宋晓燕、龚卫光,2015)。

大学作为基础研究的承担者和原始性创新的源头,在开放式创新生态系统中显现出更强主导性与推动性,大学驱动型开放式创新生态系统的构建成为理论研究和产业发展的新趋势。吕一博、韩少杰、苏敬勤等(2017)的研究发现:第一,大学驱动型开放式创新生态系统的构建经历了核心成员聚集、基本框架搭建和系统动态发展三个阶段;第二,专家主导机制是贯穿大学驱动型开放式创新生态系统构建全过程的核心机制;第三,生态系统"分解者"功能的泛化是大学驱动型开放式创新生态系统构建主体发展的重要特征;第四,分布式的创新网络平台是大学驱动型开放式创新生态系统成功构建的核心要素;第五,各类边界的模糊和渗透是大学驱动型开放式创新生态系统构建所表现出的独特现象。在校企合作过程中,企业的生存动机对于校企知识转移的企业开放式创新行为具有显著影响,潜在吸收能力中的知识消化能力会影响到校企知识转移过程中企业创新开放广度。高校知识释放能力对校企双方创新开放深度产生重要影响,但不是创新开放广度的决定因素。知识产权冲突对校企创新开放广度与深度均造成负面影响。目前校企知识转移活动更加偏重于知识交易模式,吻合了目前校企知识转移的开放式创新动机为生存动机这一结论(李山,2013)。鉴于创新网络表现为一定的区域性特征,徐佳、魏玖长、王帅等(2017)以区域创新系统为研究对象,将开放式创新理念引入区域创新系统,从开放式创新角度对区域创新系统的演化动力、演化路径、演化特征和演化意义进行研究。区域创新网络往往表现出一定的地理集聚特征,不同的产业集聚对创新的影响存在区别:集聚程度较低时,专业化集聚有利于创新,而多样化集聚抑制创新;相反,集聚程度较高时,专业化集聚不利于创新,而多样化集聚促进创新。企业开放式的创新战略能够有效提高多样化集聚对创新绩效的影响(陈劲、梁靓、吴航,2013)。

(2) 创新网络对企业开放式创新的影响

创新网络对企业创新行为的影响是多方面的,网络关系、网络结构、网络中心性以及网络的规模等多种因素都会对企业的知识搜索、吸收和利用产生影响。有研究表明对外直接投资企业网络嵌入特征与其开放式创新绩效呈倒 U 型关系;搜索广度与关系广度对对外直接投资企业开放式创新绩效有负向交互效应,而与关系密度、结构强度有正向交互效应;搜索深度与关系密度,及其与结构强度对开放式创新绩效有负向交互效应,而与关系广度对开放式创新绩效有正向交互效应(谭云清,2015)。吕一博、施萧萧、冀若楠(2017)认为网络嵌入性对企业渐进性创新能力有影响,但是这种影响受到创新开放度的调节,而且这种调节作用在产业技术发展的不同阶段是不同的。创新网络"结构洞"不仅对企业技术能力具有正向的促进作用(崔海云、施建军,2016a),同时对企业市场能力也具有正向的促进作用(崔海云、施建军,2016b),其通过输出型开放式创新作用于企业的技术吸收能力、技术创新能力和企业的市场能力。赵立雨、张彦海(2016)认为在创新网络环境下,网络关系能力是提升创新绩效的重要因素,网络溢出效应可进一步提高网络关系能力的调节能力,网络关系能力能够影响开放式创新对企业绩效水平的作用。学习导向及网络外溢在开放式创新与企业绩效的关系中均具有正向调节作用(季桓永、金永生、张静,2017)。梁靓(2014)将合作伙伴异质性分为组织异质性、产业异质性和国家异质性三个维度,合作伙伴异质性对企业创新绩效有积极的影响作用,而环境动态性是影响合作伙伴异质性与企业创新绩效的重要情境因素。汪欢吉、陈劲、李纪珍(2016)则将伙伴异质度划分为技术异质度、市场异质度、文化异质度和管理异质度,分别探讨了开放式创新中合作伙伴异质度对企业的两种创新模式——探索性创新和利用性创新具有影响。技术异质度正向影响企业的探索性创新和利用性创新，且对探索性创新具有更大的促进作用；市场异质度正向影响企业的探索性创新，但对利用性创新没有显著影响；市场异质度对探索性创新的促进作用更大；文化异质度负向影响利用性创新，但对探索性创新没有显著影响；管理异质度负向影响企业的探索性创新和利用性创新，但对两者影响的差异不明显。开放式创新模式下影响组织间知识共享的因素有环境变量、共享渠道、知识资源需求和知识资源池等，而且这些影响因素之间存在交叉作用关系。企业在获取外源知识时，既要明确不同因素影响效应之间的系统性与联系性，也要注意组织间知识共享提升措施之间的动态协同（王海花、蒋旭灿、谢富纪，2013）。

创新网络可以划分为水平网络和垂直网络，水平网络主要指企业与同行业合作和竞争者之间基于产品互补和替代关系以及与研发机构、大学等机构基于共同利益而结成关系网络。而垂直网络是指企业与上游供应商、生产者，以及下游客户基于共同的利益关系而形成的关系网络。万骁乐、郝婷婷、戎晓霞等（2017）认为已有研究大多只遵从供应链上主体的价值创造逻辑，却忽略了链外主体对供应链价值创造的影响。他们从供应链创新实践角度，构建了考虑开放式创新的供应链价值创造模型，探讨了企业联盟成本降低幅度、创新成本以及支付给开放式创新主体的单位报酬对供应链价值、企业联盟价值、消费者价值以及开放式创新主体价值的影响。罗颖、王腾、易明（2017）则探讨了产业集群内企业的开放式创新行为，产业集群通过加强内外部纵向合作、内外部横向合作、内外部政产学研合作、内外部公共服务平台合作有助于提高内部企业的创新绩效，而边界交互式学习在产业集群开放式学习过程中扮演着重要角色。

（3）创新网络和社区的治理

在互联网思维、企业转型、平台战略的推动下,越来越多企业将开放式创新社区作为其创新过程中的重要节点,通过开放式创新社区从外部用户寻找、识别、获取和利用各种创新资源,促进企业内部创新绩效的提升。用户个性化需求、用户奖励水平、用户生成内容以及企业动态能力是开放式创新社区成功运营的关键影响因素(李奕莹、戚桂杰,2017)。阮平南、赵宇晴(2017)则将影响开放式创新社区管理绩效的影响因素划分为社区成员、社区软能力、创新流程和创意的商业化效益四个层面共计 13 个因素。在以企业为主导的创新社区中,企业内部人员和外部利益相关者是创新社区的参与者,其中用户是创新的主要来源,而企业内部人员作为推动者促进创新进程,协调成员间关系。创新社区内的互动和信任是成员参与创新进程的保证,社区信息技术平台为成员提供互相合作、参与创新进程的基础(程巧莲、尹立国、孙永川等,2017)。

赵振(2016)指出开放式创新本质上是一种知识联盟,而联盟治理结构是联盟运行的制度基础,不同治理结构会对联盟决策权、利益格局、激励和冲突等问题产生根本影响。研究结果表明：①关系治理与开放式创新绩效呈现倒 U 型关系;②契约治理对开放式创新绩效有倒 U 型影响;③在网络化程度较低的情境中,关系治理和契约治理能够相互补充,二者共同使用提升了开放式创新绩效。在网络化程度高的情况下,"软"性的关系治理与"硬"性的契约治理具有明显的替代作用,二者共同使用会显著降低开放式创新绩效,形成"软硬兼施"的负效应。李明、马尧坤(2016)指出网络化企业组织开放式创新中知识产权具有一定的协调功能,即运用知识产权协调网络化企业组织成员之间关系以减少生产与组织成本、提高资源配置能力的功能。

夏恩君、张明、王素娟等(2013)认为创新是国家竞争优势和企业持续发展的关键,我国企业自主创新能力薄弱已经成当前经济可持续发展的桎梏。为探讨开放式创新模式及创新因素对企业创新绩效的影响,他们通过博弈理论、消费者剩余理论、需求函数理论构建企业、竞争企业、客户三方参与的封闭式创新模型、半开放式创新模型与开放式创新模型,理论证实开放式创新较封闭式创新对企业创新绩效有更加显著的正相关效应。

2.5.3 国内有关中小企业开放式创新的研究进展

随着开放式创新理论的研究在我国不断深入和发展,中小企业开放式创新引起越来越多学者的关注。与开放式创新一般理论研究的丰硕成果相比,以中小企业为对象的开放式创新研究成果并不多。早期的文献成果主要集中在探讨了开放式创新的特征、技术创新服务体系下中小企业开放式创新模式、检验开放式创新对企业创新绩效的影响以及中小企业实施开放式创新的对策等方面,近年来一些学者将中小企业开放式创新置于创新网络情景之下,探讨创新网络对中小企业开放式创新的影响以及中小企业如何融入区域创新网络之中。

中小企业实施开放式创新的客观原因在于市场分工的深化和专业化水平的提高,具体来说是企业克服交易费用后对创新过程的分解和优化。主观原因在于:开放式创新能够为中小企业提供更多的创新源、提高中小企业的技术创新能力、降低中小企业技术创新的风险(高翠娟、王艳秋,2012)。中小企业开放式创新与大企业相比有着显著的差异,主要表现为:创新源流动的单向性、创新源获得相对困难、创新过程相对不稳定、创新预期目标的相对短期性、对非技术创新手段依赖过多。中小企业实施开放式创新的关键是要开放思维、开放学习并在开放式创新中提升自主创新能力（张震宇，2009）。开放式创新是中小企业提升创新能力的有效模式，中小企业可以通过技术购买、知识购买等开放式措施，获取外部技术资源，弥补企业内部创新资源的不足，进而提高自主创新能力（陈钰芬、陈劲，2009）。中小企业开放式创新的前提条件是具有完善的创新服务体系，中小企业技术创新服务体系为中小企业开放式创新提供创新资源，帮助中小企业建立吸收能力的功能（李文元等，2011）。在技术创新服务体系中，公共研发平台承担着特殊角色，它通过改变企业经营方式、提高中小企业的创新吸收能力、提升中小企业公信力以及降低企业创新成本等对企业开放式创新起着促进作用，因此有学者认为公共研发平台可以作为推动企业自主创新的重要模式之一（曹红阳、韩洁，2010）。

戴园园等（2012）较早考察了中小企开放式创新与自主创新两种创新战略选择对企业创新绩效的影响。结果发现，开放式创新与自主创新对企业创新绩效均有显著影响。在开放式创新条件下，创新来源与创新绩效具有显著的反向相关关系，产品创新程度与创新绩效具有正相关的关系，自主创新战略与开放式创新的交互匹配对企业创新绩效提升起积极作用。陈艳、范炳全（2013）将中小企业开放式创新能力分解为发明能力、吸收能力、变革能力、连接能力、创新能力和解吸能力，实证检验了上述各种能力对创新绩效的影响，发现发明能力、吸收能力、连接能力和创新能力对中小企业的创新绩效具有显著正向影响，而变革能力和解吸能力对创新绩效的影响不显著。董黎晖，宋国防，赵璋（2014）从知识管理的视角出发，指出通过吸收能力、转换能力和连接能力来带动发明能力、创新能力和解吸能力的提升是中小企业实施开放式创新的有效途径。丁宇、王卫江、刘正刚（2016）研究结果表明中小企业开放式创新的市场信息支持、技术支持、资本支持和运营支持对企业创新绩效具有显著正向影响；企业吸收能力与开放式创新的市场信息支持、技术支持、资本支持和运营支持同时对创新绩效产生显著影响。而且相对于后者，吸收能力起到了主导作用。

中小企业开放式创新是组织解决内部复杂的技术、外部多样性需求与封闭的企业边界之间的矛盾的重要途径。制度情境对组织开放式创新具有系统性影响：组织随其成长而动态嵌入于制度情境，并因此形成包括获取、扩展和控制三种导向的创新逻辑，进而在其外显创新结构和行为层面表现出不同特征（黄海昕、苏敬勤、张冰倩，2017）。因此，政府可以通过制定和实施相应的政策来营造有利于中小企业开放式创新的制度情境。余菲菲（2015）立足于我国特色的制度背景，从中小企业的"身份烙印"出发，辨析了结盟能力与联盟能力的区别与联系，指出我国中小企业的结盟能力可分为亲缘关系型、依赖政府型、市场寻求型与科研攻关型四种类型，不同类型的结盟能力将影响中小企业采用不同的开放式创新模式。创新网络的规模、网络中心性、网络关系强度、网络关系质量通过影响吸收能力进而对中小企业的开放式创新绩效产生影响（田红云、刘艺玲、贾瑞，2016）。开放式创新过程中，区域创新系统可以作为中小企业开放式创新的重要平台（乔虹，2016）。因此通过区域开放式创新平台建设可以提高中小企业的创新能力，进而提升区域创新能力。陈宇明、宋晓燕、龚卫光（2015）认为中小型企业的创新意愿、吸收能力及互补性等因素对开放式创新以及结网具有影响；他们探讨了中小型企业吸收外部知识到内部开发、整合内部知识、激励外部成员转移知识等创新机制，构建基于价值网络的开放式创新网络，从而实现中小型企业的开放式创新。朱妙芬等(2012)通过比较韩国与我国在中小企业在开放式创新过程中的政策支持,对我国现行中小企业技术创新支持政策提出改进建议。

2.6 简要评析

综上所述,已有的开放式创新理论研究成果主要集中在强调开放式创新的基本概念、行业分布,归纳企业开放式创新的特点、动机及障碍,探讨开放式创新能力、实施策略和方法以及验证开放式创新对企业绩效的影响等方面。诚然,已有成果极大地推动了开放式创新理论的发展,但是作为一个新兴理论,还有许多问题有待进一步深入的研究和完善,具体体现在以下几个方面:

第一,在研究内容上早期的开放式创新研究成果主要集中于个体企业实施开放式创新的特点、动机、障碍和方法上,在研究对象上主要针对大型企业。近年来学者们开始重视中小企业开放式创新的研究,但是有关中小企业开放式创新与大企业的差别仍然不够清晰。随着研究的深入,学术界逐渐意识到开放式创新与企业创新网络存在着天然联系,开放式创新要求企业与外部建立稳定的密切的联系,而众多企业之间联系的增强必然会导致创新网络的形成,因此探讨网络情景中企业的开放式创新行为及机理成为未来开放式创新理论研究的重要趋势。

第二,许多研究者指出,与大的竞争者相比,中小企业的成功是基于他们更高效地应用外部网络的能力。企业间的合作对拥有有限互补资产的中小企业而言特别重要,他们需要借此获得外部技术。中小企业已被注意到运用外部资源去缩短创新周期,减少风险、成本和增加运作灵活性。但是对于中小企业在创新网络中实施开放式创新的特点,网络结构和网络关系影响中小企业开放式创新的机制，中小企业创新网络伙伴的选择标准，网络嵌入的途径等问题迄今少有系统性研究。

第三，已有的研究成果除了检验开放式创新对企业绩效的直接关系外，还有一些学者通过引入吸收能力来解释开放式创新影响绩效的传导机制。吸收能力概念的引入虽然避免了直接关系检验过程中忽视外部知识的吸收和转化的弊端，但是仍然无法很好的解释外部知识如何才能被吸收的问题。组织学习理论认为外部知识的转化和吸收需要通过组织学习，但是创新网络中组织学习对于中小企业开放式创新的影响还有待进一步通过实证检验。而且创新网络中组织学习不仅涉及个体组织内部学习，也涉及成对组织之间跨组织学习，更涉及一群企业之间的群体学习，因而具有多层次，对于不同层次之间组织学习的特点以及跨层次组织学习机制如何很少有文献涉及。

第四，尽管创新网络为中小企业的开放式创新提供了稳定可靠的外部资源，但是如何通过网络关系来获取、吸收和利用外部资源对于中小企业而言并非易事。有效嵌入到创新网络是中小企业便捷地获取外部资源的前提，但是如何嵌入到创新网络，网络结构和网络关系如何影响网络中的知识分布，中小企业如何利用创新网络来评判和识别创新机会、建立和管理网络伙伴关系等诸多问题。这些问题的解决不仅取决中小企业自身的努力，同时也取决于合理方法和管理工具的选择，从目前来看，并没有形成专门针对中小企业开放式创新的成熟的分析工具体系。

第五，从宏观层面看，如何在一个区域乃至一个国家推动开放式创新是一个极具挑战性的课题。已有的研究更多从企业层面探讨中小企业开放式创新的途径和方法，有关推进中小企业开放式创新的政策研究几乎是空白。作为未来研究的重点内容，我们有必要从理论上厘清政策推动中小企业开放式创新的作用机理,探求推动中小企业开放式创新政策实施的抓手。

2.7　本章小结

本章主要对国内外开放式创新理论研究成果进行了综述,包括开放式创新的内涵、过程、行业分布、开放式创新的能力、企业实施开放式创新的风险、管理开放式创新的方法以及政府的推动政策。重点梳理了中小企业开放式创新理论最新研究成果,包括中小企业实施开放式创新的动机、特点、障碍、策略和方法,吸收能力与开放式创新的关系以及中小企业开放式创新对绩效的影响。此外,我们还对开放式创新网络理论进行了归纳,包括开放式创新网络的形成、治理和发展策略。在此基础上,对已有理论进行了简要评析。

第3章 网络嵌入性影响中小企业开放式创新的机理

封闭式创新与开放式创新最大的区别在于开放式创新强调创新过程中创新组织与外部主体的交互作用,包括吸收和利用外部互补性资源以及将内部非核心资源与外部组织共享。创新网络为组织外部资源的获取和内部非核心资源的外部共享设定了情境,网络结构和网络关系直接影响到网络成员之间的资源流动与利用。当然完整的开放式创新活动不仅包括资源的获取和共享,还包括组织如何利用这些资源开展具体的创新活动(包括寻找创意、创意筛选、新产品概念的形成、新产品的开发、新产品试销、市场投放等)。考虑到这些具体的创新活动已经有比较成熟的研究,而且这些具体的创新活动并不是开放式创新模式与封闭式创新模式的主要区别,因此鉴于开放式创新的特点以及本书网络嵌入的研究视角,我们的研究主要聚焦在网络情境对于中小企业资源(主要是知识资源)搜索、获取、利用和共享的影响。

3.1 创新网络与网络嵌入性的相关概念

3.1.1 创新网络的内涵、分类及要素

（1）创新网络的内涵

根据《辞海》的解释，网络是指网状的东西或者网状系统。"网络"一词很长一段时间里被用于复杂系统管理中的工程学中，尤其是通信和运输中。从上个世纪 50 年起，网络作为一个概念被逐步引入到社会学中，S. F. Nadel 和 J. A. Barnes 为了研究不同社会群里之间的跨界关系，开始系统的发展网络概念，他们把网络定义为联系跨界、跨社会的社会成员之间的相互联系（牛飞亮，1999）。到 80 年代，该词在社会科学界变得流行起来，尤其是在产业营销学派和工业地理学派。Rothwell 和 Zegveld（1985）在研究创新管理时提出了创新的网络模式。国内外最早对创新网络的研究起始于 20 世纪 80 年代末 90 年代初，1991 年国际著名期刊《Research Policy》发起了关于创新网络的专栏，其中 Freeman（1991）认为创新网络是应付系统性创新的一种基本制度安排，其网络构架的关键联结机制就是企业之间的创新合作关系，并进一步把创新视野中的网络类型分为合资企业和研究公司、合作 R&D 协议、技术交流协议、技术推动的直接投资、许可证协议、分包、生产分工和供应商网络、研究协会、政府资助的联合。这标志着创新网络的概念第一次被完整的定义。此后，学者们开始不断地关注创新网络，并从不同视角不断丰富创新网络的内涵。Koschatzky（1998）基于创新网络在学习和知识交流两个方面的用处，将创新网络定义为一个相对松散的、非正式的、嵌入性的、重新整合的能够相互联系的系

统。Harris et al. (2000)从创新网络的主体结构出发,认为创新网络是参与企业创新的其他企业、研发机构和创新导向服务供应者组成的协同群体。

我国学术界对创新网络的研究相对比较迟,可以查到的文献中较早提到创新网络的是 1998 年郭晓川在《企业网络合作化技术创新及其模式比较》一文中明确提到企业通过网络合作开展技术创新,其后盖文启和王缉慈(1999)、吴贵生等(2000)、李新春(2000)等学者开始探讨区域创新网络对我国企业发展的作用,并介绍国外发展比较成功的技术创新网络,如美国的硅谷和 128 公路。我国学者王大洲(2001)展开了对创新网络的研究,并认为企业创新网络实质上是指企业在其产品与技术创新活动中所形成的网络,即创新网络是指企业在技术创新过程中围绕其本身形成的各种正式与非正式合作关系的总体结构。他还指出创新网络有别于传统合作关系的最根本的原因就在于创新网络是一种组织形式,而合作关系只是企业基于某种目的(如基于产品创新的需要展开的合作)产生的一种行为方式。张宝建等(2011)则限定了创新网络的区域性,认为企业创新网络是指在一定区域范围内的企业与区域内各行为主体(大学、科研院所、地方政府、中介机构、金融机构等)之间在交互式作用的基础上建立的相对稳固的、能够刺激创新、具有本地根植性、正式或非正式的关系总和。

从研究层次来说,目前学者对创新网络的研究分为企业、区域、国家、全球层次,其中关于企业和区域层面的创新网络的研究最多,对国家和全球层面的研究较少。区域创新网络的研究经历了早期熊彼特的创新思想,再到企业创新系统,然后是国家创新系统、区域创新系统,最后到区域创新网络的研究发展脉络。刘伟、盖文启(2003)认为,区域创新网络是地方行为主体(企业、大学、科研院所、地方政府等组织及其个人)之间在长期正式或非正式的合作与交流关系的基础上所形成的相对稳定的系统。李俊华(2012)等认为区域创新网络应具有创新性、开放性、根植性、协同性的特征。总的来说,目前学者对区域创新网络的研究主要集中在概念理解、特征(刘健 2006)、网络结构(于明洁,2013;刘凤朝,2013)、运行机理(陈莉平,2010;李兰冰,2008)和演化(叶斌,2015)等方面。企业创新网络是以核心企业为出发点,它是基于企业层面的研究视角。池仁勇(2007)利用 2001—2003 年 264 家浙江省中小企业的问卷调查数据,分析了中小企业创新网络的结点联结强度对创新绩效的影响,实证研究表明网络结点联结强度对企业销售增长、利润增长、新产品开发都有显著的正向影响,但是,中小企业与不同结点联系对创新绩效的影响存在差异,其中,与科研机构联系最为重要。由此可见,近年来学者已经开始关注企业在网络嵌入性中的关系强度对企业绩效的影响机理。

目前国内外关于创新网络的研究多集中在创新网络内涵界定、特征/结构、运行机制和演化等方面。随着经济的发展和全球化进程的加快,开放式创新已成为时代发展的必然,创新网络作为开放式创新的一种主要方式,被看作是一种重要的创新推动因素。在开放式创新背景下,将外部资源和外部合作者纳入创新网络中,实现资源由分散到聚集到整合的过程已成为必然。基于此,本文以中小企业为研究对象,探究开放式创新背景下创新网络的相关问题有其积极的作用。

(2) 创新网络的分类

对一些研究者而言,战略行为的本质在于决策和行动与外部行动者的相互依赖性。组织的行动与竞争者、购买者、供应商、伙伴等相互作用。因此跨组织的(或战略的)相互依赖现象成为战略管理和组织理论研究的核心议题之一。由于这些关系在组织的决策过程中同时存在、同时发生作用，因此具有经济上的多重性（economic multiplexity）特点。在这种情况下，每个个体的关系都根植于同一团体中其他个体的关系网络中。同一团体内相互间可以同时扮演竞争者、伙伴、购买者或者供应者。

Pennings（1981）将组织间的相互依赖关系划分为三类：与垄断竞争者的相互依赖关系（水平相互依赖），与购买者和供应商的相互依赖关系（垂直相互依赖）以及与合作伙伴和互补企业的相互依赖关系（共生的相互依赖）。在过去的几年里，大量文献集中于研究水平相互依赖和竞争的交互关系、垂直交易中的相互依赖以及合作中的相互依赖。共生依赖关系和目前比较热点的创新生态系统密切相关。

（3）创新合作网络的关键因素

开放式创新模式强调创新是搜索、探索内外部知识源以形成新的产品、技术、组织形式和市场的组织范围的过程。将创新仅仅限定在研发活动无法认识到中小企业的基于知识的创新范围。Avermaete et al.（2003）提出了创新领域的四种类型：产品、过程、市场和组织创新。这四种分类强调了创新过程的复杂性，管理这四个领域需要有效的管理与中小企业合作网络相联系的内部和外部活动和知识源。

对于合作网络，社会网络理论根据社会行动者（内部和外部的）共享的关系来探索与理解社交行为，社会合作被总结为包含四个关键因素：行动因素，互动因素，情景因素和结构因素（Demirkan，2007）。

行动因素指网络行动者的倾向、性情和互动，它包含市场导向、合作精神以及网络结构中出现的中小企业发起者。市场导向可以定义为网络行动者将注意力集中在网络中的核心能力,寻求通过创新提供有限产品和/或服务给顾客。合作结构中的中小企业应该平衡单个企业目标的市场导向与集体风投企业的市场导向,以便确保目标顾客需求得到满足,这一点非常关键。合作精神被定义为"经济主体合作的自然倾向"。不断增加的合作提高了实现合作网络创新目标的士气、动机和专注度。发起者激励而不是指导合作行动也是很关键的。有效率的发起者有能力通过设计合适的应对策略来加强实现者和限制问题。

其次,互动因素包含了个体对合作的感知。Mitchell(1969)识别了五种关键的互动维度:内容、强度、频次、持久性和方向。关系内容是指人们依附于关系的意义,理解他们所拥有的以及在不同的关系里应该如何行动,而不是以一种方式应对所有关系。强度是指中小企业参与者能够影响关系中社交行动和行为、协调、相互依赖以及信任的程度。合作网络互动的频次和持续性通常反映了关系的强度,因为其他特点更难以被观察到。因此,网络持久性和时间长度可以被用来作为强度的指标。合作企业的方向是指合作关系被导向于特定的商业目标的程度。

情境因素包括网络中的市场类型、社会凝聚力和网络中的机构支持(Hatala,2006;Lamprinopoulou et al.,2006)。市场类型决定了中小企业对合作网络的倾向。例如在垂直链中,缺少具有垄断力的企业将鼓励企业之间的合作行动。社会凝聚力是指网络成员之间社会文化的纽带,它帮助加强和保持成功的合作行动。这也取决于企业如何学会和调整与其他企业合作创新。制度支持是指合作网络中本地机构(及区域政府机构)的推动角色。

结构因素涵盖了网络中的形态维度、模式以及结构(Demirkan,2007;Shaw,2003)。结构维度首先被 Mitchell

（1969）所界定，它包括位置、可到达性、密度和范围。位置是指关键和中央的行动者，也通常指网络的发起者。可到达性是指成员与其他个体或组织联系有多远或容易。密度是衡量网络中的中小企业通过持续的调整与环境联系的程度，这样的网络可以描述为"松散或者紧密编织的"（Boschma 和 Lambody，2002）。范围是指中小企业与网络中具有相似特征的其他参与者共享关系的程度，或认知距离：即认知多样性，但是没有过度分散以至于妨碍知识之间的联系。

总之，这四个因素和他们各自的子因素能够水平推动中小企业网络开放式创新，最终导致产品、过程、市场和组织创新这四类创新。值得注意的是创新网络中中小企业使用外部和内部知识具有独特的本质。因此，网络活动是难以复制的，它能够为创新和贯穿 4 类创新的竞争优势提供独特的机会。网络中的独特性使得竞争优势以路径依赖的方式出现，因而竞争者是难以复制的。Marshall（2004）认为这些影响意味着水平合作关系是一个以不稳定协议、连续的重新评价和重组为特征的涌现性过程，这里独裁和层级的方法是无法实现的（如垂直链）。

3.1.2　网络嵌入性内涵

20 世纪 80 年代后期，学者开始关注企业所处社会网络与其社会资源的关系，并探讨企业如何能从所处网络中获取社会资源，并取得了一些理论成果，其中关于嵌入性理论的研究更具有学术研究价值。事实上，早在 20 世纪 40 年代，经济史学家 Polanyi（1944）就在其论文《作为制度过程的经济》中首次提出了"嵌入性"的概念，在该文中他批判了一些经济学家只把经济学研究作为一个单独的研究领域的做法，认为经济活动应该嵌入于经济（如贸易行为)与非经济制度(如宗教、文化、政治制度等)之中,并强调了政府与宗教在经济学研究和企业经济活动中的重要性。虽然Polanyi 的观点未被当时一些主流经济学家所认同,但这也在一定程度上给后辈学者们的后续研究带来了一些启示。1985 年,美国新经济社会学大师 Granovetter(1985)在继承和发展 Polanyi 观点的基础上,认为嵌入性概念可以用来弥补新古典经济学的不足(社会化不足、过度社会化),企业可以通过把其经济活动嵌入到企业所处的人际关系网络来弥补这两种不足带来的弊端,他还指出嵌入性受到经济行为者的二元联系和网络总体结构的影响,并强调应该用社会因素来解释企业的一些经济活动。Polanyi 只是从宏观上来解释企业经济行为与社会的关系,Granovetter 则在继承其观点的同时,赋予了嵌入性更具体、更贴近企业现存状况的新内涵。本书作者认为网络嵌入性就是在开放式创新大背景下,企业嵌入到社会网络中,并通过与社会网络中其他成员加强联系以及不断提高其在所处网络中的位置等行为进而获得资源的活动。

3.1.3　网络嵌入性维度划分

Granovetter(1992)对嵌入性做了进一步的研究,并将嵌入性分为结构嵌入性与关系嵌入性。他指出企业的经济行为嵌入到企业所处社会网络中,且受企业的社会关系以及所处网络结构的影响,同时指出企业社会活动受关系嵌入的直接影响,而结构嵌入性的影响是间接的。Zukin & Dimaggio(1990)扩展了 Granovetter对嵌入性的研究,将网络嵌入性分为结构嵌入性、认知嵌入性、文化嵌入性和政治嵌入性。Uzzi(1996)认为嵌入性是一个充满独特机会的交换系统,处在网络中的企业比仅凭一己之力获取资源的企业有着更多的生存选择权,他进一步将嵌入性分为信任、信息共享、共同解决问题三个维度。Hagedoorn(2006)从嵌入性的层次出发,将网络嵌入性分为3类:环境嵌入性、组织间嵌入性与双向嵌入性。随着研究的不断深入,网络嵌入性维度不断被赋予新的内涵,其中结构嵌入性和关系嵌入性两个构成维度多被学者使用。虽然仍有不少学者从网络规模、网络密度、联结强度等来研究网络嵌入性,但未对其进行明确划分,这一方法归根结底还是从结构嵌入与关系嵌入角度来研究网络嵌入性。

(1)关系嵌入性。关系嵌入性指的是网络中各主体之间相互联系的关系,包括网络各主体之间的信任、合作关系。关系强度、关系质量直接反映着网络各参与者之间的信任合作关系。一般认为网络成员间关系强度越强,关系质量越好,越有利于帮助企业比竞争对手更快速地获取到各项创新资源。Andersson et al.(2001)根据企业在网络中获取的知识能力是技术能力还是业务能力,将关系嵌入性分为技术嵌入性和业务嵌入性。关系嵌入性反应的是各主体之间的联结程度,联结程度直接影响到企业在网络中获取资源的速度、数量和质量,进一步影响企业的创新。网络各主体之间的联结可以分为强联结和弱联结,就此形成了理论界关于关系嵌入性的悖论。强联结理论认为网络中各参与者的联结越紧密,越容易获取各项资源和信息,从而有利于进行技术创新。而弱联结理论则认为在获取网络资源的过程中,存在强联结关系的主体彼此之间因为联系紧密,知识结构、背景等较相似,所以网络中异质性资源较少,频繁的互动带来的是资源的重复和低效率,也就是说强联结所带来的直接缺陷就是容易造成网络中资源冗余。相比强联结,弱联结主体之间具有较大的差异性,有价值的异质性资源多。胡宝亮(2012)认为面对关系嵌入悖论,需要解决的不是谁对谁错的问题,而是要解决在什么情境下谁对的问题。确实如此,不论是强关系还是弱关系都有其存在的意义,需要解决的不是否定一个,肯定另一个的问题,而是要解决在不同情境下(不同的宏微观背景、研究对象)强关系、弱关系的不同重要性。

(2) 结构嵌入性。结构嵌入性主要侧重研究各主体在网络中所处的位置、布局等结构特征对其获取各项资源和信息的影响。在网络中占据有利位置的主体能比其他主体获得更多和更高质量的资源。兰建平等(2009)认为结构嵌入性研究的是网络中各主体之间关系的总体性结构,其一方面研究的是网络整体的结构与功能,另一方面也关注企业作为网络节点在网络中所处的位置。对于结构嵌入性的测度,学者基于不同的研究目的和研究背景选取不同的测度指标,主要包括网络规模、网络中心性、网络异质性、结构洞等。网络规模在一定程度上代表着企业所处网络的广度和宽度,网络规模越大,说明网络中主体越多,网络中容纳的资源和信息量越丰富。而网络中心性则表示企业在网络中的位置,网络位置的优劣直接决定了网络成员对网络中资源的可获得性,处于中心位置的企业总能掌握更多的知识和资源。此外,网络中资源数量的多少并不能代表网络资源质量的好坏,网络资源的质量还取决于异质性资源的数量,同质性资源过多的网络势必会增加企业外部获取知识的成本。和关系嵌入性一样,结构嵌入性在理论研究中也存在悖论,即所谓的"结构洞"理论,该理论由 Burt(1992)首次提出。"结构洞"指的是网络中某个或某些主体与有些个体发生直接的联系,而与其他个体不发生直接联系的关系间断现象,实质上是指两个个体之间的非冗余关系。"结构洞"理论认为网络中个体拥有的结构洞数量越多,企业在整个价值网络中所占据的位置就越有利,处于结构洞位置的企业在网络中充当着"桥梁"的作用,"结构洞"优势能给企业带来更多中介机会。Davis(2010)认为由于企业占据较多的结构洞,因此能够对彼此不联系的个体建立联系,从而通过控制信息的通道来获取更多的资源优势。另一种观点(Hannah Van, et al., 2011)则认为"结构洞"较少的企业之间关系更加紧密,所有企业形成了一个闭合型的网络结构,更有利于信任的产生和资源的流动。

伴随着与他人(这些人或多或少是熟悉)联系的利益和成本问题,另一个问题是关于这些联系本质的重要性。与网络结构相对比一个人关系的质量在多大程度上起作用? 一方面这个问题是那些像 Burt 这样,倾向于"将整个问题转向某个特定人,假设问题能被某个能干的选手解决"(Burt, 1992a),并重申网络结构的首要性。另一方面,是越来越多的学者认为社会资本的价值不只是受到一个人联系结构的影响(Uzzi, 1997;Adler 和 Kwon, 2002)。立足于 Granovetter 的原先的嵌入性概念,这个更广泛的观点明确了 Granovetter 的结构嵌入和关系嵌入的区别——即一个人的网络构造和那些关系质量的重要区别。像所有社会行为和结果一样,经济行为和结果受到行动者嵌入关系和网络关系结构的影响,这也意味着不考虑两个维度是很难解释富有成效的交换。两种维度都可能帮助我们理解嵌入性在富有成效的交换中的角色。

Nahapiet 和 Ghoshal(1998)在提炼 Granovetter 嵌入性概念的基础上将结构嵌入性界定为"人们之间或单元之间非个人的联系构造"。这个包括了行动者之间所具有或没有的网络联系,以及诸如连通性、中心性、层级性等其他的结构特点。与结构嵌入性非人际关系的本质相对比,Nahapiet 和 Ghoshal(1998)将关系嵌入定义为"人们通过历史交往相互之间发展起来的人际关系"。关系嵌入的关键一面包含了人际之间的信任和信用,重叠的身份,亲密感和人际团结性。这种社会资本的双重特定性质越来越受到学者们的关注。

3.2　创新网络与中小企业开放式创新的关系

3.2.1　创新网络对于中小企业开放式创新的意义

（1）创新网络是开放式创新发展的必然结果和要求

创新大师熊彼特将创新作为其经济增长理论的中心，强调了创新通过"创造性的毁灭"推动经济的增长，但是他并没有研究实际创新的具体特点，他只是将创新的成功归结为企业家精神。当然他也认识到随着大垄断企业的形成，这些创新活动也发生了变化。尽管他注意到大规模产业中企业内部的专业研发，但是他没有检验企业内部的研发功能和其他功能之间的交互作用，而涉及外部网络的就更少。他的企业家精神实际上将企业的新产品创新寄托于天才个体的创新行为。直到上个世纪70年代早期，大多数的创新文献都集中于研究具体的个体创新，包括识别成功创新的特点以及影响技术和商业化不确定性的内在因素等。为了识别成功创新的关键因素，一些实证研究开始对成功创新和失败创新进行比较，结果发现与外部顾客和外部技术专家合作被视为对创新的成功有着重要的影响。与此同时，人们还逐渐认识到正式合作网络和非正式合作网络（尽管没有明确使用创新网络一词）对于创新的重要性。在创新网络形成过程中非正式网络往往占据了一定的先机，企业内部研发部门通过偶然的或者有规则的与大学、政府、研发机构、咨询者以及其他企业之间的联系来提升自身的竞争力。而单纯的非正式联系不足以保证创新网络的稳定性和持续性，需要通过一定的正式规则和文件来对交易者的行为以及交易过程中的责任及利益分配进行规范,这就需要有正式的网络来执行相关的功能。当组织为了创造可能的创新而转向彼此时,既可以在组织层面也可以在个人层面建立联系。Simard 和 West (2006)指出了正式和非正式联系的区别,以及组织联系的深度和广度的区别。他们指出组织正式合约的联系也会导致非正式联系的形成,通常在公司员工之间以友谊的形式存在,反之非正式友谊也会导致正式的合作。包含多种类型联系的企业比只有单一类型联系的企业更具有创新性,因为不同类型的联系可以传递不同类型的知识(Simard & West,2006)。深层联系可以提供稳定的,但是冗余的企业已经知道的知识。然而广泛的联系可以提供新的,但是也许无法获得的知识。正式联系包括组织层面已经规定好的知识路径,然而非正式联系创造出个体之间的知识流。Powell (1990)调查了生物技术组织之间的合作,并且评估了合作对学习和绩效的贡献,发现根植于网络的企业具有更好的创新绩效。Chesbrough(2003b)的开放式创新模式也提出,企业来自内部研发的优势也随着人类社会发展中各主体联系的增强在下降。

实际上在 Chesbrough 提出开放式创新概念之前,与开放式创新相关的一些理论概念已经出现。比较典型的有战略联盟、开放资源软件、研发全球网络、跨国全球制造网以及产业集聚等。然而,大部分先前的文献集中在组织如何利用外部知识,很少注意到正向的内部知识由内而外的流动。Chesbrough 的开放式创新包含企业内部知识由内而外流动,企业外部知识由外而内流动,以及双向流动的过程。组织可以通过发展网络关系获得竞争优势,因为网络能够使组织之间的知识共享。

如果创新是一个从完全封闭到完全开放的连续体,那么随着社会经济的发展,个体之间、组织之间以及个体与组织之间的联系日益加强,完全开展封闭式创新的企业几乎不存在,不同企业之间只是在开放度上存在一定的差异。Chesbrough 只是在恰当的时间提出了一个恰当的概念来概括企业与外部进行的知识交流与互动。基于这一观点,结合上述人们对创新网络的认知过程我们不难发现,创新网络实际上是企业从封闭走向开放的必然结果,也是企业突破自身资源限制和获取外部互补性资源的必然要求。

(2)创新网络是中小企业开放式创新的重要载体

创新网络是企业为提升自身的创新能力,通过契约协议、社会关系或信息网络等纽带与企业、大学、研究机构、政府、资本市场以及中介机构联结形成的合作组织。网络化合作创新能够使企业获取创新资源,缩短技术开发时间,减少研发投资费用与分散风险,从而较好适应市场因产品和技术周期缩短与高技术激烈竞争所导致的动态发展要求。

尽管战略联盟对于中小企业绩效和创新性有着许多正面影响,不少文献也确认了战略联盟是中小企业从价值网络获得利润的重要途径,但是单纯的战略联盟无法替代网络的作用。首先网络可以提供比企业自身所能发现的战略联盟多得多的合作伙伴,在创新网络中同样数量的战略联盟所产生的管理和协调成本要比非创新网络中的联盟成本低得多。同时,参与到创新网络中的中小企业所接触到的伙伴还具有更大的多样性,这可以确保外部知识的异质性和互补性。依靠网络去寻找战略联盟比单纯依靠中小企业自身更为方便、快捷和可靠。其次,中小企业在与大企业的战略联盟中往往处于弱势地位,大企业可以强迫中小企业与大企业共享他们的技术竞争力,从而提升大企业的灵活性,并导致中小企业失去比较竞争优势。结果,当中小企业获得与大企业合作的机会时,他们会失去与大企业竞争的机会。中小企业也被要求制造便宜的产品来满足大企业最低级的产品规格，因而拖延了中小企业进一步的创新。网络作为另一个可供选择的模式，它被描述为连接一系列人、整体或事件的特定关系类型。良好的结构和管理网络可以给中小企业提供清晰的利益。帮助他们解码和占有诸如技术变化、技术支持源泉、市场需求和其他企业的战略选择等信息流，因而能够强化他们的竞争优势。除了能够有效地合作研发创新产品和服务以外，网络成员还能够被彼此的经验影响，产生未来创新的学习效应。网络的交流是多层次、多渠道及相对稳定的，在网络的各个单元之间，在各单元内部的各部门之间，以及在单元的内部部门与外部单元之间都存在着交流。这样，网络提供了比等级组织更为广阔的学习界面，使创新可以在多个层面、多个环节中发生。

创新是一个包含不同层次、广泛学科的动态过程。创新包含外部闪光的新思想，内部组织学习和为高效率有效果的运作而内部施加的资源控制。这意味着网络中的创新过程是跨越组织中大量外部"由外而内"和内部的"由内而外"的做事方法。它意味着边界是思想上的，学习和控制必须是纵横交错。中小企业面临管理和组织困难，效率问题和市场及研发之间的整合，还有有限的技术信息和诀窍限制了他们的创新能力。因此，中小企业越来越依赖创新网络来构建知识资本。组织间的网络和技术中介是潜在的知识库，在那里中小企业可以发现激进创新和渐进创新的新知识。创新过程由组织渗透大量潜在边界的行动流构成，进而创造出将思想转化为创新和增长的动态变革。

（3）创新网络通过开放式创新得以存续和发展

网络被看成是市场交易与层级组织之间的一种组织形式，是企业与市场相互作用与相互替代而形成的企业契约关系或制度安排。收购与兼并是企业将外部资源直接纳入企业内部,对于兼并企业而言是企业边界的扩展;合资合作是通过股权进行协调的合作行为,属于企业层级式扩展,具有准层级的特征;一次性交易以及短期各种交易是市场关系。而网络经济组织是处于合资合作和市场交易之间的以契约或者合同进行协调的合作组织(如图3-1)。随着互联网的迅猛发展,人与人之间的沟通联系更加通畅,知识流、信息流成为推动创新的核心要素,经济的网络化和知识化特征更加明显。在网络经济中,个人或组织通过网络,穿过组织边界与他们的环境相联系已成为最常见、最普遍的现象。组织边界对人们活动的限制只是存在于非知识经济时代的一种特例。网络经济的模糊界面,为组织或个人提供了一种实现更大发展的契机。

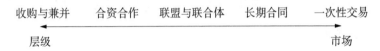

图3-1 组织模式

资料来源:董一哲.企业创新网络[D].大连理工大学,2000.

网络为企业提供了创新的平台,但是网络中企业之间的知识交流与互动则是创新网络的核心,网络一切功能和制度安排都必须服务于企业之间知识和资源的交流。网络中企业的这种知识和资源获取与共享行为恰恰是开放式创新的核心内容,这一点是创新网络与开放式创新的共性。网络只是把更多的知识和资源汇聚到特定的、相对稳定的结构之中,这一点与企业自身不依赖于网络独立寻找外部知识资源和建立战略联盟是完全不同的。

当企业可以通过网络方便快捷的获得了外部知识资源,并将非核心资源与网络中的其他企业共享时,网络中更多的企业就可能获得成功,而成功的示范效应必然会吸引越来越多的企业加入到创新网络中来,随着网络规模的扩大,网络知识库的存量也就不断增加,网络中企业所能获得的知识总量和类型也就越来越多,从而形成一个正向强化循环,创新网络的发展也就呈现出欣欣向荣的景象。反之如果网络中的企业不愿将知识资源与别的企业共享,那么网络中的知识交流就无法发生,网络也就失去了存在的价值。因此,为了实现网络中知识资源正常顺畅的流动,创新网络中的协调者需通过制度安排来激励知识交流与合作,减少文化冲突、侵犯知识产权和机会主义行为等。

综上所述,我们不难发现,尽管推动网络中的知识交流和共享是网络管理者和协调者所面临的挑战,但是没有开放式创新网络,这些就无法形成更不用说繁荣和发展了。

3.2.2 创新网络中中小企业实施开放式创新的动力源分析[①]

网络为中小企业提供了稳定的外部联系,但是这种联系能否成为中小企业提升创新能力的重要工具不仅取决于网络,同时也取决于企业自身。任何创新网络不仅为企业提供外部资源同时也希望网络成员能够与其他成员共享专有知识,并基于共享知识的基础上创造出新知识,只有这样才能不断扩大网络的知识存量,推动网络的繁荣兴旺。作为网络成员的中小企业,虽然自身的知识资源有限,但是单纯的获取外部知识也不利于企业自身在网络中地位的提升,长此以往必将影响到网络中未来资源的获取,因此与网络外部的企业相比作为网络成员的中小企业更具有实施开放式创新的必要性和迫切性,网络中中小企业实施开放式创新的动力

---

① 刘艺玲.网络嵌入性影响中小企业开放式创新绩效的机理与实证研究[D].江苏大学,2016.

主要来自企业内部、外部和网络效应三个方面。

（1）外部动力

首先是全球化竞争和网络化发展迫使企业实施开放式创新。随着科技进步、产业发展以及交通工具、信息传输等方面的不断突破，世界市场进入了全球化、网络化发展的时代。在这样的社会背景下，全球人力资源、知识、技术、资本、商品与服务等经济与社会发展的关键要素在全球市场中自由流动，不断地进行着交流融合以及资源的优化配置，世界各国在经济发展以及科教文卫等方面越来越呈现相互依存的发展趋势，各国企业的发展也越来越依靠外部的资源，能否高效利用全球资源决定着企业的市场竞争力状况。在全球化不断深入发展的过程中，国际企业之间的竞争形式已经不是传统的单个企业与单个企业之间竞争，而是供应链、集群和产业网络之间的竞争。企业通过嵌入到垂直和水平网络中，更好地获取互补性资源，有效地提升自己的国际竞争力。全球化和网络化之间可以相互促进，全球化的发展迫使企业不断形成网络集聚形态，在网络中实施开放式创新以提高个体企业的全球竞争力。而网络化的优势推动着企业之间的分工和协作日益深化，促进了企业之间的知识共享、相互依赖性和开放性。因此，开放式创新是解释区域创新系统及集群如何组织起来以提升全球竞争力的一个关键要素，全球化和网络化发展趋势预示着企业生产经营和创新活动必然采取开放式的发展方式以突破企业自身局限。

其次，技术复杂性的增加和知识更新速度的加快也要求企业在研发中进行对外交流与合作。①在知识和技术呈现高速流动融合的社会，随着社会交流交融的不断深化，知识和技术发展越来越呈现综合化、交叉发展的态势，企业的知识技术不再局限于一定的区域或研究领域内，以往条块分割、各领域独立发展的方式已远远不能适应现代社会的需求。生产、管理、创新等的一体化发展形式使得对生产技术和设备、管理理念和方法、创新模式和路径以及资金获取投入方式和产品服务创意的商业化路径等都提出了新的更高要求,其综合化、合作化程度不断增强。②近年来科技技术发展中的不确定因素越来越多,知识技术的交融呈现复杂多元化发展态势,新的研究领域和范围不断拓展,企业新产品的市场需求面临着诸多不确定和不稳定的因素。在这种情况下,寻求市场合作以降低成本和风险成为企业研发和创新发展的重要方式。③现代新技术的更新换代频率越来越高,技术的加速进步使得市场竞争日趋激烈,新产品的生命周期大大缩短,企业的寿命也越来越短。利用企业外部知识技术等资源来获取研发时间和技术上的先发优势成为企业生存的法宝。④最后,随着人才流动性的增强,企业的知识和技术的流动性也随之提高,知识技术扩散和转移在企业之间越来越频繁,企业之间也越来越多地主动进行技术合作与交流,无形中扩大了企业之间开放式创新合作的范围和领域。以上种种都说明组织以及各市场群体之间越来越呈现相互嵌入合作发展的形式,在相互嵌入各种网络群体的过程中加强彼此合作与交流,使企业的创新活动形式越来越倾向于开放式创新。

第三,消费者需求的多样性和快速变化要求企业通过开放式创新及时获取关键信息。随着经济水平的提高,消费者的需求日益多样化,需求的变化也越来越快,为了适应这个变化,企业必须及时掌握市场变化信息,同时也要拥有强大的创新能力来提供新产品以适应需求的变化。企业、高校和科研机构、政府、用户和供应商、中介服务机构等是开放式创新的主要驱动主体(朱斌,曾威强,2015),同时也是构成创新网络的重要主体,其中用户和供应商是企业关键的市场信息源,企业所需的大量市场信息和数据均由它们来提供,而科研机构则为企业提供了技术知识。准确把握用户和供应商的需求能够有效推动企业创新成果转化率和创新效率,并能够降低商业化过程中的风险,用户关系管理和供应链管理对企业应对市场需求具有极为重要的意义。面对瞬息万变的市场形势,企业必须扩大与用户和供应商的合作交流,这就要求中小企业在争取市场的过程中与用户和供应商以及其他机构建立良好的关系,而网络则使企业之间的关系更为稳固,为企业快速获取更多准确的市场信息提供了方便,可以说用户和供应商需求的不断变化促使着企业不断对外开放并积极地嵌入到网络之中。

(2) 内部动力

首先中小企业实施开放式创新的内部动力主要是为了获得互补性创新资源,特别是知识资源。产品技术含量的增加和技术更新速度的加快使得新产品开发的技术复杂程度越来越高,即便是大企业很多时候也难以完全掌握复杂产品的全部技术,这时候就需要与其他企业进行合作或者通过各种途径获得外部技术支持。显然,传统的封闭式创新已经难以适应这种状况,只有通过开放式创新才能及时了解并获得所需要的互补性知识资源。创新网络为企业之间的联系提供了稳定桥梁,同时也方便了企业知识搜索和知识获取,而秉持开放式创新理念是有效利用网络资源获得互补性知识资源的前提和保障。

第二,降低研发成本和风险。企业在创新过程中往往面临着市场风险、技术风险和资金风险等问题,在传统的封闭式创新中,企业通常是独自承担创意产生、研发生产、商业化等等过程中的所有成本和风险,高昂的研发成本和巨大的风险对于一般企业创新而言是很难维持下去的,致使很多的创意无法有效地进行下去。在成本和风险的驱动下,企业越来越多地倾向于选择合作研发的方式,既能够分享研发成功的收益同时也能共同承担研发失败的损失,企业之间知识技术方面的互补又能够极大地提高研发成功率。除此之外,在研发过程中企业会面临很多其他的风险,比如政策环境等方面的变化,实施开放式创新可以使企业及时获取市场信息并做出相应调整以增强企业抵御风险的能力。中小企业在创新过程中对成本和风险的承担能力更为弱小,在应对成本和风险的过程中必然要求其更多地与外部群体进行合作,主动地嵌入外部网络之中,进行开放式创新活动。

第三,提高内部资源利用效率,合理配置资源的需要。面对全球化和网络化发展、知识技术的不断创新、用户和供应商需求的日新月异以及成本和风险压力等方面的影响,企业在经营过程中需要充分利用已有的资源来获得最大的效益。企业的技术分为核心技术和非核心技术,对于一些非核心技术企业在不影响自身竞争力的情况可以有偿对外共享、出售或者许可,这样企业可以提升自身在网络中的地位,同时也可以获得相应的收益。另外,从未来发展趋势看,越来越多的企业经理倾向于将企业不擅长的生产和经营环节外包,这样可以集中优势资源在企业的核心业务上。很多情况下,业务外包和非核心技术转移是同步的,因此上述策略的实施要求企业在外包过程中与业务承接方进行知识交流与共享,以达到企业资源的优化配置和有效利用,最终达到提升竞争力的目的。

(3) 网络效应推动力

首先是网络集聚效应。企业一旦加入到创新网络中,那么网络本身的发展也要求企业实施开放式创新。首先,网络的集聚效应。创新网络中各主体之间往往具有紧密的关系,有利于相互间集体学习、合作创新的进行,另外还可以协调组织之间的关系,有利于网络集聚效应的形成及其作用的发挥。具体而言,在网络之中各主体之间可以利用网络效应来获取和交换彼此的信息技术等资源,从而为相互间的合作创新建立广泛深入的渠道;另外,网络成员间的紧密关系使其在相互合作的过程中更加注重网络关系的建立和管理,使其在合作分享的过程中降低创新成本和风险,提高整个创新网络的收益。集聚效应往往是网络的显著特征,系统动力学原理可以解释集聚效应的形成,集聚效应可以为网络和集群带来丰富的资源和条件,尤其是在区域创新网络和集群网络之中,集聚效应可为企业带来持续的竞争优势。具体来说,企业创新网络的集聚效应主要表现在主体集聚、要素集聚。企业的创新资源主要包括知识、技术、资金、创意、需求等方面,集聚效应可以将上述要素聚集在网络中,方便网络成员的获取和使用,提高成员的创新效率和效果。创新资源的载体一般是指企业、高校、科研机构、用户、供应商、政府、中介机构等等,创新资源作用的发挥在于各主体的相互交往、相互学习。网络集聚效应通过吸引企业等市场主体的加入来增加网络中的资源总量,促进了创新资源的融合。另外,集聚效应可以带来规模效益和范围经济,对于资源和力量薄弱的中小企业而言具有极大的吸引力和实用价值。集聚效应的发挥也要求网络中的企业保持开放创新的理念,使网络集聚的各种资源和优势在合作共享中发挥最大价值,因此作为网络成员的中小企业实施开放式创新正是适应网络集聚效应的需要。

其次,网络的协同演化效应。与单个企业相比,网络作为一个组织形态,其优势在于推动了网络成员之间的协同发展。协同演化理论最早来源于生物学概念,在企业创新领域的协同演化思想还处于研究发展阶段,其理论结构和研究成果还不完善,但创新网络中的协同演化现象普遍存在,网络是处于不断演化前进的有机体,网络的动态有机协调演化特性为相关研究提供了契机。协同效应实际上就是 1 + 1 > 2 的效应,其核心在于研究各子系统之间的协同关系,以系统论观点处理复杂的系统问题,而演化思想在于不断发展不断前进。协同演化的过程是漫长的演变进程,在各个演化要素之间都有着线性或非线性的连接关系,并且各要素之间存在着有效的反馈机制,使得要素在协同演化的过程中能够不断创新。在创新网络的形成和发展之中,各种市场主体的进入为其带来了丰富的新鲜血液,创新网络的协同演化进程可以产生新的合作关系网络(曹霞,刘国巍,2015),协同演化效应的发挥可使不同群体或组织以及组织内部各部门之间在合作共享中取得比单个个体更高的收益并持续前进。与集聚效应类似,协同效应同样能为网络群体带来规模经济和范围经济、降低创新成本和风险、提高创新成功率、提高企业创新收益等等。协同演化理论是一个非常复杂的领域,它所涉及的领域非常广泛,所涵盖的层次十分深厚,在宏观上包括组织及其所处环境之间的关系,在中微观上又包括个体组织内部之间的协同演化(任宗强等,2011)。网络成员当初加入网络的重要目的之一就是要利用网络的协同效应来提升自身的竞争力,网络组织的协同效应也要求企业秉持开放式创新的理念,封闭式创新完全无法适应网络发展的要求,与网络协同效应格格不入。此外,网络集聚效应和协同演化效应之间也有着重要的联系,具体来说,良好的协同演化过程可以提高网络集聚效应,网络集聚效应又促使着网络不断向前发展(禹献云,2013)。

早期的开放式创新研究主要针对的是大企业以及市场比较成熟的领域,大企业也似乎显得更为开放,但事实上,中小企业要比大企业具有更强的开放意识(Spithoven, et al., 2013)。如今中小企业已遍布整个市场网络并发挥着不可替代的作用,有关中小企业开放式创新的研究也越来越引起专家、学者和企业的关注,其创新活动也越来越重要。基于中小企业自身情况,学者们普遍认为中小企业更应采取开放式创新模式,且能够从开放式创新模式的运用中获益。综上所述,我们可以画出创新网络中中小企业实施开放式创新的动力源如图3-2。

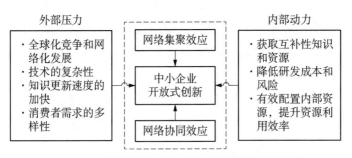

图3-2 网络中中小企业开展开放式创新的动力源

3.2.3 创新网络影响中小企业开放式创新的途径

根据以上分析我们不难看出,创新网络要求中小企业实施开放式创新,而中小企业在实施开放式创新的过程中需要与其他创新主体进行交流合作,长期的交流合作必然形成各种关系网络,从而推动了创新网络的形成和发展。网络并不仅仅是一个静态的知识容器,网络内部的结构和联系影响着网络成员的知识获取,而网络成员之间的知识共享、交流、吸收、利用、创造反过来也会推动网络结构和关系的变化。

网络对成员创新行为的影响主要通过网络结构和网络关系。网络结构包含网络的中心性,网络的异质性和网络的规模三个方面。网络中的知识分布并不是完全均匀的,重要节点和中心位置的知识分布量往往比较多。此外,处于网络中心位置的企业拥有更多与其他企业联系的机会，因而可以比其他企业更为方便地接触更多的知识，当然大量的知识信息也对企业的信息鉴别和处理能力提出了更高的要求。网络的异质性可以确保知识信息的多样性，减少冗余信息。而网络的规模决定了网络的知识储量，确保网络成员拥有丰富的知识源，新成员的加入扩大了网络规模，同时也带来了更多的知识、信息和资源。当然封闭网络也并非一无是处，封闭的网络往往更利于网络管理，而且封闭的网络中成员之间更容易形成稳定和频繁联系，从而有利于隐性知识的转移。

如果说网络结构更多影响着网络中的知识分布，那么网络关系则主要影响着网络中知识的转移和共享。强联系往往建立在频繁地交往和信任基础之上，虽然强联系会产生冗余信息，并使企业可能失去获得异质性知识源的机会，但是拥有强联系的企业更容易获得隐性知识。弱联系的价值是可以承载更多独特的，有价值的异质性信息。

网络结构决定了网络的功能，网络结构与网络关系并非独立的两个变量，而是相互关联相互影响。已有的网络结构反映了网络内部成员之间的关系，这种结构有利于推动某些网络信息的流动和成员联系，同时限制了另一些成员的联系和信息流动。而网络关系同样也影响着网络的结构。重要的网络节点往往是知识信息交会的中心点，该节点也是网络成员联系的交汇点。网络成员联系密度的变化达到一定的程度就会突破既有网络结构框架，导致网络结构变化。

虽然网络通过结构和关系来影响着网络中的知识分布和转移，但是企业能否获得并吸收这些知识首先取决于企业之间的相互学习，知识的转移过程就是跨组织学习的过程，当然单纯的跨组织学习并不能保证知识被组织有效吸收,知识的转化吸收还需要以组织为中心的学习、组织内部的群体学习以及组织内的个体学习。通过各层次的组织学习,外部知识才被编码、贮存,最终被组织有效吸收。随着新知识的吸收和企业知识基的扩大,企业结合实践问题创造出新的知识,通过对新知识的外部利用和共享,不仅提升了企业开放式创新的绩效,同时也扩大整个网络的知识容量。对于开放网络而言,网络知识容量的扩大也会吸引更多的外部组织加入到网络中来,从而进一步扩大了网络规模。

网络对成员的影响并不是单向的,创新网络中的企业不是只能被动的接受网络提供的知识,企业在利用外部网络提供的互补性知识资源的同时也通过增强与其他节点的联系以及创造出新的知识来扩大对网络其他成员的影响。知识创新能力越强的企业往往成为网络中比较活跃的节点,某个节点知识分布量的增加会吸引更多的网络成员主动与该节点建立联系,当量的积累达到一定程度就会引起质变,最终导致网络结构的变化。网络联系的强弱也会随着网络组织业务发展需要而发生相应的变化,而且新知识的产生也会改变知识的供求关系进而改变既有的网络联系。

基于上述分析我们可以发现网络嵌入性影响了网络中知识的分布和转移,网络成员通过组织学习来吸收和利用网络中的知识,并通过建立与其他节点的联系以及创造和共享网络中的知识反过来改变自己在网络结构中的位置,最终会对网络结构和网络关系产生影响。基于以上分析,我们以网络嵌入性为切入点,以组织学习为中介,以中小企业开放式创新绩效提升为目标,绘制网络嵌入性影响开放式创新绩效机理关系模型图(如图3-3)。

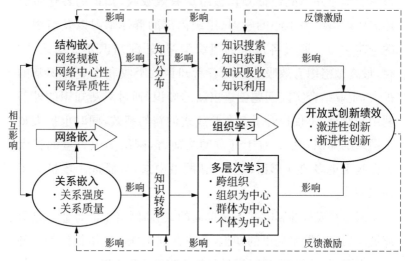

图 3-3　网络嵌入与开放式创新关系机理

3.3　网络嵌入性对网络中知识转移的影响

科技和经济的发展推动了人与人之间以及组织之间的联系和交往,所有企业的活动基本都属于区域经济网络的一个组成部分,而企业的创新活动也成为区域或国家创新网络的节点。某种程度上不同区域或国家的企业之间的竞争已经演变成网络之间的竞争,谁的创新网络更有效率,网络中的企业竞争力也就更强。参与到创新网络中的中小企业必须秉持开放式创新理念。传统的封闭式创新已经完全无法适应创新网络的要求,即使是在封闭网络中,企业之间也必须积极联系和交往以达到知识共享、资源交流的目的。而在开放的稀疏网络中,更需要通过一定的中介来获得异质性的知识,开放的思想,积极的拓展和交流显得更为重要。传统的封闭式创新理念不仅不利于创新网络的形成和发展,秉持封闭式创新理念的企业也不可能融入到创新网络中去。中小企业在创新网络中与其他组织保持良好的关系是利用创新网络实施开放式创新的关键。为了解释关系机制在创新网络中形成交流行为中的角色,研究者越来越多地集中于网络嵌入性。行动者通过以往的交往关系对后续经济行为的影响,推动社交信息的扩散来增进相互理解、信任和承诺。以往的关系决定了不同行动者相互间的影响,并进而形成了经济行为。因此在某种程度上,先前的关系有利于获得资源,社会嵌入性是形成网络中社会资本的基本机制。

社会嵌入性包括关系和结构因素(Granovetter,1992)。关系嵌入性是指直接的、重叠关系内容的影响。结构嵌入性是指行动者集合中直接和间接关系所有模式的影响。因为结构嵌入性的影响是根据双重关系(即直接和间接关系)的内容,因此关系嵌入性是理解网络结构影响经济行为的重要出发点。

尽管在大量文献中,运用了大量理论和实证来分析相互依赖关系,但是大部分是采用"关系还原论"的方法。这些关系被独立开来研究,关系结果依赖于关系的条件和特点,而不是关系的外部因素。跨组织关系的依赖性忽略这些关系嵌入于认知、文化、社会结构和制度情境。

结构嵌入性认为无论经济关系的合作还是机会主义结果都受到经济和社会关系网络中关系位置的影响。这个结构嵌入性反映了关系依赖性的合作结果同时被其他行动者的关系所影响,特别是当这些关系影响到行动者的"更大的利益"时。因此结构嵌入性的观点认为经济和社会关系网络中合作行动者的行为不仅取决于狭隘的关系中的赢或者输,而且取决于更广的关系组合中行为的意义。

经济关系中的结构嵌入性要求直接关注特定的关系所根植的经济和社会关系网络的结构。社会学家采用网络分析法对网络的结构进行了广泛的研究，但是在战略管理理论中受到的关注有限。已有的研究主要集中在合作网络中关键的结构维度，如联系的数量和范围、企业网络中联系的密度或者网络中企业位置的中心性。所有这些维度都被认为影响网络中个体关系的根植性。

3.3.1　网络嵌入性的几种观点

创新网络作为社会网络的一种类型，其本质就是网络参与者通过网络间的社会资本和人际关系可以获得别人持有的资源或知识。在社会网络领域有三个比较有影响力的学者 Granovetter，Burt 和 Coleman，他们对网络中参与者的影响存在一些观点上的差异。社会资本是一个有价值的资产，它的价值源于通过行动者的社会关系可以获取资源。它在不同层面解释绩效的前景使得战略管理领域社会资本的研究令人兴奋。与其他形式的资本相比，社会资本的独特特点对于战略管理尤其重要。社会资本具有可持续性，交叉人际关系的特点，社会资本既不像物质和金融资本那样容易转让，也不像人力资本那样可以流动，而是它与组织、企业的发展和战略紧紧绑定在一起。企业在某种程度上可以影响它的发展并占有它的价值，社会资本是企业优势最可持续的资源。

除了一个人社会关系的重要性获得广泛认同外，围绕社会资本运营的概念和机制以及它通过什么产生影响还有一些争议。争议的两个中心问题，第一是网络结构在社会资本理论中或者在探讨社会资本利益的实证中是否应该单独考虑？当考虑社会资本对绩效的影响时,仅仅集中于谁知道而不考虑一个人了解的程度是否足够。第二个问题涉及更具体的是社会资本对绩效施加影响的途径。学者们对封闭网络和以结构洞为特点的网络优势没有达成一致。封闭网络的关系特点中每个人的重要联系人都相互了解,结构洞网络中个体接触的都是大多不熟悉的人。

(1) Granovetter 的观点

Granovetter 是社会资本概念的重要先驱,他认为经济交换中到处存在社交嵌入性。他的真知灼见源于经济交换中通常能够观察到但却被忽视的简单而关键的规范,即"大多数行为是紧密根植于人际关系网络中"(Granovetter,1985)。Granovetter(1985)认为这种到处可见的根植性解释了市场和企业中可以看到的秩序及混乱。他的观点区分并强调了"这种关系的有形的个人联系和结构(或网络)"在日常工作和各类经济行动者的成就中所扮演的独特角色。在早期的工作中,Granovetter 识别了具体的个人关系和以某种结构形式存在的总的关系构造。后者,即嵌入性的结构方面在社会资本研究中受到远比前者多得多的关注。

网络中参与者之间的联系有强弱之分,有些关系比较牢固可靠、相互之间交往比较密集,而另一些关系则相对比较松散,关系双方交往不够频繁,感情和信任方面也不够强烈。最早对网络中强联系和弱联系进行区别的是 Granovetter(1973)。他指出密集的、频繁的拥有他人已拥有的信息源,这种关系形成强联系。如果一个网络中强联系比较多,那么网络成员之间的关系也就比较密集,因此 Granovetter 将这些强联系与密集网络结构联系起来。而另一方面,一个人与他人松散联系的关系形成了弱联系。弱联系的双方虽然关系不够密切,但是对于网络中的参与者而言弱联系提供了能够获得知识和信息的异质性资源的优势。因此两种联系并不存在优劣,没有一种联系优于另一种,因为二者都有不同的性质,它依赖于企业更喜欢哪种联系。这些观点指向了企业间关系的能力方面。

（2）Burt 的观点

Burt(1992a)则集中于网络效率,并强调持续的联系与成本相关联。强联系必然带来时间成本的上升和双方精力的消耗,尽管强联系能够增强双方的互信,有利于获得更多的资源,但是冗余接触往往带来相同的信息。因此,Burt 认为企业应该目标那些非冗余接触,它能带来互补性而不是重复的知识或资源,这就是所谓的结构洞理论。结构洞是在一个领域里参与者之间没有直接联系,但能够及时提供有益的参考信息和控制信息的机会。按照 Burt 的观点,有效的网络结构应该能够提供大量的非冗余接触和经济机会。因此,Burt 强调结构对于网络的重要性,他坚持结构嵌入性的观点,尽管他的观点指向企业间关系的能力方面。

尽管结构嵌入性受到极大的关注,但是学者们对哪种网络结构最好仍未达成一致意见。甚至在个人绩效和提升等问题上,Gargiulo 和 Benassi(2000)仍然在网络结构对社会利益的关系问题上存在着根本性的意见不一致。一方是 Burt 的结构洞理论,Burt 认为社会资本的利益来源于非冗余联系,或者更精确地讲来自一个人的关系中所缺少的联系（即结构洞）。当一个人联系他们自身所不熟悉的人,那么这些人很可能提供了不同的因而是非冗余信息或者资源。Burt 的观点建立在 Granovetter(1973)的开创性真知灼见上,即弱联系更可能比强联系建立一个新颖的更及时的信息桥梁。弱联系的价值 Burt 认为并不是源于他们缺乏强大的本质而是源于它们成为其他无连接群体之间桥梁的更大倾向性，因此使得这种联系更可能成为承载更多独特或更有价值信息的渠道。此外，一个人的交往中缺少这种联系使得这个人在这种接触中处于信息经纪人的地位，因而能够享受控制信息扩散和使用所带来的利益。

（3）Coleman 的观点

Coleman 将网络结构与社会资本的水平联系起来，这种社会资本能够出现在网络行动者之间。Coleman（1988）认为社会资本的力量来自密切的能够形成稳健的个人和集体行动的私人关系网络。因为在密集网络中一个人所有的联系都相互了解相互作用，他们比在开放性网络中更可能传递和加强交易规范，更容易监督遵守情况和执行制裁。制定并遵守群体规范减少了很多有关交易的不确定性。当需要时密集网络也推动了义务或者关切的增加，然后重新补充规范保持网络的可持续性，增加潜在的资本价值。密集网络所产生的社会凝聚力减少了交换的风险，提升了行动者从他人那里获得合作和资源的可能性。然而结构洞的利益是非冗余信息和更高的开发自由，密集网络具有影响严格来讲是因为已确定的信息（团队规范和规则）冗余限制了开发行为，并推动了合作。因此密集网络从摧毁结构洞价值的冗余和限制中创造价值。尽管 Coleman 坚持结构嵌入的观点，但是他的观点与跨企业关系治理相关。

显然三位学者对于网络关系、网络结构和网络中的社会资本的关注重点是有差异的，由此导致关于最优网络结构的不同结论。但是随着人们对社会网络认识的深入，越来越多的人认识到似乎没有一个普遍最优的结构。其中 Coleman（1994）指出"构成某一种生产活动社会资本的社会关系对另一种活动可能就是障碍"。Burt(2004)认为他的观点与 Coleman 的观点并不必然矛盾,因为网络和社会资本对于不同的特定群体和目标具有不同价值。而且,由于强烈关注网络的结构因素,如中心性、密度、结构洞、结构自主权等,相关环境条件的识别和他们如何影响结构以及网络功能已经被社会网络理论者基本忽略了。最近一些研究试图对此进行阐述并指出最优的网络结构事实上依赖于环境背景。

3.3.2 结构嵌入性对网络知识转移的影响

结构的网络嵌入性是指"网络行为者之间联系的人际间构造",诸如有联系和没有联系,连通性、中心性和官僚层级。社会资本理论的学者将结构的嵌入性与企业能够从网络关系中获得信息的程度相联系(Koka 和 Prescott,2002,2008)。根据这一观点,结构的嵌入性沿着网络的两个特点进行分析。第一是中心性。拥有中心网络位置能提供企业信息,即强调企业能够通过企业间联系网络的位置来接近和获取信息的维度。第二是结构洞,强调开放的社会结构所产生的经纪代理机会。结构洞是开放的和非高密度联系的网络结构,它提供企业创业机会,即在网络不同部分作为桥梁的可能性。下面我们分别从这两个方面来分析结构嵌入性对中小企业开放式创新的影响。

(1) 网络中心性对中小企业开放式创新的影响

跨组织网络中企业的位置影响企业内部创新或活动的机制是调整企业之间的信息流数量。合作发明不仅要求广泛的口头和非口头形式的沟通,也需要基于互相共享专业知识,因此创新者的合作联系可以被视为是无方向性的沟通渠道。因为早期的研究表明,到达某个行动者的信息流总量与行动者在不受指导联系的网络中心性成比例,当这些联系成为沟通渠道或管道时,随着跨企业发明者在合作网络中结构中心性提高,一个发明者会接受企业内更多的信息。由于创新活动是现有知识的重新整合,因此这种信息的提供会导致创新质量的提升。但是,当信息流的增加超过一定的数量时,发明者由于他们理性的有限性导致无法正确处理所有信息。这种信息的超负荷不仅降低了他们处理信息的能力,也使得他们缺乏效率。因此网络中的企业中心性所具有的影响取决于以下几个因素:网络中到达和接近的范围、质量的感知、提供给它的信息数量。

1) 网络中心性影响中小企业从网络获得的信息。跨企业合作网络执行两个功能,信息收集和信息处理。首先跨企业联系承担着从其他企业提供知识溢出的沟通渠道。这些联系不仅提供从直接伙伴获取知识的途径,而且可以从伙伴的伙伴那里获得知识。其次,网络中的企业也是信息处理装置或者"知识存放库",网络中的每个企业都要获取、转移、处理和贮存来自其他网络的知识溢出并且在将知识转移到其他企业之前扮演着筛选装置。这就意味着网络中的信息溢出被转化成组织中的信息储存和信息流。较高的中心性拥有大量来自企业外部的信息,因为他们在网络中能够到达和接近的范围更大。此外,他们接受知识溢出比其他企业更快。因为创新包含重新整合已有知识,因此能够接触更多信息的创新者更可能产生高质量的创新。由于先前没有界定知识质量,因此企业需要观察知识质量的信号或者指标,大量的提交各中心发明者的信息支持了他们对质量的感知能力。在企业内部合作创新网络中,中心创新者使用他们所接受到的大量信息产生创新。当然信息流的总量依赖于跨企业网络的知识溢出总量。这些企业中的信息流反过来有差异性地影响了发明者吸收和处理信息的能力,因而改变了它们对创新活动的影响。跨企业发明者网络中不同中心发明者的影响随着跨企业网络中企业的位置变化而变化。在大多数创新网络中，中小企业大多不处于网络中心的位置，网络中心的位置往往被有实力有威望的大企业或一些中介组织所占据，因此在网络中如何接近网络中心者也是中小企业网络嵌入所要研究的问题，这直接关系到中小企业在网络中的知识获取。

2）网络中心性也影响企业向网络其他企业进行的信息输出。因为创新者对自身企业所拥有的知识比其他知识更为熟悉，因此他们倾向于基于自身企业的知识基础上进行创新。然而，所有创新者的知识并不必然被用于创新。在企业网络中一些企业的知识比其他企业的知识被更为频繁地使用，这一方面取决这些技术与其他知识的前沿性、互补性和通用性，另一方面取决于知识输出企业在网络中的活跃度。在企业外部更为主动更活跃的企业更容易影响其他企业创新活动中知识的选择和使用，因为知识使用会提高中心企业的地位和声誉，企业网络中处于结构中心的发明者比其他企业更具有影响力。特别是，当一个网络中的企业努力发展与其他企业的合作发明关系时，这些关系形成了网络外部知识溢出的主干道，这种合作发明关系会形成企业能力的差异，导致一些企业成为关键并加入网络内部创新流中来，而其他则会成为边缘部分。这些在合作发明网络中占据中心位置的发明者会拥有更高的成就，能对创新过程拥有更高的影响，并成为推动网络中未来技术发展的重要动力源泉。具有网络中心性的企业比其他企业到达的范围更广，也能在企业外部网络中比其他人更容易接近知识。结果，具有中心性的企业在外部网络中与其他企业相比能够与更多的创新企业进行沟通。因而他们能够在企业网络中比其他企业更有效地推广他们所拥有的知识。中小企业的知识基相对比较小，但是很多中小企业所拥有的知识可能更为专一化，这些专业化知识与网络中其他企业的知识通常具有很强的互补性，在确保知识产权的前提下中小企业也是可以利用网络输出知识并持续获益。

3）网络位置与创新产出的关系。企业的创新产出受到跨企业网络中企业位置的影响。与其他企业形成合作联系的企业拥有更多机会来学习知识和转移知识。跨企业网络的知识溢出并不是同等通过所有企业，知识溢出依赖于跨企业网络中企业的位置。Gulati and Gargiulo(1999)发现网络中心企业拥有网络提供的更多的机会信息。网络位置为企业提供了获得更多知识溢出的机会，但是这些知识溢出能否导致高效的产出还取决于企业处理这些信息和吸收利用这些信息的能力。中小企业由于不处于网络中心位置，因而一般不会出现信息接收超出了自身信息处理能力的现象，这也是为什么很多中小企业往往能够把握住有潜力细分市场的技术发展契机，成功地将企业由小做大的原因。但是中小企业的吸收能力相对较弱，有时候无法将获得的信息进行吸收利用，从而导致机会的丧失。

然而，创新者的中心性与使用他们知识产生创新之间的联系超过一定的中心性门槛时就呈负相关。因为在企业网络中占有中心位置的企业能够更为广泛的获得和更快捷地接近知识，因此一旦中心性超过一定的水平那么将能够接收到大量的信息。由于企业的有限理性，这些过多的信息流将使具有中心性的企业不堪重负从而被压垮。

4）企业结构位置和信息贮存

跨企业网络为网络内的企业提供了不同的利益。在创新情境下，主要的利益是知识溢出。特别是网络可以作为信息收集和信息处理的工具。首先，跨企业网络中的联系是沟通渠道。尽管单个企业无法在所有可能的方向开展研究，但是网络能够提供探索不同方向企业的成功和失败信息。此外，企业的联系不仅提供了伙伴的知识溢出，而且提供了伙伴的伙伴的知识溢出。其次，每个企业在它将知识传递给网络中的其他企业之前都作为吸收、转移、处理、贮存和知识分类的筛选工具。

信息储存通常是以组织记忆的形式存在，在企业中通过展示或者记录互相交流、产品或原型来提供信息。因此，尽管某些特定设计者也许与顾客有直接互动，但是信息储存和激活惯例会将知识溢出存储在组织记忆中，并提供给企业中的所有人。类似的，尽管企业中的一些单个发明者也许与合作企业的发明者形成了直接的联系，但是来自跨企业合作的信息流也存储在组织记忆中。由于每个企业都形成了多重联系，网络中信息流的机理是企业多重联系的结果。这些跨企业网络的信息流分布在企业内哪些不同的发明者，取决于企业内发明者网络的结构洞。中心发明者获得了大多数的知识溢出，而边缘发明者只能获得一部分知识溢出。

将跨企业网络的知识溢出储存到组织记忆中增加了企业内信息提供和信息流的总量。企业内部信息流总量的增加依赖于企业从跨企业网络中获得的知识溢出总量。例如，一个占有结构中心位置的企业从与其他中心企业的联系中接受了大量的信息，但是连接大结构洞的企业从它的联系中接受了独特且稀缺的信息。

在具有高度中心性的企业中，占有中心位置的发明者带有价值门槛。这些发明者处在能从企业内部网络获得大量信息的位置,这些信息足够颠覆他们的处理能力。而占据类似中心位置的发明者由于处于较少中心性的企业中,因而接受相当少的信息,因为与更高中心性的企业相比只有很少的信息和信息流提供给他们。这些发明者不会存在超负荷,他们能够处理信息并产生高质量的创新。因此,创新者中心性因为价值门槛以及所提供给他们的信息伤害了他们的处理能力。因此一些高中心性企业意识到占有中心位置具有价值门槛的发明者是无法形成高质量的工作的,他们会减少提供给其他创新者的信息。从这个意义上看,网络中的中小企业由于网络中心性比较低,因此无法获得中心企业所能获得的大量信息,但是中小企业可以获得并利用异质性的信息,抓住网络中每一个机会获取并深入挖掘信息的应用前景是每个加入创新网络的中小企业所必须具备的特点。

（2）结构洞对知识转移的影响

结构主义者的社会资本概念集中在行动者联系网络的构造所形成的优势。在这些优势中,那些与已有或多或少联系的人交往受到最多的关注。在这个观点中最被系统性阐述的是 Burt 的结构洞的观点,即拥有少量网络联系的人和与他人没有联系的人联系获益最大。结构洞是连接到同一个自我网络而相互之间没有联系的伙伴之间信息流的缺口。这个结构意味着接近相互没有联系的伙伴可以获得很多不同的信息流。Burt 的假设潜藏的机制是在结构洞之间起桥梁作用的企业能够从没有联系的网络部分获得新的多元化信息。稀疏社交网络中拥有更多的结构洞,对拥有稀疏社交网络的经理来讲,其工具性价值的获得主要来源于优先获得信息并能更大程度的控制其应用。两种优势能够使经理为企业创造更多的价值。

稀疏社交网络的信息优势被很好地建立起来以后,一个人越少了解他人并与他人交往得较少，提供给这些接触者的信息和知识越可能是非冗余信息。进行非冗余接触的经理可以接近更广范围的人，这些人能够获取更多样的信息和知识。无论这些信息采取新闻、流言、大量数据或者诀窍的形式，信息的非冗余使它更具有价值，因为经理被安排的位置会很快获得信息、更容易发现差异和不一致以及更加有选择的控制信息扩散。某种程度上这些更广泛获得的有价值的信息使得经理能了解更多的机会，更快并更广泛地评价信息的价值，也使经理能够增加销售。更多地获得多样化观点和诀窍能有助于创新。

　　尽管来源于多样性的稀疏网络的信息优势与没有接触联系相关，而控制优势来自相对稀缺的信息和脱离这些联系的限制所获得的自主和自由。经理的接触者中相互缺少联系意味着从任何一个接触者中提供的信息很可能是稀缺的，因而对那些依赖于经理传递信息的人来讲更具有价值。这给经理更多的裁决权来决定在他范围内如何处理信息和资源。

　　成为非接触他人中的第三方的价值是它所引起的对第三方的时间、精力和其他资源的竞争。这些竞争增加了第三方的资源稀缺性，提升了他们的价值、提高了声誉以及第三方的权力。此外，通过合适的沟通渠道，经理可以更好地吸引正面关注和其他稀缺资源。因为精确的、模糊的或者扭曲的信息在第三方接触中被转移，第三方可以获得更大的操控性、影响和控制。具体说，经理可以使用第三方的暧昧岗位来设计议题以便提高他们时间和资源的竞争性，从而产生更大的声誉和权力。他们可以选择将两个或者更多的遥远的接触集中到一起，与此同时保持对那些通过联盟服务获利的人施加相当大的控制。即使将接触者聚集到一起会减少对经理的依赖性，但是所产生的好感、尊重和义务感等所有有用的资源都会弥补控制方面的损失。更高的自主权和控制会帮助经理执行不同的任务和责任，以及那些创新要求。如同 Burgelman(1983)所提出的，经理们更高的自主权和操控性使他们能够隐瞒创业活动，也使他们能够对最初很难进行判断的项目进行投资，推进的时间更长，保护项目免受早期的暴露和审查。

传统的网络研究认为结构洞很可能对于企业的创新频率具有重要作用。例如 Baum et al.（2000）实证调研了加拿大生物技术产业的公司发现异质性的联盟伙伴组合会带来更快的收益增长和显著的专利发展优势。结构洞为运营于不同产业、市场或技术中的企业提供了非同寻常的联系，通过重新整合机制推动了信息的多样化和非冗余，有助于公司为新产品开发发展新思想和技术。连接结构洞的企业往往扮演着不同产业技术经纪人的角色，通过这种方式提升发展新产品的可能性。Galunic 和 Rodan(1998)在Hargadon 和 Sutton(1997)的基础上发现不同产业中在企业关系间做经纪人的企业能够介绍来源于不同产业的知识，以此创造新的商业概念。他们发现，当连接结构洞时来自伙伴现有的思想和已有的发达技术对相互而言是新的，并导致潜在的新产品和服务。Zaheer and Bell(2005)发现了结构洞和公司提升市场份额之间的正向关系。连接结构洞的行动者能够发展新的理解，特别是新出现的威胁和机会，能够以某种方式高效快速获得产业趋势出现的新的反应，而没有联系这种结构洞的企业无法获得这种反应。他们提出当网络位置接近结构洞时，对企业绩效会施加多方面的正向影响，包括提升效率，更好地接近信息知识，更好地识别和反应威胁和机会。

结构洞对于中小企业开放式创新的意义在于中小企业必须

与网络中技术中介或经纪人处理好关系，这样才能及时获得技术和信息资源，对于一些网络中中介或经纪人缺乏而导致的技术转移和溢出导致的障碍，政府或网络主导者应该采取相应的措施来推动技术中介的发展，只有这样才能提升网络中创新的频率。

（3）网络规模和封闭性对知识转移的影响

所有结构嵌入性的优势都被嵌入的网络规模所提升。企业拥有更多的联系会创造出更多地获得有价值资源和更多观点的可能性，并对这些资源的使用加以控制。Burt也同意，"更大更好"，但是提出"规模是一个福祸参半的东西"（Burt，1992a）。在某种程度上，很大规模的网络很难保持并可能收到收益减少的困扰，经理有动力去保持网络在一个可以管理的规模并小心选择关键的接触。

总之，信息和控制优势会归于那些拥有更多与相互没有联系的人接触的经理。尽管经理拥有更大的自主和控制权来牺牲别的企业而自己获益，但是这些信息和控制利益也反映在经理的销售绩效和创新任务中。

尽管有一种观点得到认同，就是更大网络中的非冗余接触会提供获取和控制信息及其他资源的优势，但是也有一种强烈的观点赞同封闭。封闭网络也可以拥有执行上的和完成创新导向任务的优势。然而结构洞理论集中在一个人在非限制网络中利用所处岗位的能力上，而封闭网络观点强调限制的好处。封闭是以交易诱导社交规范的方式将有用的限制引入网络，并支持对近乎"公共物品"实施准入。这些公共物品产生了高度的相互责任，到一定的程度以后相互之间可以自由照顾、自然的且不需要任何账目。这种效应可以确保没有搭便车行为，当一个群体的身份形成并且合作惯例被巩固,不仅可以高效地对欺骗者检查和制裁,而且产生大量热心活动。

群体身份的形成以及理解共享情境特别可能推动有形资源和隐性知识的转移。Hansen(1999)发现密集的、相互缠绕的网络提升了丰富的、未编撰信息的实际转移(与简单搜索相对立)。封闭网络所产生的凝聚力不仅增加了成员间信息传递的范围和速度,而且为这些信息被使用提供了额外的保证。

Podolny 和 Baron(1997),认为这些冗余网络联系通常是一个"必须将一个清晰的一致的期望和价值观内化到人的心底以使它们在一个人的角色中有效"的前提条件。封闭的网络减少了交换的不确定性以及交换中所提供的资源被用于损害网络中的资源提供者和他人的风险。当然即使几乎封闭的网络也可能在引进一种有效规范来增强凝聚力方面缺乏效率。完全封闭的结构与接近封闭的结构相比,他认为"当有一个封闭网络,其规范和声誉发展出防止系统中的行动者将外部影响施加在他人身上,而如果没有网络的封闭性,这些规范和声誉就不能发展,那么执行和创新任务绩效就可能从网络封闭中获益"。

封闭网络的结构优势和群体诱导优势通过交换规范、惯例、制裁甚至通常的认知背景来提供,这种优势被严格地与二元的和人际间的因素分离开来,诸如特定关系的质量,显示人际亲密性和相关的信任。

总之,许多观点和证据表明网络封闭性可以推动执行和创新导向任务绩效。一些比较网络封闭性和结构洞的观点依赖于结构洞关系假设所期待的相反的迹象,封闭的证据意味着绩效随着间接联系的出现而增加。然而,这些检验预先假设来自一方的利益(无论是非冗余还是封闭)在与另一方的利益中占据主导地位。

然而,事实并非如此,任何一种战略都是可变的。一些经理从非冗余信息以及充满结构洞的网络中的经纪机会中获益,其他的经理从交换速度、加入封闭的具有凝聚力团队的可靠性中获益。根据 Coleman(1990)的观点在封闭网络中任务绩效的增长比较显著。

中小企业是加入封闭式还是稀疏式网络需要根据实际情况。在创新发展的不同阶段,创新网络所起的作用是不同;在知识搜索和创意形成阶段,稀疏网络提供的作用更大;而在开发和生产阶段封闭式网络更有利于执行和控制;而在商业化阶段,更大的网络规模可能提供了更多的市场信息和机会,有利于市场开拓。

3.3.3 关系嵌入性对网络中知识转移的影响

(1) 关系嵌入性的维度:亲密性和信任

尽管结构嵌入性决定了经理在多大程度和范围能够获得资源,关系嵌入性决定了企业在多大程度上将这些潜在资源变为现实资源。换句话说,社会关系的质量影响那些位于触及范围内的资源能否被获取,以及在多大程度上被获取。尽管行动者可以接触到一些潜在的关键信息资源的人,但是个人经验和过去交往的质量将影响他(或她)获取和参与的可能性。更好的信息是从过去相处的人那里获得的信息,一个人尽管信息表述很好,但是比可靠性表述更好的是从信任的信息提供者那里获得信息,特别是当信息提供者是相处的个体,并发现他是值得信赖的。

社会关系的两个特质被用于作为关系嵌入的两个重要特征,即亲密性和信任。这些代表了关系质量更深的程度:从倾向→提供资源→面对面的个人熟悉(关系亲密)→接触信赖的深层感和资源交换中的忠诚(人际信任)。

关系的亲密性是指在关系中个人熟悉程度。Uzzi(1996，1997)通过对 23 个服装企业的人类学研究归纳出所有交换关系的解释，交换关系的解释可以划分为亲密度的连续体：保持距离的关系和亲密的关系。关系实际上是社会资本的一种表现形式，社会资本最初名称制定是强调社会资本有用性来自长期的可持久的社会观，这要求花费显著的时间和精力。一个联系的存在形成了其中某一方团体获得另一方所提供资源的潜力，关系亲密性形成了任何一方团体提供资源的意愿。他或她更可能提供信息、诀窍或者帮助那些亲密的人，而不是那些更疏远的人。

Podolny(2001)认为，事实上一定程度的控制是为了使联系作为特殊信息资源的桥梁，更强的联系实际上比弱联系更有利因为它们允许更大的资源在行动者之间转移。一旦我们控制了弱联系的桥梁效应，更高的关系亲密性很可能增加资源的转移，通常还有隐性的和复杂知识的转移。特别是因为亲密联系一般更愿意花时间来仔细解释、详述或者听取新颖复杂的观点，共享具有凝聚力的双重关系共鸣。亲密联系也更愿意支持和鼓励创新资金，赋予创业经理所需的自信来将创意转化为成功的项目。

对于大多数相互依赖的关系而言信任是重要的前提条件。它建立了某种形式的担保，在面对不确定性和脆弱性时自我可以依赖于特定他人的行为和意图来制定决策和采取行动。在社会资本的含义里人们通常需要获得别人所控制的资源，因此一定程度的不确定性和信赖他人都是很自然的。Coleman 的社会资本观点对不确定性特别敏感并强调信任在推动交易中的角色。信任可以被视为社会资本中基本的积极因素和条件，允许行动者可靠地期望能够获得和使用通过联系所形成的资源。这种期望对交易的发起很关键，能使行动者在判断创意、处理棘手的问题、寻找观点或者反馈时与他人合作或者相信他人等等。如果经理根据信息的表面价值倾向于接受这个信息，并根据他人提供的信息、支持承诺或者合作而采取相应的行动，那么对他人的信心也是很重要的。更为通常的，哪里有更高的关系信任，哪里就会产生更大交互性和适应性的交易，从而导致更大的创新发现。这和关于新思想、积极开放的头脑风暴等短暂的指导性交谈完全不同。

信任激发了那些可以被用于加强和建立社会资本的交易。正如 Nahapiet 和 Ghoshal（1998）的观点，信任通过与他人的社会交往产生了价值期待，因而推动了行动者之间加深关系和寻求交往。结果，信任不仅推动了更自由地接近他人（或者接受他人的接近），而且也鼓励进一步地建立社会资本。

尽管信任具有多面性并且以很多可见的形式存在，包括基于威慑的信任，这种情况下可能的制裁减少了机会主义行为；基于声誉的信任，推荐和流言被用于对其他群体的评估，这里的核心是基于关系和人际的信任。这种信任是通过人际交往和与其他群体的体验而构建，因而特别适合于社会资本的讨论。这种信任形式的条件包括交往中正直的评估，在开展的交易中的能力，以及根据目标和价值一致性判断对方的可预测性。

尽管信任对社会资本是重要的，也有一些关于是否有必要建立信任的争论。主要是因为信任的建立需要一个长期的过程，这需要耗费大量的时间和精力。此外信任的人往往是关系比较密切的人，被信任者所提供的信息往往容易形成冗余信息。在结构主义者社会资本的概念中如何建立信任并没有被认为是中心议题，因为信息的可靠性可以通过结构来加以解决。在那些信任被明确考虑的关注冗余和有凝聚力网络的社会资本研究中,他们采取清晰行动对机会主义进行大量制裁,信任以被计算的形式产生(Coleman,1998)。换句话说,他们所考虑的是网络结构作为信任的替代而不是与人际关系相关联的信任。信任既是留在那里无法衡量的,也是与一定的结构形式相联系的。一定程度上信任是社会资本的重要因素,它的产生是通过人与人之间的体验,衡量它、判定它的价值和独立的结构是很重要的。

信任对于中小企业通过创新网络开展开放式创新极为重要,因为中小企业规模小,资源少,无法像大企业那样通过权威、声誉或者威慑来形成信任,只能通过长期的相处来建立互信。而长期相处必然会耗费大量的时间和精力,因此中小企业也不可能与很多的企业保持密切的高强度联系,只能针对不同的对象有选择的分配时间和精力来维持某种层次的关系。这也与中小企业对于技术方面必须做到"专、精、特、新",而不是"小而全"相匹配。此外,由于网络中信息传递的快速便捷,因此声誉对于中小企业而言也显得举足轻重,不良声誉口碑会使合作方望而却步,从而不利于中小企业的创新。

(2) 关系嵌入性对中小企业跨组织学习的影响

网络联系的利益效应主要体现在结构和关系两个维度上。结构维度是指行动者之间的联系构造,即关系数量和密度。关系维度描述了存在于行动者之间的关系类型,如关系强度和信任水平。组织研究已经对个体、群体和组织行动者的网络关系结构和关系特点影响他们在网络中获得资源的机会、动机和能力进行了理论分析和检验。行动者网络关系的关系特点有助于解决知识转移中的处理困难,并进而有助于产生创新。

首先关系嵌入性会影响中小企业合作伙伴的选择。关系嵌入有助于企业克服伙伴的不确定性并因而增加了企业加入伙伴联合体的意愿。组织的决策者如果致力于嵌入性关系，那么选择伙伴时就可能缓解风险和不确定性。发展嵌入性的网络增加了组织的绩效，但是过于专注某个网络限制了组织与其他关系嵌入较少的组织形成联系，降低了组织的适应性。而非嵌入性联系会提供当前伙伴所没有的信息和机会，为了获得新知识和机会，企业需要与他们没有关系嵌入的企业发展联系进而增加组织的适应性。因此，当企业同时需要网络伙伴的深度和广度时面临着嵌入性悖论，企业需要在伙伴选择决策中纳入嵌入性和非嵌入性联系（Miguel Meuleman, et, al. , 2010）。

其次，组织内部及外部的网络嵌入性是中小企业的吸收能力的微观基础。网络嵌入性对企业绩效的影响主要通过影响网络中企业的吸收能力，继而影响到企业的绩效。Mark Ebers, Indre Maurer(2014)从关系嵌入的视角探讨了组织吸收能力的微观基础。他们指出如果吸收能力的变化有助于解释企业绩效的差异，那么理解组织吸收能力的发展如何更快或更慢就具有重要意义。然而，以往组织吸收能力的研究中忽视了其微观基础，以至于人们对于源于较低层面行为者（如个体、团队和组织单元）的行动或交互作用的组织吸收能力知之甚少。

Cohen 和 Levinthal(1990)将吸收能力界定为组织认识到新的外部信息价值，吸收它并将它应用于商业化目的的能力。Zahra 和 George(2002)通过区别组织的潜在和现实吸收能力对吸收能力的概念进行了精炼。潜在吸收能力是指组织获得（获得并引入）并吸收（解释和理解它们）外部知识的能力。现实吸收能力反映了组织转换知识（将新获得的知识进行整合）并利用他们（将新知识运用于组织运营)的能力。

吸收能力的出现是作为组织边界伙伴的外部和内部关系嵌入性和关系权力的非有意识的结果。一些案例研究表明，项目成员的外部关系根植性(通过项目成员的跨组织联系的强度以及与外部项目伙伴的信任来衡量)和他们所接受的培训提升了这些组织边界管理者获得和吸收知识的能力，这是一种潜在的吸收能力。但是转化和开发外部获得知识的能力依赖于项目成员内部关系的嵌入性和他们内部关系权力。研究结果进一步表明，项目成员的外部和内部关系嵌入性和施加在现实与潜在吸收能力的交互间接效应正向联系。这个意味着成员可以通过发展社交技能和关系能力来延续他们的内部和外部关系，这些也许是吸收能力出现的重要微观因素(Mark Ebers，Indre Maurer，2014)。

如果组织边界的管理者与潜在外部知识的提供者拥有强大的联系，他们就能够在一定程度上进行频繁的交流，感情上拥有较高的亲近度，互惠性和亲密性(Granovetter，1973)。频繁的相互接触提升了边界管理者从外部伙伴那里获得知识的机会，从而对潜在吸收能力具有正向影响。较高的交流频率也使得边界管理者能够问更多的问题，接受更多更精确的解释。此外，频繁的相互交往帮助他们随着时间的推移逐步建立对知识进行有效处理的惯例，这些会帮助知识吸收并提升潜在吸收能力。亲密和互惠推动边界管理者和他们的外部伙伴在知识转移和知识展示方面投入时间和精力。强烈的情感依附和亲密性扩展了研讨问题的范围，通过提升获得知识的机会以及吸收获得知识的可能性从而对潜在吸收能力产生正向影响。

信任包含了对交流伙伴的能力和信誉的正面期待。当组织边界管理者信任潜在的外部知识提供者，这就增加了获得和吸收知识的开放度，因而提升了潜在的吸收能力。行动者更倾向于与信任源分享或者获取知识。当发送者相信接受者会细心并以合适的形式处理知识时，接受者更可能获得并吸收知识，因为他/她被假设为具有更高水平的知识素养和可信度。就如同 Uzzi 和 Lancaster(2003)所说的，"行动者与他们信任的能够接受知识价值并保证不会滥用的他人共享知识"。因为信任关系减少了正式监督和讨价还价的要求，也无需对获得知识的潜在接受者能力提出要求。

组织边界管理者将外部获得的知识进行转化需要他们与组织内其他成员共享相关知识。来自组织不同部分的行动者提供了丰富的沟通渠道，通过强联系边界管理者可以告知他人关于现有的和新知识的价值。除了使他人认知到新知识，这些联系也为被认为有用的知识交流提供丰富的渠道。随着时间的推移，这些强联系也会形成共识并提供帮助行动者理解所接受到的知识，转换并利用这些知识的反馈循环。由于这些强联系推动了联合解决问题，因此他们提升了知识接受者转换和开发所接受到的新知识的效果。组织中的成员信任提升了他们将新吸收到的知识纳入他们知识基的可能性，进而转换这些知识。基于信任关系，组织边界管理者更加开放并乐于劝说同事了解并接受新知识。与此同时新知识的接受者更容易转换并使用这些新知识，因为他们会认为所信任的知识源提供的新知识质量水平高而且可靠度高。最后，内部网络关系建立了社会资本来提升组织成员跨越组织边界共享知识的机会、动力和能力，因而形成了组织内部的知识转移。因此内部关系的嵌入性推动了组织边界管理者从事跨组织的知识转移和利用过程，因而提升了组织的现实吸收能力。

3.4 网络中的知识吸收途径：跨组织学习

　　网络被视为一个企业的重要知识源。一些学者认为蕴藏于网络组织结构中的知识是企业竞争优势赖以建立的重要资源，其他一些学者则认为网络是创新的场所，而不是单个企业，主要是因为网络提供其他途径所无法提供了知识和资源。网络通过将单个交易转为长期的合作关系并形成信任从而减少了单个交易的成本。跨企业网络已经被视为知识共享的工具，其中成员企业可以通过网络来转移知识，避免了通过市场进行知识交易的很多成本。尽管创新网络可以提供很多资源，但是其中最有价值的资源是知识资源，但是知识资源不同于别的物质资源，它不会直接被接受者所吸收和利用，接受者只有在充分理解的基础上加以吸收并内化为自身的知识才能够产生价值。知识资源能否被网络成员所获取、吸收和利用取决于组织学习，在网络层面主要是通过跨组织学习。当然，组织也不是简单的知识容器，它们是重叠的知识系统集合，每个系统都根植于更为广泛的行业社区。

　　因此，研究网络中组织认知和学习的中心问题不是试图寻找组织内部知识基和学习的位置，而是那些跨越和绕过组织边界的异质性的社会和物质关系网络是如何影响组织知识的获取和吸收的。网络中的结构和关系如何影响网络中知识和信息的转移，我们在前面已经讨论，本节主要讨论网络中的跨组织学习，它关系到网络中知识资源能被吸收利用，是理解创新网络中企业实施开放式创新的关键变量。

3.4.1 创新网络中组织学习的层次

创新网络中既有网络层面的跨组织学习也有成对组织(或二元组织)学习、以组织为中心的学习、以组织中的群体为中心的学习和组织内部个体为中心的学习,因此我们谈及网络中的组织学习实际上是一个多层次概念。近年来有关主动合作的组织群体或者二元组织的文献不断增长,尽管有大量文献集中在组织内部的学习,但是很少有研究涉及外部学习,而创新网络对于网络成员的影响主要通过跨组织学习来加以实现。

组织学习的个体中心观将组织学习视为单个组织成员学习的总和。Simon(1991)提出,所有学习发生在个体身上,但是他认为人类在组织情景下的学习很大程度受到组织的影响,是组织的结果,并且产生了无法通过简单观察独立个体的学习过程所能推断的组织层面的现象。Simon和其他持这一观点的学者的研究集中在人员的招聘、发展和雇员的流动。他们重点关注组织情境下的个体学习。

第二个是组织中的群体中心观。组织学习的主体是群体,研究者主要集中在高管团队。例如 Daft 和 Weick(1984)认为可以通过高管团队来解释组织学习。认同这两个观点的学者事实上关注的焦点在于组织情境中的个体学习和群体学习。学习既与认知的变化相关也与行为的变化相关。认知的和行为的学习结果有不同的结合,只有一种结果而没有另一种是不太可能的,整合性的学习更可取。

第三个是组织中心的观点,组织学习被认为是构成组织的个体和群体的学习总和。组织学习的结果是组织特性的变化,包括诸如系统、结构、程序、文化和计划,这些反映或者被反映在行为模式(惯例、战略)的变化中。组织学习过程是制度化的过程,帮助我们识别组织学习的重要标志是在人员流动的情况下认知结构和行为模式能否持续,尽管这种持续的特点未必在整个组织中被制度化。知识转移的过程具有黏滞性,它有可能耗费较长时间。

第四个层面是二元组织学习。二元组织学习主要研究两个组织之间的知识转移,在很多文献中将网络层面的组织学习等同于二元组织之间的相互学习,但实际上二者有一定的区别。跨组织学习是指主动合作的二元组织或者组织群体的学习,而网络学习更强调企业群体作为一个整体,群体中各企业之间的学习。网络层面的组织学习包含二元组织之间的跨组织学习,但网络学习不仅仅指联盟中两个二元组织之间的双边学习而且包括一个组织群体之间通过相互交往而开展的多边学习,如果这些学习的主体没有将参与组织视为一个群体,则不能称之为网络层面的组织学习。

第五个是网络层面的跨组织学习。知识转移文献证实了跨组织知识交易对于参与交易的组织绩效和创新性的重要性。网络被视为知识转移的情景而不仅仅是成为一个学习的主体。尽管进入网络的企业的初始兴趣是探索外部专业知识,通过与这些企业合作也许能够创造出新的共享知识和技能。这个过程被认为是网络学习(Dyer & Nobeoka, 2000; Knight, 2002; Knight & Pye, 2004; Peters, Pressey, & Johnston, 2016)。网络层面的学习首先被 Dyer & Nobeoka(2000)定义:(a)在特定的网络情境下能够进行有效地知识开发和获取;(b)被开发和驻留在网络中的知识是通过网络层面的知识贮存机制被获得和存档/编码。个体企业层面发生的学习归因于网络层面的学习活动。类似的,Knight(2002)将网络学习定义为"一群组织作为一个群体进行学习,如果通过他们的交往,企业群体改变了群体的行为和认知结构,那么组织群体就是学习者,并不仅仅是群体内的单个组织进行学习。在这种情况下,网络可以被称之为学习了"。在这个概念中,网络学习不仅仅是构成网络的个体、群体和组织的学习总和,网络学习过程会导致网络特性的变化,例如交往过程和结果、共享的观点。共享的认知结构(如规范、共享认识和观点)和网络中的集体和协调实践会反过来支持网络学习。

网络层面的学习通常与跨组织学习相联系。鉴于我们本书研究网络情境下的跨组织学习,侧重点是企业而不是企业中的个体,因此网络中的个体企业、成对企业和企业群体的学习是我们研究的主要对象,限于篇幅,企业内部的个体和群体学习则不是我们研究的重点。

3.4.2 跨组织学习的过程

一些文献揭示跨组织学习主要是按照功能主义的词汇加以界定,这一点与组织学习相类似。已有的文献不仅集中在机理过程,以及组织在跨企业层面处理和贮存知识,而且集中在跨企业合作中学习的潜在正向结果。在第一个情况下,学习被视为伴随着网络层面贮存机制的创立,这种机制可以包含所有的相关的编码知识。在第二个情况下,学习是指每个伙伴的知识获取。已有文献很少考察学习过程自身,或者知识如何成为跨组织的知识,而是从个体层面建议组织增加他们的知识(Inkpen, 1997),或者选择拥有特定知识的伙伴的标准(Lane 和 Lubatkin, 1998)。显然这些讨论集中在跨企业合作中单个参与者的利益,而不是企业群体之间的合作过程。结果,网络中的学习所受到的关注相对较少。此外,理论研究应该有助于更好地了解什么是跨组织学习及其如何发生。组织学习领域的研究需要将更多的努力集中于"学习如何在跨组织边界发生",对于构成跨组织学习的潜在过程及其多层次性质还有待进一步深入研究。这些基本过程是网络理论者和组织学习研究者容易忽略的问题。

在有关网络中学习的研究文献出现过很多不同的词汇，如跨组织学习，学习网络和网络层面的学习。由于缺乏清晰的界定，这些词语导致混乱。在前面我们已经对网络中不同层面的学习进行了辨析，接下来我们试图识别构成跨组织学习的主要过程，这个过程包括：建立相互交往的网络学习规则，学习如何合作，学习共享知识和跨组织知识创造。

（1）建立相互交往的网络学习规则

除了创造集体知识外，跨组织学习也被视为网络企业创造和界定交往规则的过程。更具体地说，当网络中的企业联合行动来创造他们的跨组织的规范时跨组织学习就发生了。然而与组织内部不同，学习过程不能通过变动的形式化的程序、系统和政策等迹象加以追踪，在网络层面可以用来追踪学习过程的迹象很少。Dyer 和 Nobeoka（2000）提供了一个组织学习和网络学习共同发生的学习网络细节图。他们发现网络学习的发生有三个与企业交往和知识共享相关的困境需要克服：第一是如何激励利己的网络成员参与到网络并与其他成员开放的共享有价值的知识。这些有价值的知识通常被单个企业作为专有知识加以保留。第二个困境是"搭便车"问题。显然，网络成员之间成功的合作产生了集体知识（公共品），这些知识所有成员都可以获取。结果，有些成员享受了公共利益，而没有参与到集体知识的创立和保留活动。第三个困境是关于如何在网络层面最大化知识转移的效率和效果。知识转移的效率是指网络成员能够在网络中发现和获取有价值知识的速度。例如，显性知识能够通过电子手段方便的编码和转移；隐性知识要求频繁地面对面地交往，而且只有当知识源和接受者发展了共同的知识基并理解了这些知识基隐性知识才可能被转移,而后者影响了知识转移的效果。知识转移的效果不仅来源于知识源转移知识的意愿和动机,而且来源于接受者的吸收能力。因此,网络问题就是创造必要的联系并推动知识流动,减少搜索成本。为了解决这三个问题,首先必须建立参与规则来鼓励一个强烈的网络身份(如供应商联系、咨询团队、自愿学习团队和雇员之间的企业转移)。其次,要建立鼓励网络中的企业实施开放式的知识共享规则;第三,建立一系列网络规则来阻止不具有网络成员身份的企业来获取开放共享的知识。最后,为了保证网络在隐性知识转移方面具有效力,还要建立推动网络成员频繁互动的规则,促进网络成员之间的紧密联系。

跨组织学习源于有目的学习努力和通过创建共同活动和交往规则来提升网络绩效,这给我们的启示是研究跨组织学习过程要求人们集中在新出现的、正式和非正式的制度化和沟通过程。

（2）学习合作或者学会交往

随着时间的推移,企业创建与其他组织的联系,合作时他们了解这些关系并学会如何管理这些关系。这个学习过程的构成包括:识别合作对象? 谁拥有什么样的能力? 通过合作如何处理这些能力? 最重要的是,通过参与与其他行动者的集体活动,企业学会如何成为特定网络的成员,并因而获得更为中心的位置。

（3）学会共享知识

网络中的学习是一个持续的社会技能,其中网络企业在从事集体活动时组成或者重新构成知识源。这两个过程表明了一个事实,就是网络不是静态的,而是动态的,当企业合作时学会如何参与和共享网络中的知识。这些学习活动是同时发生的,并且持续交互重叠。当企业开始合作时,他们发展合作经验和作为伙伴的声誉。这意味着企业需要知道追求哪一种合作并如何管理合作关系。合作经验为知识共享过程的发生提供了肥沃的土壤，因此跨组织层次的学习是自然发生的并且以社会交往为基础。

在许多文献中，跨组织学习被等同于知识获取和转移。Larsson 等（1998）将跨组织学习界定为组织群体之间集体获取知识。这种知识获取可以通过互补和转移相互的知识以及创造新知识加以实现。特别是通过跨组织学习，企业可以获取和利用其他组织的知识从而加快能力发展并最小化技术不确定性的风险。网络中的学习是一种识别、吸收和利用伙伴知识的能力。

如何看待跨组织合作的作用显然不同于这种合作是否应该用于提升每个伙伴的现有知识和能力，或者在每个企业内重点关注利用现有能力的同时允许获得其他伙伴的互补性能力。从某种意义上说，创新网络应该使一个企业拥有能够获得其他企业的关键知识基的能力，而不是必须内化或者获得那些能力。

（4）跨组织知识的创造

一些学者将跨组织学习解释为网络成员联合创造集体知识的过程。Dye 和 Nobeoka（2000）将网络层次的学习界定如下：（1）在特定的网络情境下知识开发和获取；（2）知识开发或者存在于网络中并通过网络层次的储存机制进行编码。这种集体知识的概念和 Nonaka 和 Konno（1998）描述的作为新兴关系的共享空间"吧（Ba）"相近，这个"吧"将行动者和行动小组所创造的所有知识集中和整合，"吧"可以作为一个框架，其中知识可以作为创新资源被激活。Tsoukas（1996）指出企业的知识不能被认为是自给自足的，它们分布不均匀，而且具有高度的情境性。因此，知识不仅是集体的，而且也分散在几个行动者之中。本研究中，跨组织学习被认为是过程，在这个过程中行动者通过将他们个体知识转变为跨组织知识,并通过连续开发和改变这些共同拥有的知识在想象的组织中创造集体知识。

参与跨组织学习的企业可以从中总结出一套普遍的经验和诀窍。网络中的企业与拥有不同资源的各种伙伴相互合作。学习发生在不断演变的伙伴社区情境之中,在那里创新资源可以在企业、大学、研究室、供应商和顾客之间发现。这些伙伴的异质性是企业可以在一个容纳不同经验、能力和机会的广阔的知识池中进行学习。这个伙伴社区也使得网络中的企业能够通过"创造性摩擦"共同创造知识和新颖的思想。在这种情况下,企业在他们的边界的交界面上来建立共享知识(或跨组织知识)。因此,跨组织知识的创造可以被认为是三个跨组织学习过程之一。从这个意义上看,跨组织学习可以被视为一个过程,通过这个过程企业学习联合管理知识、持续编码和增加他们所涉及的知识范围。

3.4.3　网络中跨组织学习的协调机制

知识不是给予而是创造的,网络企业面临不确定知识的协调任务。因此,企业的能力不仅依赖于自身的知识或者网络中的知识,而且首先依赖于网络中协调和支持企业之间合作的原则。从这个意义上看,网络不仅提供了分配信息和能力的途径,而且代表了根据一定的组织原则进行协调的方式。

先前描述的跨组织学习的几个方面可以被认为是网络参与者学习如何相互学习。在此过程中,网络组织学习如何管理关系的同时也学习如何共享和创造知识,通过这个方法,他们确定自身在网络中的位置,从而使他们拥有竞争优势。因此可以断定,跨组织学习的核心存在于跨组织网络关系中,它提供了扩散知识的途径,组织同时学会寻求何种合作并且如何在多重联系中发挥合作的功能。

　　跨组织学习也是多层次概念,包含个体、群体、组织的以及跨组织的学习,这个观点与许多组织学习文献中将学习视为个体和组织的特性相对应。学习必须被视为一种关系活动,一种依附于个体、群体和组织行为者所构成的网络关系中的集体行为。学习还显著受到社会的和物理环境影响,主要因为学习依赖于情景线索或者本地知识。

　　网络作为经济交易的组织过程,其中既没有官僚权威结构也没有新古典主义市场的完整法律合约来进行协调。网络流行的跨组织协调是通过社会机制来获得,从已有的研究看,主要涉及两个社会机制,及关系机制(即跨人际关系,跨组织信任和互利)和结构机制(即宏观文化规范,经济行为人对互惠的关注)。两种行为机制都会影响网络成员的行为,并且具体支撑了网络中的跨组织协调,它们的区别在于关系和结构机制对网络治理施加影响的过程主要分别建立在经济行为关系嵌入和结构嵌入的本质上。

　　在网络情境下,嵌入在逻辑上是非常重要的,社会机制显著提升了跨组织合作,而且这些机制存在于不同的分析层面。Antonio Capaldo(2014)提出了5种网络组织学习的治理机制,其中宏观文化和对声誉的普遍关注属于结构化的机制(即网络层面的),因为这种机制来自并扎根于更大的社会结构,二元组织关系则嵌入在这种更大的社会结构中。反之,个人关系、信任和互利属于关系机制(即二元组织层面),它们扎根于经济行动的关系嵌入本质,并且显著受到结构机制的支持。总之,这五个机制构成的系统根植于结构化的前提条件,即已有的具有凝聚力的社会结构、第三方引荐和经济行动者的关系资本。根据以上分析我们可以画出网络中跨层次组织学习协调机制(示意图3-4)。

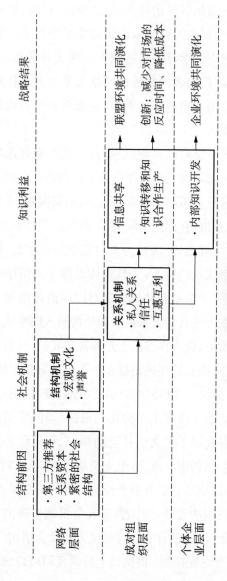

图 3 - 4   跨层次组织学习的协调机制

（1）协调网络组织学习的五种社会机制

① 宏观文化机制。宏观文化是广泛共享那些支持协调独立个体和组织中相互依赖活动的假设、习俗和价值（Abrahamson 和 Fombrun，1994）。宏观文化体现在两个方面：

第一个构成宏观文化的方面是关于企业业务活动的战略性组织方式。例如，顶级的家居制造商应该从外部设计者哪里获得新产品思想和特定的设计能力，而不是内部设计部门，这就是设计界主要的宏观文化运营规范。制造商和设计企业关系应该是知识密集型的和真诚的合作关系，因而能够促使双方特定的资源和能力的有效整合。宏观文化的第二个方面是网络中组织的行为规范，由非正式行为道德准则构成，其目的是为了保持共享的价值观，推动个体承认并保护他人在实现合作目标方面的努力。

上述宏观文化的战略性组织方法和行为规则的演进来自错综复杂的直接和间接的、正式和非正式的联系网络。事实上，连接个人和组织社会结构的凝聚力和关系的多重性使得信息的传递更快捷，并导致构成宏观文化两个方面的最好的实践、角色理解、期待和价值在网络中涌现和扩散。

② 声誉机制。声誉是个多维度的概念，个体和组织的声誉是相关的，而且这些声誉的不同维度对不同的观众而言重要性不同。例如能否公平交易是声誉的重要部分，公平交易包括限制两个主要形式的机会主义，即一方开放性的介入知识密集型活动，而另一方却没有实质性的互惠互利，或者一方吸收别人的知识在联盟外部以损害他人的方式进行独立开发。由于联盟中所发生的知识合作行为会涉及丰富的机密信息和资产，很难进行知识保护，因此伙伴选择依赖于伙伴的声誉以避免可能的机会主义行为。同时，合作者也要通过保持自身的声誉以吸引新的参与者。

③ 个人关系。个人关系是既作为企业也作为私人的个体之间的联系。创新伙伴的治理不仅受到伙伴企业关键行为者之间私人关系的影响，也受到更大的私人关系网络的影响，这些私人关系网络跨越组织边界，并且随时间而发展。

关键行动者之间的人际关系源自于专业的和商业的交往。尽管如此，这些关系的出现并没有纯粹的经济学原理。事实上，人际关系在情感丰富的、社会的和文化的情景中发展很快，这些情景为个体或者组织间紧密关系的创建、形成和迅速发展提供了的条件。随着时间的推移，关键行动者之间的重复交往会在相互之间形成强烈的对义务、公平以及诚实的期待，这些不仅影响着个体的行为，而且被组织结构化，进而提升了伙伴企业的个体成员和组织开放地参与合作行动的倾向。事实上，关键成员之间的个人关系建立了伙伴企业成员之间的相似情感，并鼓励他们积极加入到联盟中所发生的知识密集型的合作中。特别是这类情感受到关键行动者强烈的显性的承诺所支持，并随时间的发展形成了丰富的跨组织社会关系网，以此来保持跨组织层次的各方之间的合作倾向。

④ 信任机制。信任是关系中一方基于对另一方意图或者行为的正向期待，因而承担风险并遭受另一方行动伤害的意愿。信任是关系的或双元的——也就是说，是特定伙伴中的信任，而不是基于个人的特点或者气质性的。关系中的信任有两种，即对另一方的善意和公平的信任，和对他方能力的信任。

第一种信任是正面解释伙伴行为以及对伙伴制止机会主义行为的信心。信任倾向扎根于人际关系和声誉机制而不是通过正式监督系统加以维持。一方面，跨越伙伴组织边界的人际关系允许个人在复杂情境下从两方面监督各自行为。这个不仅提供了联盟企业关键行动者有关伙伴善意和公平的第一手信息，而且使得他们可以逐步积累关于伙伴行为的有价值的线索。此外,责任和期望的情境以及伴随伙伴私人关系的强烈的道德暗示,引导参与个体排除实施机会主义选择的可能性。

与第一种信任相类似,对伙伴能力的信任不仅扎根于人际关系、组织关系以及它们的驱动力,而且扎根于周围更大的社会结构中。自信为伙伴双方对各自组织能力方面的相互信任奠定了基础,因而创建了跨组织联盟。随着组织关系的发展,关键行动者之间的关系进一步加强,联盟的社会网越来越密,导致大量的正式和非正式信息渠道跨越组织的边界,也使得伙伴加深了对有关相互资源、技术诀窍、设计技术和组织管理等知识的了解,这些反过来会提升他们在能力方面的信任。

其次,通过传递对方个体技术和组织能力方面有价值的信息,更大的社会和企业情境对伙伴关系中能力信任产生影响。事实上,在缺乏以往直接合作经验的情况下,关键行动者所接收到的第三方推荐信息(即关键行动者接受的关于实际和潜在伙伴的正面和负面的信息)会影响伙伴关系中信任的发展或者加强(或减少)对当前伙伴的信任。

⑤ 互惠机制。互惠互利源于两个源泉,第一是为了鼓励对方的合作并保护关系以及他们未来的利益,联盟顾客和咨询者倾向于有目的的互惠互利。

互惠互利来源于两个源泉。首先,为了鼓励另一方的合作,合作双方倾向于通过有意识的互惠以保护合作关系和他们的未来利益。这一点对于强大的联盟更是如此,因为先前的交往使得伙伴们认识到对方的能力及其对创新的贡献,对未来的考量进一步激励了伙伴对他方合作动机施惠。

其次,合作倾向的另一来源是伙伴企业关键行动者之间关系的情感要素。随着时间的推移，人际依恋逐渐增强，社会关系网络密度不断增加，互惠互利就转变成跨组织惯例。因此，联盟中的重复交往逐渐形成互惠规范。在人与人密切联系的社会和企业环境中保持人际关系的重要性，以及对负面声誉后果的展望共同构成了对联盟中互惠性的解释。

（2）五种社会机制的结构化前因

宏观文化和对声誉的广泛关注是网络层面的结构化机制，他们的出现及其有效性扎根于二元跨组织关系赖以嵌入的更大的社会结构。宏观文化和声誉构成的结构化机制支持着关系化机制中的人际关系、信任和互惠。这五种社会协调机制构成的系统建立在结构化前因之上，即已有的紧密的社会结构、第三方推荐和行动者的关系资本。

一个紧密的社会结构是网络治理的前提，相互连接的人际和跨组织关系网络密度推动了宏观文化的发展、建立和传播。宏观文化也通过引导跨越社会结构的战略和行为的一致性来帮助跨组织协调。宏观文化规范有两个不同的类型，即战略性的组织方法和行为规则。紧密的社会结构和由此产生的宏观文化结合起来鼓励经济行动者关注他们的声誉并且推动跨越伙伴组织的边界来发展个人关系。

紧密的社会结构像一个强大的媒介来推动信息扩散，他们不仅有助于建立宏观文化上的、默契的行为规则，而且有助于通过社会制裁来发现和惩罚违背共享规范的机会主义行为。为了避免制裁和相关的经济后果，伙伴们倾向于通过保持与宏观文化行为规范的一致来保护他们公平贸易的声誉。当经济交换在结构上嵌入，那么经济行为就会迅速反映个人的正直以及感知到组织的可靠性。因此，对声誉的广泛关注是紧密的网络特点，这种网络将有助于阻止伙伴企业的机会主义行为,从而反过来鼓励另一方真正的合作行为。

在紧密的社会结构中,伙伴组织中的关键行动者在与那些坚持同样宏观文化的人的重复交往中,倾向于发展密切的人际关系。这些多重复杂关系灌输的不仅是经济理性,而且伴随着情感和社交内容,他们扎根于共享的文化背景,并被联盟企业利用于支持经济交易,因而构成了显著的社会资本。在社会机制体系中,关键行动者之间人际关系作用的发挥是通过与其他伙伴企业成员建立类似的情感作为基础。因而,随着时间的推移,将会在跨组织边界建立丰富的社会网络,进而在跨组织层面保持伙伴之间的合作倾向,特别是从正面影响跨组织信任和伙伴互惠互利倾向。

跨组织信任也在网络组织形式中扮演着主要角色。信任主要有两类,一是信任对方的善意和公平,二是信任对方的能力。两种信任类型都同时根植于结构嵌入和关系嵌入,因此两种类型的信任可以被视为基于结构的信任和基于关系的信任。另一方面,联盟伙伴中第三方推介和伙伴的关系资本扮演着结构信任的前因。典型地,第三方被视为审核关于行动者合法信息的可靠来源,并且会影响信任的水平。此外,即使缺少第三方可靠信息,行动者的其他关系(即它的关系资本)也被视为是能力的信号和进一步吸引其他资源的机会,以及最终执行义务的能力。总之,同时考虑第三方推荐和伙伴的关系资本意味着联盟伙伴在更大的社会结构中存在的方式影响着跨企业协调,其途径是通过影响参与组织之间的信任。与此同时,在社会结构中对声誉的普遍关注会抑制机会主义行为,而这反过来会鼓励伙伴信任对方的公平和善意。

(3)社会协调机制所产生的四种知识利益

① 信息共享。相互交往允许双方通过与其他人共享信息来

监督相关环境变量,如社会文化的发展、热点趋势、新的表达语言和新模式、不同的顾客群体需求和偏好的演变轨迹;主要技术发展,特别是那些与新材料相关的技术;现实的和潜在竞争者下一步可能的战略动向。基于环境的信息共享首先包含伙伴组织的关键要素。在许多情况下,关键的行动者不会交流像纸质报告中所包含的明确的完整信息。相反,他们共享感悟和信息(有时候是私密的),这些信息交流的活动具有广泛的范围并且发生在人际交往中,其中身份、特殊能力和个人的社会网络,以及人际关系质量扮演着基础的角色。

② 知识转移。与信息共享相比,知识转移提供给参与组织更为完整的、细化的知识来满足特定的需要。因此,在参与方识别了美学的、功能的和技术的问题并且较好地界定问题范围之后知识转移才开始发生。知识转移的发生不仅仅是通过联盟组织中关键行动者之间的跨人际交往,更多的是通过松散的结构化的特定伙伴的跨组织惯例。

③ 知识合作生产。除了跨越边界的现有知识转移或发展内部新知识,联盟组织也共同生产新知识。事实上,他们明确同意联合设计新产品,包含共同发展新的隐性和显性知识,如创新产品的概念和新的技术上或美学上的解决方案。当然,这并不意味着伙伴自开始就对知识密集型交往结果有明确的期待,也不是说知识共同生产的跨组织过程被紧密地结构化。

新知识的共同生产具有不同的特点,有时候它们的产生是针对解决具体的问题并且限制在很小的范围。其他时候,共同生产知识很像跨企业合作的偶得,它来源于合作企业之间为了探索新机会或者形成新的解决方法而开展的广泛的交往。

与知识转移相类似,知识的共同生产也通过松散结构化的特定伙伴跨组织惯例产生,它包含跨伙伴企业中的一些个体,其发展伴随着参与个体和组织双方的资源、能力和需要方面互惠性知识的积累。

④ 内部知识开发。社会机制所导致的另一个知识利益是知识开发活动,尽管这个活动由伙伴组织在内部进行独立开发,但是其目的也是为了满足联盟的特殊需要,所产生的新知识也是为了联盟的利益。这些活动包括提炼和调整现有的知识以创造出新的知识。

与知识转移相比,内部知识开发的过程主要针对解决特定的问题,它的发生是通过组织惯例,这种惯例涉及几个组织的行动者,当合作经验积累到一定程度这种惯例就会产生。这种惯例不是针对特定伙伴的跨组织惯例,支持内部新知识开发的惯例存在于伙伴企业个体内部。

(4)社会机制对知识利益和战略结果的影响

网络层面和二元关系层面的社会机制提升了组织参与到联盟中的倾向性,企业从事二元关系层面和企业层面的活动会产生知识利益,这些知识利益进而会在二元关系层面和企业层面产生战略成果。

首先,宏观文化方面,跨组织共享的宏观文化会引导企业加入知识密集型关系中并真诚合作。特别是当其他企业看到积极介入到跨组织层面的知识转移和知识共同生产,以及愿意为了联盟的利益而在内部进行新知识的开发所带来的好处时,它们就更加愿意遵循这样的宏观文化。

其次,跨组织关键人员之间的人际关系提供了大量信息共享机会。事实上,互相支持的感觉导致双方的关键人员渴望共享有用的信息,此外相互尊重和相互信任使得他们对从对方所获得见解的实用性和可靠性充满信心。这些严密的信息很难通过书面沟通、报告或者定期会议建议交流，但这些信息通过伙伴关系中共享的特殊语言可以方便地、连续地流动，从而使得知识发送者传递信息更容易而知识接受者也能完全理解它。

第三，信任也推动着联盟中知识转移和知识共同生产。当伙伴信任对方的善意和公平时，他们就会对肩并肩工作、共享创意、解决方案和跨组织关系充满信心。

第四，互惠也提升了伙伴关系的知识利益。从事知识转移和知识合作生产的活动也被其他企业视为有目的发送给其他各方的信号，以此证明他们对联盟的承诺并激励其他各方的对等行为。为了回报伙伴的合作行为，关键行动者内心也认为有义务去交流和共同生产知识。随着时间的推移，这种跨组织的正向强化模式不仅增强了伙伴关系和社交内容，而且增加了联盟的知识利益。

第五，跨组织的信任和互惠也激励着伙伴企业从事内部知识的开发活动以便对联盟有益。特别是当这些活动的结果和/或企业在联盟外部利用新知识的机会具有很大的不确定性情况下，双边信任在提升内部知识发展方面扮演着主要角色。事实上，只有当关系中的企业对伙伴能力有信心时才会选择将新发展出的知识传递给伙伴，也只有对从对方获得回报具有强烈的信心并且所获得结果能够在伙伴双方中共享，伙伴关系中的企业才愿意根据内部研发的需要进行一些特殊的投资。这些信心不是基于协调机制，如显性的合约等，而是基于关系中共享的互惠规范。

上述过程在企业层面和双边层面产生了相关的战略结果。在双边层面，会产生独特的互补性结果。对于总的关系，关键行动者之间的信息共享提升了伙伴联盟与环境共同演化的能力。

3.5 本章小结

本章首先对创新网络和网络嵌入性的内涵进行了界定,指出了创新网络的分类及要素,以及网络嵌入性的维度;分析了创新网络与中小企业开放式创新的关系,包括创新网络中中小企业实施开放式创新的动力以及创新网络影响中小企业开放式创新的途径;将网络嵌入性划分为结构嵌入性和关系嵌入性,分别分析了这两个维度对于网络中知识转移的影响;重点探讨了网络中知识吸收的途径——跨组织学习,包括创新网络中组织学习的层次,组织学习的过程以及跨组织学习的协调机制。

第4章 网络嵌入性对中小企业开放式创新绩效的影响：组织学习的中介作用[①]

创新网络概念本身就隐含了创新的开放性，但是与偶然的外部联系行为相比，创新网络为企业提供了稳定和可靠的外部联系，企业通过创新网络所提供的联系可以方便的搜索外部信息、获得大量的外部资源，从而突破传统封闭式创新模式中企业内部资源的限制。外部创新网络所能提供的资源除了物质资源外，更重要的是知识资源，而外部知识资源的利用远不如物质资源来得直接，知识资源能否对企业创新起作用还取决于外部知识能否被企业所吸收，只有当外部知识资源被企业吸收、转化以后才能够运用于企业的创新活动。因此一些学者通过引入吸收能力的概念来强调外部知识的吸收对于开放式创新的影响，但是吸收能力并没有很好地解释企业如何吸收外部知识。组织学习理论认为外部知识的吸收和利用需要通过组织学习，将组织学习概念用来解释开放式创新机理不仅强调了外部知识吸收和利用的重要性，也有助于理解外部知识如何被企业吸收和利用的问题。

① 贾瑞. 中小企业开放式创新背景下网络嵌入性、组织学习与创新绩效的关系研究[D]. 江苏大学,2017.

4.1　组织学习的理论简介

4.1.1　组织学习定义

企业周围环境复杂多变,在激烈的竞争环境中组织学习是企业获取持续竞争优势的重要途径和源泉。此外,出于企业自身创新的需求以及创新本身复杂性和竞争性的特点,企业要想在市场中保持持续的竞争活力,增强竞争实力并且提高竞争优势,进行组织学习十分必要。

对组织学习概念的源起最早可以追溯到 20 世纪 50 年代初,March & Simon 最早提出了组织学习的思想,他们把组织学习界定为对外界环境的适应。随后,Argyris(1978)在《组织学习:观察理论的视角》(Organizational Learning:Observation Toward a Theory)一文中正式提出组织学习的概念,认为组织学习是指发现错误,并在发现错误的基础上,重新建构组织行为用以纠正组织原有行为的过程。Argyris 对组织学习概念的界定开启了学者们对组织学习研究的先河,随后学者们围绕组织学习这一理论展开了一系列的研究,因此,Argyris 也被尊称为"组织学习之父"。Fiol & Lyles(1985)认为,组织学习是组织在对其内部知识进行更好的理解和熟悉的基础上,改善组织各种行为的过程。1990 年,彼得·圣吉出版《第五项修炼—学习型组织的艺术与实务》,将组织学习理论以及如何建立学习型组织的相关研究推向了高潮,彼得在该书中高度肯定了企业内部建立学习型组织的必要性,学习型组织是组织学习的重要主体,被誉为 21 世纪最成功的企业模式。在后续的研究中,学者们把组织学习分为三个层次:个人、团体和组织,并从这三个层次来开展组织学习的相关研究。我国学者陈国权(2002)在其研究中指出组织学习是指组织通过不断创造、积累和利用知识资源，努力改变并且不断调整用以匹配快速变化的内外部环境，进而保持企业可持续竞争优势的过程。朱瑜等(2010)将组织学习界定为组织通过知识和信息的综合处理来改变组织及其成员认知与行为的综合学习过程，并从知识、沟通、分享的角度对组织学习的本质进行了解析。不同学者基于不同的研究目的，对组织学习的内涵从不同角度给出了各自不同的见解，如今对组织学习的研究遍及心理学、管理学、行为科学等学科范畴。

总的来说，对于组织学习内涵及目的的理解大概分为以下几种观点。一是检查和纠正组织中存在的失误，即把组织学习看作是检查和纠正原有组织行为的过程；二是获取、处理、应用信息与知识，认为组织通过组织学习来获取组织内部创新所需的各种知识，并对知识进行处理、吸收、消化来提高组织整体能力，继而提高组织绩效；三是变革，即组织在面临外部剧烈环境变化以及组织内部成员在面对新策或改革时会本能的激发自我防御功能，对改革产生抵触情绪，而组织学习能够为这种由变革带来的抵触提供解决方案，从而有利于组织变革的有序进行。本书作者认为组织学习是组织为了得到长久发展和获得持续竞争力，不断挖掘外部网络资源，并在对内外部资源进行整合利用的基础上，提高企业绩效的过程。

4.1.2 组织学习过程及障碍

自从组织学习的概念被提出以来，学者们在不断丰富组织学习的内涵时，对组织学习的过程以及在组织学习过程中可能会遇到的学习障碍展开了深入的探讨。Argyris & Schon(1978)提出了著名的组织学习四阶段过程,即把企业内部组织学习过程分为发现、发明、执行和推广四个阶段,发现即指发现组织中存在的各种各样的问题和机遇,它是组织学习的第一步,其次是根据发现的问题来提出解决问题的方法,并且加以执行修正,最后在解决问题后将问题的解决方案进行推广,然后不断学习不断进步的一个过程。

Argyris(1978)认为组织学习可分为单环学习和双环学习。单环学习是将组织运行过程中产生的结果与组织的策略和行为联结起来,并对企业策略和行为进行调整和修正,从而使组织最终绩效保持在组织规范与目标规定的范围内,单回路学习适合组织所面临内外部环境较稳定的情形,其实质上是出现问题-解决问题的一个过程,所以又被学术界称为适应性学习。双环学习是重新评价组织目标的本质、意义、价值和基本假设,它有两个相互联系的反馈环,不仅要发现与良好的绩效有关的策略和行为的错误,还要发现规定这些绩效的规范的错误,与单环学习相比,双环学习更加看重培养企业的创新能力,因此又称创造性学习。在企业实际操作中,单环学习与双环学习都很重要,它们适用于组织所面临的不同的内外部环境,组织要学会在不同环境下进行不同深度、广度和强度的学习。如果说单环学习是正确的做事,双环学习就是指做正确的事。后来学者又在其基础上提出了三环学习——再学习,即指在对组织以前所面临的问题和障碍进行研究、分析的基础上进行的一种自我修复过程。

March(1991)将组织学习分为探索式学习与利用式学习。其中探索式学习是建立在自主发问、寻找解决方案基础之上的学习模式;利用式学习是指利用现有资源条件所进行的回避风险的适应性学习。探索式学习的最终目的是帮助企业开发新技术、找寻新机会、获取新业务;利用式学习的目的则是帮助企业分析现有机会和业务。Lichtenthaler(2009)认为,组织学习不仅包括探索式学习和利用式学习,组织内部还存在第三种学习类型,即转化式学习,转化式学习反映了企业对探索到的新知识、资源和信息进行维护,并在适当的时机进行激活,使其转化为较强操作性知识的过程。转化式学习既避免了企业从外部获取的技术创新所用知识资源的流失,又保障了企业发展过程中的外部适应性和内部创新性(刘新梅等,2013)。目前理论界对转化式学习的相关研究数量有限,大多数学者多从利用式学习和探索式学习两元学习观来研究组织学习。Kolb(1984)提出体验式学习循环四阶段模型时认为,体验式学习就是解释人们在这个世界上发生的事情,同时通过人的思维将其转化为一种抽象的概念(即知识)并在现实中将这种概念加以运用的过程。我国学者陈国权和马萌(2000)在对 Argyris & Sehon(1978)四阶段模型进行继承和发展的基础上,提出组织学习四阶段模型不能体现组织学习过程的全过程,认为组织学习应该是一个螺旋上升的过程,四阶段模型并不能全面反映组织学习的全过程,基于此提出了组织学习的"6P-1B"模型,在原来四阶段模型的基础上增加了选择、反馈两个环节和一个知识库。有关组织学习过程的研究成果总结如表4.1。

表4.1　组织学习过程

作者	研究年份	组织学习过程划分
Argyris & Schon	1978	发现、发明、执行和推广
Argyris	1978	单环学习、双环学习、再学习
March	1991	利用式学习、探索式学习
Helleloid & Simonin	1994	信息和知识获取、信息处理、知识存储、知识补充

作者	研究年份	组织学习过程划分
Nevis, DeBella & Gould	1995	知识获取、知识分享、知识使用
Baker & Sinkula	1999	知识获取、知识扩散、信息解释、组织记忆
陈国权、马萌	2000	发现、发明、执行和推广、选择、反馈、知识库
Lichtenthaler	2009	利用式学习、探索式学习、转化式学习

关于组织学习障碍的研究，学者认为其实质是用来揭示组织学习过程中各个环节导致学习不能正常进行或者不能达到预期设定目标的影响因素及现象。Senge(1990)称之为"学习无能"，并总结了影响组织学习的七大障碍。陈国权、马萌(2000)从组织学习的过程模型出发，结合组织内部知识资源的传递过程，在对相关文献进行整理和总结的基础上，较为全面地总结出了组织学习中的十个障碍：盲目、能力陷阱、局限思考、舍本逐末、组织内部分裂、瘫痪、活动过度、相异的手、健忘、扩散失效。组织运行中不适合的组织机制势必会成为组织学习的挡路石。李丹、刘怡(2006)认为中小企业由于规模小、资金少等劣势会存在组织结构和组织流程、组织文化的障碍。朱瑜、王雁飞(2010)把组织学习过程中遇到的障碍分为组织学习方法障碍和组织文化障碍，其中组织方法障碍包括片段学习、机会学习、表面学习、模糊学习、迷信学习、限制性学习、封闭式学习等障碍。随着组织在网络中实践活动的开展，在组织学习中将会遇到不同的学习障碍，未来学者们针对不同障碍从各个研究视角出发对组织学习展开研究有其实践和理论意义。

4.1.3 组织学习维度划分

通过上文对组织学习的内涵、过程以及组织学习过程中障碍的综述,可以看出组织学习有丰富的理论内涵和实践意义。企业进行组织学习的最终目的是提高企业的竞争优势进而提高绩效,因此学者们越来越开始关注组织学习对组织竞争力和绩效的关系,其中对组织学习维度的划分,学者们基于不同的研究目的和方法也给出了不尽相同的划分方式。Sinkulaet et al. (1997)用开放心智、共同愿景和学习承诺等三个维度来测度组织学习,共设置了11 个测量题项。Goh & Richards(1997)认为随着组织所面临的竞争环境的不断变化,组织学习的主要特征应该包括组织目标和共同愿景、激励政策、知识共享、团队合作、领导授权和承诺,并根据李克特五级量表设计了 21 个测量题项。Jerez-Gomez, et al. (2005)继承和发展了 Goh & Richards(1997)关于组织学习的测度,将组织学习维度划分为管理承诺、系统思考、开放性与试验、知识转移 4 个维度,共 16 个测量题项。

我国学者对组织学习维度的划分大多是在继承和发展国外学者相关量表的基础上,同时结合我国企业所处的环境和各自的研究目的来测量组织学习。吴价宝(2003)以企业内部建立学习型组织为主要出发点,总结归纳出了影响企业组织学习的各项因素,并且根据这些影响因素的评价来探索出组织学习测度方式,共归纳出 7 个评价维度和 35 个指标测度体系。陈国权(2009)在对 9 种学习能力进行定义的基础上,针对每种学习能力(发现能力、发明能力、选择能力、执行能力、推广能力、反思能力、获取知识能力、输出知识能力、建立知识库能力)开发出了 27 个测量题项,每种学习能力对应 3 个测量题项。陈江等(2011)通过广泛的文献阅读和实地企业调研总结出了组织学习5维度测量量表，包括学习承诺、开放心智、共享愿景、系统思考、分享知识与记忆，共26个测量题项。总体上看，借鉴March（1991）对组织学习维度的划分，即通过利用式学习、探索式学习来测量组织学习维度成为学界主流。但是近年来，一些学者（刘新梅等，2013；姚山季等，2015）使用利用式学习、探索式学习以及转化式学习来测度组织学习，之所以如此是因为转化式学习能够弥补利用式学习创新性不足和探索式学习风险性过高的问题，因此新的方法无论在理论上和实践上都是有益的尝试。

4.2　网络嵌入性、组织学习与创新绩效的关系

4.2.1　网络嵌入性与企业创新绩效的关系

开放式创新范式的兴起，企业网络化时代的到来，使得知识、信息等创新资源在网络中快速流动，传统的封闭式创新模式优势已不再明显。尤其对中小企业来说，其本身所具有的创新资源有限，由企业内部单独完成产品的一整套技术创新活动更是难上加难，不少中小企业不具有支持企业整个技术创新过程的资源，有的即使能够完成新产品的技术开发，也无力完成产品从生产到销售等整个流程。有鉴于此，中小企业必须嵌入到所在的创新网络中，通过良好的网络嵌入性来获得创新所需的各项资源。企业嵌入到创新网络的最终目标是获得创新所需的各种资源来提升企业的竞争优势和绩效。企业网络嵌入性的行为是否成功，判断的直接依据即是企业的创新绩效。所以，不少学者针对网络嵌入性与企业创新绩效的关系展开了研究，但研究结果因不同的研究视角、行业

类型、企业规模等而有所差异。Jung-Tang Hsueh et al. (2010)以服务业为研究对象，实证分析了网络嵌入性与绩效的关系，并认为关系嵌入、结构嵌入、资源嵌入与位置嵌入正向影响服务业创新绩效。易朝辉等(2015)认为在环境不确定条件下，企业应该构建包含结构、关系、认知等三者为核心的网络嵌入体系，在网络中获取、重组资源，进而提升企业绩效。卫武等(2016)从外部学习的视角，对153家小微企业的样本数据进行实证研究，研究表明小微企业的网络嵌入性越高，各个企业之间的互动频率愈频繁，企业就越能够在互动中通过知识共享机制进行外部学习，进而更好地适应外部环境的变化，提升企业绩效。相比较而言，中小企业在组织灵活性上优于大型企业，在组织资源和组织学习能力上优于微型企业。因此本书认为，中小企业可以通过嵌入到网络中来获取资源，并对其所获取的资源进行整合、重组后用于技术创新活动，从而提高其竞争优势和绩效。基于此，本书提出以下假设：

H1：网络嵌入性对中小企业创新绩效有正向影响关系。

（1）结构嵌入性与企业创新绩效的关系

与关系嵌入性把研究侧重点主要放在网络各主体之间的二元关系并侧重于分析关系之间的强弱程度不同，结构嵌入性主要侧重于研究网络主体间的结构问题，包括两个侧重，一是侧重研究网络的整体功能和结构，二是侧重于研究单个主体在所处网络中所占据的位置结构。现有学者也多从网络中心性、网络规模、网络异质性等角度来探讨网络结构嵌入性对网络中各主体行为活动和企业绩效的影响，并提出了关于结构嵌入性影响企业绩效机理的不同看法。Yen-Ting et al. (2012)研究表明结构嵌入性对高科技企业集群绩效有着显著的正向影响。在网络中占据良好位置的企业在获取各种资源、知识、搜集各项信息、了解行业动态等方面更具有优势。赵炎、郑向杰(2013)对高科技行业创业网络进行了研究,研究表明企业在网络中所处的位置对网络密度影响企业绩效有着调节作用,不在经济圈内的企业的网络密度对企业绩效的影响消失,同时该研究还指出网络中介中心性对企业创新绩效的影响存在滞后效应。因此,企业可以利用其在所处网络中良好的位置优势,获取创新所需的各种资源,促进企业内外部资源的整合,进而促进企业创新绩效。基于此,本书提出以下假设:

H1a:结构嵌入性对中小企业创新绩效有正向影响关系。

(2)关系嵌入性与企业创新绩效的关系

网络中的关系嵌入性主要侧重于研究各主体之间的联结程度、亲密程度、互惠性、信任程度等对主体的决策和经济行为产生的影响。与企业的结构嵌入性相比,企业关系嵌入性对其绩效的影响较为直接,主体之间基于良好互动所建立的友谊、信任对企业行为能够产生直接而强烈的影响(李志远、王雪方,2015)。对于关系嵌入对企业绩效的影响学术界存在着"关系悖论"的争论,也就是所谓的强联结理论与弱联结理论。以 Uzzi(1997)为代表强联结学派认为网络成员之间较高的关系密切程度有利于增强双方的信任和共享信息的程度,从而为成员之间获取资源和信息提供便利。而弱联结理论认为在获取网络资源的过程中弱联结更有优势,因为维持强联结必须要花费一定的时间和成本,且强联结所获得的各种资源存在着一定程度的知识冗余,而弱联结主体相比较强联结主体,其在获取知识资源方面存在较大差异,弱联结可以为主体获得有价值的、非重复的资源,即所说的"弱联结的力量"。学者们关于关系嵌入性影响企业经济行为的选择进而影响企业绩效的机理至今还存在不同程度的分歧。目前总结来看可分为正向影响、负向影响和非线性影响。Echols & Tsai(2005)在分析网络嵌入性在利己者与绩效之间的调节效应时得出网络嵌入性与绩效存在低度负相关关系。Gebreeyesus & Mohnen(2013)以埃塞俄比亚的制鞋产业集群为主要研究对象,从关系嵌入视角下探讨网络嵌入性与企业绩效的关系,并得出结论:网络中主体的关系强度与企业创新绩效存在倒 U 型的关系。而我国学者许冠南等(2011)基于五个中国制造业的案例分析研究指出:对于制造业来说,企业间的信任、信息共享、共同解决问题等有利于促进企业新知识资源的获取和利用,从而进一步提升企业的技术创新绩效。简兆权等(2015)学者对华南地区 243 家典型服务企业进行的实证研究也证明了这一点。网络各主体之间良好的关系嵌入性有利于帮助企业形成相互信任的关系,各主体之间较强的互动交流有利于增加网络中资源要素的数量,提高资源要素的质量,进而有利于促进主体之间的信息公开、共享和互惠互助,最终达到提高企业创新绩效的目的。基于此,本书提出以下假设:

H1b:关系嵌入性对中小企业创新绩效有正向影响关系。

4.2.2　组织学习与创新绩效的关系

组织学习不仅可以帮助企业提高其财务绩效、管理绩效以及自身的竞争优势,更重要的是组织学习能够提高企业的创新绩效。中小企业要想在竞争中保持不败的竞争优势和实力,组织内部必须通过不断地学习来给予保障。随着组织学习过程的进行,组织内部关于创新的观念会革新,在观念革新的过程中,组织行为也会随着组织学习的进程不断调整,进一步会影响企业的绩效(曾萍、宋铁波,2010)。不少学者认为组织学习能够帮助企业更好地利用在网络中获取的知识,并把它转换成应用性知识,提高其在网

络中所获资源的使用效率,同时组织学习也是增强组织技术创新动力并且提高组织创新活力的重要保证。基于此,本书提出以下假设:

H2:组织学习对中小企业创新绩效有正向影响关系。

(1)利用式学习与绩效的关系

利用式学习是指企业在对其组织内部已经存在的专业知识、操作技能和工作流程进行重新加工、提炼、重复选择以及强化活动的基础之上,获取企业高效的运行模式以及提高企业绩效的过程。韵江等(2015)从团队层面认为利用式学习是指团队内的成员对自身工作建设中的知识利用、深化与提炼。利用式学习是以已有知识经验为基础来开展的以提高企业竞争优势进而提高企业绩效为目的的学习活动。对于利用式学习对企业绩效的影响仍在不断探索中,蒋春燕、赵曙明(2006)指出企业进行利用式学习过程中主要关注的是组织现有的成功经验,而对现有成功经验的过多依赖会影响企业对新情况的反映和调整速度,企业对外部环境缺乏敏捷能力会使企业失去发展良机,长此以往会导致企业核心能力刚性。利用式学习容易导致管理者盲目自信,使其在处理组织运行中遇到的各种问题时形成思维定式,进而忽视外界环境的变化,从而使企业陷入"能力陷阱"。白景坤等(2016)的研究也证实了这一点,认为利用式学习容易导致路径依赖而强化组织惰性。有学者认为利用式学习有利于短期绩效而不利于长期绩效(Auh & Menguc,2005)。Li Y., et. al(2013)则认为利用式学习同新产品绩效是倒U型关系。Atuahenegima & Murray(2007)的研究结果却表明,利用式学习与新产品绩效呈正U型关系,而非前面所提的倒U型关系。张振刚等(2015)将利用式学习比喻成一种"拿来式"的管理创新,企业针对认识到的问题来对外部知识进行搜寻,这种方式使得企业获得积极回报的明确性更高,并通过对珠三角地区 330 家企业的问卷调查数据研究表明利用式学习对于企业内部管理创新的影响多是线性的,学习累积效应并不明显。实际上,相对于探索式学习而言,企业进行利用式学习所面临的风险相比起来较小,更加适用于处于成长阶段的中小企业。利用式学习能够使企业在对现有知识和经验进行充分挖掘、利用的基础上,不断完善和更新组织内部结构。因此,通过利用式学习企业技术和产品会越来越成熟完善,进而能够更好地满足客户需求,从而直接影响产品市场收益的增长(荣健等,2016)。基于此,本书提出以下假设:

H2a:利用式学习对中小企业创新绩效有正向影响关系。

(2) 探索式学习与绩效的关系

与利用式学习利用原有知识基础进行技术创新不同,探索式学习更加激进并且强调组织内部变革精神。探索式学习主要强调企业通过在创新网络中广泛搜寻和灵活尝试来获得新知识,这种获取新知识的方式会影响企业内部的知识整合、利用和创造,促使企业在技术创新中更加倾向于使用新的知识或技术来处理企业面临的问题,并在提升其内部研发能力的基础上,增加产品技术创新强度和密度,进而通过不断创新来提升技术创新的绩效。可以说探索式学习方式比利用式学习在学习方式上更加大胆、彻底和注重创新。探索式学习能够帮助企业引入与竞争对手或现有客户认为完全不同的产品特征,改变企业原有的产品结构,从而大大提升技术创新的绩效(陈璟菁,2013)。张振刚等(2015)认为探索式学习对企业绩效的回报具有累积效应,企业越深入地开展学习,其企业内部的学习过程就越有效率,进而可以帮助企业获得更高的新产品开发绩效,因此得出结论探索式学习对新产品开发绩效呈正U 型影响。Atuahenegima & Murray(2007)对广东省 208 家企业进行了实证分析研究,并得出结论探索式学习与新产品绩效存在显著正相关关系。蒋春燕等(2008)以江苏和广东两省的 676 家新兴企业为主要研究对象所进行的实证研究也证明了这一点。本书认为探索式学习能够打破企业传统的思维模式和行为惯式,为企业创新注入新的活力和力量,为企业突破原有技术进行技术创新提供了可能。基于此,本书提出以下假设:

H2b:探索式学习对中小企业绩效有正向影响关系。

(3)转化式学习与绩效的关系

转化式学习是企业在对其内部现存知识进行维护、激活并且再利用的基础上开展的组织学习活动(陈璟菁,2013)。刘新梅等(2013)认为企业组织学习方式中除探索式学习和利用式学习之外,还应存在第三种学习方式——转化式学习,转化式学习与其他两种学习方式并列共同构成了组织学习的完整维度测量。转化式学习能够弥补探索式学习带来的风险性过高、适应性不足的弊端,顺应转型经济时期发展的需要;另一方面,转化式学习能弥补利用式学习创新性不足的缺点,提高企业的创新性。姚山季(2016)认为转化式学习主要是源于学者们对于企业吸收能力中的转化能力的研究,因此其基于企业吸收能力视角来研究转化式学习,认为转化式学习是企业进行开放式创新时,关于知识维持和知识激活的重要体现。Gebauer et al.(2012)从吸收能力视角把组织学习过程分为探索式学习、同化式学习、转化式学习和利用式学习过程,认为转化式学习在企业战略创新中发挥至关重要的作用。综上所述,转化式学习不仅能为企业技术创新带来新的活力,同时也能够弥补在利用式学习和探索式学习过程中本身存在的不足,通过对原有知识进行维持和激活并将其运用到企业创新中,进而有利于企业创新绩效的提升。基于此,本书提出以下假设:

H2c：转化式学习对中小企业创新绩效有正向影响关系。

4.2.3　网络嵌入性与组织学习的关系

（1）网络嵌入性与组织学习的关系

企业网络嵌入性与组织学习能力是促进企业在技术创新网络中创新能力提升的重要外部因素、联结因素以及支撑因素，企业网络嵌入能力的提升能够进一步地提高企业与技术创新网络中其他各主体之间的合作创新意识，加强网络成员的组织学习能力。网络中不同企业所具有的关系特点和结构特点不尽相同，因此其获得资源的数量和质量也千差万别，从而影响了组织学习，因此不同学者开始研究嵌入性与组织学习之间的关系。李维安等（2007）认为学习是网络组织的内生特性，二者之间的关系非常密切，一方面网络各组织中存在的学习特性为网络作为组织学习的重要形式提供了依据；另一方面，他们还认为企业进行的组织学习和知识管理活动是网络运行机制的重要组成部分。卫武等（2016）以小微企业为主要研究对象，肯定了小微企业与其他企业之间建立良好的联系有利于帮助其更好地了解外部市场环境动态，了解客户需求，适当地调整企业战略，从而提高企业绩效，其把这一系列过程看作是组织进行外部学习的过程。企业创新网络为组织学习提供了重要平台和快速获取所需资源的途径，为组织学习提供了丰富的资源保证，同时也加快了网络中各成员之间的知识获取和共享。基于此，本书提出以下假设：

H3：网络嵌入性对中小企业的组织学习有正向影响关系。

（2）网络嵌入性与利用式学习的关系

利用式学习和探索式学习一样，两者都是企业运行过程中不可缺少并且难以互相替代的组织内部学习方式。利用式学习主要强调对现有知识的提炼和深化,主要体现在现有产品性能和技术的提升。显然网络成员间的关系越紧密,信任程度越高,越能够帮助企业解决技术提升中的问题,提高企业对原有资源进行利用和创造的能力。在网络中处于中心位置的企业能够帮助企业从多渠道获取多样性的知识和信息,促进网络中各企业的知识快速流动和转移,从而有利于企业的利用式学习(徐浩,2014)。网络中多样化主体的存在也为企业提供了各种知识资源,其中当然包括与企业原有的知识技能相关的知识,此外一些非营利组织和网络管理者(如政府),还会为网络中企业的技术创新提供良好的技术、信息交流和服务平台,帮助企业解决利用式学习中所碰到的问题,从而进一步促进企业利用式学习。因此,网络嵌入性的关系维度和结构维度能够影响中小企业获取其利用式学习所需的各种资源要素,有利于其利用式学习的开展。基于此,本书提出以下假设:

H3a:关系嵌入性对中小企业利用式学习有正向影响关系。

H3b:结构嵌入性对中小企业利用式学习有正向影响关系。

(3)网络嵌入性与探索式学习的关系

企业通过探索式学习能够获得与企业现有知识结构不同的新知识,企业通过嵌入到网络中进行的合作学习具有探索型特点,更关注新知识、新技能、新信息的探索、积累与应用(许冠南等,2011)。各主体通过良好的网络关系和结构能够迅速获取企业创新所需的各种异质性资源和知识,并且把握新技术和新的商业机会,推动企业进入从未涉及过的领域。企业所在的网络规模大、中心性高,拥有的异质性资源丰富表明企业拥有较高程度的结构嵌入性,较高的结构嵌入性能够节约资源搜索成本,使企业更有机会接近创新所需的独特资源和市场机会。另一方面,创新网络中企业之间较强的关系嵌入性能够帮助企业获得较高质量的资源和信息，网络各成员之间的频繁交流和相互信任更有利于帮助企业获得隐性知识，提高企业绩效。网络中多主体之间的联结互动有利于帮助企业进行探索式学习（王娇俐等，2014）。也有学者认为网络中显性知识积累到一定程度更加有利于隐性知识的获取、转化与利用（赵炎，郑向杰，2013）。较高的结构与关系嵌入性能帮助企业从网络中获取异质性较高的资源，包括显性知识和隐性知识，进而帮助企业有序开展探索式学习活动。基于此，本书提出以下假设：

H3c：关系嵌入性对中小企业探索式学习有正向影响关系。

H3d：结构嵌入性对中小企业探索式学习有正向影响关系。

（4）网络嵌入性与转化式学习的关系

转化式学习是企业组织学习除了利用式学习和探索式学习之外又一重要维度。能够弥补利用式学习创新性不足以及探索性学习适应性不强并且风险过大的弊端。在开放式创新背景下，转化式学习实际上是企业基于吸收能力观进行的知识维护和知识激活（GEBAUER, et al., 2012）。网络嵌入对于组织转化式学习的影响主要体现在为知识维护提供便利外部条件，并为知识激活提供了可靠的机会。网络中的组织通过网络学习往往会使自身的私有知识成为公共知识的一部分，这些公共知识广泛储存和分布在各个组织之中，避免了个别组织知识遗失所造成的损失。网络中同类技术伙伴的存在也为相关知识的保存和维护提供了场所。伙伴关系的增强为个体组织知识的保存和维护提供了便利，而结构的嵌入性会影响网络中企业外部信息的获取，这些信息会决定企业何时、何地、激活何种知识来满足创新的需要。基于此，本书提出以下假设：

H3e：关系嵌入性对中小企业转化式学习有正向影响关系。

H3f：结构嵌入性对中小企业转化式学习有正向影响关系。

4.2.4 组织学习的中介作用模型

通常认为企业嵌入网络的程度有助于其获得各种创新所需资源和把握市场变化信息，进而提升企业绩效。以往的研究倾向于检验网络嵌入和创新绩效的直接关系，但是企业并不是简单的知识存储器，网络尽管为企业提供了外部知识源，但是外部知识能否被企业所利用不是一个简单的自动的过程，因此后续的研究逐渐引入吸收能力来强调外部知识的吸收。尽管吸收能力强调了外部知识吸收的重要性，但是吸收能力并没有解决如何吸收外部知识的问题，组织学习理论认为任何知识的吸收和利用都离不开组织学习。组织学习作为企业保持活力的重要源泉，在网络嵌入性影响中小企业创新绩效的机理中如何发挥作用，以及发挥怎样的作用需要做进一步深入的研究。Gnyawali & Madhavan(2001)在其研究中指出，网络嵌入性的关系嵌入性和结构嵌入性通过影响企业的创新行为的选择，增强企业组织学习能力，进一步影响企业竞争优势的获得。良好组织学习能力的培育需要各种资源和信息提供支持，而无论是结构嵌入性还是关系嵌入性都能够帮助企业获取网络中的各种异质性资源，进而有利于组织学习活动的开展。从网络关系嵌入性维度来讲，在企业进行组织学习过程中，学习过程的网络成员嵌入于错综复杂的多重社会网络关系中，并依赖于其所嵌入的网络关系来获得所需的学习资源，为完成技术创新和提高创新绩效提供保障。蔡彬清等(2013)对福建省三个链式产业集群进行实证分析，研究表明组织学习在企业网络关系和创新绩效之间扮演着重要的中介作用角色。从网络结构嵌入性来看，在网络中占据优势位置的节点企业将比相对位置较弱的节点企业获得更多的组织学习所需的信息和资源。基于此，本书提出以下假设：

H4a：组织学习在结构嵌入性影响中小企业创新绩效关系中起中介作用

H4b：组织学习在关系嵌入性影响中小企业创新绩效关系中起中介作用

我们将所有的理论假设归纳在表 4.2 中。同时根据上述分析，我们可以归纳出网络嵌入性、组织学习和创新绩效之间关系的概念模型如下图 4-1。

表4.2 本书相关理论假设汇总

序号	研究假设
H1	网络嵌入性对中小企业创新绩效有正向影响关系
H1a	结构嵌入性对中小企业创新绩效有正向影响关系
H1b	关系嵌入性对中小企业创新绩效有正向影响关系
H2	组织学习对中小企业创新绩效有正向影响关系
H2a	利用式学习对中小企业创新绩效有正向影响关系
H2b	探索式学习对中小企业创新绩效有正向影响关系
H2c	转化式学习对中小企业创新绩效有正向影响关系
H3	网络嵌入性对中小企业组织学习有正向影响关系
H3a	关系嵌入性对中小企业利用式学习有正向影响关系
H3b	结构嵌入性对中小企业利用式学习有正向影响关系
H3c	关系嵌入性对中小企业探索式学习有正向影响关系
H3d	结构嵌入性对中小企业探索式学习有正向影响关系
H3e	关系嵌入性对中小企业转化式学习有正向影响关系
H3f	结构嵌入性对中小企业转化式学习有正向影响关系
H4a	组织学习在结构嵌入性影响中小企业创新绩效关系中起中介作用
H4b	组织学习在关系嵌入性影响中小企业创新绩效关系中起中介作用

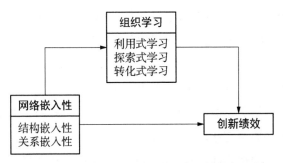

图 4-1 网络嵌入性影响创新绩效的理论模型

4.3 网络嵌入性、组织学习、创新绩效的测度

为了保证本书所使用量表的效度和信度,在选取测度指标时,根据本书的研究目的和方法,同时结合本书研究对象(中小企业)的特点,尽量选取国内外公开发表的成熟量表,并根据预发问卷的回收情况对初始问卷进行修正和调整,最终在较大范围内发放修改后的问卷。问卷的所有题项均采用李克特五级量表。

4.3.1 网络嵌入性的测度

本书拟采用结构嵌入性与关系嵌入性两个维度来测量网络嵌入性,现有学者也多从这两个维度来对网络嵌入性进行测量。因此,目前国内外关于结构嵌入性与关系嵌入性的相关测量量表已趋于成熟。网络结构嵌入性主要是基于网络位置观,侧重于研究企业在网络中所处的位置,企业在网络中所处的位置越好,越有利于其获取本企业创新所需的各种资源。本书采用网络规模、网络中心性、网络异质性三个维度来测量结构嵌入性。在网络关系嵌入的测度中,学者们大多采用两种关系嵌入的测度方式,一种是

Uzzi(1997)提出的用信任、信息共享、共同解决问题来测量关系嵌入性,我国学者刘群慧(2013)等借鉴了 Uzzi 对关系嵌入性的划分,并基于广东省 197 家中小企业的样本分析了关系嵌入性、机会主义行为与合作创新意愿的关系。另一种是用关系强度、关系质量来测量网络关系的嵌入程度(Granovetter,1973)。网络中关系强度和关系质量直接影响网络成员获取资源的程度,同时关系强度与质量也能从侧面反映成员间的信任和信息共享程度。本书拟采用第二种测度方法,即在关系嵌入性测量中选取关系强度、关系质量来测量关系嵌入性。

(1) 网络结构嵌入性的测度

网络规模的测度。网络规模指的是网络中的主体与其他主体之间的关系,其主要是用来衡量企业所处网络的大小。企业所处的创新网络规模越大,组成网络的各主体多样性越强,网络中的资源就越丰富,越有利于企业进一步获取创新所需的各种资源。本文采用我国学者张方华(2010)、田红云等(2016)、林少疆等(2016)对网络规模的测度,即主要从企业供应商、竞争者、客户、政府机构、研究与培训机构、大学 6 个题项来测量网络规模(见表 4.3)。

表 4.3　网络规模变量测量题项

变量	编码	测量题项	题项来源
网络规模	A1-1	与本企业保持良好的合作和交流的供应商的数量	张方华(2010)、田红云等(2016)、林少疆等(2016)
	A1-2	与本企业保持良好的合作和交流的竞争者的数量	
	A1-3	与本企业保持良好的合作与交流的客户的数量	
	A1-4	与本企业保持良好关系的政府机构的数量	
	A1-5	与本企业保持良好关系的研究与培训机构的数量	
	A1-6	与本企业保持良好的技术与知识交流的大学的数量	

网络中心性的测度。网络中心性是衡量网络中各组成成员在网络中所处位置的重要测度指标,网络中心性主要包括三种形式,即程度中心性、接近中心性和中介中心性(Borgatti,2005)。其中程度中心性又被称为点度中心性,指的是与企业直接联系的网络中其他成员的数量,当然数量越多,说明程度中心性越强;接近中心性指的是企业在网络中总能够通过最短的距离和其他行动者取得联系;中介中心性则是指企业在其他成员联系最短距离上处于中间位置,其所表达的是企业对网络中资源的控制程度(Freeman,1997)。本书借助 Giuliani(2005)、张华等(2013)学者对于网络中心性的测量,同时结合本书研究的实际情况,将从程度中心性、接近中心性和中介中心性三个方面来测度企业网络中心性(见表4.4)。

表4.4　网络中心性变量测量题项

变量	编码		测量题项	题项来源
网络中心性	程度中心性	A2-1	与本企业有直接或间接联系的合作企业的数量	Giuliani (2005)、张华 (2013)
	接近中心性	A2-2	与本企业有密切联系的企业的数量	
		A2-3	与本企业有密切联系的合作者对本企业依赖程度	
		A2-4	其他企业往往通过本企业作为"桥梁"进行联系	
	中介中心性	A2-5	与本企业有联系的企业中,扮演中介角色的企业的数量	

网络异质性的测度。网络异质性是衡量网络中资源、信息与知识多样性的一个重要指标。网络异质性是在开放式创新背景下,企业创新网络最主要的特征之一(张旭锐等,2015)。异质性的网络中有许多可以与本企业形成互补的信息、知识和资源,减少网

络中的知识和资源的冗余,从而有利于提高企业的自主创新,获得竞争优势。也有学者从资源异质性和知识异质性两个方面来分析网络中的异质性(党兴华等,2010;常红锦等,2013)。本书借鉴Cummings(2004)、张旭锐等(2015)、林少疆等(2016)等学者的观点从合作伙伴的类型、规模差距、分布区域、行业分布等四个选项来测量网络异质性(见表4.5)。

表 4.5　网络异质性变量测量题项

变量	编码	测量题项	题项来源
网络异质性	A3 - 1	本企业的合作伙伴来自不同组织类型	Cummings(2004)、张旭锐(2015)、林少疆(2016)
	A3 - 2	本企业的合作伙伴之间规模差距较大	
	A3 - 3	本企业的合作伙伴地区分布比较广	
	A3 - 4	本企业的合作伙伴来自不同的行业	

（2）网络关系嵌入性的测度

关系强度的测度。关系强度指的是网络中的企业与其他成员互动的频繁程度。网络中成员之间互动的频繁程度高,就形成了网络成员之间的强连结,反之则称为弱联结。对于网络中的强连结有利于企业的技术创新,还是弱连结更有利于企业的技术创新的问题,学者们给出了不同的看法,即关于网络间的关系强度形成了学术界的关系悖论。有学者认为企业之间关系联结越紧密,关系嵌入越强,越有利于资源的获取(Hegedoorn,2006)。弱联结支持者认为强连结容易造成网络中的知识冗余,相比之下,弱连结更有利于学者获取异质性的资源,避免资源重复造成的浪费。对于关系强度的测量,本书借鉴张恒俊(2014)、吴楠(2015)

对关系强度的测量,即"本企业与其他企业合作的频率""本企业与其他企业合作密切程度""在与其他企业交流中,本企业投入资源情况"。

关系质量的测度。关系质量指的是网络中企业与其他成员之间互动的密切程度。它测量了创新网络成员之间的相互信任程度,即信任反映了网络成员之间的关系质量。本书在对Dhanaraj(2004)、张月月(2014)等关于关系质量的测量项进行筛选的基础上,结合本书的研究,选取"伙伴双方都避免提出严重影响对方利益的要求""网络中的其他企业都能对本企业信守承诺""其他企业没有做出不利于本企业获利的行为""本企业与其他企业合作关系的持续时间"四个题项来测量关系质量(见表4.6)。

表4.6　关系嵌入性变量测量题项

变量	编码	测量题项	题项来源
关系嵌入性	关系强度	A3-1　本企业与其他企业合作的频率 A3-2　本企业与其他企业合作密切程度 A3-3　在与其他企业交流中,本企业投入资源情况	张恒俊(2014)、吴楠(2015)
	关系质量	A3-4　伙伴双方都避免提出严重影响对方利益的要求 A3-5　网络中的其它企业都能对本企业信守承诺 A3-6　其他企业没有做出不利于本企业获利的行为 A3-7　本企业与其他企业合作关系的持续时间	Dhanaraj(2004)、张月月(2014)

4.3.2　组织学习的测度

组织学习被广泛认为是企业获取竞争优势,提高组织绩效的重要手段和工具。自从组织学习概念被提出以来,关于组织学习的测量一直是学者们关注和研究的侧重点之一。如何建立有效的组织学习测量体系,是探索组织学习与创新绩效关系的关键所在。但有学者认为企业组织学习实际上难以测量,原因在于他们认为企业组织学习是一个循序渐进的过程,短期的测量很难准确的测量组织学习(Spector & Davidsen,2006;李丹,郭迟,2007)。尽管如此,学者们对于组织学习的测量还是贡献了各自的研究成果。如 Nevis et al. (1996)提出了三阶段的组织学习能力模型:知识获取、知识共享和知识利用。Sinkula(1997)等采用了开放心智、愿景、学习承诺三个维度来测量组织学习。Hult et al. (1997)根据组织学习的特点开发了团队导向、系统导向、学习导向和记忆导向四个组织学习维度。我国学者吴价宝(2003)对 Goh & Richards (1997)的研究进行了继承和修正,在原有的五维度基础上,增加了两个新的组织学习测量维度,即员工教育与培训和组织文化两个维度,开发了一个包含七个维度,三十五个测量指标的量表。陈国权等(2009)基于"6P - 1B"模型开发了组织学习六个维度测量量表,并改进了其"6P - 1B"模型,在其基础上认为任何组织的学习能力都包括以下九个:发现、发明、选择、执行、推广、反思、获取知识、输出知识、建立知识库。本文基于 March(1991)、Lichtenthaler(2009)等的观点,将组织学习分为利用式学习、探索式学习、转化式学习,来探讨网络嵌入性(结构嵌入性、关系嵌入性)如何通过组织学习来影响创新绩效。

利用式学习的测度。利用式学习有利于企业利用组织现有的知识和技术,实现组织内部知识的整合、利用和消化,它是持续的、渐进的,强调在原有技术基础上进行技术创新。关于利用式学习的测量,虽然学者各自选择的测量题项不相同,但大都在借鉴前人研究成果的基础上,结合各自研究的内容,围绕利用式学习的特点选择适合各自研究的测量题项。如徐蕾(2013)等借鉴了Yalcinkaya, Calantone and Griffith(2007)等的研究用本企业最大可能地利用了已有的生产技能、本企业的产品或服务体现了现有的优势、本企业现在的工艺与过去的成功做法很相似三个题项来测量利用式学习。本书借鉴 Lichtenthaler(2009)、Zhongfeng Su(2011)、He & Wong(2004)、林春培(2015)等学者的研究,设置了五个题项来测量利用式学习(见表4.7)。

表 4.7　利用式学习变量测量题项

变量	编码	测量题项	题项来源
利用式学习	A4-1	本企业能及时更新与成熟产品相关的现有知识	Lichtenthaler(2009) Zhongfeng Su(2011)、He & Wong(2004)、林春培(2015)
	A4-2	本企业通过不断完善知识和技能来改善现有创新活动的效率	
	A4-3	在产品技术开发过程中善于利用以往经验提高技能	
	A4-4	致力于成熟技术的投资开发以提高生产效率	
	A4-5	解决问题时更加倾向于运用已有的解决方案	

探索式学习的测度。探索式学习与利用式学习相对,它强调企业勇于挑战传统技术或管理方式,对组织内部进行彻底、革新式的变革,探索式学习比较能迸发出不同以往的新思想、新技术或是新科技。本书借鉴 Lichtenthaler(2009)、Atuahenegima(2007)、He & Wong(2004)、Li Y, et al. (2013)等学者对探索式学习的测量,采用五个题项来测量探索式学习(见表4.8)。

表 4.8　探索式学习变量测量题项

变量	编码	测量题项	题项来源
探索式学习	A5-1	注重学习和开发陌生领域的创新技能	Lichtenthaler (2009) Atuahenegima (2005)、 He & Wong (2004)、 Yuan Li, et al. (2013)
	A5-2	经常从外部获取全新的产品开发技术和技能	
	A5-3	经常从外部学习对创新有利的全新的管理和组织技能	
	A5-4	经常学习和借鉴其他行业领域或本企业不熟悉领域的知识和技能	
	A5-5	勇于挑战或正在挑战传统的现有技术	

转化式学习的测度。转化式学习指的是企业在对探索和搜集到的知识进行维护并在必要时刻激活的基础上,使其转化成应用性知识的组织学习的一种方式。转化式学习弥补了利用式学习创新性不足,探索式学习风险性过高的弊端,它是一种适应于当前转型经济的学习活动(刘新梅等,2013)。目前国内学者多从利用式学习和探索式学习两个维度来测量企业组织学习,对于转化式学习这一维度的选取并不多,还没有形成关于转化式学习成熟的量表。刘新梅等(2013)采用 8 个题项来测量转化式学习,姚山季等学者分别在 2015 年、2016 年采用三个测量项、四个测量项来测量转化式学习(姚山季等,2015;姚山季,2016)。本书在借鉴Lichtenthaler(2009)、陈璟菁(2013)、姚山季(2015、2016)等学者对转化式学习的测量项的基础上,结合本书对转化式学习的思考,共用四个题项来测量转化式学习(见表4.9)。

表 4.9　转化式学习变量测量题项

变量	编码	测量题项	题项来源
转化式学习	A6-1	本企业注重创造条件进行信息、知识和技术的转化	Lichtenthaler (2009)、陈璟菁(2013)、姚山季(2015)、(2016)
	A6-2	本企业善于利用既有条件进行资源转化	
	A6-3	本企业擅长整合利用存量资源	
	A6-4	本企业擅长维系探索到的部分新技术和新知识	

4.3.3　创新绩效的测度

创新绩效是经济管理领域最常涉及的概念之一,尤其在管理学领域,很多学者研究的最终目的都是提高企业创新绩效。对于企业创新绩效的度量,目前仍未形成统一的意见。本书借鉴 Arundel & Kabla(1998)、陈钰芬、陈劲(2009)、陶菊颖(2013)等学者对创新绩效的测量,结合本书研究的需要共用四个题项来测度创新绩效(见表 4.10)。

表 4.10　创新绩效变量测量题项

变量	编码	测量题项	题项来源
创新绩效	A7-1	本企业的新产品开发速度	Arundel(1998)、陈钰芬(2009)、陶菊颖(2013)
	A7-2	本企业创新技术引用成功率	
	A7-3	本企业的盈利情况	
	A7-4	本企业的市场份额	

4.4　网络嵌入性、组织学习能力与创新绩效关系的实证检验

通过问卷调查的方法,获得本书研究所需的一手数据,并对

问卷进行整理,在剔除无效问卷后(数据不全、基本信息缺损等),完成数据编码录入工作。运用 SPSS18.0、Amos21.0 等统计分析软件对录入的原始数据进行统计分析,以此来检验网络嵌入性、组织学习、企业创新绩效的关系,检验前面提出的理论假设。具体来说,包括以下几个方面的内容:第一,阐明调查问卷设计总体思路和主要发放方式,并对样本进行描述性统计分析(包括样本的基本信息和各变量的描述性统计分析);第二,鉴于本书是研究开放式创新背景下各变量之间的关系,所以在样本描述性统计分析后对样本企业开放式创新情况进行了分析;第三,运用统计分析软件对问卷进行方差分析用以检验控制变量对各变量的影响;第四,检验问卷的信度和效度,确定是否可以进行后续的假设检验,在此基础上,对本书提出的相关假设进行逐一验证。

4.4.1 问卷的设计与数据的收集

(1)问卷设计

本书以实行开放式创新的江苏省中小制造企业为主要研究对象,在参考前人对于网络嵌入性、组织学习、创新绩效、创新开放情况的相关成熟量表的基础上,结合本书的研究目的、研究对象和研究背景来设计调查问卷。问卷设计步骤主要包括以下几个方面:第一,在全面查阅有关行业划分标准权威资料的基础上,结合本书研究对象的需要,确定本问卷行业划分。第二,全面搜寻已有研究中学者对于网络嵌入性、组织学习、创新绩效以及企业开放度的国内外成熟量表。第三,经过进行反复讨论后,形成初始调查问卷。第四,对初始问卷进行小范围、小规模的预调研,并且根据初期预调研情况,修改不合理量项,形成最终的科学合理的调查问卷。最终问卷的测量方式采用李克特五级量表的形式,以 1—5 分别表示"完全不同意""不同意""不能确定""同意""完全同意"。问卷共分为五个部分,包括企业基本信息、企业开放度测量(主要用于测量被访企业开放情况)、企业嵌入创新网络相关情况(结构嵌入性、关系嵌入性)、企业组织学习情况(利用式学习、探索式学习、转化式学习)、企业创新绩效情况等。

(2) 数据发放与收集

数据收集是进行实证分析的关键步骤,问卷数据质量的好坏直接关系着问卷的信度和效度,本书主要采用纸质问卷和在线问卷(E-mail、问卷星平台)两种方式发放问卷。对于纸质问卷的发放主要是组织专人到江苏省制造企业密集的产业园进行发放(苏北地区以徐州、连云港为主;苏中地区以扬州、南通为主;苏南以镇江、南京、苏州等城市为主)和对本校 MBA 学生进行发放两种。对于在线问卷的发放,为方便被访者填写问卷,除借助电子邮件发放外,还利用问卷星平台进行发放,被访者只需根据链接就可在手机等移动终端完成问卷填写,为被访者填写问卷提供了方便,节约了时间。同时为了提高问卷整体的回收率和质量,借助一定的人脉关系,由政府部门组织相关人员发放问卷,进一步提高了问卷的回收率。问卷发放周期跨度从 2016 年 10 月初—2017 年 1 月末,前后共历时 4 个月。其间共发放问卷 300 份,其中回收 215 份,在剔除无效问卷 65 份后(样本不符合本研究要求、相关信息填写不完整),最终确定有效问卷数为 150 份。在有效问卷中,纸质版问卷共 68 份,占有效问卷数的 45.3%;电子问卷 82 份,占有效问卷总数的 54.7%。

(3) 问卷描述性统计分析

本书主要以江苏省中小制造企业为研究对象,行业划分涉及纺织业及服装、造纸业与纸制品业、医药制造业、家具制造业、化学化工制品、金属制品业、通用设备、计算机及其他电子设备、食品饮料加工业、电气机械及器材制造业等。本书根据工信部关于《中小企业划型标准规定》的相关规定来确定各企业所属范围（从业人员1000人以下或营业收入40000万元以下的为中小微型企业；从业人员300人及以上，且营业收入2000万元及以上的为中型企业；从业人员20人及以上，且营业收入300万元及以上的为小型企业；从业人员20人以下或营业收入300万元以下的为微型企业）。根据成立年限，对中小企业进行划分，划分标准为5年以下、5—10年以及10年以上。具体信息见表4.11：

表4.11　制造企业基本信息统计表

属性	分类	样本数（个）	百分比（%）
行业	纺织业及服装	15	10
	造纸业及纸制品业	12	8
	医药制造业	13	8.7
	家具制造业	5	3.33
	化学化工制品	20	13.33
	金属制品业	16	10.67
	通用设备、计算机及其他电子设备	21	14
	食品、饮料加工业	8	5.3
	电气机械及器材制造业	21	14
	交通及运输设备制造业	16	10.67
	其他	3	2
成立年限	5年以下	34	22.67
	5—10年	72	48
	10年以上	44	29.33

属性	分类	样本数（个）	百分比（%）
规模	0—20（人）	24	16
	20—300（人）	77	51.33
	300—1000（人）	49	32.67
营业收入	300 万元以下	20	13.33
	300—2000 万元	58	38.67
	2000—4000 万元	72	48
地区分布	苏北	36	24
	苏中	26	17.33
	苏南	88	58.67

表 4.12 对各变量及其子维度进行了描述性统计分析，用平均值和标准差来衡量样本数据的总体特征，其中平均值体现了样本数据的集中程度，标准差反映了样本数据的离散状况。从表 4.12 可知关系嵌入性的均值（3.63）比结构嵌入性的均值（3.49）要高，说明问卷填写者比较重视网络关系的培养。样本数据反映的利用式学习的均值（3.88）要大于探索式学习（3.73）和转化式学习（3.82），说明受访者在组织学习中比较重视利用式学习，探索式学习的均值（3.73）相对其他两种组织学习方式来说较低，从侧面反映出中小企业受资源限制和抵抗风险能力不足的影响，在企业进行组织学习过程中更偏向于风险能力相对较小的利用式学习和转化式学习。

表 4.12 各变量测量项的描述性统计分析

研究变量		题项数	样本数	平均值		标准差	
结构嵌入性	网络规模	6	150	3.49		0.77	0.64
	网络中心性	5	150	3.47	3.49	0.68	
	网络异质性	4	150	3.57		0.74	

研究变量		题项数	样本数	平均值		标准差	
关系嵌入性	关系强度	3	150	3.59	3.63	0.70	0.66
	关系质量	4	150	3.72		0.71	
组织学习	利用式学习	5	150	3.88		0.81	0.75
	探索式学习	5	150	3.73	3.81	0.87	
	转化式学习	4	150	3.82		0.81	
创新绩效		4	150	3.49		0.75	

4.4.2 样本企业实施开放式创新的基本情况

本书主要围绕企业实施开放式创新时网络嵌入性影响创新绩效机理。事实上,经济全球化时代大背景下,知识资源、人力资源快速流动,已经不存在完全封闭的企业,企业在进行生产经营以及技术创新时都存在或多或少的开放,本书在初期进行问卷发放时所选取的对象也多针对生产经营活动中进行开放式创新的中小企业。为了遵循学术严谨性以及了解研究对象的整体开放情况,本书根据 Laursen et al.(2006)对于企业开放度的测量,通过开放广度和深度来了解被调研对象的开放情况。开放广度指企业在生产经营中拥有的创新伙伴数量;开放深度指企业与外部伙伴合作的程度(韵江等,2012)。本书共列举了 16 种外部获取资源的途径,在测量开放式创新广度时,如果企业在经营活动中没有使用某种知识源,记为 0;如果使用了某种知识源,则记为 1,然后将十六种知识源使用与否的得分相加即为开放式创新的广度。在测量开放式创新深度时,如果从某种知识源渠道获取信息的次数分为高、中、低、无四个等级,每年从知识源渠道获取信息超过 10 次为高,5—9 次为中,1—4 次为低,没有记为 0,最终把每个企业所得分数相加得到开放式创新深度(孟丁、唐国华,2013)。

表 4.13 列出了江苏省中小制造企业整体外部知识源的使用情况,从表 4.13 可知江苏省中小制造企业最重要的知识来源渠道是设备、材料、零件或软件供应商,紧接着是客户和顾客。此外,除了供应商与客户之外,一系列的标准,如技术标准也是创新的关键来源之一。在表 4.14 中,我们研究了江苏省各制造行业的外部知识搜索广度和深度水平。总的来说,化学化工制品、医药卫生制造业以及电气机械制造业表现出了最高水平的外部搜索广度。行业中,高科技含量的企业有着较高的知识搜索广度,相反,低科技含量企业(如造纸、家具制造业)有着较低等级的外部知识搜索广度。从搜索深度来看,化学化工制品、医药卫生制造业以及电气机械制造业也表现了较高的外部知识搜索深度水平。总体而言,样本企业通过不同知识源途径获取创新资源,具有不同程度的开放性。

表 4.13　中小制造企业外部知识源

知识源	公司每年从外部获取技术知识的次数			
	无	低	中	高
设备、材料、零件或软件供应商	15	32	57	46
客户或者顾客	32	24	53	41
竞争者	26	53	46	25
咨询机构	51	48	40	11
商业实验室/R&D 企业	57	49	32	12
大学或者其他高等教育机构	54	56	26	14
政府研究组织	82	55	8	5
其他公共部门,如企业协会、政府办公室	79	39	24	8

知识源	公司每年从外部获取技术知识的次数			
	无	低	中	高
私人研发机构	68	33	25	24
专业研讨或会议	81	29	29	11
贸易机构	68	46	20	16
技术/贸易报刊,计算机数据库	41	63	36	10
交易会、展览	35	57	47	11
技术标准	22	29	65	34
健康、安全标准和规制	31	38	64	17
环境标准和规制	26	37	56	31
平均	48	43	39.25	19.75

表 4.14　行业开放广度和深度

行业	数量	广度平均	深度平均
纺织业及服装业	15	10.06	5.2
造纸业及纸制品业	12	8.08	4.25
医药卫生制造业	13	11.84	7.15
家具制造业	5	9.4	4.8
化学化工制品	20	12	7.2
金属制品业	16	10.38	6
通用设备、计算机及其他电子设备	21	10.9	6.52
食品、饮料加工业	8	10.13	4.88
电气机械及器材制造业	21	11.62	6.76
交通及运输设备制造业	16	11.12	6.4
其他	3	10.33	6.33
平均		10.53	5.95

4.4.3 方差分析

中介变量(组织学习)和因变量(创新绩效)除了受自变量(网络嵌入性)的影响外,还会受到企业特征变量(控制变量)的影响。因此,在进行多元回归分析之前,有必要考察控制变量对被测变量的影响。本文采用单因素方差分析法对不同控制变量下的企业组织学习、创新绩效进行差异分析,选取企业成立年限、企业规模、地区分布作为可能影响中介变量和因变量的控制变量,其中企业成立年限分为 5 年以下、5—10 年、10 年以上;企业规模分为 0—20人、20—300 人、300—1000 人(根据工信部关于《中小企业划型标准规定》的相关规定来确定各企业所属规模);地区分布分为苏北、苏中、苏南。

(1)企业成立年限的方差分析

第一,企业成立年限对不同组织学习的方差分析

首先,基于不同的成立年限,以组织学习各维度为因变量进行单因素方差分析,对不同成立年限企业的组织学习的方差齐性进行检验,如表 4.15 所示,显著性分别为 0.12、0.36、0.127,大于0.05,所以不同成立年限企业的利用式学习、探索式学习、转化式学习都具有方差齐性。

进一步对不同成立年限企业的利用式学习、探索式学习、转化式学习进行方差分析,如表 4.15 所示,其显著性分别为 0.865、0.879、0.31,都大于 0.05,所以得出结论:不同成立年限的企业,其组织学习不同方式没有显著差异。

表 4.15　不同成立年限企业的组织学习单因素方差分析表

变量		方差分析					方差齐性检验			
		平方和	df	均方	F	显著性	是否存在 显著差异	Levene	Sig.	是否 齐性
利用 式学 习	组间	0.193	2	0.096	0.146	0.865	否	2.152	0.12	是
	组内	97.429	147	0.663						
	总数	97.622	149							
探索 式学 习	组间	0.197	2	0.098	0.129	0.879	否	1.029	0.360	是
	组内	112.323	147	0.764						
	总数	112.520	149							
转化 式学 习	组间	1.550	2	0.775	1.179	0.310	否	2.092	0.127	是
	组内	96.617	147	0.657						
	总数	98.167	149							

第二,企业成立年限对创新绩效的方差分析。

表 4.16 给出了不同成立年限企业创新绩效的方差齐性检验结果,从表 4.16 中可知显著性为 0.28,大于 0.05,所以不同成立年限企业的创新绩效具有方差齐性。在对不同成立年限企业的创新绩效进行方差分析后,显著性为 0.914,大于 0.05,所以总体上不同成立年限企业的创新绩效没有显著差异。

表 4.16　基于成立年限的企业创新绩效的方差分析表

变量		方差分析					方差齐性检验			
		平方和	df	均方	F	显著性	是否存在 显著差异	Levene	Sig.	是否 齐性
创新 绩效	组间	0.102	2	0.051	0.09	0.914	否	1.283	0.28	是
	组内	83.553	147	0.568						
	总数	83.656	149							

（2）企业成立规模的方差分析。

企业规模是影响企业组织学习与创新绩效的重要属性，不同的规模属性会影响企业对组织学习方式的选择，继而影响企业创新绩效。因而企业规模可能对组织学习和绩效产生影响，本研究将企业规模分为三组，员工人数0—20人，员工人数20—300人，员工人数300—1000人（根据工信部关于《中小企业划型标准规定》的相关规定）。本部分将分析不同的企业规模对企业组织学习和创新绩效是否存在显著差异。

第一，企业规模对组织学习的方差分析。

企业规模对组织学习的影响分析，包括对利用式学习、探索式学习、转化式学习影响的分析。首先对不同规模组织学习的方差齐性进行检验，结果如表4.17所示，显著性分别为0.783、0.704、0.466，大于0.05，所以不同规模的企业的利用式学习、探索式学习和转化式学习都具有方差齐性。

进一步，本研究对不同规模企业的利用式学习、探索式学习和转化式学习进行方差分析，见表4.17，显著性分别为0.91、0.828、0.354，大于0.05，所以不同规模的企业，其组织学习方式没有显著差异。

表4.17 不同规模企业的组织学习单因素方差分析表

变量		方差分析					方差齐性检验		
		平方和	df	均方	F	显著性	是否存在显著差异	Levene	Sig.	是否齐性
利用式学习	组间	0.125	2	0.063	0.094	0.910	否	0.245	0.783	是
	组内	97.496	147	0.663						
	总数	97.622	149							

变量		方差分析					方差齐性检验			
		平方和	df	均方	F	显著性	是否存在显著差异	Levene	Sig.	是否齐性
探索式学习	组间	0.289	2	0.144	0.189	0.828	否	0.351	0.704	是
	组内	112.231	147	0.763						
	总数	112.520	149							
转化式学习	组间	1.377	2	0.688	1.046	0.354	否	0.767	0.466	是
	组内	96.790	147	0.658						
	总数	98.167	149							

第二，企业规模对创新绩效的方差分析。

对不同规模企业创新绩效的方差齐性检验结果显示（见表4.18），显著性为0.83，大于0.05，故总体上不同规模企业的创新绩效具有方差齐性。对不同规模企业的创新绩效进行方差分析，显著性为0.94，大于0.05，故总体上不同规模企业的创新绩效没有显著差异。

表4.18　基于不同企业规模创新绩效的单因素方差分析表

变量		方差分析					方差齐性检验			
		平方和	df	均方	F	显著性	是否存在显著差异	Levene	Sig.	是否齐性
创新绩效	组间	0.070	2	0.035						
	组内	83.586	147	0.569	0.062	0.940	否	0.187	0.830	是
	总数	83.656	149							

从上文中得出结论样本企业规模对于企业组织学习和创新绩效没有显著的差异，其主要原因可能在于以下两点：第一，本研究选取的研究对象为中小企业，在开放式创新时代，相比较于大型企

业而言,不论是中型企业、小型企业还是微型企业都受制于企业内部资源的限制,在技术创新中,中小企业要想获取外部资源就必须很好地嵌入到创新网络中,良好的网络嵌入性是影响外部资源获取进而影响创新绩效的重要因素之一。在开放式创新背景下,不同规模的中小企业之间组织学习和绩效并没有显著的差异。第二,虽然中型企业相对来说在自身资源积累上更具优势,但是小微企业在获取创新资源的方式上更加灵活多变,对创新机会和资源的识别更加敏捷。所以综合各种影响因素来说,不同规模的中小企业在组织学习与创新绩效上并无显著差异。

(3)企业地区分布的方差分析。

第一,企业地区分布对组织学习的方差分析。基于不同的地区分布,以组织学习各维度为因变量进行单因素方差分析,对不同地区分布企业组织学习的方差齐性进行检验,如表 4.19 所示,显著性分别为 0.277、0.365、0.274,大于 0.05,所以不同地区分布企业的利用式学习、探索式学习、转化式学习三种组织学习方式都具有方差齐性。

进一步对不同地区分布企业的利用式学习、探索式学习、转化式学习进行方差分析,如表 4.19 所示,其显著性分别为 0.934、0.936、0.761,显著性都大于 0.05,所以得出结论不同地区分布的企业,其组织学习不同方式没有显著差异。

表 4.19 基于不同地区分布企业的组织学习的单因素方差分析表

变量		方差分析					方差齐性检验			
		平方和	df	均方	F	显著性	是否存在显著差异	Levene	Sig.	是否齐性
利用式学习	组间	0.091	2	0.045						
	组内	97.531	147	0.663	0.068	0.934	否	1.294	0.277	是
	总数	97.622	149							

变量		方差分析					方差齐性检验			
		平方和	df	均方	F	显著性	是否存在显著差异	Levene	Sig.	是否齐性
探索式学习	组间	0.101	2	0.050						
	组内	112.419	147	0.765	0.066	0.936	否	1.015	0.365	是
	总数	112.520	149							
转化式学习	组间	0.365	2	0.182						
	组内	96.802	147	0.665	0.274	0.761	否	1.305	0.274	是
	总数	98.167	149							

第二，企业地区分布对创新绩效的方差分析。表4.20给出了不同地区分布企业的创新绩效的方差齐性检验结果，从表4.20中可以看出显著性为0.485，大于0.05，所以不同地区分布企业的创新绩效具有方差齐性。在对不同地区分布企业的创新绩效进行方差分析后，显著性为0.713，大于0.05，所以总体上不同地区分布企业的创新绩效没有显著差异。

表4.20 基于不同地区分布企业对创新绩效的方差分析表

变量		方差分析					方差齐性检验			
		平方和	df	均方	F	显著性	是否存在显著差异	Levene	Sig.	是否齐性
创新绩效	组间	0.384	2	0.192	0.339	0.713				
	组内	83.272	147	0.566			否	0.728	0.485	是
	总数	83.656	149							

本书的样本企业分布在苏南、苏中和苏北，造成不同地区分布企业对组织学习和创新绩效没有显著差异的原因可能在于以下两点：第一，江苏省在全国属于经济发达地区，苏南、苏中和苏北地

区差异不大，且创新网络的发展打破了地区限制，使得创新资源可以在更广范围内流动，较发达地区原本的地区优势在逐渐消失，企业进行组织学习多取决于企业内部发展战略以及嵌入网络获取资源的能力，而地区分布对企业在实际运行过程中对组织学习各种方式的选择并没有显著的影响。第二，虽然本书问卷主要发放地点是苏南、苏中和苏北，但受制于自身资源限制，在最终问卷构成中苏南地区的问卷数量偏多，这可能也是造成地区间没有显著差异的原因之一。

根据以上企业成立年限、规模、地区分布等控制变量对组织学习和创新绩效单因素方差分析的结果可知，企业成立年限、规模和地区分布对观察变量没有显著的影响，但为了学术严谨性，本书在回归分析中仍会考虑加入控制变量进行多元回归。

4.4.4 问卷的信度与效度的分析

本书在设计问卷时参考了学者对于网络嵌入性、组织学习、创新绩效的成熟量表，旨在确保量表的信度和效度，即为保证调查问卷所得数据的一致性和准确性。但由于本书以江苏省中小制造企业为主要研究对象，量表设计是否适合本研究还需做进一步的信度和效度检验。因此，接下来本书将检验网络嵌入性、组织学习、创新绩效各量表的信度和效度，为后文回归分析奠定基础。

（1）信度分析

所谓信度即可靠性，信度分析即是用来测量所选量表的可靠性和内部一致性程度。为了确保回收问卷所得数据的可靠性和真实性，在分析数据之前，有必要对数据进行信度分析。测量信度的方法有很多种，本书采用学者们广泛使用的一种测量方法——内部一致性系数（Cronbach a 系数）来测量数据的信度。Cronbach a 系数越大表明各题项拥有越高的内部一致性。具体而言，Cronbach a 系数大于 0.9，则可以判定量表具有非常高的信度；Cronbach a 系数大于 0.8，则可以判定量表具有很高的信度；Cronbach a 系数在 0.7—0.8 之间，表示可以接受；Cronbach a 在 0.6—0.7 之间，勉强接受；Cronbach a 小于 0.6 则要考虑重新编制或是修订相关题项。

从表 4.21 可以看出，结构嵌入性、关系嵌入性的 Cronbach a 值分别为 0.93、0.904，大于 0.9；其中网络规模、网络中心性、网络异质性、关系强度、关系质量的 Cronbach a 值均大于 0.8，说明网络嵌入性各维度之间具有很高的信度，可靠性很高。

表 4.21 网络嵌入性各维度的信度分析

研究变量		题项	校正项总计相关性	项已删除 Cronbach a	基于标准化项的 Cronbach a
结构嵌入性 $a=0.930$	网络规模	NS1	0.715	0.903	0.913
		NS2	0.716	0.902	
		NS3	0.716	0.903	
		NS4	0.825	0.887	
		NS5	0.785	0.893	
		NS6	0.776	0.894	
	网络中心性	NC1	0.722	0.860	0.885
		NC2	0.807	0.839	
		NC3	0.761	0.851	
		NC4	0.672	0.871	
		NC5	0.652	0.875	
	网络异质性	NH1	0.777	0.814	0.870
		NH2	0.685	0.850	
		NH3	0.734	0.830	
		NH4	0.706	0.843	

研究变量		题项	校正项总计相关性	项已删除Cronbach a	基于标准化项的 Cronbach a
关系嵌入性 $a = 0.904$	关系强度	NRS1	0.803	0.848	0.897
		NRS2	0.861	0.801	
		NRS3	0.733	0.909	
	关系质量	NRQ1	0.704	0.869	0.885
		NRQ2	0.812	0.827	
		NRQ3	0.768	0.845	
		NRQ4	0.714	0.865	

从表 4.22 可以看出，组织学习三个维度利用式学习、探索式学习、转化式学习三种组织学习方式的 Cronbach a 分别为 0.981、0.97、0.97，均大于 0.9，且接近于 1，因此，可以认为组织学习各维度测量题项具有较高的信度，可靠性非常高。

表 4.22　组织学习各维度的信度分析

研究变量	题项	校正项总计相关性	项已删除Cronbach a	基于标准化项的 Cronbach a
利用式学习	EIL1	0.959	0.975	0.981
	EIL2	0.956	0.975	
	EIL3	0.959	0.975	
	EIL4	0.961	0.975	
	EIL5	0.892	0.985	
探索式学习	ERL1	0.922	0.962	0.970
	ERL2	0.927	0.961	
	ERL3	0.914	0.963	
	ERL4	0.900	0.965	
	ERL5	0.910	0.964	

研究变量	题项	校正项总计相关性	项已删除Cronbach a	基于标准化项的 Cronbach a
转化式学习	TL1	0.928	0.959	0.970
	TL2	0.905	0.965	
	TL3	0.921	0.962	
	TL4	0.945	0.954	

从表 4.23 中可以看出，企业创新绩效一共由 4 个测量题项组成，其基于标准化项的 Cronbach a 值为 0.939，大于 0.9，我们认为创新绩效各题项具有很高的信度，进一步确保了本文研究的可靠性。

表 4.23　创新绩效的信度分析

研究变量	题项	校正项总计相关性	项已删除Cronbach a	基于标准化项的 Cronbach a
创新绩效	P1	0.877	0.913	
	P2	0.816	0.933	0.939
	P3	0.871	0.914	
	P4	0.854	0.920	

（2）效度分析

效度指的是有效性，用来反映问卷各变量的测量题项能够有效测量对应变量的程度，效度越高说明测量题项越能够真实地反映变量所涵盖的内容。效度由内容效度和结构效度两部分组成。内容效度主要是用来测量所用量表内容的适当性和相符性。从问卷的内容效度来看，本书在设计调研问卷时，借鉴了国内外学者相对成熟的测量量表，并结合本文的研究对象和研究目的，在对相关成熟量表进行反复研讨和调整后,最终确定本研究所用量表,因此,本问卷内容效度良好,对研究对象和目的有较好的适应性。在检验样本结构效度时,本书首先通过观察 KMO 值和 Bartlett 球形检验结果来判断数据是否能做因子分析。若 KMO 大于 0.9,说明题项能够非常好地反映所测变量的意义,也即非常适合做因子分析;KMO 大于 0.8,小于 0.9,说明很适合做因子分析;KMO 大于 0.7,小于 0.8,说明适合做因子分析。运用 Bartlett 球形检验对所得结果进行显著性检验,观察变量是否服从正态分布。从表4.24 看出,各维度的 KMO 值均大于 0.8,其中利用式学习和探索式学习的 KMO 值达到了 0.9 以上,且各变量的 Bartlett 球形检验显著水平均为 0.000,这说明很适合做因子分析。

表 4.24 KMO 和 Bartlett 检验

因子	KMO	Bartlett	显著性水平	累计方差贡献率(%)
结构嵌入性	0.893	1582.976	0.000	71.387%
关系嵌入性	0.843	730.444	0.000	79.072%
利用式学习	0.901	1322.221	0.000	93.205%
探索式学习	0.904	997.165	0.000	89.423%
转化式学习	0.873	802.391	0.000	91.78%
创新绩效	0.844	538.417	0.000	84.585%

1) 探索性因子分析

本书运用 SPSS18.0 统计分析软件对各变量进行探索性因子分析,以此来判定所测量表中各变量能够提取的公因子个数,进一步确定各变量内部结构的合理性。主要通过测量指标的累计方差贡献率和以特征值大于 1 方法提取的公因子个数来衡量各测量题项是否能够有效地反映测量变量。一般来讲,累计方差贡献率超过 70%,即提取的公因子包含了原变量 70%的信息量,说明原始数据只有少部分信息没有被反映出来,大多数信息得到了保留。本研究以公因子累计方差贡献率是否超过 70%作为主要衡量标准来考察所提公因子对因变量的合计影响力。

通过对结构嵌入性进行探索性因子分析,有三个因子的特征值大于 1,说明在测量结构性嵌入的 15 个指标中,一共能够提取出三个主成分,累计方差贡献率达到 71.387%,即公因子能够解释原始数据 71.387%的信息。并且同一维度下的因子载荷都大于 0.5,不同维度下的因子载荷均小于 0.5。因此,结构嵌入性各测量题项能够很好反映各测量变量(见表 4.25,4.26)。

表 4.25　结构嵌入性测度指标累计方差贡献率

成份	初始特征值			提取平方和载入			旋转平方和载入		
	合计	方差的%	累计%	合计	方差的%	累计%	合计	方差的%	累计%
1	7.599	50.660	50.660	7.599	50.660	50.660	4.149	27.661	27.661
2	1.749	11.660	62.320	1.749	11.660	62.320	3.393	22.617	50.279
3	1.360	9.067	71.387	1.360	9.067	71.387	3.166	21.108	71.387
4	0.733	4.887	76.274						
5	0.679	4.524	80.798						
6	0.463	3.086	83.884						
7	0.405	2.699	86.583						
8	0.393	2.619	89.202						
9	0.360	2.399	91.601						
10	0.307	2.045	93.646						
11	0.249	1.658	95.304						
12	0.237	1.583	96.886						
13	0.181	1.206	98.092						
14	0.159	1.060	99.152						
15	0.127	0.848	100.00						

表 4.26　结构嵌入性的因子分析结果

结构嵌入性	成分		
	1	2	3
NS1	0.710	0.162	0.369
NS2	0.687	0.346	0.207
NS3	0.691	0.153	0.437
NS4	0.852	0.246	0.129
NS5	0.832	0.282	0.064
NS6	0.814	0.304	0.083
NC1	0.327	0.681	0.281
NC2	0.328	0.745	0.302
NC3	0.377	0.727	0.229
NC4	0.206	0.792	0.088
NC5	0.145	0.785	0.171
NH1	0.170	0.154	0.865
NH2	0.054	0.139	0.831
NH3	0.227	0.274	0.773
NH4	0.337	0.284	0.688

　　表 4.27、4.28 是对关系嵌入性进行探索性因子分析的结果，从表 4.27 中可以看出有 2 个因子特征值大于 1，因此共提取了两个主成分，累计方差贡献率达到 79.072%，说明提取的两个因子能够解释原始数据 79.072% 的信息量，各测量题项能够很好地解释所测变量。

表 4.27　关系嵌入性测度指标累计方差贡献率

成份	初始特征值			提取平方和载入			旋转平方和载入		
	合计	方差的%	累计%	合计	方差的%	累计%	合计	方差的%	累计%
1	4.451	63.588	63.588	4.451	63.588	63.588	2.803	40.039	40.039
2	1.084	15.484	79.072	1.084	15.484	79.072	2.732	39.033	79.072

成份	初始特征值			提取平方和载入			旋转平方和载入		
	合计	方差的%	累计%	合计	方差的%	累计%	合计	方差的%	累计%
3	0.467	6.669	85.740						
4	0.395	5.643	91.384						
5	0.253	3.610	94.993						
6	0.207	2.954	97.947						
7	0.144	2.053	100.000						

表 4.28　关系嵌入性的因子分析结果

关系嵌入性	成分	
	1	2
NRS1	0.896	0.219
NRS2	0.891	0.175
NRS3	0.705	0.430
NRQ1	0.699	0.463
NRQ2	0.269	0.898
NRQ3	0.261	0.866
NRQ4	0.284	0.835

组织学习探索性因子分析结果汇集在表 4.29、表 4.30 中,有 3 个因子的特征值大于 1,说明共提取了三个主成分,累计方差贡献率达到 92.148%,说明组织学习各题项能够非常好地反映测度变量。

表 4.29　组织学习测度指标累计方差贡献率

成份	初始特征值			提取平方和载入			旋转平方和载入		
	合计	方差的%	累计%	合计	方差的%	累计%	合计	方差的%	累计%
1	10.594	75.671	75.671	10.594	75.671	75.671	4.581	32.724	32.724
2	1.301	9.296	84.967	1.301	9.296	84.967	4.480	31.999	64.723
3	1.005	7.181	92.148	1.005	7.181	92.148	3.840	27.426	92.148
4	0.214	1.531	93.679						
5	0.169	1.207	94.886						
6	0.142	1.014	95.901						
7	0.128	0.915	96.815						
8	0.107	0.765	97.581						
9	0.079	0.561	98.142						
10	0.071	0.506	98.648						
11	0.058	0.414	99.062						
12	0.057	0.410	99.472						
13	0.043	0.305	99.777						
14	0.031	0.223	100.000						

表 4.30　组织学习的因子分析结果

组织学习	成分		
	1	2	3
EIL1	0.819	0.389	0.353
EIL2	0.821	0.371	0.362
EIL3	0.833	0.330	0.387
EIL4	0.832	0.358	0.358

组织学习	成分		
	1	2	3
EIL5	0.836	0.310	0.284
ERL1	0.307	0.798	0.430
ERL2	0.258	0.918	0.188
ERL3	0.392	0.828	0.249
ERL4	0.336	0.824	0.294
ERL5	0.393	0.775	0.370
TL1	0.341	0.372	0.820
TL2	0.453	0.366	0.746
TL3	0.288	0.246	0.888
TL4	0.406	0.285	0.837

表 4.31 反映了创新绩效探索性因子分析的结果,根据特征值大于 1 的方法,创新绩效共提取了一个主成分,累计解释贡献率达到 84.585%,因此各题项较好的包含了所测变量的内容。

表 4.31　创新绩效测度指标累计方差贡献率

成分	初始特征值			提取平方和载入		
	合计	方差的%	累计%	合计	方差的%	累计%
1	3.383	84.585	84.585	3.383	84.585	84.585
2	0.297	7.428	92.013			
3	0.170	4.240	96.252			
4	0.150	3.748	100.000			

2）验证性因子分析

在对各研究变量进行探索性因子分析后，将运用结构方程对各变量进行验证性因子分析。结构方程是目前多元数据分析的重要工具，本文采用 Amos21.0 对网络嵌入性、组织学习、创新绩效进行验证性因子分析，本研究将从收敛效度和区分效度来测量结构效度。首先，选取组合信度（CR）和平均提取方差值（AVE）两个指标来观察网络嵌入性、组织学习与创新绩效的收敛效度（其中，平均提取方差值的临界值为 0.5，当平均提取方差值在 0.5 以上时，表明潜在变量具有良好的操作化测量定义；组合信度在 0.9 以上是最佳的；组合信度大于 0.8，小于 0.9 表明非常好；组合信度大于 0.7，小于 0.8 表示适中；小于 0.5 表示不可接受）。用相关系数和平均抽取方差的平方根进行比较用以检验各变量间的区别效度。

3）收敛效度

首先，网络嵌入性的验证性因子分析。图 4-2 为运用 Amos21.0 得出的网络嵌入性的测量模型，根据图 4-2 所得的路径系数计算出网络嵌入性各维度的组合信度和平均方差抽取，如表 4.32 所示。网络规模、网络中心性、网络异质性、关系强度、关系质量的组合信度分别为，0.9133、0.8832、0.8736、0.9043、0.8864 均大于 0.8；平均提取方差值为 0.6385、0.606、0.6343、0.7598、0.6655，均大于临界值 0.5。因此，网络嵌入性选取的各指标具有很好的收敛度，即各指标通过了结构适配度检验。

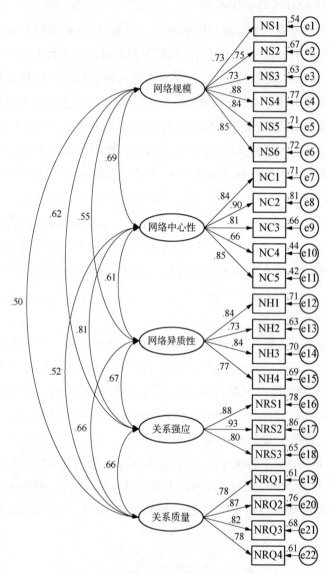

图 4 - 2　网络嵌入性各维度的测量模型

表 4.32　网络嵌入性维度的因子分析

变量	题项	标准化因子载荷	组合信度(CR)	平均抽取方差(AVE)
网络规模	NS1	0.73	0.9133	0.6385
	NS2	0.75		
	NS3	0.73		
	NS4	0.88		
	NS5	0.84		
	NS6	0.85		
网络中心性	NC1	0.84	0.8832	0.606
	NC2	0.90		
	NC3	0.81		
	NC4	0.66		
	NC5	0.65		
网络异质性	NH1	0.84	0.8736	0.6343
	NH2	0.73		
	NH3	0.84		
	NH4	0.77		
关系强度	NRS1	0.88	0.9043	0.7598
	NRS2	0.93		
	NRS3	0.80		
关系质量	NRQ1	0.78	0.8864	0.6655
	NRQ2	0.87		
	NRQ3	0.82		
	NRQ4	0.78		

其次,组织学习的验证性因子分析。图 4-3 为组织学习的维度测量模型,并根据各路径系数计算出利用式学习、探索式学习、转化式学习的组合信度和平均提取方差值,见表 4.33。其中组织学习各维度的组合信度分别为 0.9817、0.9707、0.9696,均大于0.9;平均提取方差值为 0.9148、0.8687、0.8887,均远远大于临界

值 0.5。因此,我们说组织学习各维度具有非常好的收敛效度,各指标通过了模型的结构适配度检验。

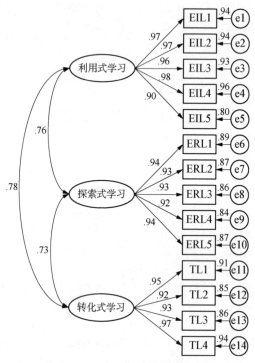

图 4-3 组织学习各维度测量模型

表 4.33 组织学习维度的验证性因子分析

变量	题项	标准化因子载荷	组合信度(CR)	平均抽取方差
利用式学习	EIL1	0.97	0.9817	0.9148
	EIL2	0.97		
	EIL3	0.96		
	EIL4	0.98		
	EIL5	0.90		

变量	题项	标准化因子载荷	组合信度（CR）	平均抽取方差
探索式学习	ERL1	0.94	0.9707	0.8687
	ERL2	0.93		
	ERL3	0.93		
	ERL4	0.92		
	ERL5	0.94		
转化式学习	TL1	0.95	0.9696	0.8887
	TL2	0.92		
	TL3	0.93		
	TL4	0.97		

　　第三，创新绩效的验证性因子分析。图4-4为创新绩效的维度测量模型，并根据各路径系数计算出创新绩效的组合信度和平均提取方差值（见表4.34），创新绩效的组合信度为0.9402，大于0.9；平均提取方差值为0.7972，大于临界值0.5。因此，我们说创新绩效具有非常好的收敛效度，通过了模型的结构适配度检验。

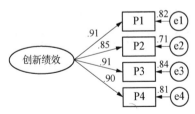

图4-4　创新绩效各维度测量模型

表4.34　创新绩效维度的验证性因子分析

变量	题项	标准化因子载荷	组合信度（CR）	平均抽取方差
创新绩效	P1	0.91	0.9402	0.7972
	P2	0.85		
	P3	0.91		
	P4	0.90		

4）区别效度

相关性分析用来描述各研究变量之间的相互关系。利用SPSS21.0统计分析软件对结构嵌入性、关系嵌入性、利用式学习、探索式学习、转化式学习、创新绩效进行各维度间的相关分析，用以区别效度的检验。本研究将采用以下两标准来验证区分效度：

第一，各维度之间的相关系数小于0.85（蒋天颖，2009）。

第二，因子本身的 AVE 开根号大于其和其他因子间的相关系数。

各维度之间的相关系数矩阵见表4.35，对角线部分为 AVE 的平方根，从表中可知任意两个维度间的相关系数均在0.85 以下，且各维度自身的 AVE 的平方根均大于维度间的相关系数。上述提出的两个标准都符合，因此可以认为各研究变量之间具有良好的区分效度。

表4.35　各维度相关关系

变量	结构嵌入性	关系嵌入性	利用式学习	探索式学习	转化式学习	创新绩效
结构嵌入性	**0.793**					
关系嵌入性	.717**	**0.839**				
利用式学习	.568**	.603**	**0.958**			

变量	结构嵌入性	关系嵌入性	利用式学习	探索式学习	转化式学习	创新绩效
探索式学习	.608**	.575**	.620**	**0.932**		
转化式学习	.566**	.626**	.711**	.653**	**0.943**	
创新绩效	.652**	.631**	.598**	.577**	.629**	**0.89**

注：**.表示在 0.01 水平上（双侧）显著相关

对角线部分为平均提取方差值 AVE 的平方根

4.4.5 数据分析及结果解释

（1）各变量之间关系的层次回归分析

本节主要是在前文分析的基础上，借助 SPSS18.0 统计分析软件，通过建立层次回归模型，对 4.2 节提出的相关假设进行检验，以确定变量之间的关系。在进行多元回归分析时，需要特别注意多元分析的共线性问题，共线性问题是由变量之间相关性较高造成的，本文运用方差膨胀因子 VIF 来检验变量间是否存在共线性问题，一般而言，VIF 小于 10 表明变量之间不存在较强的共线性问题，本书也采用这一标准来检验共线性问题。

1）网络嵌入性对创新绩效的影响

网络嵌入性对创新绩效的回归结果见表 4.36，模型 1 分析了各控制变量对创新绩效的影响，即企业成立年限、企业规模、地区分布对创新绩效的影响。回归结果显示 F 值为 0.096，表明该回归模型方程不显著。各控制变量对创新绩效的解释程度很低，只能解释总变异的 0.2%，这也在一定程度上验证了上文方差分析的结果。模型 2 在控制成立年限、企业规模、地区分布的基础上，将自变量网络嵌入性加入回归方程，由表 4.36 可知控制变量和网络嵌入性解释了创新绩效 54.5% 的变异,与模型 1 相比,模型 2 对创新绩效的解释度增加了 54.3%。

表 4.36　网络嵌入性与创新绩效的整体线性回归

变量	因变量(创新绩效)					
	模型 1			模型 2		
	β	t	VIF	β	t	VIF
常数项	3.439 ***	16.085		0.312	1.121	
控制变量						
成立年限	0.072	0.326	7.143	-0.017	-0.114	7.158
企业规模	0.005	0.023	5.858	0.004	0.028	5.858
地区分布	-0.053	-0.364	3.111	0.000	-0.001	3.116
解释变量						
网络嵌入性				0.739 ***	13.146	1.006
模型统计量						
R^2		0.002			0.545	
调整后 R^2		-0.019			0.532	
F 值		0.096			172.826	

注:a. $^*\ p<0.1$;$^{**}\ p<0.05$;$^{***}\ p<0.01$

　　b. 模型 1、模型 2 各变量的方差膨胀因子 VIF 值均小于 10,表明模型多重共线性并不严重

　　对网络嵌入性与创新绩效的关系检验,从表 4.36 中可知网络嵌入性与创新绩效的回归系数为 0.739,且显著性小于 0.01,说明网络嵌入性对创新绩效存在正向影响,即假设 H1 成立。

　　网络嵌入性各维度对创新绩效的回归结果见表 4.37,对于模型 1 中各控制变量对创新绩效的影响上文已分析过,此处不再分析。模型 2 在控制成立年限、企业规模、地区分布的基础上,将自变量结构嵌入性、关系嵌入性加入回归方程,由表 4.37 可知控制

变量和网络嵌入性共解释了创新绩效 55％ 的变异,与模型 1 相比,模型 2 对创新绩效的解释度增加了 54.8％。

系数标准化后得到创新绩效对结构嵌入性、关系嵌入性的回归方程为:创新绩效 = 0.425* 结构嵌入性 + 0.369* 关系嵌入性 + 0.266。结构嵌入性对创新绩效的回归系数为 0.425,显著性小于 0.01,说明结构嵌入性对创新绩效存在正向影响,假设 H1a 成立。关系嵌入性对创新绩效的回归系数为 0.369,显著性小于 0.01,说明关系嵌入性对创新绩效存在正向影响,假设 H1b 成立。

表 4.37　网络嵌入性各维度与创新绩效的线性回归结果

变量	因变量(创新绩效)					
	模型 1			模型 2		
	β	t	VIF	β	t	VIF
常数项	3.439***	16.085		0.266	0.950	
控制变量						
成立年限	0.072	0.326	7.143	−0.026	−0.174	7.173
企业规模	0.005	0.023	5.858	−0.027	−0.196	6.031
地区分布	−0.053	−0.364	3.111	0.038	0.373	3.389
解释变量						
结构嵌入性				0.425***	4.826	2.481
关系嵌入性				0.369***	4.122	2.572
模型统计量						
R^2		0.002			0.550	
调整后 R^2		−0.019			0.534	
F 值		0.096			87.725***	

注:a. * p＜0.1;** p＜0.05;*** p＜0.01

　　b. 模型1、模型2各变量的方差膨胀因子 VIF 值均小于10,表明模型多重共线性并不严重

2）组织学习对创新绩效的影响

组织学习对创新绩效的回归结果见表 4.38，模型 1 分析了各控制变量对创新绩效的影响，前文已分析过，此处不再累赘。模型 2 在控制成立年限、企业规模、地区分布的基础上，将自变量组织学习加入回归方程，由表 4.38 可知控制变量和组织学习共解释了创新绩效 57.9％ 的变异，与模型 1 相比，模型 2 对创新绩效的解释度增加了 57.7％。

对组织学习与创新绩效的关系检验，从表 4.38 中可知组织学习与创新绩效的回归系数为 0.762，且显著性小于 0.01，说明组织学习对创新绩效存在正向影响，即假设 H2 成立。

表 4.38　组织学习与创新绩效的整体线性回归

| 变量 | 因变量（创新绩效） | | | | | |
| | 模型 1 | | | 模型 2 | | |
	β	t	VIF	β	t	VIF
常数项	3.439***	16.085	0.312	0.650***	2.689	
控制变量						
成立年限	0.072	0.326	7.143	0.003	0.020	7.152
企业规模	0.005	0.023	5.858	−0.031	−0.235	5.860
地区分布	−0.053	−0.364	3.111	0.009	0.090	3.117
解释变量						
组织学习				0.762***	14.108	1.007
模型统计量						
R^2		0.002			0.579	
调整后 R^2		−0.019			0.568	
F 值		0.096			199.04***	

注：a. $^* p < 0.1$；$^{**} p < 0.05$；$^{***} p < 0.01$

　　b. 模型 1、模型 2 各变量的方差膨胀因子 VIF 值均小于 10，表明模型多重共线性并不严重组织学习各维度对创新绩效的回归结果见表 4.39，模型 2 在控制了成立年限、企业规模、地区分布的基础上，将利用式学习、探索式学习、转化式学习加入回归方程，由表 4.39 可知控制变量和组织学习各维度共解释了创新绩效 59.1% 的变异，与模型 1 相比，模型 2 对创新绩效的解释度增加了 58.9%。

系数标准化后得到创新绩效对利用式学习、探索式学习、转化式学习的回归方程为：创新绩效 = 0.246*利用式学习 + 0.199*探索式学习 + 0.402*转化式学习 + 0.606。利用式学习对创新绩效的回归系数为 0.246，显著性小于 0.01，说明利用式学习对创新绩效存在正向影响，假设 H2a 成立。探索式学习对创新绩效的回归系数为 0.199，显著性小于 0.05，说明探索式学习对创新绩效存在正向影响，假设 H2b 成立。转化式学习对创新绩效的回归系数为 0.402，显著性为小于 0.01，说明转化式学习对创新绩效有正向影响关系，假设 H2c 成立。

表 4.39　组织学习各维度与创新绩效的线性回归

变量	因变量（创新绩效）					
	模型 1			模型 2		
	β	t	VIF	β	t	VIF
常数项	3.439***	16.085		0.606**	2.505	
控制变量						
成立年限	0.072	0.326	7.143	−0.043	−0.300	7.333
企业规模	0.005	0.023	5.858	−0.023	−0.177	5.893
地区分布	−0.053	−0.364	3.111	0.040	0.420	3.211
解释变量						
利用式学习				0.246***	2.652	3.004

变量	因变量（创新绩效）					
	模型 1			模型 2		
	β	t	VIF	β	t	VIF
探索式学习				0.199**	2.353	2.490
转化式学习				0.402***	4.501	2.789
模型统计量						
R²		0.002			0.591	
调整后 R²		−0.019			0.574	
F 值		0.096			68.726***	

注：a. *p<0.1;**p<0.05;***p<0.01

b. 模型1、模型2各变量的方差膨胀因子 VIF 值均小于10,表明模型多重共线性并不严重

3）网络嵌入性对组织学习的影响

网络嵌入性对组织学习的回归结果见表 4.40,模型 1 分析了各控制变量对组织学习的影响,即企业成立年限、企业规模、地区分布对组织学习的影响。回归结果显示 F 值为 0.327,表明该回归模型方程不显著,各控制变量对组织学习的解释程度很低,只能解释总变异的 0.7%,这也在一定程度上验证了上文方差分析的结果。模型 2 在控制了成立年限、企业规模、地区分布的基础上,将自变量网络嵌入性加入回归方程,由表 4.40 可知控制变量和组织学习共解释了创新绩效 61.5%的变异,与模型 1 相比,模型 2 对创新绩效的解释度增加了 60.8%。

对网络嵌入性与组织学习的关系检验,从表 4.40 中可知网络嵌入性与组织学习的回归系数为 0.782,且显著性小于 0.01,说明网络嵌入性对组织学习存在正向影响,即假设 H3 成立。

表 4.40　网络嵌入性与组织学习的整体线性回归

变量	因变量(组织学习)					
	模型 1			模型 2		
	β	t	VIF	β	t	VIF
常数项	3.685***	17.149		0.349	1.355	
控制变量						
成立年限	0.091	0.412	7.143	−0.004	−0.026	7.158
企业规模	0.046	0.231	5.858	0.045	0.364	5.858
地区分布	−0.081	−0.556	3.111	−0.025	−0.273	3.116
解释变量						
网络嵌入性				0.782***	15.144	1.006
模型统计量						
R^2		0.007			0.615	
调整后 R^2		−0.014			0.605	
F 值		0.327			229.341***	

注：a. $^*p<0.1$；$^{**}p<0.05$；$^{***}p<0.01$

b. 模型 1、模型 2 各变量的方差膨胀因子 VIF 值均小于 10,表明模型多重共线性并不严重

　　网络嵌入性各维度与利用式学习的回归结果见表 4.41,模型 1 分析了各控制变量对利用式学习的影响,即企业成立年限、企业规模、地区分布对利用式学习的影响。回归结果显示 F 值为 0.106,表明该回归模型方程不显著,各控制变量对利用式学习的解释程度很低,只能解释总变异的 0.2%,这也在一定程度上验证了上文中方差分析的结果。模型 2 在控制了成立年限、企业规模、地区分布的基础上,将利用式学习加入回归方程,由表 4.41 可知控制变量和关系嵌入性与结构嵌入性共解释了利用式学习 56.7%的变异,与模型 1 相比,模型 2 对利用式学习的解释度增加了 56.5%。

系数标准化后得到利用式学习对关系嵌入性、结构嵌入性的回归方程为：利用式学习 = 0.256* 结构嵌入性 + 0.547* 关系嵌入性 + 0.342。关系嵌入性对利用式学习的回归系数为 0.547，显著性小于 0.01，说明关系嵌入性对利用式学习存在正向影响，假设 H3a 成立。结构嵌入性对利用式学习的回归系数为 0.256，显著性小于 0.01，说明结构嵌入性对利用式学习存在正向影响，假设 H3b 成立。

表 4.41　网络嵌入性各维度与利用式学习的线性回归

| 变量 | 因变量（利用式学习） | | | | | |
| | 模型 1 | | | 模型 2 | | |
	β	t	VIF	β	t	VIF
常数项	3.804***	16.472		0.342	1.151	
控制变量						
成立年限	0.081	0.365	7.143	−0.030	−0.207	7.173
企业规模	−0.019	−0.093	5.858	−0.098	−0.728	6.031
地区分布	−0.025	−0.172	3.111	0.126	1.250	3.389
解释变量						
结构嵌入性				0.256***	2.963	2.481
关系嵌入性				0.547***	6.222	2.572
模型统计量						
R^2		0.002			0.567	
调整后 R^2		−0.018			0.552	
F 值		0.106			93.853***	

注：a.　* $p < 0.1$；** $p < 0.05$；*** $p < 0.01$
　　b.　模型 1、模型 2 各变量的方差膨胀因子 VIF 值均小于 10，表明模型多重共线性并不严重。

网络嵌入性各维度与探索式学习的回归结果见表 4.42,模型 1 分析了各控制变量对探索式学习的影响,即企业成立年限、企业规模、地区分布对探索式学习的影响。回归结果显示 F 值为 0.163,表明该回归模型方程不显著,各控制变量对探索式学习的解释程度很低,只能解释总变异的 0.3%,这也在一定程度上解释了上文中方差分析的结果。模型 2 在控制了成立年限、企业规模、地区分布的基础上,将结构嵌入性、关系嵌入性加入回归方程,由表 4.42 可知控制变量和关系嵌入性与结构嵌入性共解释了探索式学习 53.3%的变异,与模型 1 相比,模型 2 对探索式学习的解释度增加了 53%。

系数标准化后得到探索式学习对关系嵌入性、结构嵌入性的回归方程为:探索式学习 = 0.354* 结构嵌入性 + 0.428* 关系嵌入性 - 0.021。关系嵌入性对探索式学习的回归系数为 0.428,显著性小于 0.01,说明关系嵌入性对探索式学习存在正向影响,假设 H3c 成立。结构嵌入性对探索式学习的回归系数为 0.354,显著性小于 0.01,说明结构嵌入性对探索式学习存在正向影响,假设 H3d 成立。

表 4.42 网络嵌入性各维度与探索式学习的线性回归

变量	因变量(探索式学习)					
	模型 1			模型 2		
	β	t	VIF	β	t	VIF
常数项	3.601***	14.533		- 0.021	- 0.063	
控制变量						
成立年限	- 0.051	- 0.231	7.143	- 0.152	- 0.997	7.173
企业规模	0.111	0.554	5.858	0.062	0.445	6.031

变量	因变量(探索式学习)					
	模型 1			模型 2		
	β	t	VIF	β	t	VIF
地区分布	− 0.018	− 0.123	3.111	0.094	0.895	3.389
解释变量						
结构嵌入性				0.354***	3.951	2.481
关系嵌入性				0.428***	4.687	2.572
模型统计量						
R²		0.003			0.533	
调整后 R²		− 0.017			0.517	
F 值		0.163			81.754***	

注：a. $^*p<0.1$；$^{**}p<0.05$；$^{***}p<0.01$
　　b. 模型 1、模型 2 各变量的方差膨胀因子 VIF 值均小于 10，表明模型多重共线性不严重。

　　网络嵌入性各维度对转化式学习的回归结果见表 4.43，模型 1 分析了各控制变量对转化式学习的影响，即企业成立年限、企业规模、地区分布对转化式学习的影响。回归结果显示 F 值为 1.361，表明该回归模型方程不显著，各控制变量对转化式学习的解释程度很低，只能解释总变异的 2.7%，检验结果与上文中方差分析的结果相一致。模型 2 在控制了成立年限、企业规模、地区分布的基础上，将结构嵌入性、关系嵌入性加入回归方程，由表 4.43 可知控制变量和关系嵌入性与结构嵌入性共解释了转化式学习 49.5% 的变异，与模型 1 相比，模型 2 对转化式学习的解释度增加了 46.8%。

　　系数标准化后得到转化式学习对关系嵌入性、结构嵌入性的回归方程为：转化式学习 = 0.293* 结构嵌入性 + 0.441* 关系嵌入性+0.466。关系嵌入性对转化式学习的回归系数为0.441,显著性小于0.01,说明关系嵌入性对转化式学习存在正向影响,假设H3e成立。结构嵌入性对转化式学习的回归系数为0.293,显著性小于0.01,说明结构嵌入性对转化式学习存在正向影响,假设H3f成立。

表4.43　网络嵌入性各维度与转化式学习的线性回归

变量	因变量(转化式学习)					
	模型1			模型2		
	β	t	VIF	β	t	VIF
常数项	3.641***	15.925		0.466	1.451	
控制变量						
成立年限	0.263	1.206	7.143	0.166	1.044	7.173
企业规模	0.025	0.128	5.858	-0.031	-0.215	6.031
地区分布	-0.208	-1.446	3.111	-0.090	-0.824	3.389
解释变量						
结构嵌入性				0.293***	3.140	2.481
关系嵌入性				0.441***	4.649	2.572
模型统计量						
R^2		0.027			0.495	
调整后 R^2		0.007			0.478	
F值		1.361			66.744***	

注:a. $*p<0.1$;$**p<0.05$;$***p<0.01$
　　b. 模型1、模型2各变量的方差膨胀因子VIF值均小于10,表明模型多重共线性并不严重

(2) 组织学习的中介作用

对于中介效应的检验,不同的学者给出了不同的检验方式,目前被大多数学者采用的中介效应检验方式包括逐步分析法、Sobel

检验法、Bootstrap 检验法。温忠麟等学者(2014)认为相比其他两种检验方法,逐步检验法比较不容易检验到中介效应,所以在中介效应检验中,如果研究者用逐步检验法已经得到显著的结果,那么,用逐步检验进行中介效应检验的结果的解释力甚至强过 Sobel 检验和 Bootstrap 的结果(温忠麟、叶宝娟,2014)。本文采用温忠麟等学者对于中介变量的检验方法(温忠麟等,2004),来研究组织学习对网络嵌入性各维度与创新绩效的中介效应。具体原理如下:

$$Y = cX + e_1 \qquad\qquad ①$$

$$M = aX + e_2 \qquad\qquad ②$$

$$Y = c'X + bM + e_3 \qquad\qquad ③$$

根据上述原理,中介效应检验具体步骤主要包括以下三个方面:第一,检验自变量对因变量的作用(如式①所示),若系数 c 不显著,则说明不存在中介效应;若系数 c 显著,说明可能存在中介效应,但仍不能确定是否存在中介作用,还需要做进一步验证。第二,检验自变量 X 对中介变量 M 的作用和中介变量 M 对因变量 Y 的作用(如式②和式③所示),此步骤又称联合显著性检验,若系数 a、b 都显著,则说明存在中介效应,转第三步;若至少有一个显著,则需要进行 Sobel 检验,若 Sobel 检验显著,说明中介效应显著,若不显著,则说明中介效应不显著。第三,检验系数 c',若显著,说明中介效应显著且存在部分中介效应;若不显著,则说明存在完全中介效应。其中第三步主要是用来区分中介效应的检验是完全中介效应还是部分中介效应。

中介效应检验程序如图 4－5 所示:

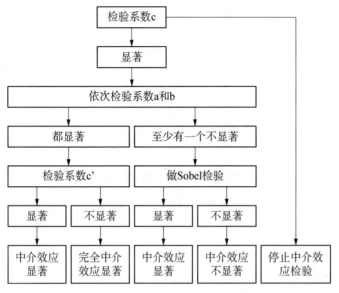

图 4 - 5　中介效应检验程序

1）组织学习在结构嵌入性与创新绩效之间的中介作用检验

在检验组织学习对结构嵌入性与创新绩效之间的中介作用时，在控制了控制变量的基础上，首先以创新绩效为因变量，结构嵌入性为自变量，得到回归模型一；其次以组织学习为因变量，结构嵌入性为自变量，得到回归模型二；然后，以创新绩效为因变量，以结构嵌入性、组织学习为自变量，得到回归模型三。具体结果见表 4.44。从表 4.44 可知，所选控制变量对模型 1、2、3 没有显著的影响，所以在分析时，不考虑控制变量的影响。在回归模型一中，回归系数 $c = 0.705$，显著性小于 0.01，结果显著；在回归模型二中，回归系数 $a = 0.729$，显著性小于 0.01，表明结果显著；在回归模型三中，组织学习的系数为 $b = 0.529$，显著性小于 0.01，因此结果显著，所以存在中介效应。再检验 c' 的显著性来确定是完全中介效应还是部分中介效应,由回归模型三可知,c' = 0.320,显著性小于 0.01,因此 c' 也显著,所以根据上文中介效应检验步骤可得出结论:组织学习在结构嵌入性与创新绩效之间存在部分中介效应,假设 H4a 成立。中介效应占总效应的比值为 a * b/c = 0.729 * 0.529/0.705 = 54.7%,即中介效应解释了因变量 54.7% 的方差变异,也即中介效应占了总效应的一半多。

表 4.44　创新绩效对结构嵌入性、组织学习的回归表

变量	因变量(创新绩效)	因变量(组织学习)	因变量(创新绩效)
	回归模型一	回归模型二	回归模型三
常数项	0.617**	0.747***	.225
控制变量			
成立年限	0.007	0.024	−0.005
企业规模	0.067	0.110	0.008
地区分布	−0.083	−0.112	−0.024
解释变量			
结构嵌入性	0.705***	0.729***	0.320***
组织学习			0.529***
模型统计量			
F 值	142.724***	165.129***	120.619***
R^2	0.497	0.536	0.627

注:a. * $p < 0.1$;** $p < 0.05$;*** $p < 0.01$

2) 组织学习在关系嵌入性与创新绩效之间的中介效应检验

检验组织学习对关系嵌入性与创新绩效影响的中介作用时,在加入控制变量的基础上,首先把创新绩效作为因变量,关系嵌入性作为自变量,得到回归方程一;其次以组织学习为因变量,关系嵌入性为自变量,得到回归方程二;然后,以创新绩效为因变量,以

关系嵌入性、组织学习为自变量,得到回归方程三。具体结果见表4.45,从表4.45中可知,控制变量对模型1、2、3不存在显著影响,在回归一中,回归系数c=0.703显著,显著性小于0.01,结果显著;在回归方程二中,回归系数a=0.783,显著性小于0.01,结果显著;在回归方程三中,组织学习的系数为b=0.565,显著性小于0.01,因此结果显著,所以存在中介效应。再检验c'的显著性来确定是完全中介效应还是部分中介效应,由回归三可知,c'=0.261,显著性小于0.01,因此c'也显著,根据上文中介效应检验步骤可得出结论:组织学习在关系嵌入性与创新绩效之间存在部分中介效应,假设H4b成立。中介效应占总效应的比值为a*b/c=0.783*0.565/0.703=62.93%,即中介效应解释了因变量62.93%的方差变异,也即中介效应占了总效应的62.93%。

表4.45　创新绩效对关系嵌入性、组织学习的回归表

变量	因变量(创新绩效)	因变量(组织学习)	因变量(创新绩效)
	回归一	回归二	回归三
常数项	0.637**	0.541**	.334
控制变量			
成立年限	−0.041	−0.035	−0.021
企业规模	−0.126	−0.100	−0.070
地区分布	0.155	0.151	0.070
解释变量			
关系嵌入性	0.703***	0.783***	0.261***
组织学习			0.565***
模型统计量			
F值	131.886***	211.786***	110.382***
R^2	0.477	0.596	0.606

注:a. * p<0.1;** p<0.05;*** p<0.01

4.4.6 实证研究结果总结

根据上述实证研究我们可以将主要研究结论总结如下：

（1）网络嵌入性及其各维度对创新绩效存在着正向的促进作用。通过借鉴现有学者对于网络嵌入性的维度划分，将网络嵌入性划分为结构嵌入性与关系嵌入性，首先运用 SPSS18.0 统计分析软件对网络嵌入性对创新绩效的影响进行回归分析，回归结果证实了网络嵌入性对创新绩效的正向影响作用。其次分别研究网络嵌入性不同维度对创新绩效的影响，多元线性回归结果显示关系嵌入性与结构嵌入性对组织学习存在积极的正向影响。

（2）组织学习及其各维度（利用式学习、探索式学习、转化式学习）对创新绩效有着正向的促进作用。本研究根据 Lichtenthaler 等人的观点，从利用式学习、探索式学习、转化式学习三个维度来研究组织学习及其各维度与创新绩效的影响关系。实证研究结果表明，组织学习对企业创新绩效有着显著的积极促进作用。在对组织学习的各维度与创新绩效的关系进行多元回归分析后，回归结果表明利用式学习、探索式学习、转化式学习对创新绩效具有积极的促进作用。组织学习是保证企业不断发展和向前进步的不竭动力，是提高企业创新绩效的重要源泉和根本保障。中小企业组织学习是一个长期的、系统的、战略性的过程，企业要想有效的发挥组织学习的作用，完成提高创新绩效的目标，就应该高效的利用组织内部现有资源，积极探索创新所需外部资源，并对所获资源进行转化、吸收和利用。

（3）网络嵌入性及其各维度对组织学习及其各维度有着正向的促进作用。网络嵌入性与组织学习的线性回归分析表明，网络嵌入性对组织学习有显著的正向影响。网络嵌入性各维度对组织学习各维度的多元线性回归分析表明,结构嵌入性与关系嵌入性对组织学习各维度都存在正向促进作用。一方面,中小企业与网络中其他成员之间关系越密切、信任程度越高,越能够帮助其接触和获得创新资源和知识,越有机会提高其组织学习能力。另一方面,组织学习能力的提升不仅取决于网络成员间的关系信任程度,还取决于本企业是否在所处网络中占据一个相对优越的位置,在网络中处于中心位置的企业所获得的知识和信息的深度和广度比处于劣势地位的企业要好。因此,无论是结构嵌入性还是关系嵌入性都能够帮助企业获得进行组织学习所需的信息和资源。

（4）组织学习在结构嵌入性、关系嵌入性与创新绩效之间扮演着部分中介作用。本书采用温忠麟等学者关于中介效应的检验程序和方法,依次检验结构(关系)嵌入性与创新绩效、结构(关系)嵌入性与组织学习、结构(关系)嵌入性和组织学习与创新绩效的关系,研究表明组织学习在结构嵌入性、关系嵌入性与创新绩效之间扮演着部分中介作用。即网络嵌入性各维度通过影响组织学习进而对创新绩效产生影响。在企业实践过程中,企业通过良好的结构和关系嵌入性广泛获取知识和信息,进而帮助企业更好地进行组织学习,并进一步提升其创新绩效。可以说企业通过嵌入到创新网络中不断获取各种创新资源是组织学习不断进步的重要保障。

基于上述研究结果,我们认为有效嵌入创新网络是中小企业在创新网络中成功实施开放式创新的必要条件,网络嵌入为中小企业开放式创新提供了稳定可靠的外部知识资源,但是从微观层面看中小企业如何嵌入创新网络是现实中需要解决的重要问题,这也是下一章研究的重点。

4.5　本章小结

本章首先对组织学习的理论进行了简要介绍,然后结合网络嵌入性理论和开放式创新理论建立了网络嵌入性、组织学习和开放式创新绩效的理论关系模型,结合理论分析对各个变量之间的关系建立了理论假设。然后以江苏省中小制造企业为研究对象,通过问卷调查收集相关数据,运用SPSS、AMOS等统计分析软件检验了相关理论假设,结果表明组织学习在结构嵌入和关系嵌入对企业创新绩效的影响中均起部分中介的作用。

第5章 中小企业网络嵌入的模式、能力与开放式创新伙伴关系的构建

从内涵来看网络嵌入性可分为结构嵌入性和关系嵌入性，而从嵌入模式来看网络嵌入可分为交易性嵌入和关系性嵌入。交易性嵌入具有偶然性、不稳定性和高风险性特征，而关系性嵌入具有稳定性和持续性特征。因此，如何从交易性嵌入向关系性嵌入转变是中小企业开放式创新中网络嵌入的重要环节。关系性嵌入的本质就是与产业网络中的其他组织结成创新伙伴关系，这就需要中小企业根据动态的环境和技术发展状况，结合自身的资源不断搜索、认真识别、及时发起、稳定发展新的伙伴关系。从能力的角度来看，上述任务的完成需要中小企业建立一种网络能力，即识别、发起、发展和管理外部网络关系以获取自身所需要的信息和资源的一种动态能力。当然网络能力只是从战略层面分析了中小企业网络嵌入性构建的方向，在实践中中小企业开放式创新合作伙伴的搜索、识别、关系发起、关系管理以及关系终结都需要具体方法，这些都是本章所要研究的主要内容。

5.1 中小企业网络嵌入的模式与演化

根据第三章网络嵌入的理论分析，我们了解到，网络嵌入性的维度主要分为结构嵌入性和关系嵌入性。结构嵌入性主要侧重研究各主体在网络中所处的位置、布局等结构特征对其获取各项资源和信息的影响。关系嵌入性指的是网络中各主体之间相互联系的关系，包括网络各主体之间的信任、合作关系。关系强度、关系的质量直接反映着网络各参与者之间的信任合作关系。从企业嵌入到创新网络的模式来看，可以分为交易性嵌入和关系性嵌入。交易性嵌入主要依赖于市场规则，而关系性嵌入主要依赖于网络伙伴之间的信任关系。

随着市场经济的发展和社会分工的深化，依赖区域或网络来开展合作创新已成为众多中小企业的选择。中小企业嵌入到网络中既可以分享分工带来的收益，又可以避免分工导致交易成本的上升。获取外部互补性资源是企业嵌入到网络的主要经济动机。

中小企业在开放式创新过程中为了获取外部互补性资源需要通过各种渠道来寻找外部合作伙伴，初次合作往往在两个陌生人之间进行，通过制定详细的合约来对双方进行约束，当第一次业务合作顺利完成以后双方就有了更深入的了解。下一次的合作取决于以下几点：第一，需求方是否能够发现新的合作伙伴。如果需求方无法发现新的合作伙伴，即使需求方对第一次合作不是很满意但是由于业务需要，双方仍然有可能再次合作；第二，需求方即使能够发现新的合作伙伴但是需要权衡转换伙伴的成本高低，只有当伙伴转换的收益明显大于成本，才会选择新的伙伴。第三，对第一次合作中伙伴方信誉和能力的评价。第一次双方合作的经历往往为下一次的合作奠定了基础。如果双方的合作基本停留在组织的业务交易层面,伙伴双方的决策人员之间没有建立较为深入的私人关系,那么这种交易基本上属于交易性嵌入关系。交易性嵌入关系具有偶然性、不稳定性的特点,这种交易往往在陌生人和弱联系的组织之间进行,存在着信息不对称、交易成本较高等问题,即使双方完全按照合同进行合作交易,那么由于合同无法涵盖交易中无法预见的所有细节,经常需要对交易条款进行重新协商谈判,这样虽然增加了交易成本,但同时也改变了交易双方的关系,重塑了网络秩序。

随着交易关系和经验的累积,为了减少交易成本、降低交易风险和不确定性,中小企业在开放式创新中需要对伙伴关系进行筛选、保留和更替。而保留和延续良好的交易关系需要与网络中创新合作伙伴建立良好的关系,此时交易性嵌入开始向关系性嵌入转变。中小企业也逐渐成为创新网络的节点,在交易关系背后是企业决策者之间以及双方组织合作员工之间的私人关系纽带。此时中小企业创新网络嵌入既是交易性嵌入也是关系性嵌入。

当然,中小企业嵌入创新网络的方式也可能开始于社会关系。特别是中小企业通过管理者或者核心员工的私人关系首先与创新网络中的企业合作,如果合作伙伴处于创新网络的核心节点,那么中小企业可以通过这个企业节点与网络中更多的企业建立联系。在这个过程中,中小企业的网络嵌入是由关系性嵌入向交易性嵌入发展,最终达到关系性和交易性双重网络嵌入演化。

无论哪种嵌入演化方式,关系和信任都起着非常重要的作用。交易性嵌入更多地依赖于市场交易规则,而关系性嵌入则依赖于人际之间以及跨组织之间的信任和联系。随着创新合作的深入发展,企业由单一的交易性嵌入或者关系性嵌入向交易和关系双重叠加的网络嵌入发展。中小企业创新网络嵌入模式及其演化如图5-1。

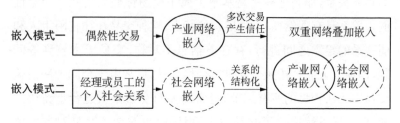

注：虚线表示关系嵌入，实线表示交易嵌入

图5-1 中小企业网络嵌入模式及其演化

从中小企业网络嵌入模式的演化来看，我们不难发现交易性嵌入主要依赖于市场规则的完善和外部环境，而关系性嵌入主要依赖于伙伴之间的社会关系网络。特别是在创新合作过程中交易性嵌入只能获得显性的互补性知识，而隐性的互补性知识必须通过关系性嵌入才能够获得。因此，中小企业在创新合作过程中囿于自身的资源限制和交易经验，在实施交易性嵌入时显得力不从心，而交易性嵌入的偶然性和高风险性特点使得中小企业需要积极寻求向稳定的、持久的关系性嵌入转变。但是与交易性嵌入相比，关系性嵌入相对较为复杂，关系的建立不仅取决于个体的业务能力、沟通技巧，个体的价值观、个人经历、个性甚至个体的心情和态度，组织的声誉、能力同样对关系建立具有影响。此外，个体关系与组织关系之间存在密切的关联性，如何处理好个体关系和组织关系之间的关系对于成功的关系嵌入同样重要。从纵向看，伙伴关系一般具有生命周期，它会经历关系发起、关系发展和关系终结，中小企业在不同的阶段如何处理这种关系？从横向看，各种关系形成的组合为中小企业开放式创新提供互补性资源，如何从战略的高度应对关系的变异、选择和保留也是中小企业开放式创新需要面临的问题。上述问题的解决不仅需要中小企业建立网络能力，同时还需针对伙伴关系的发起、发展和终结等阶段采取相应的关系管理措施。

5.2 网络能力的内涵与构成

5.2.1 网络能力的内涵

企业网络能力的研究伴随着企业对企业网络组织的关注而产生。由于网络组织作为一种新的组织模式能更好地适应知识经济和信息社会发展的要求，网络中的企业通过相互之间的资源和信息交流与共享能更有效地应对复杂环境的变化和外部不确定性。知识的爆炸性增长和信息在人类社会发展中重要性地位的凸显，成为推动企业网络组织迅猛发展的重要动力。由于企业网络组织实践发展中的许多经验需要从理论上来进行总结，而实践中所产生的问题又需要理论来指导和解决。诸如，企业如何嵌入到产业网络？如何有效利用企业网络？如何保持、维护和管理网络中的各种关系？如何根据需要构建资源互补的企业网络？诸多此类问题都需要理论界加以研究解决。而网络能力概念的提出有效涵盖了上述内容，因此网络能力概念自提出之日起就引起理论界强烈兴趣。在国外，Hakansson(1987)于1987年最早提出网络能力的概念，他将网络能力界定为企业改善其网络位置的能力和处理单个关系的能力。后续的研究对网络能力的概念进行了完善和发展。Ritter et al.(2002)在研究中将网络能力视为包含两个维度的概念，并界定为"网络管理任务执行的程度和人们处理公司关系时所拥有的网络管理素质程度"。Ritter T.、Gemünden H. G.（2003）认为网络能力表现为企业提高自身在合作网络中地位的可能性和处理网络关系的主导性，网络能力由网络愿景能力、网络构建能力、关系管理能力和关系控制能力维度构成。Walter A、Auer M 和 Ritter T（2006）将网络能力定义为企业建立、维系并利用各类合作伙伴关系的知识和技能的能力。

我国学术界较早引入网络能力概念的是符贵兴、李凯，他们在 2000 年发表了《企业网络核心能力》一文，他们将企业网络核心能力界定为"市场竞争中若干企业，通过产权纽带、策略联盟、虚拟经营等一系列契约方式将各自的核心能力进行整合，所形成的网络组织的核心能力"。徐金发等（2001）认为网络能力是关于企业发展和管理外部网络关系的能力，其本质在于通过寻求和运用网络资源来获得竞争优势。而邢小强和仝允桓（2006）则认为网络能力是企业基于内部知识和其他补充资源，通过识别网络价值与机会，塑造网络结构，开发、维护与利用网络关系以获取稀缺资源和引导网络变化的动态能力。任胜钢（2010）将企业网络能力定义为企业通过识别外部网络价值与机会，发展、维护与利用各层网络关系以获取信息和资源的动态能力。何建洪、贺昌政（2013）则提出网络能力是企业提高网络地位和处理网络关系的能力，是自我中心网络中位置、关系等特征的综合体现，既表现为企业发起、维持商业关系的能力，又表现为企业利用组织间网络关系，从外部网络主体获得各种资源的能力。简兆权、柳仪（2015）认为企业的网络能力是指企业提高其网络综合地位和处理特定网络关系的能力。

显然关于网络能力的内涵学者们并没有形成统一观点，网络能力既是建立、处理和开发关系的能力（Håkansson，1987；Ritter & Gemünden，2003；Tyler，2001），也是密切与外部团体关系的能力（Mascarenhas，Bajeva & Jamil，1998），是与其他组织交往的能力（Lorenzoni & Lipparini，1999），也是发现、发展和管理关系的能力（Lambe et al.，2002）。

Vinit Parida，et al.（2017）认为，与网络能力相关的概念比较多，如网络竞争力（network competence）、联盟能力（alliance capability）和关系能力（relational capability），这些概念与网络能力有一定的联系，但是在本质上是有区别的。基于以往的文献回顾，他们发现三个概念之间至少有三个差别：第一，网络能力抓住了从区域管理网络中提取价值的企业能力（Vesalainen 和 Hakala，2014），而网络竞争力（Sullivan Mort，Gillian 和 J. Weerawardena，2006）、联盟能力和关系能力通常目标是抓住那些从单个和独立的关系中获取价值的能力（Draulans，Deman 和 Volberda，2003）。网络能力具有更多的关系包容性，基于更广的网络活动的概念。其次，网络能力既集中在企业的战略层面也集中于运作层面，而其他概念集中在战略关系的管理层面。例如联盟能力抓住联盟功能单元的竞争力，网络竞争力和关系能力倾向于集中在管理技能。网络活动不应该只限于联盟的功能或者一些所选择的经理或边界管理者。相反，较高的网络能力要求在整个组织内扩散有关伙伴和网络的知识。第三，网络竞争力、联盟能力和关系能力集中在评价和执行与另一个企业关系任务的管理能力上。换句话说，网络能力承认是一组网络和关系能力，包括内部网络事情的沟通，对企业在网络中进行合适定位，保持现有关系和建立新的关系。基于对网络能力独特特点的理解，Vinit Parida，et al.（2017）将网络能力定义为焦点企业发展和使用现实的和潜在跨组织网络关系来获得其他行动者所拥有资源的能力，以及焦点企业通过整合组织各个部分（如单元和人员），来协调网络资源并从伙伴知识中创造价值的能力。

我们认为在理解网络能力时需要注意以下几个方面：

第一，网络能力是一个高阶能力。当今社会，网络在企业经营管理中扮演重要的角色。网络伴随着三个主要优势：获得私人信息、多元化技能集合和权力（Grant，2013）。网络推动了思想、专业知识和隐性知识流。尽管人们对企业网络的重要性有了很好的认识，有关企业网络能力的研究还显得不足，特别是网络能力包含哪些子能力并没有一致意见。但是很少有学者将网络能力视为单一能力。在有关网络能力的概念中网络能力所包含的子能力都有所体现。例如 Walter，et al.（2006）将网络能力界定为"发起、保持和使用与各种外部伙伴的关系的能力"。并表明网络能力的概念包含四个因素：协调、关系技能、伙伴知识和内部沟通（Walter，et al.，2006）。这四个维度相互支持，使得网络能力成为一个高阶能力概念，在实践中，如果要提升网络能力就必须发现一个有效的方法使得当四个维度中的每个都增加时网络能力也显著增加。其中协调是一个整合伙伴组织的工具和网络参与者沟通和做出决策的平台。协调可以矫正网络参与者的行为并推动沟通。关系技能，也指社交技能，是与他人有效和适当沟通所必需的。关系技能对于理解关系是如何在个人之间被培育和保持是非常重要的。最近的研究已经将关系技能的概念扩展到包含诸如社交感知、印象管理、说服力、社交适应力和表达力等额外方面。通过发展强大的网络，人们可以获得无法评估价值的知识、专门的技能和影响。伙伴知识反映了企业伙伴的有条理的结构化的信息。高度的伙伴知识表明新企业有充分的关于他们关键伙伴的相关信息，这允许他们避免不必要的交易成本并提升企业的效率。最后一个因素是内部沟通，描绘了企业在内部连接他们众多外部关系的能力，如在所有介入的部门之中吸收和传播企业伙伴的最新信息、资源和协议。内部沟通帮助避免冗余过程和信息对称，并提升对伙伴之间协调性探测。对企业而言反应灵敏和开放是必需的，有效的内部沟通对伙伴之间的有效组织学习具有重要的意义，它将增加组织的优点和效率。还有许多学者在论述组织网络能力时，都强调了组织网络能力的高阶性，并根据不同的视角和研究的需要，单独对组织网络能力的构成进行了探讨。鉴于相关研究在组织网络能力的构成部分有较为详细的探讨，此处就不再赘述。

其次，网络能力具有核心竞争力的特征。以往的研究认为网络能力在建立竞争优势中扮演重要的角色，然而跨组织关系能力需要进一步的发展（Capaldo & Petruzzelli，2011）。资源观将企业描述为相关资源、能力和竞争力的构造。这个相当于 Dosi 和 Teece（1998）指出"技术、互补资产和组织惯例的差异集合共同使企业以为特殊市场或者市场提供竞争优势基础的方式对特定的活动进行协调"，很难将网络能力从影响企业众多不同能力的内在因素所扮演的角色中独立出来。

在以往网络能力和相关概念的文献观点中，有必要对已有文献中应用的各种网络能力相关的术语所联系的企业其他能力和竞争力的整体集合保持足够的关注。这是一个很重要问题，因为很少有单独的能力在企业竞争优势形成过程中扮演着关键角色。相反，每种能力在能力系统中都扮演联合专用的要素（Amit & Schoemaker，1993；Teece，1986）。

网络能力可以被视为企业能力架构中组织能力的一种普通形式。其他的一般能力类型被描述为有效的过程或者优秀的技术知识。Tyler（2001）认为网络能力在技术能力和企业竞争优势中扮演着中介作用。这种技术的相互交织被发现对企业的成功创新具有正向影响（Ritter & Gemünden, 2003）。一些学者已经将网络能力界定为个人素质，它涉及人力资本（Tyler, 2001），社交素质（Ritter & Gemünden, 2003），关系技巧（Walter, et al., 2006）或者合作能力（Blomqvist & Levy, 2006）。这些术语是指沟通能力、谈判能力和产生信任的能力、冲突管理能力、共鸣和公正感（Ritter & Gemünden, 2003；Tyler, 2001；Walter, et al., 2006）。同样素质也可以用于解释根植于惯例、过程甚至作为企业文化部分的组织属性。例如 Schreiner、Kale 和 Corsten（2009）将沟通和连接能力视为组织的而不是个人的属性。这些能力被用来帮助组织应对关系，并强调一定的行为模式将伴随边界扩张活动。合作能力也被视为一般的元能力来保持内部和外部知识基的平衡。从特殊观点看，能力是与信息管理、关系管理和其他系统的相互依赖的能力相联系的。这些成分相互支持，因此较高程度的伙伴知识和内部沟通能使伙伴之间进行有效的沟通。结果，高水平的协调和关系技能允许子公司建立伙伴的知识。内部协调推动了各种零碎信息的收集，这些信息提升了伙伴的知识。

在一般意义上，网络能力似乎和资源-活动的交互作用的能力逻辑相同。Ritter 和 Gemünden（2003）他们的网络能力概念涵盖了两个方面。对他们而言，网络能力是关于拥有必要知识、技能和素质，也包含如何有效使用他们。此外，联盟能力的研究指出他们必须嵌入到组织惯例中，这些惯例是企业为了在联盟中部署资源而发展出来的重复性活动。因此，除了本质上是特定的能力，网络能力也是一种支持另一种能力发展的活动。原则上讲，网络能力可以拥有企业战略能力评估的四项标准：价值性、稀缺性、难以模仿性和不可替代性（简称 VRIN），使之成为核心竞争力，但是它也许不会自动占有一定的位置，只有当与其他能力相联系时才发挥作用。

第三,有必要区分网络能力与组织网络能力的关系。网络能力和组织网络能力是密切相关的,网络包含很多组织,网络能力既包含单个组织的能力又不仅仅是单个组织能力的简单相加,网络能力强调的是整个网络层面的能力,而组织网络能力更多是强调个体组织构建、利用、发展网络的能力,二者是个体和总体的关系。网络能力是网络公共物品,它是网络中各个成员相互作用、相互协作所涌现出的一种整体行为能力,网络能力无法还原成单个组织的网络能力。以创新网络为例,就是网络的创新能力。在理论界对网络能力和组织网络能力的表述存在一定的混淆,大多数学者所提到的网络能力首先是指组织网络能力,而不是整体网络的能力。组织的网络能力既包含组织内部的能力,包括组织学习能力、人力资源管理、沟通结构等,也包含跨组织能力如有效开发网络结构的能力、建立跨组织伙伴关系的能力、识别合作伙伴的能力以及维护和发展网络伙伴关系的能力等。因此有学者认为组织网络能力既是组织的能力,也体现为网络的能力(李贞、张体勤,2010),组织是嵌入到网络之中的,而网络又依赖于组织而存在,组织网络能力是集组织和网络层次于一体的包含组织能力与网络能力的复合能力体系,它是组织能力与网络能力有机结合的结果(张永成,2011)。需要指出的是,除非特别说明,本书所提及的网络能力主要是指组织的网络能力,而不是整体网络层面的能力。

5.2.2 网络能力的构成

网络能力在本质上具有多维性,组织网络能力作为一个高阶能力,其包含的维度或者亚能力构成也是理论研究的重点。不同的研究视角、不同的研究需要形成对组织网络能力构成的不同认识和理解。Moller 和 Halinen(1999)从产业网络、企业网络、关系组合和交易关系四个层面，构建了网络构想、网络管理、组合管理和关系管理的网络管理理论框架，并提出网络管理能力概念(network management capability)。

Walter 等(2006)提出网络能力概念包含四个要素：①企业协调合作企业中的活动；②企业基于自身能力影响人际交流的关系技巧；③伙伴知识，即拥有合作企业和竞争者已组织的和结构化的信息；④企业内部沟通渠道，通过这个渠道企业从伙伴关系中获得组织学习。例如，一个具有良好关系发展技能的企业应该能够获得外部信息，反过来又提高了它作为伙伴的知识。类似的企业协调努力会有助于集成不同的外部伙伴并实现互利。Walter et al.(2006)的概念虽然在一定程度上描述了网络能力，但是却忽视了与建立新关系相关的重要方面。Foss (1999)，Hagedoorn、Roijakkers 和 Kranenburg(2006)指出企业在利用网络能力时建立新关系的必要性。因此，Maciej Mitrega 等(2012)将关系发起能力作为组织网络能力的重要维度。这个维度强调了与潜在伙伴建立新关系的能力，它抓住了企业主动与新伙伴建立联系。之所以强调建立关系发起能力的重要性，有两个原因：第一，由于关系衰退现象，网络关系价值随时间而逐渐消失。这就意味着需要主动寻找新的关系，因此当区域比较遥远并且公司时间限制比较紧迫的情况下企业能开发未接触的机会就显得十分关键。其次，尽管使用现有网络关系是有益的，它也有负面效应，如限制了公司创新机会或者导致能力刚性。建立新的关系提供了更为广泛的知识源范围，并创造了新的资源整合空间。我们将国外有关网络能力的构成研究成果汇总如下表 5.1：

表 5.1　国外学者有关网络能力构成维度

作者	网络能力构成维度
Moller 和 Svahn(2006)	网络愿景能力、网络协调管理能力、关系组合管理能力和关系管理能力
Ritter T.、Hans George Gemünden(2003)	网络愿景能力、网络构建能力、关系管理能力和关系控制能力
Ritter et al. (2002)	网络管理任务执行的程度和人们处理公司关系时所拥有的网络管理素质程度
Walter，et al. (2006)	协调、关系技能、伙伴知识和内部沟通
Maciej Mitrega 等(2012)	关系发起能力、关系发展能力和关系终结能力
G. W. Ziggers 和 J. Henseler(2009)	建立有效的网络结构；与有限数量的企业形成密切的工作关系；发展长期导向的双赢

　　国内许多学者也对网络能力的构成进行了深入的研究,比较具有影响力的观点主要有：曾庆辉、王国顺(2009)把网络能力划分为网络愿景能力、网络构建能力、网络关系管理能力和网络占位能力四个维度。朱秀梅(2010)将网络能力划分为网络导向、网络构建和网络管理三个维度,任胜钢(2010)将网络能力划分为网络愿景能力、网络构建能力、关系管理能力和关系组合能力四个维度；倪渊、张健(2015)将网络能力划分为网络规划能力、网络构建能力、网络管理能力、网络资本运营能力。其中,网络规划能力又分为网络感知、网络设计和网络预测能力；网络构建能力包括网络开发和网络连接能力；网络管理能力包括关系交流、关系协调、关系控制和关系深化能力；网络资本运营能力包括网络资本整合和网络资本重构。王海花、谢富纪(2012)将网络构想能力、网络建构能力、网络利用能力、网络解构能力和网络重构能力。国内有关网络能力构成的研究成果汇总如表 5.2。

表5.2　国内学者有关网络能力构成维度的研究成果

作者	网络能力所包含的维度
沈必扬（2005）	网络构想能力、网络角色管理能力和网络关系组合能力
方刚（2008）等	战略性网络能力和操作性网络能力
邓英（2009）	网络柔性决策能力、网络协控能力和网络运营能力
曾庆辉、王国顺（2009）	网络愿景能力、网络构建能力、网络关系管理能力和网络占位能力
朱秀梅（2010）	网络导向、网络构建和网络管理
任胜钢（2010）	网络愿景能力、网络构建能力、关系管理能力和关系组合能力
张永成（2011）	战略、过程、关系和内容四个维度
王鹏耀（2011）	网络愿景能力、网络构建能力、关系管理能力以及组合管理能力
朱晓琴（2011）	网络愿景能力、网络构建能力、关系优化能力和内部协作能力
范钧、王进伟（2011）	网络规划能力、网络配置能力、网络运作能力和网络占位能力四个维度
王海花,谢富纪（2012）	网络构想能力、网络建构能力、网络利用能力、网络解构能力和网络重构能力。
韵江、马文甲、陈丽（2012）	网络战略能力、网络过程能力和网络关系能力
倪渊、张健（2015）	网络规划能力、网络构建能力、网络管理能力,网络资本运营能力
张宝建（2015）	网络活动资质、网络规划能力和网络运营能力。
李纲等（2017）	网络规划能力、资源管理能力和关系管理能力

综上所述我们不难发现,学者们基于不同的研究视角和研究侧重点对网络能力采取了不同的划分方法,总体上各种网络能力划分法所包含的亚能力大同小异。本书主要根据 Maciej Mitrega

等(2012)的观点,将中小企业的网络能力划分为关系发起能力、关系发展能力和关系终结能力,之所以如此是因为这一观点包含了伙伴关系生命周期的全过程,体现了伙伴关系不同发展阶段的重点,同时也方便中小企业在实践中针对伙伴关系的不同发展阶段采取相应的对策。

(1) 关系发起能力

关系发起能力是在组织层面实施由焦点企业为了公司利益发起企业关系的一套活动和组织惯例。在与创新伙伴签订企业协议时,关系发起阶段结束。一些文献区分了与关系发起能力(relationship initiation capability)相关的方面,如选择有价值的公司作为新的企业伙伴和吸引有价值的公司。关于选择企业伙伴,已有文献主要集中在对公司所期望的合作伙伴特质的理解。期望的伙伴特点包含:伙伴的技术和商业特点、伙伴的形象和声誉或者技术创新性。伙伴的议价能力被认为是个负面的特点。Dwyer et al. (1987)建议,公司应该寻找具有相似价值观和互补资源的潜在新伙伴。Hitt et al. (2000)认为联盟伙伴的选择主要是为了获得资源和组织学习的机会,因此焦点企业应该集中在新企业伙伴的一些特定特征:金融资产、技术能力和无形资产,以及与关系有关的,如共享专业知识或者本地市场知识的意愿。

吸引关系伙伴也是建立新关系的重要部分。企业倾向于在管理人员的联系中扩散基本信息来吸引伙伴。因此,吸引新的企业伙伴某种程度上发生在预先所定义的网络行动者集合中。另一方面,Beckman, Haunschild 和 Phillips(2004)强调企业通过激励先前没有交往历史的新伙伴来扩展关系投资组合。现在的研究包括了上述两个方面,并指出成功企业往往通过采取吸引一些有直接联系的新伙伴和先前完全没有联系的伙伴。

（2）关系发展能力（RDC，relationship development capability）

管理和发展互利关系作为伙伴关系管理的一项重要任务。关系发展能力是组织层面焦点企业为了企业的利益而发展、管理和强化企业关系所采取的一系列活动和组织惯例的集合。关系发展具有两个独特的层面：组织间和人际间的关系发展。因此，组织间关系发展能力和人际间关系发展能力是关系发展能力中两个相互交叉联系的独特的亚能力。此外，现有文献将重点放在关系发展的阴暗面，讨论了伙伴的机会主义行为（Das & Rahman，2010）、组织间的冲突（Duarte & Davies，2003）和深入关系的负面效应（Mitręga & Zolkiewski，2012）。因此，关系发展能力的亚能力是与冲突管理相关的。

跨公司层面的关系发展能力是指所有增强互相理解、协调和调整，如合作公司间资源和能力的调整等企业层面的活动。例如，Johnsen et al.（2000）研究了供应网络情境下的活动，并区分了下列活动：成员间的信息共享、沟通，联合决策、风险和利益共担以及知识共享。为了发展针对产品创新目标的伙伴关系，各种跨企业调整和特定关系投资是必需的，它们很难作为其他伙伴关系的一部分进行重新部署。保护这些特定的关系资产，反对机会主义，并提升产品创新利益需要有效的沟通和信息共享。在开放式创新伙伴的情境下，跨组织关系发展能力的目标是创造特定的关系资产，并形成治理机制，它们是以资源联系、相互调整以及在创新伙伴之间增强沟通和信息共享的形式存在。

个人联系是指用个人关系来补充跨组织之间的联系。个人关系是每个企业关系的命脉。Hutt et al.（2000）指出，许多联盟没有达到预期是因为很少关注培养将伙伴组织联合起来的密切的工作关系和人际间的联系。Ma et al.（2009）建议公司应该保持公司间和人员间网络化的平衡。开放式创新实践中,中小企业不仅要关注与领导者的联系,而且要关注企业伙伴的各种代表个人的工作关系。当然,有时候伙伴之间深厚的关系也会成为一种负担,深厚关系的利益在实践中可能是负面的。例如更加密切的合作可能会因为增加了冲突的可能性而成为问题。因此,处理关系问题尤其是管理关系冲突是关系发展能力的重要组成部分。交易关系冲突可能与许多事故相关:顾客和供应商的抱怨,违背交易条款,更换公司代表。在企业关系中,抱怨的处理,对公平的感知、满意和忠诚起正面影响。冲突往往代表了交易关系的真实时刻,它们的处理需要焦点企业额外的努力和特殊的能力。通过跨人际联系建立跨组织关系的重要性不仅在东方企业文化的实证研究中被提出来,而且在西方国家的研究中也涉及。伙伴关系发展能力的跨人际方面也在关系观中被强调,他们被视为创造非正式和自我增强关系治理机制的基础,如信任和承诺,这些反过来又推动了沟通和知识交流。因此,我们将跨人际方面视为伙伴关系发展能力的内在因素,和跨组织伙伴关系发展能力类似都对产品创新具有正向影响。

(3) 关系终结能力(RTC, relationship termination capability)

关系终结是当前新兴的研究流派。以往的研究介绍了与伙伴企业终结关系是一个重要的管理任务。然而,Ritter 和 Geersbro(2010, p. 4)注意到"文献对于关系终结作为管理课题仍缺乏理解"。现有的研究界定了关系终结能力作为焦点企业在组织层面终结所期待的企业关系而实施的一系列活动和组织惯例集合。

Giller 和 Matear(2001)发现公司拥有关于关系终结能力的经验越多,终结的处理就越好,并且对终结过程的感知也就越愉快。

Reinartz et al. (2004)描述了指向终结顾客关系的公司活动如何影响公司的绩效。Ritter 和 Geersbro(2011)指出终结某个顾客关系的能力增加了关系组合的总体价值。Havila 和 Medlin(2012)研究了终结多种类型伙伴关系的能力。

Reinartz et al. (2004)认为关系终结能力包含筛选不良企业关系的企业能力和中断不良伙伴关系的企业能力,这两个构念相互补充。例如假定某个公司拥有企业层面终结供应商或顾客关系的惯例,但是这个企业也许没有必要的惯例在早期去感知和分析哪些供应商和顾客关系应该被终结。这将导致这样的情况,或者关系无法被终结,或者有价值的关系被终结,并增加了关系组合中不需要的顾客关系的可能性。

成功实施开放式创新的中小企业不仅需要能够系统地搜索新的关系伙伴,而且能够发起、发展和终结创新伙伴关系。在伙伴关系管理过程中有些关系会产生变异,而且企业内部和外部环境的变化也使得各种关系的重要性出现此消彼长,这就需要中小企业能够做到用新的关系替代一些当前的关系,从而丰富整体的关系投资组合,不仅在针对顾客方面而且针对供应商方面。新的关系给关系投资组合带来新的动力,从而增加焦点公司的创新性。为此,本章在后续部分分别讨论了中小企业发起、发展和终结创新伙伴关系的途径。

5.2.3　网络能力的影响因素

网络能力的影响因素也是网络能力理论研究的重要内容,早在 1999 年 Ritter(1999)、Ritter 和 Gemunden(2003)就探讨组织资源配备的重要性、人力资源管理、组织文化和组织间的沟通结构对企业的网络能力的影响。随后国内外许多学者就影响企业网络能力的因素进行了进一步的探索,然而绝大多数的研究成果主要集中在企业的内部因素,如组织文化、企业内部资源配备、人力资源管理、企业家个人特征、组织学习、技术能力等等。我们将已有的关于企业网络能力影响因素的研究成果汇总如表5.3。

表5.3　企业网络能力的影响因素

作者	内部影响因素	组织间的影响因素	外部影响因素
Ritter（1999）、Ritter 和 Gemunden(2003)	组织资源配备的重要性、人力资源管理、组织文化	沟通结构	
Gulati 等(2000)			企业经营环境
徐金发等(2001)	组织人力、信息、财务资源的投入和供给、资源合理分配、管理技能		
Dyer 等(2001)、方刚(2008)	组织文化		
马刚(2005)	组织内部部门和人员之间的沟通		
邢小强、全允恒(2006)	人力、财力以及技术资源、组织文化、企业团队的信念		
邬爱其(2006)	企业家个人特征、组织战略意图		
陈学光(2007)、马刚(2005)	网络导向的人力资源管理		
陈学光(2007)、陈学光、徐金发(2007)	组织学习		
郝生宾等(2009)	技术能力		
曹鹏等(2009)	内部资源、组织学习		
张巍、党兴华(2011)		网络权力(包括知识权力和结构权力)	

作者	内部影响因素	组织间的影响因素	外部影响因素
王海花、谢富纪（2015）	企业文化的开放度、内部资源支持、团队管理技能、知识吸收能力、外部知识保存能力和结网动力等	情境质量、知识网络位差、知识网络开放性、知识网络中心性、知识网络的嵌入性等	政治环境、竞争环境、市场环境和信息环境
赵爽（2016）	资源配置、文化开放度、企业家要素、网络活动经验		
宋晶、孙永磊（2016）	知识资源	网络位置、网络权力和组织间信任	

　　少数学者探讨了影响企业网络能力的组织间因素,如宋晶、孙永磊（2016）的研究发现网络能力形成的主要因素包括知识资源、网络位置、网络权力和组织间信任。知识资源不仅直接对网络能力形成产生影响,而且可以通过网络中心性和网络权力间接影响网络能力的形成;网络中心性直接影响网络能力的形成,网络权力与网络能力之间存在倒 U 型关系,只有适度的网络权力才能促进企业网络能力的提升;除了在结构洞之外,组织间信任在知识资源、网络位置和网络权力影响网络能力过程中充当了重要调节作用;在网络中心性与网络能力之间,网络权力还具有部分中介效应。个别学者探讨了影响企业网络能力的外部环境因素,如Gulati 等（2000）的研究表明企业经营环境的动荡促成了外部结网动机,为了维护稳定交易合作关系应对外部不确定冲击,企业与外部分销商、供应商、金融机构以及研发机构等外部组织的合作关系不断增强。

　　在已有网络能力影响因素的研究成果中,王海花、谢富纪

（2015）运用扎根理论比较全面的研究了企业外部知识网络能力的影响因素，研究表明影响企业网络能力的因素有环境因素、组织间的情景因素、微观企业主体因素和知识属性等四个方面。

已有的研究成果表明，影响企业网络能力的因素具有多样性和复杂性，企业网络能力是多种因素相互作用相互影响所涌现出来的结果。尽管已有的研究识别了上述因素，但是对于各因素在网络能力形成和发展过程中所起的作用学者们并未达成一致，网络能力的形成机理在理论上还有待进一步深入探讨。

5.3　中小企业开放式创新伙伴关系的发起

关系观强调企业的关系是企业间学习和增强创新性的资源，因为这些关系创造了减少机会主义并形成合作和协作的恰当氛围。关系观也强调识别和评价伙伴的必要性，它们作为跨企业竞争优势构建的材料和网络能力要素，与动态能力一起为焦点企业关系发起能力提供了基础。尽管一些文献涵盖了企业伙伴选择的标准，但是没有太多的文献研究如何驾驭发起阶段的关系。网络伙伴关系的发起被企业用来开发产品创新组合中新伙伴关系的潜力。创新伙伴关系发起能力有两个亚因素，即选择新的伙伴和吸引新的伙伴。

5.3.1　开放式创新中的伙伴选择

选择新的创新合作伙伴要求筛选潜在的合作者和获得关于潜在伙伴的知识。然而，有关文献并没有提供清晰描述筛选和选择合作创新项目伙伴的重要因素和过程。Wagner 和 Hoegl（2006）的研究表明研发经理期望合作伙伴既要拥有"硬技巧"也要拥有反映"软技巧"的开放度和可信度。企业倾向于通过各种渠道,如口口相传,经理的个人联系,或者其他最接近业务网络中的伙伴来评估新的企业伙伴。我们认为成功的企业使用各种信息源(包括伙伴的在线展示,专业的社交媒体,与其他网络行动者的专业的及私人的关系)来发现和经常评估合作创新关系中新的伙伴。

成功的伙伴选择有助于使创新伙伴机会主义行为的风险降到最低,并创造出资源协同的潜力(即成功合作新产品和开发项目)。然而,发展企业关系是一个基于所有网络企业和所有行动者(包括供应商)的认知和行动的交互过程,其目标是为了选择最好的伙伴。因此,为了启动关系,中小企业除了能够选择合适的新的共赢伙伴外,企业也应该能够吸引所选择的创新伙伴。

开放式创新描述了公司创新对外部环境开放的过程,通过与外部不同伙伴(如顾客、消费者、供应商或者大学)合作,创新得到发展。外部和内部知识、专业技能和创意的使用能够增加产品的创新性、产品和市场的匹配或者减少产品投放市场的时间。选择合适的开放式创新伙伴是开放式创新成功的关键,它依赖于特定的项目目标、创新过程阶段和所需要的专业技能或者情景因素,如知识的私密性和项目的结果。在这个阶段的错误会威胁到整个开放式创新项目的成功,因为它们与开放式创新的各类风险和障碍相联系,如知识流失和"这里没有发明的症状"(Not-Invented-Here-Syndrome)。此外,对于准备实施开放式创新的公司而言,选择合适的开放式创新伙伴在理论和实践中仍然是一个挑战。公司面临与不合适伙伴共事的风险,得不到期望中的相关伙伴,忽视伙伴或者利益相关者之间重要的依赖性。尽管 Henttonen et al. (2015)强调多样化异质性知识源在战略和竞争方面的利益,但是公司通常倾向集中于比较知名的外部伙伴。

在实践中,中小企业无法找到合适的开放式创新伙伴的潜在原因可能是搜索努力不够和缺少对潜在开放式创新伙伴进行系统化的搜索并评价他们的相关性。尽管企业具有对开放式创新伙伴进行系统搜索的需要,但是支持相关开放式创新伙伴识别和选择的方法非常有限。通常这些方法的产业应用比较抽象或者只集中于开放式创新的特定形式,例如众包。直到现在,公司如果没有或者只有很少的开放式创新经验,那么他们倾向于采用试错的开放式创新方法,或者他们委托外部咨询机构来计划开放式创新项目。选择开放式创新伙伴的一个普遍缺点是选择标准仅仅集中于技术的或者运作的层面,例如经验、专业技术或者能力。战略性伙伴标准通常被忽视,如利益和影响、购买者和使用者的差异、公司内部和外部的决策制定者。此外,计划和管理开放式创新项目的团队也倾向于寻找外部开放式创新伙伴,而忽略了内部利益相关者,而这样往往导致闲置的知识池,甚至会给开放式创新带来障碍,如"这里没有发明综合症"。

由于伙伴选择能力不仅取决于潜在创新合作伙伴的信息收集,同时还取决于科学的伙伴选择方法。下面我们重点讨论开放式创新伙伴选择的方法。

已有的单一的开放式创新伙伴选择方法包含特定的选择机制,例如领袖用户方法,主要针对识别拥有特定专业技能的伙伴,但是没有将重点放在战略层面。然而,也有其他与开放式创新不相关的伙伴选择方法,这些方法属于其他学科。另一种方法是项目管理的利益相关者分析,用于管理和平衡各类潜在的利益团体。这个方法对开放式创新也有借鉴作用,它考虑了战略伙伴标准,如利益和权力,但是没有从技术的或者运作观点来看待伙伴专业技能和能力。Matthias et al. (2016)结合上述两个方法的要素和优势,并通过新的要素进一步提升这两个方法,从而推演出识别和选择适合开放式创新项目伙伴的友好方法。该方法结合了领袖用户识别的运作—技术观和利益相关者分析的战略—政治观,以及系统工程的利益相关者相互依赖观的优势。

领袖用户方法(Hippel,1986,2005)是基于运作—技术观。领袖用户面对的是领先大多数用户很早的特定需求。此外,他们也有动机和知识来支持公司发展技术以满足他们的需求。因此,领袖用户方法的中心是通过评估用户的需求和知识来识别这些领袖用户。典型的领袖用户识别方法是:筛选、金字塔法、网络志和传播搜索。利益相关者分析主要集中在项目伙伴的战略—政治观。它支持识别所有的可能影响项目的个体、团队和组织。此外,它们相互之间的依赖性也可以通过网络理论方法或者复杂性管理的方法加以分析。除了这些主要的方法以外,一些实证研究还分析了影响伙伴搜索的因素,包括搜索宽度对于开放式创新绩效的影响(Salge et al.,2012;Henttonen et al.,2015)。从已有的研究成果看,伙伴搜索的方法主要有以下几种:

- 基于伙伴池的搜索:在特定的伙伴池或者潜在的伙伴群体中,通过筛选、基于创新能力的筛选、联合品牌伙伴搜索或者通过网络志(Netnography)对在线社区分析。
- 数据库搜索:在特定的数据库中,如供应商数据库或者专利数据库进行搜索。
- 基于网络的搜索:使用现有的公司网络或者潜在伙伴之间的关系,即金字塔法。
- 基于演算的搜索:使用最优模型或者演算来推算出最合适的伙伴,以及大数据分析。
- 开放式搜索:独立于特定的群组或者网络,例如跨产业搜索。

- 开放电话搜索：与其他公司采取的积极搜索方法相比，公司公开参与电话，但是与自我选出的潜在伙伴相联系，例如通过广播搜索信息或者市场。

为了确保开放式创新伙伴被成功地选择和参与到创新项目中去，有必要将开放式创新伙伴选择的方法整合到更高一级的开放式创新项目计划方法中。基于产业需求和以往的研究空白，Matthias et al.（2016）提出了情景化开放式创新（Situative Open Innovation，SOI）的方法（见图 5-2）。情景是强调每个成功的开放式创新项目必须适应项目特点和公司情景才能成功。SOI 支持来自学术界和产业界的团队，情景化开放式创新由五个阶段构成：（1）分析开方式创新目标以及公司内部和外部的开放式创新情景；（2）寻找所聚焦的合适的开放式创新伙伴；（3）后续的合适开放式创新方法的选择和调整；（4）项目控制，激励策略和风险管理计划。（1）—（4）代表了粗略的项目计划，通过界定特定的研讨会或者创意平台的服务提供者提供的观点在阶段（5）中获得具体的开放式创新项目的细节。

在 SOI 第二个阶段搜索合适的开放式创新伙伴可以分为六个步骤（如图 5-3），它使用 SOI 第一个阶段情景分析的结果和具体的开放式创新目标。在此基础上，得出搜索的伙伴标准和评价潜在开放式创新伙伴。最初的已知利益相关者评估可以评价是否需要新的开放式创新伙伴以及衍生出的搜索范围。在接下来更为细化的潜在开放式创新伙伴评价基础上，将对这些伙伴进行排序以供选择。

步骤一：现有利益相关者分析

首先，基于 SOI 第一阶段开放式创新目标的分析，界定运

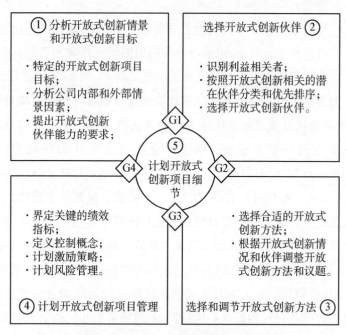

图 5 - 2　SOI——计划开放式创新的方法

资料来源：Matthias R. Guertler and Udo Lindemann. Identifying Open Innovation Partners：A Metho-Dology For Strategic Partner Selection［J］. International Journal of Innovation Management，Vol. 20，No. 5（June 2016）

营—技术的和战略—政治的伙伴标准。运营—技术标准具体化为专业技能、诀窍和开放式创新伙伴能力，要求它们对开放式创新目标的实施做出贡献。它们分为：（a）基本标准（必须有）。开放式创新伙伴主要的可用性；（b）绩效标准（可以有），用于具体的评估和选择。（c）令人兴奋的标准（有更好）。区分排序类似的开放式创新伙伴。战略—政治标准评估利益相关者战略相关性，即它们对开放式创新项目成功的影响，如权力、利益和态度。

　　在这个阶段，识别和分析所认识的项目或者公司的利益相关

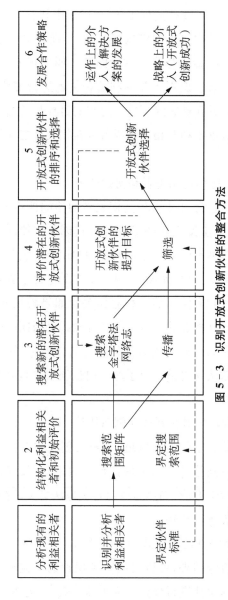

图 5 - 3　识别开放式创新伙伴的整合方法

资料来源：根据 Matthias et al. (2016) 的观点整理

者。在研讨会背景下,跨学科的开放式创新团队识别利益相关者和它们的依赖性。为了支持这项工作,可以采用利益相关者地图。假定内部和外部利益相关者的结构、创新过程阶段和一般利益相关者种类支持没有经验的开放式创新团队。如果相关,已有的利益相关者种类可以通过识别相关的利益相关者进行细化,如果不相关那么利益相关者就被删除。这一过程的目标是通盘收集利益相关者来减少遗漏重要利益相关者或者利益相关者之间依赖性的风险。

步骤二:结构化利益相关者和初始评价

接下来的步骤包含对已知利益相关者初始的评价,它与伙伴标准相关,评价进一步搜索新的潜在开放式创新伙伴的需要。这有助于公司管理多种不同的利益相关者和知识源。利益相关者在搜索领域矩阵中被结构化,如图5-4。X维度包含了创新过程阶段,而Y维度包含了伙伴标准。利益相关者如果满足伙伴标准,那么他们将被划分到相关的区域。这样开放式创新团队能够对已有充分了解的潜在的开放式创新伙伴进行总体概览,哪个领域需要新的开放式创新伙伴也是一目了然。白色领域是具有特殊兴趣的潜在搜索领域。

步骤三:搜索新的潜在开放式创新伙伴

根据前面步骤界定的搜索领域,开放式创新团队接下来搜索新的潜在开放式创新伙伴。为了保证搜索效率,开放式创新团队可以采用不同的搜索方法,当然需要对各类方法必要的投入资源、产出以及搜索过程进行比较。

步骤四:评估潜在的开放式创新伙伴

使用初始评价的结果,可以对所有被识别的利益相关者和新的潜在开放式创新伙伴进行分析。为了提升效率,运作-技术的标

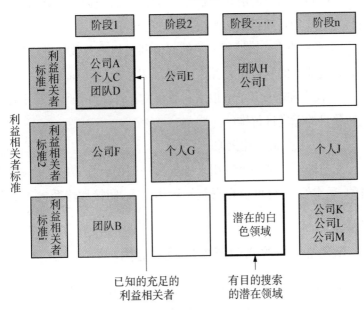

图 5-4　识别和结构化伙伴的搜索领域矩阵

资料来源：Guertler，MR，F Wiedemann and U Lindemann（2015b）．The relevance of stakeholder analysis for open innovation ［C］．The R&D Management Conference，June，2015，23-26，Pisa，Italy.

准可以使用逐步的方法进行评价，从最基本的标准开始并将所有不满足标准的潜在的开放式创新伙伴过滤掉，只保留那些符合绩效标准的伙伴。战略标准需要对所有利益相关者进行评价以避免遗漏那些危及开放式创新项目成功的伙伴。

步骤五：开放式创新伙伴的排序和选择

根据被评价的利益相关者与开放式创新项目的相关度进行排序，为了支持长远的选择，需要考虑根据开放式创新伙伴不同方面的相关性进行不同的排序。具体包括以下几个方面：

① 战略的运作组合：根据利益相关者在运营-技术方面对开放式创新目标结果的潜在贡献进行排序，或者他们在战略-政治方面与开放式创新项目成功的相关性进行排序。

② 影响组合：根据所影响的其他利益相关者数量进行排序，或者影响他们的利益相关者数量，或者发生的活动和关键性。

③ 权力和态度组合：根据利益相关者的权力和他们对开放式创新项目的态度进行排序。

步骤六：发展合作策略

先前的组合排序可以用来推导出一般的合作策略。例如，战略的-运作的-组合可以根据直接运作介入、间接战略介入和不介入的差异性进行划分。

5.3.2　开放式创新伙伴吸引能力

为合作创新而吸引新的合作伙伴依赖于信号，它是指告知所选的伙伴本企业已经敞开大门来形成企业关系的信息，例如为了合作产品创新活动或者为了共享知识。这个发出信号的活动可以包含各种特征，如集中于财务和非财务利益、成本、信任和依赖性等提示。Dwyer et al.（1987）提出企业伙伴可能被价值观相似性和资源互补性的证明所吸引。因此，我们认为，为了提升产品创新而吸引供应伙伴包含告知环境，尤其是告知潜在的合作对象有关焦点企业的特征，包括技术能力、诚信和关系倾向。

大企业由于技术能力覆盖面较广、创新资源多、知名度较高，因而在吸引外部伙伴方面具有天然的优势。而中小企业由于规模和资源方面的劣势在吸引创新伙伴过程中可能不具有大企业的优势，但是如果中小企业在某个技术分支上具有特殊优势，那么这种优势可能对于特定的企业而言具有一定的吸引力。因此，如何让这种特定的企业了解并认识到中小企业所具有的优势是中小企业吸引外部伙伴所必须解决的问题。这种信号传递当然可以通过广告、网络以及口口相传,但是如果中小企业积极参与到与自身核心技术相关联的企业社交圈也是一个很好的方法,现实中的行业协会、政府组织的管理人员培训班等往往提供了这样的机会。这种人际交往往往有助于企业扩大自身的知名度和影响,并且帮助中小企业与潜在伙伴在熟悉的基础上建立信任,从而增强对开放式创新伙伴的吸引能力。

总之,我们认为中小企业的伙伴关系发起能力可以以两种方式帮助企业创新。第一,经过仔细挑选的新伙伴其行为意图更容易被了解,例如新伙伴参与合作新产品发展项目的意愿等,并减少这些项目中可能的机会主义。此外,这些选择也有助于识别伙伴的重要创新资源。其次,能够有效吸引所挑选的伙伴,更容易获得与创新相关的资源,具有缩短新产品开发时间的潜力。基于关系观,中小企业的关系发起能力使企业能够发现并与具有互补和协同资源、技术的供应伙伴建立联系。

然而,作为对关系观的补充,在资源观基础上,中小企业也可以利用关系发起能力以便在早期的关系阶段从短期知识获取中获益。在与潜在伙伴早期交往中所积累的知识和资源强化了企业的资源基础(如技术的或者市场知识),通过增加目前无法接近的资源来提升企业的创新性。

5.4　中小企业开放式创新伙伴关系的发展

发展网络关系从本质上来讲就是发展与伙伴企业(或机构)之间的关系,当然这种伙伴可以是同行企业、上下游企业、研发机构、高等院校、中介服务机构以及金融服务机构等等。企业如何才能实现与伙伴的成功合作？许多关于技术合作的文献集中在企业之间的战略联盟或者联合投资上，然而，有关联合投资的调研表明，这些合作经常失败大多是由于运作经理无法正常运营合作而不是因为拙劣的合同，成功的企业能够使伙伴了解相互的观点。这就说明跨企业关系中必须考虑建立合约和相关的程序协调机制。尽管一些学者针对企业之间的关系发展进行了探讨，但是迄今为止人们对于如何实现企业之间的成功合作还是缺乏深入的了解。企业与企业（或机构）之间建立初步关系以后，在后续的关系发展过程中需要对这种关系进行监控，及时发现关系的动态变化。与此同时还需要对双方关系发展的状况进行评估，根据评估的结果采取相应的措施使得关系朝着双方企业所期望的方向发展；当然在关系发展过程中，双方除了签订必要的合约、制定相关的规则外，信任机制的建立也是关系发展的重要方面。为此，本节将重点针对这三个方面进行探讨。

5.4.1 合理利用软性合约和硬性合约

对创新网络中的伙伴关系进行有效管理是提升网络嵌入的重要环节，伙伴关系管理的方法之一是通过合约，而管理的目的是为了防止交易伙伴的机会主义行为。网络伙伴关系发展过程中需要对关系进行评价，以便及时采取适当的措施。

合约是交易伙伴之间规划未来交易的协议，它也是买者用于管理自身交易关系的选择之一。详细合约能够减少交易伙伴的机会主义行为，从而有助于中小企业的网络嵌入。网络中的交易方与其他网络成员之间存在各种不同的合约关系。但是，由于他们与其他网络成员之间的复杂企业关系，他们必须决定合约的详细程度。已有的研究识别了影响合约关系的因素。这些研究证明了企业间关系的特点，如关系主义、购买数量、与交易相关的专用性资产投资水平、相互依存度和相互依赖的不对称性影响了交易关系的发展，并且是关系成功的重要决定因素。

合约的设计是用来处理未来的关系，因此没有对未来交易的期望就不存在合约。作为试图阻止机会主义行为的显性部分，合约可以分为两类：软性合约和硬性合约。软性合约所传达的只是针对泛泛的交易，而硬性合约明确了伙伴的责任并对可预见的紧急情况制定了补救措施。

软性合约是指交易伙伴相互之间对角色和行为期待的隐性理解。之所以称之为软性是因为没有精确说明每个参与方该做什么。依赖软性合约的交易方对产出行为期待是他们现有交易的基础。这些期待不具有法律约束力，相反双方可以对交互作用中出现的突出关系问题交流观点。软性合约明确了相互利益输送中双方的关系和各自的角色，因而意味着交易双方被期望其行为要符合相互的利益。软性合约对双方实现他们目标的方式选择设定了限制。因此，在软性合约中，参与方的角色要与交易伙伴的角色密切结合。软性合约和双边治理的特点具有相似的结构。软性合约拥有对正确行为的期待，而双边控制机制形成了对某一行为的期望和不期望，而不是直接对相关的行为详细说明。此外，两种治理机制都重点强调互利性。双边治理交易方的互相调整扎根于共享的价值观，与此类似，软性合约通过明晰交易关系中各自的角色来保护双方的利益所得。

由于大部分的合约没有成文并且主要存在于双方的理解中，因此软性合约是一个不完全的合约。当交易方无法获得相关情况下的完整信息时，不完全合约就是必须的。这种不完全行为在一定程度上可能通过后续的协商修改显性和正式条款留下窗口。不完全合约使交易方在未来意外情况中减少获得信息的成本，或者根据具体情况制定完整合同的固有成本。

当交易方对绩效难以衡量时，软性合约就比较有用。例如，对一些突发的、无法预见的紧急情况，交易双方无法通过具体的详细合约加以规定，只有通过软性合约加以模糊限定。不完全合同也使得交易方暴露在机会主义行为之中，因为交易方可以利用不详细的模糊的合约条款。当然，不完全合约不太适于对付易变的环境，因为容易产生机会主义行为。

在稳定环境中一个交易方有充分的机会来发展治理交易关系的规则。然而，在动态环境中，交易方如果感到环境的不稳定会导致绩效的不稳定，那么他就需要转换伙伴。因此，可能就没有机会来与同一伙伴重复进行交易。因为一个企业可能试图从一批伙伴候选者那里获得资源，在动态市场中很难在交易方之间发展相互理解。

硬性合约。硬性合约是指具体说明伙伴角色和义务的详细协议，一般有义务细节，具体的规则和规范以及满足一定条件下对失败的惩罚。硬性合约与单边治理有相似的属性，因为它基于外部措施的运用，如产出衡量或者监控伙伴行为。使用这些明确的条款，每个交易方都有自身的利益，根据合约设定的限制来追逐自身的利益。合法观是硬性合约所固有的，它迫使交易方观察合约条款，因而签订硬性合约的交易方被迫以合约规范的方式行动。在这方面，硬性合约在交易关系中构成了正式治理机制。

当交易双方之间不期望未来进行协商时就需要签订一个硬性合约。例如，交易方强迫零件供应商降低零件价格到一定的水平，并且不再进行任何价格谈判时，就必须签订硬性合约。硬性合约提供了实现一定绩效水平的法律基础。由于担心对方的机会主义行为,交易方必须依赖合同中详细说明的条款来增加对交易伙伴的控制。

一般而言,中小企业在管理开放式创新合作伙伴时需要根据合作项目的特点因地制宜地利用软性合约和硬性合约。对于以明确的资源交换为目的的合作应该签订详细的硬性合约,防止交易伙伴的机会主义行为。但是对于研发合作项目由于不以明确的资源交换为目的,且在项目推进过程中必然出现许多无法预见的问题导致双方需要进一步地磋商,因此此类合作应该以软性合约为主辅之以硬性合约。

中小企业开放式创新中所嵌入的网络也对软性合约和硬性合约的应用带来了诸多影响。交易关系的历史包含复杂的、人际的和非经济的满意度。重复的市场交易会成为嵌入性联系,因为伙伴间的关系会弱化个人目标的重要性。具有嵌入性联系的企业与新成员交往过程中将已有的嵌入关系转向成一种行为期待。应用在跨企业的情境中,当一个新企业通过第三方进入伙伴关系中,新进入者很快就会认识到在网络中如何根据已有成员的期待采取行动。网络嵌入性作为一种治理机制通过社交发挥直接减少机会主义可能性的功能。嵌入性网络允许网络成员共享信息,并且信息传递推动了数据交流,有助于网络成员更好地理解其他成员的行为。信息共享也帮助成员监督他的交易伙伴,因此推动了交易方的决策制定过程,而这些有助于他们对付交易伙伴的机会主义行为。

网络所积累的信息能够使企业在搜索关于市场环境的有用信息、筛选相关信息和选择合适的伙伴方面更具有效率。因此,从网络获取信息可以增加伙伴的边界,因为每个关于潜在伙伴的网络信息都为参与方提供了额外的选择。拥有额外选择的交易方很可能在解决机会主义伙伴问题时处于更好的地位。

由于交易方嵌入在网络中，一方的机会主义行为可以被其他网络成员注意到，当一个网络被企业深深嵌入时，关于背叛的信息会在网络成员之间迅速传播，这将阻止交易方机会主义的行为。因此，一个网络成员不用担心被交易伙伴所欺骗。结果对于网络中的中小企业而言，即便在动态性相对较高的环境中也更可能依赖于软性合约。

尽管网络成员拥有硬性合约，他们也可能不必主动地充分利用这个合约，因为网络规范指导网络成员在与其他成员的关系中如何行动，一个嵌入性的网络可以作为网络成员的治理机制。网络规范迫使成员在交易方期待所形成的限制集合中追逐自身的利益。这也意味着，网络嵌入性使得交易方在不严重依赖硬性合约的情况下开展交易，因为交易方相信网络规范可以迫使伙伴从事自己所期待的行为。

由于网络成员之间信息的快速扩散，因此保持一个良好的声誉对于中小企业而言很重要。较差的声誉会减少未来建立企业关系的机会。因此，交易方的机会主义行为或导致未来丧失企业机会的经济成本，从这个方面来讲，嵌入的网络本身可以作为治理机制来阻止交易方从事机会主义行为。

5.4.2 对网络伙伴的机会主义进行控制

交易成本理论为企业间关系形成和关系管理提供了理论基础，这些大量研究的中心在于如何管理伙伴交易中的机会主义风险所产生的交易难题。机会主义虽不是普遍存在但也很常见，例如伙伴合作过程中支出报告做假、违背分销合约、诱购策略、违背促销协议等。

机会主义的出现具有重要的实践意义。如果在特定关系中机会主义的风险特别大，那么大量的资源就将花费在控制和监督上，而这些资源本来可以部署在其他更有生产效率的目标上。此外，机会主义的风险还在于可能使许多有价值的生意无法成交从而产生大量的机会成本。

尽管已有的研究对机会主义的一般概念进行了探讨，但是这一现象的复杂性还没有被完全揭示。对于中小企业开放式创新合作伙伴的机会主义行为，我们认为有以下几点有待进一步研究：首先是机会主义如何衡量的问题。早期的交易成本理论将机会主义视为固定的或者外生条件，而其他一些研究则将机会主义视为可以解释的变量。其次，是机会主义概念的构成。在早期的机会主义研究中，通常将机会主义视为对明确合约的违背，而本书所提到的机会主义则包含了对关系合约的违背。对于开放式创新中的明确合约，中小企业可以通过详细的合约规范来加强，而对于关系合约条件下的机会主义，已有的文献不多。为了弄清如何应对关系合约中的机会主义，我们首先需要弄清关系合约中机会主义的具体表现形式和后果，在此基础上才能够部署应对机会主义行为的策略。

（1）机会主义形式和后果

根据行为者的主观意愿可以将机会主义行为划分为主动的机会主义行为和被动的机会主义行为。当参与方介入或者克制特定的行为时，机会主义就可能产生。主动或者被动的机会主义行为是否发生依赖于当前的交易条件，或者外源性事件。

图5-5列出了主动和被动的机会主义在已有条件和新的条件下的表现形式，以及不同的机会主义形式对关系影响所导

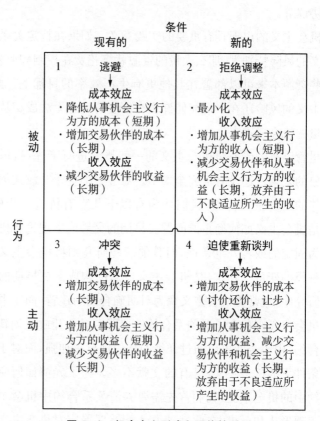

图 5-5　机会主义形式和可能的后果

资料来源：Kenneth H. Wathne & Jan B. Heide. Opportunism in
Interfirm Relationships：Forms，Outcomes，and Solutions ［J］.
Journal of Marketing Vol. 64 （October 2000），36-51.

致的可能后果。可以从两个方面来分析关系，一是联合价值的创
造（即总的收益），二是对财富份额的索取（即财富的分配）。原则
上，任何形式的机会主义行为具有限制价值创造和导致财富重新
分配的潜力。然而，对于特定的机会主义行为而言，财富创造和分
配方式所受到的影响是不同的。部分原因在于后果产生的机制不

同(即成本或者收益)。

在现有的条件下,被动的机会主义采取规避和逃避义务的形式。例如不遵守伙伴的产品质量标准,质量规避产生的短期收益就是节约了成本。从长期来看,某种程度上规避会导致顾客不满意,伙伴双方都会受到负面影响。因此机会主义规避会影响到财富分配和创造。

在新的条件下,被动的机会主义主要采取缺乏灵活性的形式,或者拒绝做出调整。在这种情况下,机会主义行为的直接成本效应很可能最小。然而,很可能机会主义的一方将经历短期的收益获取。例如伙伴中的一方通过坚持按照合约字面执行来合法的获取。长期来看,一方缺乏灵活性的程度会阻止关系根据新的情况进行调整,放弃合适的调整所带来的收益会对总体的关系产生不同的收益影响。例如在新的市场条件下合作伙伴无法调整零件生产协议结果使委托方处于竞争劣势,不仅总的财富创造受到阻碍,而且伤害了所有参与交易的各方。

现有条件下主动的机会主义意味着一方正从事着被明确或者含蓄禁止的行为。这种行为的机会主义会增加受害者的直接成本。例如技术许可接受方未经授权方允许私自转让技术。

迫使重新谈判是新条件下的主动机会主义行为的一种形式。在这种情况下,一方使用新的条件从另一方那里获得让步。这种机会主义的最显著结果是在有关问题上根据让步幅度进行财富的重新分配。然而,在本质上这种行为也有成本和收益效应。获得让步的过程会增加另一方直接讨价还价的成本。这种条件下的战略行为会增加讨价还价本身的成本。从长期看,调整的失败会限制双方潜在的收益。

总之,不同形式的机会主义会产生不同的结果,财富创造和分配都会受到影响，然而产生这些结果的机制可能会有显著的差异。

（2）机会主义的治理策略

Kenneth H. Wathne & Jan B. Heide(2000)认为机会主义治理的策略主要有四种，即监督、激励、选择和社会化。每种策略的有效性取决于对相应的机会主义来源的管理。例如，监督策略的主要目标是减少容易导致信息不对称的源泉。较低层面的信息不对称不容易产生机会主义。然而，如果机会主义的来源与信息不相关，那么监督可能与之不匹配。这种情况下，也许需要直接减少主动追求机会主义行为或被动机会主义努力的可能性。

① 监督

信息不对称某种程度上存在于关系中，它使得参与方采取机会主义行动而不被探测到。通过监督伙伴行为和他的结果可以克服这一问题。理论上，监督减少机会主义有两种不同的原因，第一是行为观，即监督过程会对参与方施加不舒适的社会压力，因而增加了服从。第二，从经济学的观点看，监督增加了探测机会主义的能力，以及根据伙伴行为进行适当奖励和处罚的能力。

机会主义的前提和效应。假定监督的目标是通过减少信息不对称来减少机会主义，但是如果机会主义问题的源泉与信息不相关，那么监督本身就是无效的。例如当中小企业在与大企业合作时，大企业可以在完全信息条件下利用中小企业对这种合作关系锁定来显示自身的顽固或迫使双方重新谈判。

在这种内在的局限之外，监督有两个重要的前提，第一个涉及监督的合适标准。具体讲，监督标准必须与特定的机会主义形式相关。针对主动和被动的机会主义行为的安全措施是提前建立禁止某些行为和防止某些规避的行为。

其次是，监督要求存在可以接受的"无差异地带"。特别是随着科技的发展监督技术越来越完善,例如可以通过远程24小时监控伙伴的一举一动,或者将伙伴的经营管理数据进行实时传送,虽然这些技术对于监督具有很好的效果,但是过度监督在加盟者之中容易产生挫折感,反而对机会主义行为产生推动效果。

与此相对照,如果关系中允许监督是优先考虑的条件之一,那么它将有利于控制机会主义行为。合资公司中更高监督能力会压制机会主义。值得注意的是,不仅仅整合系统拥有更强大的监督能力,而且它们的成员也更容易接受这种实践。接受某种形式的监督也许是伙伴关系合同的一部分。在独立的企业中,监督可能被视为对合约的违背,并进而导致机会主义的上升。

显性的监督超越特定的关系拥有衍生效应,例如监督可以作为一个筛选工具。某种程度上,一个企业如果在有效监督上比较知名,拥有机会主义倾向的潜在伙伴的第一选择是不愿意加入伙伴关系。因此,符合合作项目的监督必须既能抑制合作伙伴的机会主义行为,又能推动合适的伙伴自我选择是否加入伙伴关系。

② 签订自我强化激励协议

在最初的交易成本框架中,组织层级的内在优势之一是它能够管理减少机会主义行为收益的诱因。中小企业可以通过创造激励结构来调整参与方的个体利益,使得合作行为长期的收益超越机会主义的短期收益。

这种激励方式之一是签订自我强化协议。自我强化协议可以采取很多种方式,首先是"抵押品"的应用。例如在创新合作过程中许可授予者要求许可接受者在专用设备、程序和培训上进行投资等。在许可接受者规避或者被动实施机会主义行为的事件中,许可授予者可能会有更新合约的行为,潜在的经济损失可用于阻止许可证接受者的机会主义行为。在新的条件下,自我强化合约也能够符合管理机会主义的原则。然而，它们的有效性将随着伙伴关系周围的环境而改变。只有当每一方相信继续协议比终止协议更好，双方之间的自我强化协议才能依然有效。考虑到以特定资产形式存在的质押品的运用，随着高科技的变化，这些资产也存在过时的风险，从而降低了参与方持有这些资产的价值。在原始协议中自我强化的范围也会改变，并最终增加机会主义的风险。

其次，价格和利润也可以作为激励的手段。例如向合作伙伴提供超过高质量产品边际成本的溢价价格来消除伙伴实施低质量产品机会主义行为的诱因。

激励协议拥有几个前提条件，首先中小企业从对方提取抵押品需要拥有一定的讨价还价能力。其次，激励安排可能需要提供一定类型的信息。当一方无法直接观察协议被执行的情况，以及当一方只能依赖于充满干扰的间接观察时，发现自我强化协议是比较复杂的。因为人们越难以观察到遵从就越难以使用这一手段。因此，某种程度上，减少信息不对称和使用激励是相互补充的。例如使用激励来管理机会主义拒绝调整的顽固性时，如果拒绝调整无法被侦测到，那么这个策略也是无效策略。因此，激励部署也需要与监督相结合。

③ 选择没有机会主义倾向的伙伴

最明确的机会主义管理方法是针对特定任务选择以往没有机会主义倾向或者具有内在合作性的交易伙伴。选择的实施是筛选以及设定各种类型项目资格。例如许可证授予者通过对潜在的许可证接受者提出综合的筛选过程来寻求最小化质量规避风险。类似的，自动化的制造商对零件供应商提出正式的资格来阻止后续质量问题的发生。

传统上，交易成本理论强调了选择在管理机会主义中的角色，但是有两个局限性值得关注。第一，尽管仔细选择可以识别拥有合适技能的参与方，但是它不能保证技能被应用于现行的关系中。因此，以规避形式出现的被动机会主义仍然是个问题。其次，在新的条件下基于已有特性和标准的选择针对机会主义的限制是有限的。

通过选择来解决机会主义问题的策略涉及两个方面：第一选择过程自身的本质，第二所采用的特定标准。例如企业要求所有潜在的供应商加入到定制的认证过程，这个认证过程一方面用来观察潜在供应商的能力，以减少与供应商技能相关的信息不对称，将无法满足最低要求的供应商删除。另一方面，这个过程允许合适的供应商通过证明愿意加入认证过程来进行自我选择是否进入关系。这种定制的认证项目对于规避和逃避的机会主义行为形成了防护。它也增加了伙伴对新情况进行适应的动机，并且关系仍然维持在原先激励结构的自我强化范围之内。因此，这种选择可以被用于防止顽固性。

除了选择机制，企业的声誉也可以服务于这一目标。和认证过程的成本类似的方式是建立声誉，它包含了成本而且可以通过反复的交易来获得。已有的声誉不鼓励机会主义行为。

需要指出的是选择的一些先决条件。首先，加入认证项目的成本必须超过机会主义伪装行为的短期收益。此外，对诚实暴露的合适伙伴的回报必须大于参与选择过程的初始成本。其次，识别标准不能产生自我选择的偏差。有时候企业因为提供相关属性的成本太高因而寻找替代，这时候被识别企业就有机会提供对自身有利的指标。第三，声誉作为选择机制具有一定的内在局限性。对有价值的声誉而言最重要的是必须可以获得其他企业过去和现在行为的信息。声誉要求结果具有公开可观察性，信息不对称使企业有时可以洗白声誉。第四，声誉也可以被系统性地适时地操纵。伙伴有时候可能以特定的方式误导对方。例如，新产品销售商为了增加销售而不愿向顾客暴露产品制造商的技术缺陷。

④ 社会化

选择策略内含的一般假设是这些交易伙伴拥有内在的技能和动机来执行特定任务。在委托代理概念中，选择的基本目标是识别与委托人的目标一致的代理人，一个可供选择的策略是使用社会化过程来使代理人内在化委托人的目标。交易成本理论无法认识到经济交易是嵌入于能够缓解机会主义成本风险的社会关系中。根据这个观点，机会主义问题的一种明显的解决方法是有意识地部署社会化策略来推动目标一致。例如中小企业可以通过对合作伙伴的培训来传播自身的价值观和企业文化，从而使得合作伙伴的目标与企业自身的目标一致。一些隐性的社会化机制主要包括关系准则、关系资本、目标趋同和人际信任等。

社会化在一定程度上是有效的，它们直接减少了机会主义发生的可能性。完全的社会化使得参与方需要接受关系锁定和信息不对称情况下关系的脆弱性。作为一种管理策略，社会化对于四种形式的机会主义并不具有任何内在的局限性。

作为管理机会主义的策略，社会化的有效性依赖于它的完整性，或者它推动价值观在跨背景和跨情景中应用的能力。创新合作中的个体往往是一个角色的集合而不是单一的行动者，在不同的情况下这些个体需要扮演不同的角色，从实践的观点看，理解这些角色之间的转换如何发生以及如何促进不同角色的目标趋同是关键的问题。有关机会主义应对策略总结如表5.4。

表5.4　机会主义的管理策略

治理策略	一般目标	前提条件	对机会主义的基本作用
监督	● 减少信息不对称性 ● 推动激励的部署	● 识别相关的标准 ● 使监督合法化的显性或者隐性合约	● 仅限于基于信息的机会主义 ● 在已有条件下最有效
激励	● 减少机会主义的收益 ● 校准利益	● 事前的议价能力 ● 直接成本(高价定价) ● 信息可以获得	● 在新情况下的有效性受到自我强化合约范围的限制
选择	● 减少信息不对称性 ● 允许自我选择	● 相关标准 ● 增加伙伴的选择成本 ● 自我选择偏差的风险 ● 信息可获得性(声誉)	● 有效性依赖于选择标准的相关性
社会化	● 推动目标汇聚	● 社会化努力的完整性	● 有效性依赖于跨情景角色的适应性

资料来源：Kenneth H. Wathne & Jan B. Heide. Opportunism in Interfirm Relationships: Forms, Outcomes, and Solutions [J]. Journal of Marketing Vol. 64 (October 2000), 36 - 51.

5.4.3　建立网络伙伴关系的信任机制

（1）组织间信任建立的模型

发展个人信任已经被心理学者和社会心理学者研究,但有关组织间信任的研究相对较少。尽管信任对伙伴关系的形成和发展至关重要,但是研究者们认识到过多信任中也存在一些潜在的负面因素,高水平信任会限制信任所带来的利益并产生功能失调的后果。为了减少过多信任所导致的负面效应,在伙伴关系中有必要建立一定的监督机制。监督机制构成了规范伙伴行为或者这些行为对组织目标成果影响的过程,它们是跨组织交流治理的防护措施。理论上,监督有助于从两个方面来抑制机会主义,首先,当伙伴自己被评价时，就具有遵守规则的压力。其次，监督通过减少伙伴之间的信息不对称，增加探测到机会主义行为的机会，来形成相应的奖励和处罚的能力。一般而言，伙伴感知到对方越值得信任，那么采用监督机制的可能性就越少。相反，伙伴感觉到的信任越少，那么使用监督机制的可能性就越高。因此，信任与监督机制是相互冲突的。尽管信任受到对伙伴动机正面期待的观点影响，但是监督程序通过使用一定的能够证明伙伴行为的程序来规范伙伴的行为就会使得伙伴的行为有可预测性。已有研究提供的证据表明，伙伴往往将监督视为强加于人的和具有侵略性的，因而他们对监督的反应是抵制。

对于实施开放式创新的中小企业而言，很多情况下在创新合作中往往处于劣势，因而不仅无法有效监督大企业反而常常成为大企业监督的对象。信任传统上被认为减少了监督的需要，因而在存在信任的地方，所需要的应对措施就会减少。即使在开放式创新中，中小企业与创新合作伙伴能够平等相处，信任也必不可少。因为在每个交易中，如果无法进行同步交易，那么风险和信任就会存在。参与技术伙伴交易和共享有价值信息的中小企业可能无法通过保密协议获得保护。技术伙伴交易中各类风险都可能出现，如技术开发、绩效方面的失败，市场风险，非有意的泄露专有信息，在吸收和模仿技术或者招募关键人员上的机会主义行为。因此建立信任对于中小企业实现潜在网络规模和范围效益特别重要，但是由于信息的不对称特点，建立信任也使伙伴参与者相当头疼。自然信任的创造被限制在个人层面，并且信任源泉归结于伙伴的文化差异和交往的短期经历。在组织关系中，信任的基础超越了个人和个体的关系。中小企业经常会遇到建立不对称的技术伙伴关系，其中占主导地位的大伙伴试图使用权力来确保控制和权威。具有依赖性的中小企业在不对称关系中往往屈服于占据主导地位的组织。这意味着为了对更有权力组织的期望做出回应，作为附属组织的中小企业将失去完整运作的能力。

信任是合作的前提并且对长期的关系而言信任会导致建设性的合作行为。信任不仅是组织内部项目团队创新工作的关键，也是组织之间研发伙伴关系的关键，如战略联盟。信任可以定义为"行动者对另一方能力、善意和行为的期望"。在企业情景中一定水平的能力和善意是建立信任所必需的。

信任具有三个维度。首先，在企业情境下相关能力（技术能力、技能和诀窍）是职业关系中信任的前因和基础。特别是在技术伙伴中，潜在的伙伴被假设拥有技术知识和能力。其次，善意信号（对他人的道德责任和正面意图）也是伙伴能够接受潜在弱势位置（具有内在风险）所必需的。正面性的意图似乎是合作和伙伴的积极行为的信号。信任的第三个维度是伙伴的行为。信任的善意维度包括随时间对他人的正面性意向，在关系发展中，实际的行为（如受托人执行任务的积极意向）提升可靠度。在第一次见面时，行为维度就会展示迹象和信号，例如信息的披露和以什么方式披露。在伙伴过程中，实际行为（如保持承诺）更加可观察和更容易评估。

组织间信任建立在个人信任和组织信任基础之上，是二者共同作用的结果，信任包含三个维度：能力、善意和行为。中小企业可以根据伙伴的能力和善意所展示的信号进行评估，而善意和能力会体现在组织的实际行为中，信号和实际行为最终会成为组织评估潜在（或实际）伙伴可信任度的重要依据。在组织间信任建立的过程中，信任的三个维度，即能力、善意和行为基于一定的个人信任基础和组织信任基础。组织间信任建立的过程可以通过图5-6来表示。

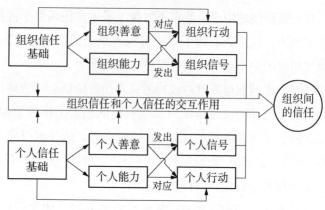

图 5-6　组织间信任建立模型

模型中关于个人信任的基础主要包括以下几个方面：个人特点、角色清晰度和延伸、个人目标和愿景、信任倾向、个人价值观、个人能力；组织信任的基础包括：组织的特点、组织的结构、组织的目标和愿景、管理哲学、组织文化、组织价值观、组织能力。

（2）释放善意、展示能力并体现在具体的行动中

Sydow(1998)认为，信任是很难发展和保持的，然而影响信任演化的条件是可以被管理的。Sydow(1998)相信，即使信任无法被管理，但是代理人"当建立和保持组织间关系和网络时，可以以某种信任敏感的方式行动"。因此中小企业在开放式创新中可以针对合作伙伴采取相应的措施来建立信任。

中小企业在创新合作关系中需要表现出一定的技术和运作能力以获得伙伴的信任，如果这种能力能够长期的保持那么就会在业界形成相应的声誉和口碑，从而有利于组织间信任的构建。当然中小企业在选择跨组织边界管理人员时也需要细心挑选，合适的人选既要精通业务，也需要具有良好的协调能力、管理技能、人际交往技能和较高的情商。如果人员选择不当将会影响组织间信

任的构建。其次是通过行为来表达组织善意和个人善意。组织善意维度的信任基础包括：组织的特点、组织的结构、组织的目标和愿景、管理哲学、组织文化、组织价值观；个人善意维度的信任基础包括：个人特点、角色清晰度和延伸、个人目标和愿景、信任倾向、个人价值观。无论是中小企业还是委托的跨边界管理人员都需要向对方释放善意，并通过具体的行动表现出来，这些具体的行动见表5.5。

表5.5　个人、组织信任的基础及行动

信任维度	个人信任基础	对应行动	组织信任基础	对应行动
善意	个人特点自我参考	个人需求的自我界定和沟通 学习的意愿 对非相似性的容忍 互相定向的经验	组织特点自我参考	组织需求的自我界定和沟通 对互补性的欣赏 相互导向的经验
	角色清晰度和延伸	可预测性 学习方面的主动行为 帮助和调整	组织结构	角色：澄清、清晰度和权威 在学习和调整方面的主动行为
	个人目标和愿景	沟通意图 承诺	组织目标和愿景	组织目标的沟通 投资和承诺
	信任倾向	承认风险和委派的能力 感觉和期望的沟通	管理哲学	管理行为的一致性 规范和制裁
	个人正直和可信度	诚实 信守承诺 道德正确的行为	组织文化	组织沟通的开放性 组织行为的一致性
	个人价值观	态度、情感和选择 职业化	组织价值观	组织的行为和决策 作为有能力行动者的声誉 战略和愿景的正确性
能力	个人能力	现实判断 执行跨人际技能的能力	组织能力	执行力 伙伴关系的能力

（3）信任的建立是渐进的过程，需要历史积累

跨组织和人际间的信任相关但是结构不同。私人和组织信任之间的联系尚不清楚，但是如果我们说是人与人之间的信任而不是组织间的相互信任是符合逻辑的。企业之间的交易实质是人与人之间的交易或者小群体之间的交易。然而，组织有声誉、形象并且通过管理、过程和文化来统一雇员的行为并对外部联系做出反应。我们认为既有人际信任也有组织间的信任，但是通常是组织间的人相互信任。Zaheer et al.（1998）将人际信任界定为"伙伴组织中对应方对跨边界代理人的信任程度"，他们也将组织间的信任界定为"焦点组织的成员对伙伴组织的信任程度"。

个人的信任体验受到许多因素影响。积极的心态和情感为良好地评价另一方以及正面的信任体验铺平了道路，并加强了后续的信任构建。每个个体的价值观系统为他/她的信任体验建立了基础。价值观可以创造出信任倾向，它比基于特定情境和关系的信任更加基础和普通。价值观是总的原则或者一个人的导向系统，他们具有相对永恒性并且设定了信任的体验。长期来看，价值观也可能随着一个人获得的新知识和态度的变化而变化，例如对伙伴机会主义行为的负面经历的积累。态度可以视为是对他人的知识、信念和感觉，也可以视为与他人相互交往的手段。心情和情感在创造第一印象中起主要作用。第一印象很重要，因为他们为接下来的关系定调，并提升了信任和关系发展。在动荡的生意场上，短暂的相遇需要做出快速的决策，这时心情和情感也承担主要角色。心情和情感最为短暂和较少的理性，但是它们是信任体验中的重要因素。认知信任（理性的）和情感信任（感情的）同等重要，信任中的情感因素有时是解释信任破碎的重要因素。

个人被认为会保持对自己和他人信任行为历史的感知心理账户。因此，在一个新型关系中的参与方有意和无意识的从对方的言谈、行为指标和信号来评价值得信任度。作为终极目标，他们想看到另一方是否会危及他们的利益，或者是否能够相信另一方在推动互利中的坦诚。

陌生人之间的关系是渐进的，开始于只需要一点信任的小事情。组织应对风险的能力和发展信任的能力取决于跨界人员对过程的理解和意会能力。信任的发展遵循从有条件信任向无条件信任的路径发展，当然也可能向相反方向发展到不信任。因此，伙伴方可以在有条件信任下建立关系，并通过后续的交往过程来深入洞察和了解可信任度。

交易关系中的有条件信任在一定程度上可以发挥功能，但是需要保持监督和控制。信任通常比较脆弱并且早期的有条件的信任处于测试期。此时微小的不信任信号也可能阻碍发展关系的兴趣和意图。如果信任恶化严重，伙伴参与方将不再承担相应的角色，这时候就形成了不信任。如果伙伴能够达到无条件信任的水平，他们将全身心集中在任务的完成上。无条件信任具有正向效应而且友情将为伙伴方承担他们的角色以及完成相应的任务铺平道路。

（4）通过私人信任来带动组织间信任并建立组织的信任文化

某种程度上公司之间广泛信任的私人网络会导致公司层面的信任，因为很难将企业之间的信任归因于任何人或者特定的人。个人的、组织的、跨组织的可信任度是相互关联的。与个人关系相比组织关系需要较少强度的私人承诺。个人信任被视为推动组织信任和提升绩效的机制。相应的我们建议，对于中小企业而言，在不对称关系中与大企业中的关键个人建立私人信任是应对大企业的有效策略。

私人信任和组织信任相互影响,经理会告知员工组织中哪一种行为被奖励(或惩罚)。经理和员工会通过讨论或者陈述相互之间进行观察和了解。组织的文化(协调、沟通和决策制定)鼓励或者不鼓励管理人员的值得信任的行为。人员之间和组织之间的信任会共同发展并相互影响,其中一方可能先发展并影响另一方。具有值得信赖特点和值得信任个性的新的经理可能会引入信任的文化,这种文化将被更多的员工学习并扩散到组织中。一个值得信任的销售人员将会影响到公司的信任体验。相反,如果公司在伙伴中有一个好的声誉,外部企业将期待遇到有能力的值得信任的伙伴经理。人员间和组织间信任的交互作用是动态的,如果其中一方恶化那么对另一方将会有负面影响。基于个人的性情、经验和价值观,可信任度是可以感知的,不同的人对可信任度的强调和评价是不同的。根据个人的经验和价值观,信任的倾向也是变化的。对某些人而言,值得信任并保持正直是很重要的道德,而其他人可能并不认为值得信任的声誉很有价值。

因此,如果中小企业希望发展值得信赖的组织声誉并且不断评估其他组织的值得信赖度,那么必须具有推动值得信赖的强大的组织文化。除了积极的机制,也需要一些控制和潜在的惩罚,因为信任总是具有特定的情景。如果情景和激励适当,那么单个的跨边界人员不容易采取机会主义行为。

5.4.4 对关系发展状况进行有效的评估

根据企业伙伴对象的不同,企业之间的伙伴关系种类可以划分为很多种,限于篇幅不可能对所有不同种类的企业合作关系一一加以分析。鉴于本书主要研究创新网络中的中小企业开放式创新行为,那么产品研发合作是本文关注的主要议题。因此,掌握评价关系发展过程中产品研发合作活动和技能的技术是提升中小企业网络关系发展能力重要途径之一。本节我们主要介绍 C Farrukh,P Fraser 和 M Gregory(2003)的评价产品研发合作实践的方法,他们将合作成熟度方格和合作生命周期两种方法有机的结合起来。

合作成熟度方格描述了四个成熟度水平上的关键领域,纵向维度描述一些关系发展的关键领域,横向维度描述关系成熟度水平。成熟度的概念是基于过程和能力,这一概念被频繁应用于产品开发的不同方面,它既可以作为评价方法也可以作为提升框架的一部分。成熟度方格描述了在一些阶段中,企业在成熟度水平上所展现的行为特征。

第二个方法是合作生命周期的扩展版本,它根据五个阶段中可能发生的典型活动发展而来,这五个阶段包括准备、形成、管理、变更/演化和取消。生命周期的概念在文献和实践中都比较熟悉,例如产品和技术的生命周期已经被广泛应用。在合作条件下,生命周期更多集中在关系发展的阶段。就早期伙伴企业介入来说,关系已经存在但是需要从市场交易转向以伙伴关系为基础。新的伙伴关系建立开始通常需要识别和选择新的伙伴,这个过程如同求爱和结婚,在整个过程中会经历许多阶段。当关系建立以后,一个重要的议题是随着时间的推移如何发展伙伴关系。由于伙伴之间彼此熟悉了,因而可以识别进一步的合作机会,并有可能形成长期的伙伴关系。

网络成熟度作为能力审计工具,可以对企业关系发展能力所处的水平有个初步的判断,而生命周期作为情景工具则可以判断企业之间的关系处于什么样的发展周期阶段。这个方法中,公司首先应该通过将方格应用于执行合作成熟度的评估。生命周期被用于计划和检查实际的合作。如果合适,可以执行由双方伙伴共同参与的联合检查,双方共享成熟度方格和生命周期实践检查的结果。下面分别介绍这两种方法:

(1) 合作成熟度方格

成熟度网格是从大量不同执行层面来描述某个活动特征的方法。在最低层次水平上,活动执行可能具有临时性,或者依赖于个体的初始动机。随着层次的上升,互动将会变得更加系统,并且被很好的界定和管理。在最高层次上,最好的实践在适当的地方得到采用并且经过持续提升过程。

对于贯穿公司不同项目中的重复性活动,很可能以某种形式存在既定的程序,它们的主要目标是确保方法和产出的持续性。观察成熟度水平的方法与这些程序有关。我们可以通过了解下列方面来判断关系管理的成熟度:从根本上有这些过程吗?如果有,它们是否有效或有效率?人们意识到它还是忽略了它?过程本身是否被视为竞争优势的潜在源泉,受到定期的审视和提升?成熟度网格具体见表5.6。

表5.6　成熟度网格

	水平1	水平2	水平3	水平4
合作策略(在内部或外部设计和开发知识资源之间进行有意识的选择)	这里没有发明	偶然的临时伙伴	建立伙伴能力	定期回顾
结构化的开发过程(清晰的记录详实的过程将新产品推向市场)	没有正式的新产品创新过程	存在过程但是……	使用过程并且理解它	持续的新产品创新提升

	水平 1	水平 2	水平 3	水平 4
系统设计和任务分配（通过设计确保独立的开发和推动模块整合）	没有很好的界定界面	直觉地考虑模块化	正式的配置计划	有意的同步设计
伙伴选择（确保伙伴有充分的能力和资源）	希望带来好运并屏住呼吸	口碑	回顾技术能力	广泛评估能力
开始（资源承诺，清晰界定角色和责任）	但是我们已经开始	这是一个很好的交易吗？	适当的协议	所有的基本规则被同意并被沟通
伙伴管理（很好地界定有效沟通途径，定期地开放地回顾过程）	我认为你正在做那件事	合作被管理但不是被捍卫	合作捍卫者	频繁地、开放地沟通
伙伴发展（建立信任氛围和信心，发展相互依赖关系）	当项目结束时我很高兴	先见之明	很好的工作关系	进行中的，互利的

资料来源：C Farrukh, P Fraser and M Gregory. Development of a structured approach to assessing practice in product development collaborations [J]. Proc. Instn Mech. Engrs Vol. 217

（2）合作生命周期分析

典型的伙伴关系共同发展过程包含五个主要的阶段，它们嵌入于公司的商业模式和合作策略中（见图 5-7）。这五个阶段包含：

准备：考虑合作。

形成：形成伙伴关系。

管理：日常管理。

演化：伙伴关系的变化。

结果：取消或者项目后继。

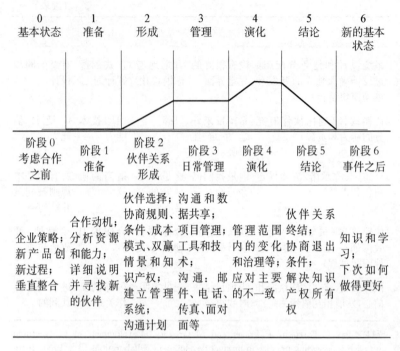

图 5 - 7　合作生命周期阶段

资料来源：C Farrukh，P Fraser and M Gregory. Development of a structured approach to assessing practice in product development collaborations ［J］. Proc. Instn Mech. Engrs Vol. 217

　　这些阶段代表了随时间变化的合作生命周期，在一些例子中，关系可能在项目启动之后很快就结束了，而在其他例子中，可能会进一步的项目合作。随着新的伙伴企业进入现行的关系中，也有可能衍生出几个新的项目。即便如此，这些进行中的关系经过一段时间也会终结，然后再次开始启动关系循环。

　　风险是所有合作关系中固有的。如果伙伴公司无法满足项目中的角色要求，那么将会发生什么？也许大多数极端的情景是出现伙伴财务上的损失，但是关键专家雇员的离开或者项目后期（也许在系统整合或预生产阶段)出现的技术问题也会导致关系发展的困难。采取某种形式的风险评估来估计这类事件的潜在影响是比较有用的。在合作开发的例子中,许多风险与缺乏远见或者伙伴企业实施活动的信息不完全相关。这些行动的目标是为了识别显著的风险,需要一方或者双方给予特殊关注,并对特定的合作项目进行结构化的预排。把这些记录在表格中,要有详细的可能效果和行动要求。

5.5 中小企业开放式创新伙伴关系的终结

5.5.1 关系终结与创新

最近的一些文献已经将关系解散作为组织的能力(Ritter 和 Geersbro, 2011; Havila 和 Medlin, 2012; Mitrega et al. , 2012; Mitrega 和 Pfajfar, 2015),成功的关系管理不仅需要监控不良创新伙伴关系以便改善这些关系,而且要求发展具体的惯例(例如中介成本的评估,利用特定的伙伴合约要素)来支撑关系的解散。在现有创新伙伴被仔细评估并被认为对产品创新活动不利以后,这些惯例可能被应用。这个过程和惯例允许解除创新伙伴关系,并释放这些伙伴关系中所绑定的资源。

关系观作为企业网络的一个重要的原理,一般不建议企业层面为终止所选择关系实施系统化的行为。事实上,结成伙伴通常需要进行无法追回的投资,因而关系观隐含着不鼓励经理终结关系。然而,企业关系的终结正成为更为重要的研究领域,并被认为是伙伴关系管理的重要组成部分。已有文献提及关系管理和关系组合对产品创新的负面影响。关系终结过程与动态能力观是一致的,动态能力将竞争优势的资源视为暂时的,因而强调系统的重新配置战略资源。本书将开放式创新中的伙伴关系终结能力视为企业层面实施的行动和行为惯例,其目标指向系统取消阻碍创新的伙伴关系。结果这些伙伴被从伙伴关系组合中有意删除,即使他们有可能在未来交往中重新加入。在开放式创新伙伴关系情境中,终结管理包含两个因素:终结准备(即通过评价他们的价值和识别次优的伙伴来选择不良伙伴关系))和终结过程(即为淘汰或者终结次优绩效的伙伴关系建立程序)。

没有合适的选择惯例,企业将会被所谓的伙伴关系切换惰性所影响,从而被锁定在不良开放式创新伙伴关系中,从而对产品创新产生不好的影响。这些不良伙伴关系绑定了资源并提供了不充分的产品创新利益。这些资源可以被用于更优的产品创新形式。系统的伙伴评价已被作为评估企业关系中伙伴贡献的工具而讨论,并被用于识别那些低价值的关系。执行识别哪些不良伙伴关系的企业惯例为进一步的行动提供了恰当的基础,包括减少合作项目,缩减更多合约层面的关系规模。

Zaefarian et al. (2017)揭示了关系终结能力对于产品创新的重要性。将关系终结能力应用于产品合作创新的关系并不是质疑对伙伴关系的投资是不可挽回的观点。企业终结某种不良关系可能会导致与创新相关的利益损失,但是并不是所有的关系终结都会导致与创新相关的利益损失。我们认为开放式创新中伙伴关系终结能力对产品创新正向影响的存在是基于两个主要原因:第一是伙伴评价有助于识别不良伙伴关系,但是与伙伴反馈相结合也推动了那些伙伴提升关系绩效。因此,不良供伙伴关系评估对创新伙伴有正向影响,因为它推动了不良伙伴提升他们的合作活动,减少了机会主义行为,因而指导了创新活动。此外,关系终结防止了创新伙伴占有过多的合作创新成果,即在伙伴占有过多的创新成果之前取消不适当的关系。其次,我们认为伙伴关系终结能力对企业产品创新的正向影响是通过释放一定的组织能力和不可挽回的资源(例如,企业所雇佣的专家的技能,这些专家针对于特定伙伴的合作),这些能力和资源可以用于其他的伙伴关系(激发企业与有前景的新的合作伙伴建立关系,或者加深良好的已有合作伙伴关系)并提升产品创新。这个机制反映了跨企业网络情境下动态能力的途径,因为它假设企业可以系统化的重新配置资源束,从而在伙伴关系组合中针对产品创新为新伙伴的合作项目腾出空间。

中小企业在终结伙伴关系时需要注意:第一,即使已终结关系的团体相互之间没有更多的交易,某种类型的关系仍然能存在,它提供了再次激活沉睡关系的机会。第二,如果两个企业共享强大的社会联系而且关系存在了很多年,试图终结关系的企业在终结关系时应尽可能小心,而且最好能采用其他导向的行为。

5.5.2 跨企业关系终结模型

(1) 有关关系终结的三个主要观点

有关关系终结的观点主要有三个:社会心理学观点、消费者营销观点以及渠道和跨企业的观点。这三个观点的结合有助于理解企业间关系终结。

对社会心理学观点做出重要贡献的是 Duck,他在 1982 年提出解除人际关系的四阶段过程。这个过程开始于心灵内部的阶段,在这个阶段一个团体会私下评价对另一个团体的不满意情况,包括比较关系维系的成本和关系维系的利益。接下来关系进入一个交互作用的阶段,在这个阶段团体会讨论解除束缚,第三个阶段是公开解散的社交阶段,关系终结后的社交和心理恢复作为过程的最后阶段。尽管 Duck(1982)并没有完全抓住企业关系终结的复杂性,但是他也强调了关系解散是一个过程,并识别了在企业关系终结中也可能出现的行为。Baxter(1985)详细说明了 Duck 终结模型的双重阶段(或者互相作用的阶段)以及在这个阶段个人所采取的策略。她识别了撤出策略的两个关键维度:直接导向,和其他导向。直接的策略就是向其他团体明确表示退出关系的意愿,然而直接策略试图在没有明确表明目的的情况下完成了拆分,诸如通过采用回避行为或者增加关系成本。其他导向策略是撤出关系者尽可能避免拆分过程中伤害其他团体。对企业间关系,很可能团体关系越亲近,企业就更可能关心其他企业由于终结关系而丢脸。使用直接终结策略往往是由于伙伴未能履行相应的义务(这种义务很可能伴随着密切的企业关系),终结关系的企业必须通知其他企业自己直接终止关系的决策。因履行义务失败所导致的关系终止会使被终止企业在所连接的网络中获得负面声誉。

消费者营销观点。Hirschman(1970)提出了关系终结的 EVL 模型,即退出、发声和忠诚模型(EVL)。在这个模型中,退出被认为是对关系不满意的积极的和破坏性的反应。EVL 框架也被消费者营销文献用于解释关系终结,框架中假设退出是一定条件下消费者对质量下降的反应。在什么样的条件下会期待退出呢? 当竞争盛行,并且消费者被提供了可选择性,他们意识到或警觉到性能有任何绝对的或相对的恶化时。

渠道和跨企业的观点。尽管许多学者认识到在战略营销过程中人们对关系终结不太了解,但是大多数学者都没有进行深入探讨,而是只有简单的描述。Ping 和 Dwyer(1992)提出了基于图表的退出模型,包括角色的表现和备选项的吸引力。他们基于 Duck 的社会心理学模型提出了更为复杂的渠道关系终结框架。这个渠道关系终结过程模型分为企业间和企业内两个亚过程,企业间关系终结过程是第一个过程。它是一个单边模型,只有一个企业推动了关系终结。

Alajoutsijarvi 和 Tahtinen(1997)试图描述从企业关系中漂亮退出的特点。通过深入研究了四种企业关系终结,作者总结了漂亮退出应该可以分为两个相互依赖的概念:漂亮解约和漂亮解散。解约过程是发生在关系解散过程中的子过程或者子阶段。对漂亮退出的评估是多维度的,如果考虑到双方以及所联系的网络,那么对结果的感知就是不同的。解约过程的性质并不是解约者选择某个策略,没有一个方法来界定哪个策略是最完美的。终结企业关系的复杂和动态的本质要求对解约管理的高度敏感性才能获得漂亮退出。

(2) 一个跨企业的关系终结模型

先前的文献回顾从不同视角检验了关系解散并加深了对关系终结的理解。分析关系终结前,有必要了解影响关系终结的因素,如承诺、信任、满意度、备选项的质量、依赖性、信任、社会和其他的联系。这些因素不仅提供了关系终结的原因而且很大程度上影响了终结情形下企业所采取的策略类型。尽管许多情境因素对企业关系的成功和失败起到一定的作用,关系承诺是企业和其他各种伙伴之间所有关系交易的中心。承诺和脱离关系的倾向之间是负向的关系。

Giller, Caroline; Matear, Sheelagh(2001)基于对不同流派的回顾,他们发展出一个考虑企业间关系特点的关系发展过程模型(如图 5-8)。关系终结过程开始于触发终结的事件并且扩展到

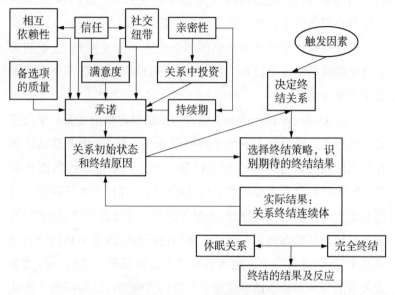

图 5-8 企业间关系终结模型

资料来源：Giller, Caroline；Matear, Sheelagh. The termination of inter-firm relationships [J]. The Journal of Business & Industrial Marketing；Santa Barbara, Vol. 16, Iss. 2, (2001)：94-112.

关于关系双方和所联系网络的终结结果。触发者可以是改变关系现状的任何因素，通过这种方式启动终结过程。尽管触发因素启动了过程，但是它并不是关系终结的必然原因。触发因素可能在实际终结发生之前很久就存在，它可能是公司内部的因素，如组织地址的变动，或者外部因素如经济萧条导致削减支出。触发因素是对某个事件严重的不满意从而诱导了反应，而对关系的总体满意度或者承诺决定了接下来的反应（即发声、退出或者忽略）。

关系终结是一个双重阶段。既然实际的关系终结是通过一系列行动实现的，那么有关可选择行动方式的知识将会提供理解企业间关系终结的正确的基础。如同先前所提到,先于关系终结的关系特征因素影响了双方企业将采用的策略类型。例如,如果一方企业在关系中拥有大量投资,那么企业中的一方或双方将采用自我导向方式来退出关系,以便使自身的成本最小。如果两个企业是亲密的,并且关系具有很强的社会纽带的特征,那么终结企业很可能使用其他导向的行为方式,并尽可能完美的对关系进行终结。尽管本文建议关系终结时企业之间没有资源联系或者行动联系,但必须认识到企业关系的终结在程度上是可以变化的,因此关系终结存在一个连续体。例如,可能是关系已经终结但是企业之间的纽带依然存在,这就允许关系在未来某个时候可以被重新激活。这种类型的终结是指关系休眠。另一方面,也可能是关系已经完全终结,未来没有意向或者可能重新激活关系。

休眠的关系。终结关系的企业是以正面形象离开关系还是以失望或者甚至愤怒的姿态离开关系是完全不同的。如果企业对关系进行了承诺并且有着特殊的强大的社交纽带存在,关系终结会产生巨大的情感挫折。而且每一方对关系终结的感知完全不同。因此,对特定关系终结结果有着许多完全不同的反应,不仅对参与各方如此,对联系的网络也是如此。此外需要注意的是,在关系终结以后和实际后果被识别或者影响被完全评估之前会经历一个适当的时间段。

评价和感知。终结过程的评价和感知将最终影响企业对未来终结状况的反应,有关哪种策略会产生最满意的结果会作为经验被企业获得。而且,如果无法实现完全的关系终结(无论何种原因),那么这也会影响那种关系的未来。双方企业都会就如何处理终结关系的意图提出愉快的或者不愉快的观点,而且对关系的感知也是不同的。

5.6 如何处理关系嵌入中的私人联系与组织联系

关系嵌入概念的理论发展和检验开始被应用于检验个体之间的关系，但是最近的研究显示关系嵌入可以预测跨组织交流的几种形式，包括战略联盟、购买者和供应商的关系以及政府关系。然而，由于组织联系的节点多样性（nodal multiplexity），将这些有关关系嵌入的想法从个体转换到组织层面会导致错误解释，这些问题源于跨组织关系是内在的多层次性。组织和形成组织的亚群体之间的关系来源于个体，因此尽管传统的多样性是指关系内容的变化，而节点多样性是指多元行动者（团队、组织和集体的）之间关系体验的变化。

当评估个体和组织以往的交流体验如何影响他们后来的跨组织交流行为时，节点多样性与之相关。同一组织的个体成员通常并不共享一系列相同的交易经验，谁的经验会形成组织的行为并不是很清楚。此外，组织成员共享的交易经验是否与以前组织成员独立的经验具有相同的效果也不清楚。

这些理论问题也在关系嵌入如何影响组织交易的研究中有所体现。研究者或者将分析限定在跨组织层面但是不考虑跨组织人员的角色，或者在个体层面和组织层面的影响很难厘清的情境下严重依赖于组织领导者提供的数据（Uzzi，1997）。在第一种情况下研究者承担将跨组织的交易行为过度归因于组织的根植性，而事实上个体联系可能是决定因素。某种程度上，有影响力的个体对组织的忠诚随着时间而改变。在跨组织的关系存在之前就已经形成的个体层面的联系会导致新的组织间交易关系。在第二种情况中,领导者交易经验的影响会被过分强调,而事实上也许其他成员的经验以及组织的一些部分更具有影响。两种方法都不会考虑组织成员共享交易经验会对组织和领导者所具有的影响以及超越这种影响的可能性,其中组织和领导者与组织成员同交易伙伴建立了独特和平行的联系。

两种方法都包含独特的原理。基于领导者经验解释跨组织交易行为的原理是领导者拥有将观点注入到组织决策中的权力。通过对照,其他研究者建议,领导者的交易经验也许只将影响限定在组织的关系行为上。其他的组织跨边界管理成员,如采购代表和销售人员拥有过相关的能够影响组织决策的跨组织经验。对组织交易环境的信念也根植于组织层面诸如惯例、文化和礼仪的宝库中。这些信念在现有领导任期届满之前成为制度化或者在长期领导者的控制之中。

中小企业一般规模比较小,大多数中小企业的员工(特别是管理人员)与外部的私人联系是企业与外部联系的重要渠道,很多中小企业对产业网络的嵌入起源于关系性嵌入。尽管企业之间的伙伴关系包含了企业间的经济交易,而不是个人之间,但是个人在这些关系中扮演着重要角色。与此同时,也必须意识到,企业在企业间关系中过度依赖于强大的私人关系时必须小心谨慎。企业经理之间密切的私人关系有时候会对企业关系产生负面影响。

认识到在企业关系中依赖人际关系的利益和限制需要清楚的了解个人关系在企业关系中所扮演的角色。例如,我们需要了解如何以及什么时候依赖强大的私人关系会导致功能失调,更重要的是采取什么措施来缓解企业关系中依赖私人关系的负面结果。处理好私人联系与企业间联系的关系也是中小企业在开放式创新过程中嵌入外部创新网络的重要内容。

5.6.1　企业关系中私人关系的重要性

私人关系是指企业关系中经理个人之间的人际联系。当考虑伙伴关系生命周期模型时，对依赖私人关系的利益和限制会变得更清楚。企业间的关系通常经历发起阶段、成长阶段和成熟阶段。个人关系在企业关系发展的早期阶段是最重要的，大多数个人关系的利益在企业关系的早期阶段很可能被实现，但随着企业关系的成熟其重要性不断减小。个人联系所产生的功能失调在企业关系的后期阶段很可能发生。因此，关系早期阶段比关系晚期阶段更需要个人关系。

个体和私人的关系随着企业关系的成熟而居于次要地位。Henry Adobor(2006)认为伙伴关系中经理之间的私人联系在企业关系中会带来以下优势：①加快企业关系的形成过程；②减少企业关系风险；③建立并加强信任；④帮助减少企业关系中的不确定性。

（1）私人关系有助于加快中小企业与其他企业关系的形成

个体之间弱联系的共同点是能够为没有交往的不同群体之间扩散信息提供重要的手段。例如，一个企业能够从另外具有弱联系的企业那里获得未来可能的伙伴信息。在我国，关系或者私人联系意味着人际关系在组织间关系中的重要性。弱联系在经济关系中可以提供有用的利益，但是有很多理由证明强联系对于管理企业间关系更好。

首先，私人联系能提供企业关系形成的动力。在建立私人联系时社会联系特别有用，它是企业之间形成战略联盟的基础。企业可以通过经理之间的私人朋友关系收集关于未来伙伴的能力和感兴趣的信息，私人关系提供了企业获得关于未来伙伴可信赖的和详细信息的渠道。

其次，即使企业很容易判定潜在伙伴企业实现伙伴关系目标的能力，但是也可能不容易判定他们是否值得信赖。前者与绩效风险相联系，后者与关系风险相联系。人际关系通常提供了强大初始信任的基础。私人信任增加了企业间的关系资产，并有助于减少关系风险。私人联系对于伙伴谈判是很重要的，从私人联系中获益的伙伴较少担心何时才能将关系结构化。

私人关系对于企业关系的发展也具有重大影响。在企业关系早期阶段，伙伴双方很可能感觉相互没有完全投入。还没有做出主要的承诺，伙伴可能在寻找或者做出投资或者退缩的信号。这时候私人关系可以发挥很大的作用，因为他们提供了推动伙伴忠诚度跨越的必要的和舒适的手段，这种忠诚度对于企业关系的成长是必须的。人际联系提供了合作的重要基础，许多强大的人际联系有助于解决小冲突，防止它们升级。甚至有经理认为，除了私人关系没有更好的解决问题的系统。

最后，私人关系也对企业关系的成功做出了不小的贡献，因为这种联系推动了更多信息在经理之间共享，并鼓励更高水平的信赖行为。组织间关系在三个方面可以从私人关系获益：联合解决问题、信任和信息传递。当来自伙伴企业的个体经理使用私人关系来解决企业所面临的问题时联合解决问题的利益就会出现。经理之间共享的信息很可能是有价值的。私人关系所导致的联合决策和问题解决对于企业关系的绩效特别有帮助。联合决策意味着在关系中的承诺，它也减少了伙伴一方机会主义行为的可能性，更重要的是增加了当机会主义一旦发生时被识别的可能性。当企业绩效低于预期或者没有完成任务时人际关系就像一张安全网保护企业关系不被自我毁灭。

（2）人际关系可以减少伙伴关系中的风险

在企业关系中，伙伴一方有几种选择来控制风险，如合同、联盟结构化方法、企业相互之间交叉投资、监督和参与决策来降低关系风险（特别是欺骗行为），每种机制都有它们的优点和局限性。

合同是最广泛应用的机制，它们明确了伙伴的权利和责任，并且在法律上可以执行因而降低了欺骗和机会主义行为的风险。然而合同也具有局限性，最显著的局限性就是合同不可能涵盖所有的紧急情况，长期合同尤为如此，因为很难预见未来会有什么突发情况。结果就是合同主要防止短期关系风险，而不是长期的关系风险。更糟糕的是，合同不能强迫伙伴方执行特殊的行动。最好的情况下，法庭只能给被侵害的一方弥补损失。

此外，合同只能在产权制度（即发达的法庭和有效的法律体系）比较发达的情况下作为一个有效的治理手段。遗憾的是不是所有国家能够提供这样的条件。在许多国家（即便这些国家具有完善的法律体系）通过法律强制执行合同的约定也是很困难的，而在不同的文化背景下，合同只是代表发生过此事，但是不执行合同并不会受到惩罚，合同甚至不如伙伴之间握个手更具有可信度。

企业可以用正式的控制系统来降低风险。例如，为了减少欺骗行为，他们可以根据所有权来结构化联盟关系，他们也可以在相互企业之间进行特定的交易投资（用比喻来说就是"互为人质"）或者密切监督他们的伙伴企业。这三个机制都提供了对伙伴的正式和非正式控制。然而，并不是所有的关系风险可以通过正式系统进行控制。例如，"互为质押"、特殊的信息和资本设备随时间可能失去重要性。

私人关系可以是附加的、重要的机制，它不仅强化了企业间关系而且克服了正式控制机制的局限性。例如，个人联系天然的鼓励共同解决问题和信任。他们能减少过度监督的需要，并鼓励共享有用的信息使伙伴之间能够相互了解意图和兴趣并推动合作行为。企业关系不可能完全通过正式系统加以控制，而是需要密集的人际联系网。

（3）人际关系有助于伙伴关系中信任的构建

信任被描述为交易关系顺畅的润滑剂。信任在跨企业联盟中极其重要，因为联盟中牵涉到大量的风险。信任的出现减少了一定数量的风险并降低了与整个交易过程相联系的成本，这是有可能的，因为信任推动了伙伴之间在长期关系中的投资，而且它通过允许有用信息的自由交流从而确保了关系质量。

组织之间无法直接信任，因此需要关键个体作为一个企业代表来表达集体的信任。作为一个行为概念，信任可能只存在于人际层面，在这里私人关系起着重要的作用。遗憾的是，我们知道信任是脆弱的，一旦破裂很难修复。人际关系可能产生的私人友情纽带是组织间信任的重要因素，这在关系的早期阶段特别关键，此时伙伴没有机会要求建立关系依附和承诺。Child（2005）指出组织之间的信任可以归结到个体之间信任的质量，他称之为"信任保护者"，"信任保护者"对企业关系的作用取决于以下几点：第一，与对方经理发展出的相互人际信任；第二，在各自组织中所拥有的影响；第三，有多少"信任保护者"。

个人友情通常作为信任的黏合剂，特别是当机会主义行为的诱惑特别大的时候。更重要的是，私人联系和个体之间的信任能对合作的伙伴企业施加压力。企业中相互签订合约的个体之间亲密的关系能够向对方施加压力使之与期望保持一致。

（4）私人关系有助于降低伙伴关系中的不确定性

当人们无法知道结果的可能性，不确定性就会存在。企业之间从事经济交易同样面临不确定性，企业关系中的不确定性来自诸多原因。它的发生经常是因为伙伴无法预测什么时候，在多大程度上对方将有回报行为。例如，伙伴可能会利用对方或者从事某种机会主义。

企业关系中的不确定性也可能因为伙伴无法预测关系结局。社会学家已经研究了他们所谓的"社交不确定性效应"以及在交往中如何降低不确定性。社交不确定性的产生是因为交往的伙伴有能力施加伤害，并且一旦伙伴那么做而行动者却无法预测。同样的情形也会在企业关系中出现，因为伙伴之间可能会相互伤害。

社会学家认为人们之间的信任可以解放或减少社会不确定性。私人关系是建立在个体承诺和信任基础上的，例如人际联系是减少联盟中不确定性的关键因素。某种意义上，私人关系代替社会合约中的法律合约是因为私人关系基于非正式的了解和一些隐性的社会合约。这里的假设是如果企业的代表相互之间建立了隐性的社会合约，那么企业将会避免机会主义行为。信息共享和合作的个体通过减少一些关键的不确定性源泉将利益扩展到整个联盟。

5.6.2 私人关系对组织间关系的负面影响

尽管在跨企业关系中依赖私人联系是有用的，但是这个策略也不是没有缺陷，其负面影响主要包括以下几个方面：①利益冲突；②追逐私利并升级行动过程中的承诺；③企业关系的命运与私人关系联系起来；④关系代理和交易成本将会上升。

（1）利益冲突

依赖私人关系的一个重要局限性是无法保证个人是出于企业利益采取行动。一种期望是支持企业关系的个人联系将按照母公司的利益采取行动，在某种程度上这些个体将成为企业的代理，然而他们的行为是否出于企业的利益还存在争议。尽管组织的角色可以限制员工的个体行为，但是有很多原因导致他们的行为并不总是与他们的角色期待相一致。

首先，个人的忠诚与组织利益的背离会导致不法行为，如腐败和贪污。其次，经理自身会介入与他们角色期待相背离的行为，例如个人会隐藏负面信息来保护他们声誉。最后，个人利益会与角色绩效站在同一条战线，企业关系中关键的企业代表会由于感知到任务对他的职业生涯前景产生不利而导致不合作。

（2）私人关系和承诺升级

私人关系的另一个功能失调行为是个体会升级承诺并以母公司不希望的方式操纵关系。当决策者坚持一连串的投资行动时很容易发生承诺升级，而尽管信息表明结果可能不容乐观。企业关系中如果行动者坚持行动（如持续对联盟投资，拒绝退出），承诺就会升级。

承诺升级可能取决于诸多因素，如项目的经济特点，心理因素（如判断决策的个人需要），社会因素（诸如证明关系强大的需要）和组织因素（如组织内部对创意的支持水平）。个体经理可能会因为一些原因而升级承诺，首要原因是自我判断。个人的责任也是驱动承诺升级行为的动力。在企业关系建立的过程中个体扮演着重要角色，而且会在自我施加的压力下保证关系成功。

其次，在企业中个人也可能为了保护自身的声誉而升级对关系的承诺，甚至在企业关系的一连串行动失败的情况下，这些个体也希望连续的承诺。当人们感知到关系失败将会使他们失去职位，以及绩效提升只是一种乐观的期望时升级承诺仍然可能发生，文化价值观也是决定承诺升级的因素之一。

企业至少有两个方法能够减少个人领导力导致的承诺升级。第一，既然个人的决策责任感促进了个人升级承诺，那么防止承诺升级的方法之一是减少对私人关系的依赖并鼓励组织的所有成员承担企业关系中的所有权。例如，企业可以利用项目团队并鼓励雇员与伙伴企业中的个体建立多重联系。对于那些企业关系的主要保护人而言，多重关系将减少个人感受到的责任水平。对结果所负的责任感越小，对早期决策正确性判断所承担的责任就越低。当然，管理层必须无限承受任何战略计划的成功或者失败，包括伙伴关系。其次，企业可以监督在伙伴企业中有联系的经理们的角色表现，当监控正确并具有周期性，那么监督可以通过揭露承诺升级的倾向而减少承诺升级。

（3）个体性格也可能对企业关系具有负面影响

另一个与依赖私人关系相关的重要功能失调就是企业关系的命运被系在私人关系的命运上。当个人友情减弱或者产生逆转，企业关系就会受到影响。

私人关系寄托在友情联系上，当友情终结时，关系也会产生负面影响，特别是如果这种关系在企业关系中扮演关键角色时更是如此。在这个情况下，个人冲突扩展到企业之间。私人关系逆转也会影响到企业关系，个人可能辞职、被解雇或者比较罕见的出现死亡。具有私人关系的跨界管理人员如果被替换，即使新人能够取代旧人，建立友情也需要时间。

当私人联系成为成功企业关系必不可少的因素时这种功能失调可能被强化。当没有其他人能够承担这个个体的角色时，那个人就成为必不可少的,这个必不可少的人通常掌握重要的权力。他不仅能够获得和控制重要信息,作为看门人也能使用从伙伴那里获得的涉及优势的信息,通过仔细控制信息也能够影响他人的观点。企业在实现关系目标上越是依赖私人联系,那么替代个人就越困难。

经理之间个人友情的崩溃经常会使企业关系遭受严重打击。一些企业敏锐的意识到个人性格对联盟关系的负面影响,因此采取措施确保个人性格与整个公司利益相比要居于次要地位,例如通过坚持企业伙伴是与团队共事,而不是与个人共事,通过一定的结构调整也可以限制企业关系对个人的依赖。

(4)私人关系增加了代理和交易成本

当个人具有谋求私利的行为或者未能承担指派的组织角色时,将增加与企业关系相联系的交易和代理成本,在企业关系中包括发现伙伴、发展信任、投资特定资源、关系执行的时间和其他渐进性支出的成本。

当代理人代表委托人的利益违背他们的职责时代理成本就会上升,某种程度上,任何管理企业关系所依赖的关键个体关系都是一种委托代理关系。

当个体所代表的企业和私人利益发生冲突时基本都会对组织产生负面影响,并导致代理成本。行为与个体应当执行的角色发生冲突就会对企业关系产生伤害,在一些例子中个体可以通过从事推动自身利益的活动或者行为来伤害企业关系。总之,尽管私人联系通常有着正向利益,但是它们的应用也具有局限性。

考虑到私人联系所扮演的中心角色,与其说企业是否应该依赖私人关系,不如说是企业如何平衡依赖性以便缓解负面效应。细心管理私人关系并确定在企业关系中什么地方私人关系最有用,是缓解私人关系负面结果的重要途径。私人关系在企业关系的早期阶段最为重要,随着企业关系的成熟,私人关系变得不太关键了。因此,在企业关系的发展过程中细心管理私人关系是减少私人关系功能失调效应的途径之一。

5.6.3　私人关系的战略性应用

中小企业可以通过了解什么时候应该强调个人关系以及什么时候减少对这类关系的依赖来减少依赖私人关系的功能失调后果。在某种意义上,中小企业也许需要将私人关系的运营作为一个战略来进行考虑。

本节介绍一个在生命周期条件下考虑战略性运用私人关系的方法。按照 Kanter(1994)的观点,伙伴可以获得五个层次的整合,每个层次都可以提供不同的交流机会。第一个整合层次是战略交往,包含双方组织为了讨论更广泛的目标而进行的高层接触。第二层次是策略整合,将中层经理聚集到一起来计划特定联合行动并识别提升企业之间信息传递的途径。第三层次是运作整合,为有效执行日常任务的人提供了合适的资源和正确的信息。第四层次是人际整合,在两个组织成员之间创造了私人关系网络。第五层次是文化整合,为双方企业中的人员提供了跨越文化差异的技能和理解。我们可以识别与跨组织关系每个阶段相联系的关键行为,并确定私人关系最有用的点以及什么时候依赖他们会导致功能失调。

（1）早期阶段

企业关系形成的早期阶段是独特的。它通常是一个矛盾的阶段：此时伙伴享受相互之间的良好意愿,机会主义也有可能出现。伙伴们经过一个蜜月期,其特点是充满了舒适、亲善和希望；然而,与此同时,不熟悉和对陌生人的相互了解增加了机会主义和渎职行为产生的概率。

这也是建立企业关系共同愿景的时刻。尽管此时企业关系缺乏正式的结构,团体的策略和选择在早期阶段开始形成,在这个时刻伙伴的角色比较模糊。这个阶段伙伴之间会建立行为框架和协议以确保关系指向伙伴目标,通过依赖私人关系来实现战略的和策略的整合,经理之间直接的个人领导力和私人关系在这个阶段是很重要的。

首先,这个阶段内部抵制很可能产生,关键个人的捍卫者角色非常有帮助。私人关系可以缓冲伙伴对对方以及关系潜力的初始怀疑。在初始阶段由于联盟缺乏正式的结构,伙伴现有的角色在一定程度上是模糊的,在这个条件下,直接沟通是协调的最好方式,因此个人联系显得比较重要。经理之间已有的私人信任也会缓解企业关系早期阶段所特有的脆弱的初始信任。

(2)成长阶段

随着企业关系发展,企业需要将关系制度化,以便能经受私人关系的缺席以及私人关系的崩溃。第二阶段或者成长阶段伙伴之间具有结构依附形式特征。依附是伙伴交流之间的一种惰性的和纽带的力量,它能够推动关系承诺。伙伴之间的结构依附意味着他们不能轻易的摒弃关系而没有什么重要后果。在成长阶段,正式的程序开始取代私人联系。

企业关系经过开始几年的熟悉后会发展到缩小伙伴期望和现实之间差距的阶段。在这个关键阶段,蜜月期会迅速结束,除非双方能够描述企业关系愿景并满足对方的期望,否则好朋友将可能成为敌人。这个阶段是企业关系很多方面发展的关键阶段。这个时候企业必须开始降低关键个人和私人关系的中心角色,调整对关键个人的角色期待。

首先，成长阶段是伙伴必须证明运作能力的阶段。在这个阶段，伙伴双方应该将相关经理聚集到一起实现人员和运作的整合，包括针对企业关系目标在委员会层面建立紧密合作。关系的焦点应从彼此熟悉和愿景构建逐渐向实现愿景转移。在这个阶段，伙伴双方会有大量实体的、物质的和知识资本的投资。运营竞争力要求双方能够在期望的截止日期前完成任务并且性能达到相互满意。运营能力的证明更多依赖于双方企业广泛筛选出的参与人员，而不是依赖于私人关系。在这个阶段，负责项目的关键单元和分部必须集体拥有关系所有权。尽管私人关系在企业关系成长阶段仍然做贡献，但是它们应该从中心位置退居到次要位置，承担支持角色而非中心角色。

第二，这个阶段企业关系正式化开始，一致的和可识别的关系结构（如分部的任务、权利关系、双方的沟通方式）开始形成和演化。在这个关键时期，一些人员之间可能交往密切，关系中的沟通模式也开始浮出表面。正式化要求组织的普通员工积极参与到企业伙伴关系中，但正式化的出现也使得个人无法隐蔽地参与到初始的安排中执行指派的角色。尽管关键人员的角色对企业关系仍有帮助，但是这个阶段企业伙伴关系是成功还是失败更多依赖于大批人员的能力而不是私人关系的好坏。双方公司的一些人员之间必须建立人际关系，以便即使关键人员之间的关系破裂也不会损害伙伴关系。

最后，随企业关系成熟而出现的信任本质上是依赖于企业的能力而不是个人之间的影响，这种信任是以能力为基础的。当伙伴证明他们有能力达到关系中的运作期望时就会产生基于能力的信任。

（3）成熟阶段

企业关系的最后阶段是成熟阶段。在这个期间，关系或者持续到预期的终点或者在成熟前就失败。文化整合是整个阶段的标志。伙伴之间的文化差异被缩小，并且双方之间的结构依附和组织纽带也会在这个阶段形成。这个关系阶段的主要焦点是伙伴如何处理内部和外部的压力。在内部，会根据企业从关系中获得的结果或者收益进行评估以确定伙伴关系是否符合企业的最佳利益。在外部，这个阶段合作伙伴会评估指导伙伴关系的合同或约定以便确定是否有必要重新谈判。在成熟阶段，首要的领导责任在于应对伙伴期望变化带来的挑战。私人联系也许仍然有用，但是它们在这个阶段必须退居到次要地位，之所以如此原因有二：

第一，经过长时间相处友情可能分解，伙伴双方可能对对方想当然，熟悉可能滋生对规则的藐视。当然，相反的情况也可能发生，友情可能没破裂反而得到加固。如同先前提到的那样，当对个人的忠诚代替了对商业和企业的忠诚和利益，或者强联系成为承诺升级的原因时将会对伙伴关系产生负面影响。第二，个人承担某个角色的时间越长，个人升级承诺的可能性越大；在这个阶段关键个人任命的影响越小，他面对失败时升级承诺的可能性越小。

对于中小企业而言，组织联系很大程度体现在个体联系上，中小企业由于规模小而且大多创立时间不长，企业领导者对于企业拥有绝对的控制权。为了节约成本很多中小企业的管理者身兼数职，因此企业与外部的重要交往大多由管理者亲自去完成。少量的人员以及业务也使得管理者有能力和精力去处理企业的内部及外部关系，加上管理者本身也是企业的创立者，在企业内部拥有极高的威望,完全能够代表企业来处理对外关系。因此有学者甚至提出中小企业的社会资本实际上就是企业领导者的社会资本,这种说法不无道理。中小企业在处理创新网络中的组织关系时有必要充分利用个人关系,但是也要防止私人关系对组织关系产生不良影响,特别是企业的管理者应该从企业发展的角度来思考组织间关系的地位和作用,而不能根据个人的偏好来决定组织关系的走向。除此之外,如何利用员工关系来建立组织间的关系,也是中小企业管理者可以考虑的途径。当然利用员工关系也有一定的缺陷,就是拥有重要社会关系的员工未必是合格的员工,这样的员工在相应的岗位上如果不能发挥应有的作用就会在企业内产生负面效应,而且由于这类员工拥有重要的社会关系,也使得管理者无法有效管理。因为严格的管理会使员工产生怨恨,进而伤害了基于员工社会关系所形成的组织关系,这种伤害有时候对于企业而言是毁灭性的。中小企业在成长过程中过于依赖个人关系往往将企业置于危险境地,拥有特定外部关系的关键员工离职会带来大量业务的流失,而员工一旦加入到竞争者组织中去就有可能成为企业的强劲对手,这种例子现实中比比皆是。因此,在中小企业成长过程中,如何将个人关系向制度化、结构化的组织关系转移也是管理者所面临的挑战。

5.7 本章小结

本章首先简要分析了中小企业嵌入创新网络的交易性嵌入模式和关系性嵌入模式及其演化,然后运用网络能力理论来解释中小企业如何嵌入到创新网络的问题,界定了网络能力的内涵,分析了网络能力的构成以及影响网络能力的因素。根据中小企业开放式创新伙伴关系演进的生命周期，分别研究了中小企业在开放式创新中如何发起、发展和终结伙伴关系。最后鉴于中小企业在开放式创新中比大企业更加依赖于私人关系，我们专门探讨了如何处理个人关系和组织关系。

第 6 章　创新网络情境下推动中小企业开放式创新的政策研究

6.1　政策影响中小企业网络嵌入及开放式创新的机理

　　企业创新网络是企业和其他不同层次的相关企业或组织,基于共同的技术创新目标而建立起来的一种网络组织形式。目的是为了解决现代创新环境下,技术创新的不确定性、资源稀缺性以及企业内部技术创新能力有限性之间的突出矛盾,以帮助企业更好地利用外部资源强化核心技术,实现创新目标。

　　从本质上看,创新网络的形成是适应开放式创新的要求,也是实现开放式创新的一种形式。创新网络具有开放性、根植性、动态性、信任性、平等性、互补性等特征。开放性不仅意味着创新网络内部企业主体都能够秉持开放性的理念,并落实到具体的行动中,同时也表明创新网络没有严格的边界,它不是封闭的系统而是开放的系统。一方面网络中各个主体相互联系,交换具有互补性的物质、信息和知识资源,另一方面某个区域的创新网络又有机地融合于整个国家的创新体系中,和其他的创新网络及主体之间进行资源和信息的交换。

企业技术创新网络是企业技术创新活动的外部环境，是创新主体在长期的创新活动过程中逐渐形成的。企业技术创新网络由多种主体构成，包括企业、大学研究机构、政府、中介机构、金融机构、咨询机构等，这些机构构成企业创新网络中的节点（技术创新网络如图6-1）。节点之间通过相关的连接链条相联系，这种连接链条既包含契约形式的正式合作关系，也包含稳定的非正式合作关系。

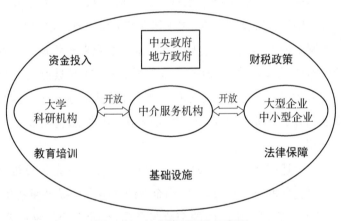

图 6-1 技术创新网络示意图

中小企业嵌入创新网络的模式主要有交易嵌入和关系嵌入，无论针对哪种模式的嵌入，政府的影响主要通过制定相关政策来降低中小企业嵌入创新网络的成本，激励网络主体之间的交流与合作。网络嵌入是一个过程，成功的网络嵌入能为中小企业提供一个长期的稳定的外部联系，在一定的条件下这些联系可以转化为创新资源。从这个角度看初次的交易关系只为长期的合作提供了基础，成功的网络嵌入还需要对网络中的伙伴关系进行有效的治理,根据已有的研究创新网络的治理手段主要有关系治理、交易治理和制度治理,其中关系治理主要依赖于信任和声誉机制,交易治理依赖于双方的合约,而制度治理主要依赖于网络中独立的功能性单元所进行的主动网络管理,通常而言这种独立单元是自动形成的。而政府的政策形成了网络嵌入以及后续网络治理的外部环境,直接影响着网络中伙伴搜索、关系建立、关系管理乃至关系终结。创新网络中的关系管理只是表象,其本质是创新知识流的管理,即知识源的搜索、获取、知识的转化和创造、知识的利用与共享。根据网络嵌入和网络关系管理的本质,结合中小企业在网络嵌入过程中所面临伙伴搜索、关系建立和关系管理,我们梳理出政府政策制定的着力点应该包括:①降低中小企业知识源搜索和获取的成本;②推动网络中知识存量的增加;③针对具有公共物品性质的共性知识建立相应的知识平台;④激励新知识的创造;⑤降低新知识创造的成本;⑥推动网络组织外部利用和共享非核心知识。

针对上述问题,政府的政策选择主要如下:首先积极推动区域和国家创新网络的形成,为中小企业的网络嵌入提供便利条件。包括鼓励官、产、学、研之间的交流与合作,企业之间的纵向合作,为外部新企业嵌入创新网络提供便利的条件;其次,通过构建完善的中介服务体系,影响创新网络中主体之间的物质、信息和知识交流的效率;中介服务体系不仅提高了技术供给和需求之间匹配效率,降低了知识搜索和获取的成本,同时也推动了知识在区域内的扩散和传播;第三,积极投资建立相关的平台,包括金融平台、信息平台、人力资源平台,为创新网络中主体合作提供必要的基础设施。金融平台为网络中的中小企业融资提供了便利,而人力资源平台通过促进人员的流动来带动知识的转移和扩散,帮助企业突破创新中的人才瓶颈;此外,政府通过建立共性技术平台解决了创新网络中具有公共物品性质的知识供给,大大推动了网络中公共知识的形成与发展;第四,通过财税和金融政策激励创新主体之间的交流与合作,降低知识创新的成本,同时激励企业内的知识创造;第五,通过制定相应的知识产权,保护知识交流和共享各方的合法权益,保证知识创造者在一定的时期内获得知识垄断所带来的收益,以此来激励其创造新知识的积极性。政策影响中小企业网络嵌入的机理如图6-2。

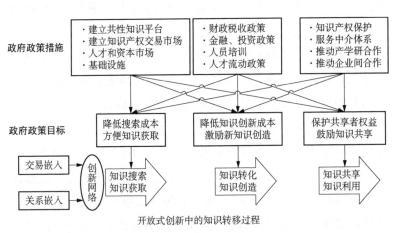

图6-2 政策影响中小企业网络嵌入和开放式创新的机理

6.2 推动中小企业开放式创新的金融和财税政策

6.2.1 推动开放式创新的金融和财税政策现状及问题

(1) 科技成果转移和转化财税政策的关注点在于技术供给

方,忽略了技术需求方。

开放式创新的重要环节就是推动科技成果的转化,我国现行的相关政策主要有 1996 年颁布的《中华人民共和国促进科技成果转化法》,除了提出对科技成果完成人和为科技成果转化做出重要贡献的人员进行奖励以外,以股份或出资比例等股权形式给予奖励的,获奖人按股份、出资比例分红,或转让股权所得时,应依法缴纳个人所得税;科研机构、高等学校服务于各行业的技术成果转让、技术培训、技术咨询、技术承包所取得的技术性服务收入免征收所得税。2015 年全国人大常委会对该法进行了修订,主要增加了激励科技人员创新创业等相关内容。

为了进一步贯彻落实 1996 年《中华人民共和国促进科技成果转化法》,1999 年国务院发布了《关于促进科技成果转化的若干规定》,其中对税收政策的优惠规定为:科研机构、高等学校及其科技人员可以采取多种方式转化高新技术成果,应当依法对研究开发该项科技成果的职务科技成果完成人和为成果转化作出重要贡献的其他人员给予奖励。其中,对以股份或出资比例等股权形式所得时,应依法缴纳个人所得税。对科技成果转化执行现行的税收优惠政策。科研机构、高等学校的技术转让收入免征营业税。科研单位、高等学校服务于各业的技术成果转让、技术培训、技术承包等所取得的技术性服务收入暂免征收所得税。1999 年,财政部、国家税务总局出台了《关于促进科技成果转化有关税收政策的通知》,规定:(1)科研机构的技术转让收入继续免征营业税,对高等学校的技术转让收入自 1999 年 5 月 1 日起免征营业税。(2)科研机构、高等学校服务于各业的技术成果转让、技术培训、技术咨询、技术服务、技术承包所取得的技术性服务收入暂免征收企业所得税。(3)自 1999 年 7 月 1 日起,科研机构、高等学校转化职务科技成果以股份或出资比例等股权形式给予个人奖励,获奖人在取得股份、出资比例时,暂不缴纳个人所得税,取得按股份、出资比例分红或转让股权、出资比例所得时,应依法缴纳个人所得税。1999年国家税务总局还颁发《关于促进科技成果转化有关个人所得税问题的通知》,规定:(1)科研机构、高等学校转化职务科技成果以股份或出资比例等股权形式给予科技人员个人奖励,经主管税务机关审核后,暂不征收个人所得税;(2)全日制普通高等学校在获奖人按股份、出资比例获得分红时,对其所得按"利息、股息、红利所得"应税项目征收个人所得税;获奖人转让股权、出资比例,对其所得按"财产转让所得"应税项目征收个人所得税,财产原值为零。

2006年《关于实施〈国家中长期科学和技术发展规划纲要(2006—2020年)〉若干配套政策》规定:(1)加大对企业自主创新投入的所得税前抵扣力度。允许企业按当年实际发生的技术开发费用的150%抵扣当年应纳税所得额。(2)允许企业加速研究开发仪器设备折旧。(3)国家高新技术产业开发区内新创办的高新技术企业经严格认定后,自获利年度起两年内免征所得税,两年后减按15%的税率征收企业所得税。(4)对符合国家规定条件的企业技术中心、国家工程(技术研究)中心等,进口规定范围内的科学研究和技术开发用品,免征进口关税和进口环节增值税;对承担国家重大科技专项、国家科技计划重点项目、国家重大技术装备研究开发项目和重大引进技术消化吸收再创新项目的企业进口国内不能生产的关键设备、原材料及零部件免征进口关税和进口环节增值税。(5)对主要投资于中小高新技术企业的创业风险投资企业,实行投资收益税收减免或投资额按比例抵扣应纳税所得额等税收优惠政策。(6)对符合条件的科技企业孵化器、国家大学科技园自认定之日起,一定期限内免征营业税、所得税、房产税和城镇土地使用税。对其他符合条件的科技中介机构开展技术咨询和技术服务,研究制定必要的税收扶持政策。

2007年国家税务总局颁发了《关于取消促进科技成果转化暂不征收个人所得税审核权有关问题的通知》,取消促进科技成果转化暂不征收个人所得税审核权,但是将职务科技成果转化为股份、投资比例的科研机构、高等学校或者获奖人员,应在授(获)奖的次月15日内向主管税务机关备案,报送《科技成果转化暂不征收个人所得税备案表》,也就是说将原来的个人所得税免征审核制转变为备案制。

2008年《中华人民共和国企业所得税法实施条例》规定:自2008年1月1日起,在一个纳税年度内,居民企业符合条件的技术转让所得不超过500万元的部分,免征企业所得税;超过500万元的部分,减半征收企业所得税。2015年财政部国家税务总局颁布《关于将国家自主创新示范区有关税收试点政策推广到全国范围实施的通知》,规定:自2015年10月1日起,全国范围内的居民企业转让5年以上非独占许可使用权取得的技术转让所得,纳入享受企业所得税优惠的技术转让所得范围。居民企业的年度技术转让所得不超过500万元的部分,免征企业所得税;超过500万元的部分,减半征收企业所得税。

2009年,《国家税务总局关于技术转让所得减免企业所得税有关问题的通知》规定了享受减免企业所得税优惠的技术转让应符合的条件。

2010年,《财政部、国家税务总局关于居民企业技术转让有关企业所得税政策问题的通知》,明确了技术转让的范围,规定技术转让应签订合同,居民企业从直接或间接持有股权之和达到

100%的关联方取得的技术转让所得,不享受技术转让减免企业所得税优惠政策。

2013年,《国家税务总局关于技术转让所得减免企业所得税有关问题的公告》,规定可以计入技术转让收入的技术咨询、技术服务、技术培训收入,是指转让方为使受让方掌握所转让的技术投入使用、实现产业化而提供的必要的技术咨询、技术服务、技术培训所产生的收入。

2015年国家税务总局《关于许可使用权技术转让所得企业所得税有关问题的公告》,规定:自2015年10月1日起,全国范围内的居民企业转让5年(含,下同)以上非独占许可使用权取得的技术转让所得,纳入享受企业所得税优惠的技术转让所得范围。居民企业的年度技术转让所得不超过500万元的部分,免征企业所得税;超过500万元的部分,减半征收企业所得税。

2016年,《财政部国家税务总局关于完善股权激励和技术入股有关所得税政策的通知》,对技术成果投资入股实施选择性税收优惠政策:企业以技术成果投资入股到境内居民企业,被投资企业支付的对价全部为股票(权)的,企业或个人可选择继续按现行有关税收政策执行,也可选择适用递延纳税优惠政策。

2016年《财政部、国家税务总局关于全面推开营业税改征增值税试点的通知》,纳税人提供技术转让、技术开发和与之相关的技术咨询、技术服务,免征增值税。

2016年国务院印发了新的关于实施《〈中华人民共和国促进科技成果转化法〉若干规定》,同时废止了1999年制定的《关于促进科技成果转化的若干规定》。近年来我国出台的有关技术创新的主要财税政策清单见表6.1。

表 6.1　1995 年以来有关技术创新的财税优惠政策清单

政 策 文 件	出台部门及年份
《中华人民共和国促进科技成果转化法》	全国人大常委会,1996 年
《关于促进科技成果转化的若干规定》	国务院,1999 年
《关于促进科技成果转化有关税收政策的通知》	财政部、国家税务总局,1999 年
《关于促进科技成果转化有关个人所得税问题的通知》	财政部、国家税务总局,1999 年
《中华人民共和国中小企业促进法》	全国人大常委会,2002 年
《关于实施〈国家中长期科学和技术发展规划纲要(2006—2020 年)〉若干配套政策》	国务院,2006 年
《关于企业技术创新有关企业所得税优惠政策的通知》	财政部、国家税务总局,2006 年
《关于印发关于支持中小企业技术创新的若干政策的通知》	发改委,2007 年
《中华人民共和国企业所得税法实施条例》	国务院,2007 年
国家税务总局关于技术转让所得减免企业所得税有关问题的通知》	国家税务总局,2009 年
《财政部国家税务总局关于居民企业技术转让有关企业所得税政策问题的通知》	财政部、国家税务总局,2010 年
《国家税务总局关于技术转让所得减免企业所得税有关问题的公告》	国家税务总局,2013 年
《关于暂免征收部分小微企业增值税和营业税的通知》	财政部、国家税务总局,2013 年
《关于进一步支持小微企业增值税和营业税政策的通知》	财政部、国家税务总局,2014 年
《关于在全国中小企业股份转让系统转让股票有关证券(股票)交易印花税政策的通知》	财政部、国家税务总局,2014 年
《关于金融机构与小型微型企业签订借款合同免征印花税的通知》	财政部、国家税务总局,2014 年
《关于中小企业信用担保机构有关准备金企业所得税税前扣除政策的通知》	财政部、国家税务总局,2012 年
《关于小型微利企业所得税优惠政策的通知》	财政部、国家税务总局,2015 年

政 策 文 件	出台部门及年份
《关于贯彻落实扩大小型微利企业减半征收企业所得税范围有关问题的公告》	国家税务总局,2015 年
《关于将国家自主创新示范区有关税收试点政策推广到全国范围实施的通知》	财政部,国家税务总局,2015 年
《关于实施全国中小企业股份转让系统挂牌公司股息红利差别化个人所得税政策有关问题的通知》	财政部、国家税务总局、中国证券监督管理委员会,2014 年
《关于许可使用权技术转让所得企业所得税有关问题的公告》	国家税务总局,2015 年
《中华人民共和国中小企业促进法》(修订案)	全国人大常委会,2017 年
《关于完善研究开发费用税前加计扣除政策的通知》	财政部、税务总局、科技部,2015 年
《财政部国家税务总局关于完善股权激励和技术入股有关所得税政策的通知》	财政部、国家税务总局,2016 年
《财政部国家税务总局关于全面推开营业税改征增值税试点的通知》	财政部、国家税务总局,2016 年
《〈中华人民共和国促进科技成果转化法〉若干规定》	国务院,2016 年
《关于提高科技型中小企业研究开发费用税前加计扣除比例的通知》	财政部、税务总局、科技部,2017 年

从已有的文件看,政府对于技术转移、转让、科技成果转化相当重视,相关的税收政策主要集中在个人所得税、企业所得税、营业税和增值税。尽管税收优惠政策涵盖了技术研发、技术转让、技术投资等各个主要环节,但是对税收优惠政策的关注点不够合理。这些政策促进了技术的转移、转让以及科技成果的转化,但是这些政策通过增加技术出让方的收益来推动技术转移和扩散,对于技术购买方却没有相应的政策优惠。也就是说已有政策主要针对技术供给基本没有政策推动或激励技术的需求,事实上技术需求对

于技术创新、转移和扩散同样具有重要作用,这一点我们在后面的宽基创新政策中有进一步的阐述。

(2) 缺乏专门针对中小企业技术创新的财政税收优惠政策。

在我国,虽然政府制定了不少有关企业技术创新的优惠政策,如《关于实施〈国家中长期科学和技术发展规划纲要(2006—2020年)〉若干配套政策》(2006年)、《关于企业技术创新有关企业所得税优惠政策的通知》(2006年),但是这些政策只是在一般层面鼓励所有企业的技术创新。其他一些政策如2013年的《关于暂免征收部分小微企业增值税和营业税的通知》、2014年的《关于进一步支持小微企业增值税和营业税政策的通知》、2017年的《中华人民共和国中小企业促进法(修订案)》等法律及政策主要针对一般中小企业的普惠性政策,而不是专门针对科技型中小企业。事实上,中小企业限于自身薄弱的研发能力,与大企业相比更需要从外部获得技术资源,因此有必要进一步制定相关政策,降低中小企业获得外部创新资源的成本。

正因为如此,2007年国家发改委出台《关于印发关于支持中小企业技术创新的若干政策的通知》,提出中小企业技术开发费税前扣除,按照《国务院关于实施〈国家中长期科学和技术发展规划纲要(2006—2020年)〉若干配套政策》(国发[2006]6号)和《财政部、国家税务总局关于企业技术创新有关企业所得税优惠政策的通知》(财税[2006]88号)执行。因此,上述三个文件实际上构成了当前推动中小企业技术创新的主要财税政策体系。显然2006年的两个政策并非专门针对中小企业的技术创新,而是针对所有企业的技术创新活动。为了有针对性的推动中小企业技术创新能力,有必要制定专门的促进中小企业技术创新的财税政策,加大财税激励力度和扶持力度。尽管2017年财政部、税务总局和科技部联合出台了《关于提高科技型中小企业研究开发费用税前加计扣除比例的通知》，进一步用税收政策来降低中小企业的研发成本，但是还远远不够。2017 年科技部、财政部、国家税务总局才印发《科技型中小企业评价办法》，要求职工总数不超过 500 人、年销售收入不超过 2 亿元、资产总额不超过 2 亿元；科技型中小企业评价指标具体包括科技人员、研发投入、科技成果三类。这个文件的出台为后续相关政策的制定奠定了基础。

(3) 科技型中小企业风险投融资的税收政策比较少，政策激励的力度较弱。

截至 2014 年底，现存中国创业风险投资各类机构数达到 1551 家，其中创业风险投资企业（基金）1167 家，当年新募基金 216 家。2014 年，全国创业风险投资管理资本总量达到 5232.4 亿元，较上年增幅达 31.7%，基金平均管理资本规模为 4.48 亿元，较 2013 年有较大幅度的提高。为了缓解科技型企业以及科技型中小企业融资难、融资贵的问题，全国金融机构纷纷开设科技支行，积极开展科技贷款业务。截至 2014 年，全国共设立科技支行 200 余家。截至 2013 年 12 月，中型和小型企业用于科学和技术服务的贷款余额分别是 310 亿元和 380 亿元，累积占全部企业科学和技术服务业贷款余额的 46%[①]。尽管我国目前风险投资总量比较庞大，但是对应的机构数量也比较多，平均分摊到每个机构的资金量并不是很高，加上我国中小企业数量众多，这些风投基金远远无法满足中小企业创新融资的需要。随着国家对风险投资的重视，陆续出台了相关文件来推动中小企业投融资体系的发展（见表 6.2）。针对中小企业投融资方面的政策文件主要有 2007 年的《关

---

① 资料来源：科技部，《中国科学技术发展报告》，2014 年.

表 6.2 促进中小型科技企业创新的财税和金融政策

文件名称	颁布机构及年份	金融、财税优惠政策的内容
关于促进创业投资企业发展有关税收政策的通知	财政部、国家税务总局，2007年	创业投资企业采取股权投资方式投资于未上市中小高新技术企业2年以上(含2年)，凡符合条件的，可按其对中小高新技术企业投资额的70%抵扣该创业投资企业的应纳税所得额。
促进科技和金融结合试点实施方案	科技部，2010年	(1)目标：通过开展试点，为全面推进科技金融工作提供实践基础，为地方实施科技金融创新营造政策空间，多元化、多层次、多渠道的科技投融资体系。(2)试点内容：优化科技资源配置，加快形成多元化、市场化的科技投融资体系。创新财政科技投入方式，引导和支持企业进入多层次资本市场；进一步加强和完善科技保险服务，引导和支持科技金融合作平台，建立和完善科技信用体系。
科技型中小企业创业投资引导基金管理暂行办法	财政部、科技部，2007年	(1)引导基金的资金来源为，中央财政科技型中小企业技术创新基金；从所支持的创业投资机构回收的资金。(2)引导基金支持对象为：在中华人民共和国境内从事创业投资的创业投资企业，创业投资管理企业，具有投资功能的中小企业服务机构(以下统称创业投资机构)，及刚创期科技型中小企业。
关于促进科技和金融结合加快实施自主创新战略的若干意见	科技部、财政部等八部委，2011年	(1)优化科技资源配置，建立科技和金融结合协调机制；(2)培育和发展创业投资；(3)引导银行业金融机构加大对科技型中小企业的信贷支持；(4)大力发展多层次资本市场，扩大直接融资规模；(5)积极推动科技保险发展；(6)强化科技金融结合的保障措施。

于促进创业投资企业发展有关税收政策的通知》和《科技型中小企业创业投资引导基金管理暂行办法》、2010年的《促进科技和金融结合试点实施方案》以及2011年的《关于促进科技和金融结合加快实施自主创新战略的若干意见》，其中《关于促进创业投资企业发展有关税收政策的通知》规定创业投资企业采取股权投资方式投资于未上市中小高新技术企业2年以上（含2年），凡符合条件的，可按其对中小高新技术企业投资额的70%抵扣该创业投资企业的应纳税所得额。这一税收政策规定了创投企业的投资年限需2年以上，在缴税时才能将70%的投资额抵扣应纳税所得额，这个税收优惠力度是有限的。创新本身具有较高的风险性，而中小企业由于自身的研发能力相对较弱，加上资源匮乏，人员素质较低，管理能力较弱，创新成功的概率更低，投资于中小企业的风投资金亏损的风险也更高。正因为如此，中小企业的创新活动比较难以得到银行的信贷支持，因此，构建风险投融资体系是中小企业创新活动资金的重要来源。在政策的设计上应该增加优惠的税种，进一步加大税收优惠力度，鼓励更多的创业风险投资企业加大对高新技术产业的投资，从而保证中小企业在技术创新活动中能获得充足的资金支持。

（4）政府引导基金的引导作用不明显

政府引导基金通过引导创业投资行为，支持初创期科技型中小企业的创业和技术创新。政府引导基金的宗旨是，发挥财政资金杠杆放大效应，增加创业投资资本供给，克服单纯通过市场配置创业投资资本的市场失灵问题。政府引导基金的作用主要有：支持阶段参股、支持跟进投资、风险补助和投资保障。2007年科技部出台的《国家高新技术产业化及其环境建设（火炬）"十一五"发展纲要》提出"十一五"期间的发展目标：基本形成科技企业公共财政引导投入体系。通过专项财政补贴和政策引导,联合国家政策银行、地方政府和社会发起设立 200 家专业创业风险投资机构,到 2010 年,扶持科技型中小企业发展的各类公共财政资金达到 50 亿元以上,引导地方和社会资金投入超过 1000 亿元。为了贯彻落实《国家中长期科学和技术发展规划纲要》,加速推动科技成果转化与应用,2011 年科技部和财政部出台了《国家科技成果转化引导基金管理暂行办法》,2014 年又印发国家科技成果转化引导基金设立创业投资子基金管理暂行办法》的通知。到 2016 年,我国已经设立 901 只政府引导基金,总目标规模达到 2.36 万亿元。大量的财政投入有效缓解了企业创新中的资金瓶颈。具体到中小企业,上述基金在实际运营中还存在一些问题:首先是与大企业相比,中小企业的创新不确定性更高,创新失败的风险也较高,因此基金更倾向于资助具有一定实力和规模的企业,这就使得部分中小企业无法获得支持。其次,虽然国家对于引导基金没有过于强调盈利要求,但是大面积亏损也是管理部门所不愿面对的,因此对于一些风险较大、回报周期较长的重点领域,不仅缺乏足够的纯市场化资金投入,财政资金也不敢投入。第三,由于基金管理部门的严格管理和考核,一些地方将引导基金由事前投入改为事后补助,也就是说由企业先申报立项,完成立项并且相关成果经过政府考核认定以后再由政府给予相应的资金支持。从基金管理的角度来看,这事后补助可以有效提高基金使用效率,但是却无法有效缓解中小企业创新过程中的资金紧张难题。

6.2.2 完善金融财税政策的建议

(1) 进一步加强技术受让方的税收政策研究与制定。

从已有的关于技术转移、转让、转化方面的政策看,主要针对技术供给方，忽略了技术的需求方，而且政策的关注对象是所有企业并非中小企业。而中小企业由于缺少资金、人力、物力，其技术创新更多需要获取外部创新资源，因此有必要加快研究推动中小企业技术购买的税收激励措施，降低中小企业获取外部创新资源的成本。已有的针对专利购买方和技术受让方的税收政策主要体现在 2008 年国家税务总局发布的《企业研究开发费用税前扣除管理办法（试行）》的文件中，对于专门用于研发活动的软件、专利权、非专利技术等无形资产的摊销费用可以纳入税前加计扣除范围。根据《企业所得税法实施细则》的规定，"企业为开发新技术、新产品、新工艺发生的研究开发费用，未形成无形资产计入当期损益的，在按照规定据实扣除的基础上，按照研究开发费用的 50% 加计扣除；形成无形资产的，按照无形资产成本的 150% 摊销"。2015 年财政部、国家税务总局、科技部联合颁发《关于完善研究开发费用税前加计扣除政策的通知》，对于用于研发活动的软件、专利权、非专利技术（包括许可证、专有技术、设计和计算方法等）的摊销费用允许作为研发费用加计扣除；与研发活动直接相关的其他费用，如技术图书资料费、资料翻译费、专家咨询费、高新科技研发保险费，研发成果的检索、分析、评议、论证、鉴定、评审、评估、验收费用，知识产权的申请费、注册费、代理费，差旅费、会议费等。此项费用总额不得超过可加计扣除研发费用总额的 10%。

有研究表明，针对技术供给的税收政策对企业的研发投入影响相对较为复杂，营业税和增值税对研发投入的影响并不显著，而所得税对于企业研发投入强度的影响呈现倒 U 型的关系（王敏、李亮，2014），这也从一个侧面说明了针对技术供给的财税政策的局限性。当前针对技术需求方的税收优惠力度较小，税种也比较单一，无法有效降低中小企业购买专利技术的成本，有必要研究和制定推动技术需求方的财税政策，加快技术转移和转让。

（2）改善传统的融资体系。

政府机构、行业组织，以及银行、券商、金融中介等融资机构，需要进一步加强对中小企业融资方式的推广介绍，深入解读各类融资渠道的作用机制，分析融资渠道的安全性与风险性，为中小企业结合自身情况，选择相应的融资方式提供选择参考。同时，政府应努力提高民营中小企业的经济地位，保障服务资源的平等分配。银行、券商、金融中介等融资服务机构，需要改进工作服务水平，通过减少融资申报手续，提高融资审查、批复效率，降低融资等待周期等具体措施，为中小企业融资提供优质高效的服务。推动中小企业融资发展，完善已有的融资渠道包括：

① 加大银行融资对中小企业的融资倾斜，积极向普惠金融、微型金融的方向发展，进一步扩大小额贷款等优惠政策的服务力度和服务范围。

② 积极推进政府担保、行业担保、中介担保的发展，规范担保操作程序，延伸担保覆盖面，拓展担保服务项目，切实提高中小企业信用水平，推动开放式创新的资本化发展。

③ 充分发挥中小型股份银行、城市商业银行、城乡信用社、邮政储蓄银行的作用，消除商业银行向城乡地区的延伸不足、基层营业网点较少的问题，为广大城乡地区的中小企业提供融资服务等金融支持。

④ 重视民间资本的活力，推动政府制定法律规范，完善管理监督体系，积极保护民间资本产权，并出台相关政策保障，将民间资本纳入社会金融体系，引导民间资本规范、合理发展，更好地服务中小企业开放式创新发展。

（3）发展新的融资方式。

① 积极拓展中小企业融资抵押品的种类。中小企业融资过程中最大的挑战在于，缺乏相应可供抵押的资源，无法满足银行、金融中介有形资产抵押的要求。中小企业迫切需要金融机构能够将企业的生产能力、智力资本等无形资产纳入担保领域，推动中小企业生产能力进行资本转化。金融机构需要转变原有的抵押形式，放宽融资抵押的范围，探索实践技术融资、专利融资、库存质押、存货质押的可行性；完善中小企业资本抵押评估方法，努力将技术专利、生产工艺等无形资源，应收账款等流动资产，转变成中小企业的有形资产和可抵押品。无形资产抵押的发展，需要现有的融资机构，既能对中小企业的生产管理、工艺技术等内部活动有一定的掌握控制，又能与外部相关企业进行技术交易，进而降低潜在融资风险，提高自身融资服务能力。

② 发展风险投资，推动中小企业开放式创新。风险投资作为中小企业开放式创新过程中可以获得的重要资源，具有高投入、高风险、高收益的特点。国际经验显示，风险投资包括进入、运行和离开三部分。目前，风险投资的三部分，在我国仍处于建设发展阶段。2000 年科技部、证监会七部委联合发布《关于建立风险投资机制的若干意见》，2005 年发布《创业投资管理暂行办法》，这些法规和文件有力的推动了我国风险投资事业的进步，但是还远远不够。风险投资体系的发展，需要国家出台更多配套政策支持，颁布相应的《风险投资法》，完善法律法规保障，建立健全相应的监管、服务机构，确立与国际通行制度相接轨的风险投资体系，发展高层次管理、投资人才，并积极引入外资加入风险投资中来，增加风险资本的来源，借鉴外资企业成功的经验，引进吸收先进的管理技术，提高本国风险投资的运行水平。

借鉴美国的发展经验,我国在建设风险投资的过程中,应将资本支持与增值服务纳入风险投资中,不仅为中小企业创新提供资本支持,也提供相应的管理技能和经验支持;规范风险投资发展的同时,予以一定的自由度,拓宽资金来源,灵活选择投资方式,扶持股权、债券等形式的资本参与;完善风险资本进入、退出机制,提高资本转化效率,保障资本的进出安全;政府需要提供相应的政策支持、法律保障和税收优惠、财政补贴等鼓励措施,加大政府采购支持力度,营造良好完善的市场运行环境,促进风险资本的稳定发展。

③ 大力发展供应链融资,创新中小企业开放式创新融资新模式。供应链融资,主要是指金融机构,通过企业生产供应链上的第三方物流企业,与供应链中的核心企业开展服务,为供应链内的中小企业发展提供融资服务。供应链融资是较为新颖的融资方式,不仅能够有效解决中小企业开放式融资过程中信息不对称、缺乏可抵押物、担保机制不健全的问题,同时也能为金融机构的发展,提供有效的信用捆绑,提高抵御风险的能力,并降低中小企业的融资成本。

在发展供应链融资的过程中,还应注意以下几点问题:一是,积极发展第三方物流的融资服务。第三方物流企业,不仅需要加快自身信息化建设水平,提高自身金融管理能力,还应积极向融资媒介平台转型,提高自身信用担保、融资管理服务水平。二是,推动供应链核心企业的信用担保建设。核心企业在发展供应链融资过程中,具有重要的作用。积极推动核心企业信用担保体系建设,有助于为中小企业创新融资提供保障服务,也有助于自身发展金融业务,改善自身业务构成。三是,积极发展保兑仓融资服务模式、代理融资服务模式、保理融资服务模式的供应链融资,丰富供应链融资的方式种类。四是,金融机构在开展供应链融资的过程中,需要加强过程控制,积极与第三方物流企业开展合作,提高信息情报的准确性、全面性和可评估性,保证供应链金融服务能够与物流、信息流实现有效对接。

(4)树立"担风险、重引导、尽职免责"理念,发挥政府引导基金的引导作用。

因此有必要改革财政引导基金的运行方式,建立科学的风险评价体系,对资助企业和项目进行分级,尽可能让财政资金承受更少的风险,同时也要放弃更多的直接财务收益。要转变财政资金的管理观念,强调财政资金的安全性不等于财政资金不能亏损,只要财政资金不运用于不当用途或者偏离政策方向,那么这种财政资金的资源配置就是合理的,即便出现亏损也是可以接受的。

尽管我国政府引导基金逐年增加,但是其总量远不足以满足广大企业创新的资金需求,因此如何发挥引导基金的引导作用,引导社会资金投入市场失灵和欠发展的领域是政府引导基金的重要目标之一。但是政府引导基金引导作用的发挥目前主要靠"让利+风险补偿+投资范围软约束",引导作用并没有硬抓手,不易充分发挥。而且在实际投资中,与大量社会资金相比政府引导基金所占据的比例较小,因而无法左右社会资金的投资偏好,从而使得资金偏向于短平快、风险小的项目,对于风险大回报周期长的关键技术长期无人关注。因此必须制定相应的政策,强调引导基金的投资行为与社会资本的差异化,二者形成协同效应。

另外强化专业投资能力,提高基金的管理能力,减少基金结存现象。加快多层次资本市场改革与发展,方便引导基金退出。

(5)积极推动中小企业市场化融资体系的发展。

中小企业资本证券化发展,有助于获取更多的资金支持进行开放式创新，优化自身的资金构成，并推动中小企业完善自身的管理、运营机制，加快向现代化、规范化、市场化的方向发展转变。中小企业自身不同的发展水平、发展阶段的融资，需要证券市场能够不断丰富证券产品的种类，推出有针对性的产品，增强产品的市场可推广性。

股票市场是中小企业融资的重要平台。中小企业上市交易，可吸收外部资金，优化自身资本构成，变被动为主动接受外部监督，改革内部经营管理，提高自身高效化、规范化水平。创业板股市，是中小企业最为密集的板块。但由于目前存在公司改制、上市条件、发行交易、市场监管、制度建设等方面的不足，法律规范不完善、配套政策不全面等问题，创业板股市对中小企业的推动作用，还未得以充分显现。今后，应着力完善法制建设，规范运行、监督体系，妥善解决存在的问题，为推动中小企业上市提供更多保障。

6.3 推动中小企业开放式创新的知识产权政策

6.3.1 我国当前有关知识产权的政策法规

根据政策制定和实施的目的，我国有关知识产权的政策法规可划分为四类：第一，鼓励知识产权创造、激励运用；第二，明确知识产权保护范围和保护强度；第三，促进知识产权运用的财税和金融政策；第四，推动知识产权服务业的发展。从我国知识产权政策制定和实施的历史来看，体现出以下趋势：

（1）知识产权保护的力度不断加强和范围不断加大。1992 年修订的《专利法》扩大了专利保护的技术领域，延长了 3 种专利的保护期限，2000 年、2008 年修订的《专利法》分别增加了发明、实用新型专利和外观设计专利权人的"许诺销售权"。《科技部、财政部关于国家科研计划项目研究成果知识产权管理若干规定的通知》《中华人民共和国科学技术进步法(2007 年修订)》都提出财政性资金资助形成的知识产权归项目承担单位所有。《知识产权人才"十二五"规划》提出加强知识产权行政管理和执法人才队伍、专利审查人才队伍、企事业单位知识产权人才队伍、知识产权服务业人才队伍和高层次人才队伍的建设。2010 年出台的《中关村国家自主创新示范区企业股权和分红激励实施办法》和 2012 年《关于支持科技成果出资入股确认股权的指导意见》的文件针对科技成果入股和科技人员的奖励做了明确规定。2014 年的《深入实施国家知识产权战略行动计划(2014—2020 年)》,2015 年的《2015 年国家知识产权战略实施推进计划》,2016 年的《2016 年深入实施国家知识产权战略加快建设知识产权强国推进计划》都提到加强知识产权的对外交流与合作,利用知识产权推动国际竞争力。具体文件见表 6.3 和表 6.4。

(2) 支持知识产权的财税和金融力度不断加强。2013 年出台的《关于科技企业孵化器税收政策的通知》《关于国家大学科技园税收政策的通知》《关于中关村国家自主创新示范区有限合伙制创业投资企业法人合伙人企业所得税试点政策的通知》《关于中关村国家自主创新示范区技术转让企业所得税试点政策的通知》《关于中关村、东湖、张江国家自主创新示范区和合芜蚌自主创新综合试验区有关股权奖励个人所得税试点政策的通知》等文件对于孵化器和科技园区本身以及园区内的企业实行税收减免,激励企业创新积极性,并对创新示范区内有关股权奖励的个人所得税进行试点。2010 年《关于加强知识产权质押融资与评估管理支持中小企业发展的通知》,2013 年的《关于商业银行知识产权质押贷款业务的指导意见》提出鼓励商业银行优先支持中小企业自主知识产权质押贷款。具体文件及政策实施要点见表 6.5。

（3）对知识产权服务业的发展日益重视。专门针对知识产权服务业发展的文件主要有 2006 年出台的《关于提高知识产权信息利用和服务能力，推进知识产权信息服务平台建设的若干意见》，2012 年出台的《关于加快培育和发展知识产权服务业的指导意见》和 2014 年出台《关于知识产权服务标准体系建设的指导意见》。主要对知识产权信息服务业的人才培养、机构培育、服务能力提升、知识产权信息库的建设以及知识产权服务标准体系建设等提出了指导性意见。具体文件及政策实施要点见表 6.6。

知识产权问题是影响中小企业开放式创新和网络嵌入的关键问题之一。传统的知识产权理念是政府通过制定相关的法律法规保护创新者和发明者的权利，使其在一定期限内拥有独享发明创造并获取利益的权利，以此来激励创新者发明创造的积极性。知识产权保护成为创新者垄断发明创造并以此构筑和维持竞争优势的重要工具。然而随着科技更新速度的加快，技术创新日益复杂化、交叉化和综合化，传统的封闭式创新已经无法适应科技进步的新形势，创新者之间进行信息、知识和资源的交流势在必行。开放式创新要求企业在保护自身知识产权的同时，需要摒弃传统的将知识产权的垄断作为构筑进入壁垒的狭隘理念，转向将知识产权作为一种知识资产加以管理并积极运作以获取最大收益。新的理念要求企业对于知识产权采取更为开放、动态和灵活的态度，在利用知识产权构筑竞争壁垒的同时也要能够通过共享非核心的知识产权来获取相应的收益。当然，在开放式创新中实现上述目标的企业无疑会面临巨大的挑战。首先，对于非核心知识产权的外部利用需要有良好的外部交易市场。个别企业可以通过自身的关系

表 6.3 鼓励知识产权创造和激励运用的政策

文件名	颁布机构及年份	主要内容
中华人民共和国专利法（2000 年修正）	人大常委会，2000 年	职务发明创造专利权归单位所有；单位可与发明人约定专利权归属；增加发明和实用新型专利的许诺销售权；一项专利的实施，有赖于前一项专利的实施，国务院专利行政部门，给予其实施前一项专利的强制许可
关于加强与科技有关的知识产权保护和管理工作的若干意见	科技部，2002 年	科技计划项目资金可列支知识产权申请和维持费用
科技部财政部关于国家科研计划项目研究成果知识产权管理若干规定的通知	国务院，2002 年	财政性资金资助形成的知识产权，除涉及国家安全、国家利益和重大社会公共利益的以外，归项目承担单位所有
中华人民共和国科学技术进步法（2007 年修订）	人大常委会，2007 年	财政性资金资助形成的知识产权，除涉及国家安全、国家利益和重大社会公共利益的外，授权项目承担者依法取得
国家知识产权战略纲要	国务院，2008 年	战略重点：（1）完善知识产权制度；（2）促进知识产权创造和运用；（3）加强知识产权保护；（4）防止知识产权滥用；（5）培育知识产权文化；
中华人民共和国专利法（2008 年修正）	人大常委会，2008 年	提出保护专利权人的合法。允许个人在具备实施条件的情况下可以申请强制许可

文件名	颁布机构及年份	主 要 内 容
知识产权人才"十二五"规划	国家知识产权局，2010年	加强知识产权行政管理和执法人才队伍、专利审查人才队伍、企事业单位知识产权人才队伍、知识产权服务业人才队伍和高层次人才队伍的建设的主要任务。
中关村国家自主创新示范区企业股权和分红激励实施办法	财政部，2010年	高校和科研院所的科技成果作价入股，可按评估价值的 20%以上，但不高于 30%的比例奖励有关技术人员
关于在中关村国家自主创新示范区进行中央级事业单位科技成果处置权改革试点的通知	财政部，2011年	中央级事业单位，一次处置单位价值或批量价值在规定限额以下的国资产，可自主进行，结果报财政部备案；规定限额以上的，按原规定执行
关于在中关村国家自主创新示范区开展中央级事业单位科技成果收益权管理改革试点的意见	财政部，2011年	科技成果处置收益和利用科技成果对外投资形成股权处置产生的收益，按照有关规定，应上缴中央财政的部分，分段按比例留归单位和上缴中央财政
资助向国外申请专利专项资金管理办法	财政部，2012年	中央财政设立专项资金，资助向国外申请专利所需费用

文件名	颁布机构及年份	主 要 内 容
关于加强战略性新兴产业知识产权工作若干意见	国务院，2012 年	完善审查制度，拓展投融资方式，促进战略性新兴产业知识产权的获得和运用
关于支持科技成果出资入股确认股权的指导意见	证监会，科技部，2012 年	依法认定科技成果入股奖励给科技人员的股权
关于进一步加强职务发明人合法权益保护促进知识产权运用实施的若干意见	知识产权局，教育部，科技、财政部，2012 年	单位与发明人可约定知识产权权利归属；职务发明人可受让单位拟放弃的知识产权，提高职务发明的报酬比例；建立职务发明人维权援助机制
关于进一步提升专利申请质量的若干意见	国家知识产权局，2013 年	（1）优化有利于提升专利申请质量的政策导向；（2）建立有利于提升专利申请质量的监管机制；（3）加强有利于提升专利申请质量的能力建设；（4）强化组织保障措施
关于知识产权支持小微企业发展的若干意见	国家知识产权局，2014 年	（1）扶持小微企业知识产权创新发展；（2）完善小微企业知识产权社会化服务；（3）提高小微企业知识产权运用能力；（4）优化小微企业知识产权发展环境；
深入实施国家知识产权战略行动计划（2014—2020 年）	国务院，2014 年	（1）促进知识产权创造运用，支撑产业转型升级；（2）加强知识产权保护，营造良好市场环境；（3）强化知识产权管理，提升管理效能；（4）拓展知识产权国际合作，推动国际竞争力提升。

(续表)

文件名	颁布机构及年份	主要内容
国务院关于新形势下加快知识产权强国建设的若干意见	国务院办公厅,2015年	加大财税和金融支持力度。运用财政资金引导和促进科技成果产权化、知识产权产业化。落实研究开发费用税前加计扣除政策,对符合条件的知识产权费用按规定实行加计扣除。制定专利收费减缴办法,合理降低专利申请和维持费用。
2015国家知识产权战略实施推进计划	国务院,2015年	实施的重点工作包括:强化知识产权保护,鼓励创新创造;促进知识产权创造运用,支持产业转型升级;加强知识产权管理和服务,促进创新成果转移转化,拓展知识产权交流合作,推动国际竞争力提升;加大支持力度,提高知识产权战略实施和保障水平等。
2016年深入实施国家知识产权战略加快建设知识产权强国推进计划	国务院,2016年	(1)严格保护知识产权;(2)加强知识产权创造运用;(3)深化知识产权领域改革;(4)加大知识产权对外合作交流;(5)夯实知识产权发展基础;(6)加强组织实施和保障。
知识产权认证管理办法	知识产权局,2018年	旨在全面规范知识产权认证活动,提高知识产权认证有效性,加强对认证机构事中事后监管。

表 6.4 知识产权保护范围和强度的政策

文件名	颁布机构和颁布时间	主要内容
中华人民共和国专利法（1992年修正）	人大常委会，1992年	延长发明专利权期限至20年，实用新型和外观设计专利权期限至10年
《著作权法》（2001年修正）	人大常委会，2001年	增加杂技艺术作品保护客体；完善著作权人和邻接权人的权利；引入"法定赔偿"制度；确立了诉前停止有关行为和财产保全的程序。
中华人民共和国专利法（2008年修正）	人大常委会，2008年	增加外观设计专利权人的"许诺销售权"。提高假冒专利行为的行政处罚力度，构成犯罪的追究刑事责任。赋予专利管理部门查处假冒专利的行政执法手段。发生专利侵权，可在诉前向法院申请采取措施，保全财产和证据。
中华人民共和国知识产权海关保护条例（2010年修订）	国务院，2010年	增加财产保全的法律依据，可在诉前或诉中申请停止侵权行为和财产保全
关于加强知识产权执法协作的暂行规定	公安部、海关总署，2006年	公安机关和海关进行经常性磋商，并建立联席会议制度，共同打击知识产权侵犯行为。
关于加强知识产权保护和行政执法工作的指导意见	国家知识产权局，2007年	推进建立知识产权援助机制，完善执法协作机制；加强执法能力建设；制度建设，提高执法水平。
进一步做好打击侵犯知识产权和制售假冒伪劣商品工作的意见	国务院，2011年	围绕食品、药品、机电商品，及著作权、商标、专利等领域的侵权问题，强化刑事司法查处和打击力度。

文件名	颁布机构和颁布时间	主 要 内 容
2014年全国打击侵犯知识产权和制售假冒伪劣商品工作要点	国务院,2014年	(1)针对突出问题,组织专项行动;(2)围绕重点领域,开展集中整治;(3)加强刑事司法,严厉打击犯罪;(4)深化改革创新,完善制度建设;(5)强化宣传教育,扩大对外交流;(6)夯实工作基础,加强能力建设。
关于印发2015年全国打击侵犯知识产权和制售假冒伪劣商品工作要点的通知	国务院,2015年	(1)完善法律法规,健全规章制度;(2)围绕社会热点,加强监管执法;(3)强化保障措施,提高执法效能;(4)深化改革创新,强化司法保护;(5)推动社会共治,引导全民守法;(6)深化合作交流,做好涉外应对。
知识产权保护规范化市场认定管理办法	国家知识产权局,2016年	为加强大型专业化市场知识产权保护和管理工作,促进知识产权保护规范化市场有序开展,规范认定管理流程,制定本办法。
"十三五"国家知识产权保护和运用规划	国务院,2017年	七项重点工作:一是完善知识产权法律制度;二是提高知识产权保护水平;三是提高知识产权质量效益;四是加强知识产权强省、强市建设;五是加快知识产权强企发展;六是推动知识产权业升级发展;七是促进知识产权开放合作。
知识产权综合管理改革试点总体方案	国务院,2017年	主要任务:(1)建立高效的知识产权综合管理体制;(2)构建便民利民的知识产权公共服务体系;(3)提升综合运用知识产权促进创新驱动发展的能力。
国务院关于新形势下加快知识产权强国建设的若干意见	国务院,2017年	(1)推进知识产权管理体制机制改革;(2)实行严格的知识产权保护;(3)促进知识产权创造运用;(4)加强重点产业知识产权海外布局和风险防控;(5)提升知识产权对外合作水平。

表 6.5　促进知识产权运用的财政、金融政策

文件名	颁布机构和颁布时间	主要内容
关于科技企业孵化器税收政策的通知	财政部、税务总局，2013年	对符合条件的孵化器使用的房产、土地，免征房产税和城镇土地使用税；对其出租场地、房屋以及提供孵化服务的收入，享受企业所得税优惠政策
关于国家大学科技园税收政策的通知	财政部、国家税，2013年	对符合条件的孵化器使用的房产、土地，免征房产税和城镇土地使用税；对组织条件的孵化器的收入，享受企业所得税优惠政策对符合条件的科技园使用的房产、土地，免征房产税和城镇土地使用税。符合非营利组织条件的科技园的收入，享受企业所得税优惠政策
关于中关村国家自主创新示范区有限合伙制创业投资企业法人合伙人企业所得税试点政策的通知	财政部、国家税务总局，2013年	中关村国家自主创新示范区创业投资企业实行相关的税收优惠政策
关于中关村国家自主创新示范区技术转让企业所得税试点政策的通知	财政部、国家税务总局，2013年	将中关村国家自主创新示范区内企业，5年以上非独占许可使用权转让，纳入技术转让税收优惠政策。
关于中关村、东湖、张江国家自主创新示范区和合芜蚌自主创新综合试验区个人所得税试点政策的通知	财政部、国家税务总局，2013年	试验地区内的高新技术企业转化科技成果，以股权形式奖励技术人员，可分期缴纳个人所得税，但最长不得超过5年

（续表）

文件名	颁布机构和颁布时间	主要内容
国家技术转移示范机构管理办法	科技部,2007年	在国家科技计划中安排技术转移经费,补助国家技术转移示范机构的技术转移活动
国家科技成果转化引导基金管理暂行办法	财政部,科技部,2011年	中央财政设立国家科技成果转化引导基金,支持财政资金形成的科技成果的转化
关于促进科技和金融结合加快实施自主创新战略的若干意见	科技部,财政部,中国人民银行等,2011年	运用无偿资助,偿还性资助,创业投资引导,风险补偿,贷款贴息以及后补助多种方式,引导和带动社会资本参与科技创新。加大对国家科技计划,科技成果转化的信贷支持力度
关于大力推进体制机制创新扎实做好科技金融服务的意见	中国人民银行,科技部,银监会,2014年	培育和发展服务科技创新的金融组织体系,推进科技信贷产品和服务模式创新,拓宽融资渠道。探索构建符合科技创新特点的保险产品和服务
关于加强知识产权质押融资与评估资与管理支持中小企业发展的通知	国家工商行政管理总局国家,2010年	鼓励商业银行优先支持中小企业自主知识产权质押贷款;完善知识产权质押融资风险管理机制,评估管理体系;建立知识产权流转的管理机制
关于商业银行知识产权质押贷款业务的指导意见	银监会、知识产权局,2013年	商业银行可接受境内个人、企业合法拥有的,依法可以转让的注册商标专用权、专利权、著作权知识产权做质押,发放贷款或提供其他授信。

表 6.6　推动知识产权服务业发展的政策

文件名	颁布机构和颁布时间	主　要　内　容
关于提高知识产权信息利用和服务能力，推进知识产权信息服务平台建设的若干意见	科技部，2006 年	加强知识产权信息服务业的人才培养、机构培育、服务能力提升；建设和完善各种类型的知识产权信息库，及运行机制。
关于加快培育和发展知识产权服务业的指导意见	知识产权局、发改委等，2012 年	发展知识产权代理服务、法律服务、信息服务、商用化服务、咨询服务和培训服务。
关于知识产权服务标准体系建设的指导意见	国家知识产权局、国家标准化委员会、国家工商总局、国家版权局，2014 年	知识产权服务标准体系建设的重点任务包括组建知识产权服务标准化技术组织，加强知识产权服务标准化研究，培育知识产权服务标准化试点示范，加强知识产权服务标准化人才培养，加强知识产权服务标准化宣传贯彻等 5 个方面。
关于加快生产性服务业促进产业结构调整升级的指导意见	国务院，2014 年	提出完善知识产权交易和中介服务体系、发展研究设计交易市场，开展面向生产性服务业企业的知识产权培训、专利运营、专利代理、分析评议、专利预警等服务。

和人脉来达成知识产权交易,但是对于众多的企业而言,良好的外部交易市场是实现大规模交易并减少交易成本的必要平台;其次,知识产权作为一种无形资产,交易过程中的定价是重点也是难点,建立专业的评价机构对知识产权的价值进行评估对于交易也是至关重要的;第三,开放式创新过程中,企业通过与合作伙伴交流获取有价值知识的同时也面临自身的核心知识暴露给对方的风险,保护开放式创新中合作各方的权益势在必行;第四,从开放式创新知识转移的层次来看有三个:知晓、沟通以及知识源的交易(葛秋萍,2011)。知晓层次属于知识转移过程中的概念认知层次,是知识发送方向接受者单向发送相关信息,此时的知识转移并没有发生。而沟通层次主要是指多元主体之间知识的双向交流与沟通,主体之间的知识沟通受到知识转移伙伴间信任和协作的影响。交易层次是指知识转移伙伴经过多次沟通,确定了知识产权的数量和质量,当然如何转移,转移多少知识产权体现了交易主体的战略考量。但是在这三个层次上,沟通层次发生知识产权风险的可能性最高,尽管国家制定了一系列的法律和法规来保护知识转移,但是在实践中法律保护的范围和执行所能达到的程度是很难保证的。

开放式创新中,企业不再以狭隘的观点看待知识的使用权和所有权,而是以一种更为开放的战略视角来对待知识资源,知识产权不仅仅是获取合法垄断利润的工具,而且是一种合作共享的盈利资源,具有战略价值。但是,知识转移过程中产权风险的滞后性、危害性、无区域性和多样性的特点,使得知识产权风险更具有复杂性。因此除了企业自身需要以更为开放的、战略性的、动态的管理和运作知识产权外,政府管理者也应在以下几个方面加强管理:

6.3.2 大力发展知识产权交易市场,构筑知识产权交易平台

根据国家知识产权局规划发展司和国家知识产权局知识产权发展研究中心联合发布的《2015 年中国专利调查数据报告》显示:2015 年度中国专利申请总量为 2289346 件,其中外观设计专利 474079 件,占总量的 21%;实用新型专利 859925 件,占总量的 37%;发明专利 955342 件,占总量的 42%。2015 年度中国专利交易总量为 159640 件,与上年相比增长 21.9%,其中专利权的转移 117069 件,占交易总量的 73%,在交易总量中占比最大。专利实施许可 18072 件,占交易总量的 11%,同比下降 28%。从专利交易的情况来看,交易活跃度在缓慢上升。[①] 但是与美国、日本和欧洲等发达国家相比,我国的专利等知识产权的转化率差距非常大,因此,尽管每年我国的专利申请数量非常大,但是专利转化率和许可率非常低制约了我国知识产权向生产力的转化。表 6.7 和表 6.8 显示 2015 年我国的专利许可率和专利转让率。

表 6.7　专利许可率　　　　　　单位: %

	企业	高校	科研单位	个人	总体
有效发明专利	9.6	3.3	5.5	13.0	8.2
有效实用新型	9.7	1.9	5.4	10.3	9.3
有效外观设计	10.7	2.0	7.2	14.7	12.1
总计	9.9	2.1	5.9	11.9	9.9

资料来源:国家知识产权局,《2015 年中国专利调查数据报告》

---

① 中国技术交易所.《2015 年中国专利申请及交易情况分析报告》

表 6.8　专利转让率　　　　　　　　　　　单位：%

	企业	高校	科研单位	个人	总体
有效发明专利	6.7	1.9	3.2	4.8	5.2
有效实用新型	5.6	1.4	3.4	4.7	5.2
有效外观设计	5.8	1.2	3.8	7.5	6.4
总计	5.9	1.5	3.5	5.4	5.5

资料来源：国家知识产权局，《2015 年中国专利调查数据报告》

专利信息不对称是导致专利难以转化为生产力的重要因素，"企业找不到合适的专利，专利持有人找不到合适的买家"。因此建立一个跨区域的知识产权交易平台，使广大中小企业能够通过平台顺利获得急需的创新成果或知识产权，只有这样才能解决我国专利转化率较低的困境。目前我国各地都建立知识产权交易中心，如广州知识产权交易中心、浙江知识产权交易中心、上海知识产权交易中心、江苏国际知识产权运营交易中心等。2016 年由南京理工大学联合国家知识产权局、南大苏富特等 5 家单位共同打造的中国高校知识产权运营交易平台正式运行，主要针对高校知识产权提供相关信息，推动知识产权交易。但是各个知识产权交易中心处于各自为政的分割状态，缺乏一个全国统一的知识产权信息交易平台，因此构建并整合各地的知识产权交易中心，形成互联互通、高效运作、信息齐备的知识产权交易平台是今后政府推进创新工作的重要内容之一。

6.3.3　加强知识产权保护，完善相关的法律法规

虽然我国制定了许多法律法规保护知识产权，已有的政策法规大多从宏观层面对于知识产权的保护制定指导性意见和倡议，知识产权的管理政策和法规可操作性不够。2014—2016 年我国各地区管理专利工作的部门专利执法侵权立案数量分别为 32714

件、46916 件、67267 件，呈现逐年上升趋势①。

在实践中，对于知识产权侵权的判断缺乏统一的标准，没有建立完善惩罚性侵权赔偿制度，对于侵权的赔偿金额较低，有时甚至存在执法难和地方保护主义等问题。另外，缺乏专业的知识侵权审判人才，导致对侵权的审判能力有待提高。6.2％的企业专利权人认为"不能有效阻止其他市场主体模仿自己的技术创新是阻碍企业从技术创新活动中获得收益的主要原因"。之所以如此，一方面知识产权的拥有主体通过法律维权的意识还有待提高，另一方面也正是由于上述原因导致知识产权拥有者法律维权的意愿降低，相关调研表明：企业、科研单位和个人在遭遇知识产权侵权的时候，通过法律手段维权的比例较低，32.9％的企业、35.3％的科研机构和 45.1％的个人没有采取任何措施，27.8％的企业和 34.6％的科研机构只是发出停止侵权的律师函，只有 16.5％的企业和 16.8％的科研机构向法院提起诉讼。而 30.3％的高校专利权人更倾向于通过行政处理来应对专利侵权（见表 6.9）。

表 6.9　专利权人采取的维权措施　　　　　单位：　％

	企业	高校	科研单位	个人	总体
请求行政处理	11.5	30.3	5.6	16.9	13.8
向法院提起诉讼	16.5	3.8	16.8	8.8	13.2
既请求过行政机关处理，也向法院提起过诉讼	11.2	35.0	7.6	3.9	8.0
没有采取任何措施	32.9	15.7	35.3	45.1	38.2
发出要求停止侵权的律师函	27.8	15.2	34.6	25.3	26.8
合计	100.0	100.0	100.0	100.0	100.0

资料来源：国家知识产权局，《2015 年中国专利调查数据报告》

---

① 数据来源：国家知识产权局，2014—2016 年专利统计年报。

由此可见,除了大力宣传知识产权法规,提升知识产权拥有者的法律意识和维权意识,还必须完善知识产权的保护,强化知识产权的执行,降低知识产权的维权成本。执法机构应该积极主动地查处知识产权侵权行为,提高专业能力和执法力度。

6.3.4 构建适应开放式创新全过程的知识产权政策体系

开放式创新的全过程包括外部知识搜索、知识评价、外部知识获取、外部知识吸收和转化、内部创造新知识、内部知识的外部共享。知识产权服务体系应该适应开放式创新的全过程。知识产权服务业务在西方发达国家市场相对成熟,服务的内容通常包括对专利、商标、版权、著作权、软件、图纸设计等的信息服务,如检索分析、数据库建设;代理服务与法律服务,如申请、注册、登记、认证、维权诉讼;运用转化服务,如鉴定、评估、交易、质押融资、托管、经营;咨询服务,如预警分析、管理咨询、战略制定;以及培训服务。知识产权服务是一项既包含法律服务,又包含专业技术服务的特殊服务,属于高端知识服务领域。

除了完整的知识产权服务体系外,知识产权的政策体系既包括知识产权的法律法规,也包括支持知识产权创造、运用、保护和管理的财政政策、税收政策、采购政策、融资政策,前者是知识产权政策体系的核心,后者是知识产权核心政策落实和实施的保障。这些政策的有机组合和综合运用才能确保知识产权事业的平稳有序发展。但是,我国现有的知识产权政策主要集中在保护和管理上,而对于知识产权的创造政策和运用策略相对比较缺乏。按照科技成果创造、运用、保护和管理的过程,已有的科技创新体系中知识产权政策主要集中在知识产权的收费、自主奖励政策与保护知识产权的法律法规上，但是对于如何激发知识产权的研发创造，促进科技创新活动形成核心知识产权缺乏有效的政策组合。特别是，我们已有的知识产权政策主要针对创新的供给侧，忽略了创新的需求侧。使得高校科研机构的研究成果难以适应市场的需要，这也成为近年来我国高校科研成果数量庞大但却难以实现产业化的重要原因之一。

此外，在知识产权的运用方面，我国还缺乏新型知识产权运用机构支持政策，如技术转移办公室、专利池运营公司等。现有的税收优惠政策主要针对技术受让方外购的专利、非专利技术、软件著作权等通常可以形成无形资产的知识产权，但是开放式创新中所涉及的知识种类比较多，形成无形资产前的很多知识产权费用不能列入税前150％加计扣除范围，而能够形成无形资产的知识产权费用需要摊销而且时间较长，影响了知识产权创造运用和引进。对于科技中介服务机构的税收缺乏优惠。以知识产权运营公司七星天为例，该公司筛选购买了日本精工的1000多件专利，提供给国内有需求的企业，但需缴纳包括增值税、营业附加税、企业所得税等在内的各种税，纳税成本占了销售利润的18.7％。这不仅加重了企业负担，而且阻碍了技术交易市场的发展①。另外对于知识产权的代理机构监管不够，现行知识产权政策对高校、企业和研发机构的创新活动指导不足。在知识产权的评估、审核、代理服务方面，无法有效解决信息不对称和风险不对称等问题。

尽管2014年8月国务院发布了《关于加快生产性服务业促进产业结构调整升级的指导意见》，指出完善知识产权交易和中介服务体系，发展研究设计交易市场，开展面向生产性服务企业的知识

---

① 案例来源：郭亮. 基于开放式创新的知识市场化问题及其应对[J]. 中国发明与专利，2016(8)：17—21.

产权培训、专利运营、分析评议、专利代理和专利预警等服务。但是《2015 年中国专利调查数据报告》的调查表明，在专利运用和产业化中遇到的主要问题中"具有市场前景的专利处于闲置状态"和"申请专利前以发表论文的形式公开技术成果导致无法获得专利保护"情形的专利权人分别占比为 67.7％和 50.0％。而在保护创新成果方面，"专利要求保护范围过于局限，容易被人合法绕过"是企业类型专利人认为专利保护存在的主要风险，占比 58.0％。另外"专利申请周期长，赶不上技术发展的速度""专利保护效果不好，不足以为此公开技术信息，从而被竞争对手获悉"，比例分别为 50.1％和 47.5％。诸多事实表明，构建适应中小企业创新全过程的知识产权服务体系任重道远。

6.4 加快创新平台建设推动中小企业开放式创新

6.4.1 创新平台的内涵

《国家中长期科学和技术发展规划纲要（2006—2020）》指出科技基础条件平台是在信息、网络等技术支撑下，由研究实验基地、大型科学设施和仪器装备、科学数据与信息、自然科技资源等组成，通过有效配置和共享，服务于全社会科技创新的支撑体系。理解国家创新平台体系的内涵需要把握两个基本要点：(1)创新平台属于国家创新基础设施，是国家科技与创新活动所必需的基础性公共服务平台，应向全社会开放共享，提供基础性公共服务；(2)创新平台体系不仅包括条件资源、设施体系和信息保障体系，还包括以共享机制为核心的相关制度体系以及服务平台建设运行的专业化人才队伍和服务机构（万劲波、赵兰香、牟乾辉，2012）。

6.4.2 我国推动创新平台建设的政策措施

广义的讲,创新平台的政策包括基础性政策、保护性政策、支持性政策和生成性政策。基础性政策主要包括科技平台的投入政策、科技平台的激励政策、科技平台的发展政策和科技平台的投资政策。保护性政策主要包括信用制度、法律法规体系和知识产权保护政策。支持性政策包括产业政策、金融、财税政策和人才政策。而生成性政策主要包括科技平台参与主体内部的科技管理、科技奖励、科技评价等政策。我国当前有关科技平台的政策主要包含在以下几个文件中(见表6.10)。

表6.10 我国科技平台政策文件汇总

文件名	颁布部门和日期	内 容 要 点
国民经济和社会发展第十二个五年规划纲要	国务院、国家发改委,2011年	在重点学科和战略高技术领域新建若干国家科学中心、国家(重点)实验室,构建国家科技基础条件平台。在关键产业技术领域建设一批国家工程实验室,优化国家工程中心建设布局。加强企业技术中心建设,支持面向企业的技术开发平台和技术创新服务平台建设。
2004—2010年国家科技基础条件平台建设纲要	科技部、发展改革委、教育部、财政部,2004年	主要目标:到2010年,初步建成适应科技创新需求和科技发展需要的科技基础条件支撑体系,以共享机制为核心的管理制度,与平台建设和发展相适应的专业化人才队伍和研究服务机构。为最终形成布局合理、功能完善、体系健全、共享高效的国家科技基础条件平台奠定基础。
国家中长期科学和技术发展规划纲要(2006—2020)	国务院,2006年	加强科技基础条件平台建设;建立科技基础条件平台的共享机制

文件名	颁布部门和日期	内 容 要 点
科研条件发展"十二五"专项规划	科技部，2012年	(1) 优化科研条件建设布局：加强重大科技基础设施和研究实验基地建设；加强科技条件平台和实验服务基地建设；促进区域和行业科研条件发展； (2) 推动科研条件开放共享：加强条件平台运行服务；促进高等学校、科研院所、大型企业科研条件的开放共享；推进军民科研条件共建共享。
国务院关于国家重大科研基础设施和大型科研仪器向社会开放的意见	国务院，2015年	(1) 所有符合条件的科研设施与仪器都纳入统一网络平台管理；(2) 按照科研设施与仪器功能实行分类开放共享；(3) 建立促进开放的激励引导机制；(4) 建立科研设施与仪器开放评价体系和奖惩办法；(5) 加强开放使用中形成的知识产权管理；(6) 强化管理单位的主体责任。

资料来源：作者根据相关政策文件整理而得。

上述文件不仅明确规定了我国科技基础条件平台建设的纲领性文件，而且规定了我国科技基础平台的指导思想、阶段性目标、原则、任务和建设重点，有力地推动我国科技基础条件平台的建设和发展。但是鉴于科技创新平台的建设是一个复杂的系统工程，上述文件更多地从宏观上对我国未来科技基础平台的发展做出规划和要求，各地在落实和执行上述文件的过程中缺乏经验，因此难免存在理解上的偏差。尽管我国目前各地科技创新平台如雨后春笋般涌现，但是还存在以下问题：首先是创新平台的建设主要集中在创新资源供给方的资源集聚，较少考虑创新平台的需求，导致平台资源的利用不够充分；其次，政府既是平台建设的主要推动者也是平台建设的主要出资者，巨大的资金投入不仅给政府带来沉重的负担，同时还使政府面临平台后续管理的挑战；第三，各地在创新平台建设上在各自为政，缺乏有效沟通，存在重复建设，平台资源未能实现跨区域共享；第四，平台的服务能力和运营水平还有待提高。

6.4.3　进一步完善创新平台建设的建议

鉴于以上问题，针对我国创新平台建设的状况，我们提出以下几点建议：

（1）创新平台的发展需要从资源导向向需求导向转变。

从我国当前平台的建设定位来看，主要强调为企业的创新提供科技资源。这一点可以从《2004—2010年国家科技基础条件平台建设纲要》得到体现，文中提出平台建设的重点包括：研究实验基地和大型科学仪器、设备共享平台；自然科技资源共享平台；科学数据共享平台；科技文献共享平台；成果转化公共服务平台；网络科技环境平台。科技基础平台建设的主要任务是构建和完善物质与信息保障系统，建立以共享为核心的制度体系。在《国家中长期科学和技术发展规划纲要（2006—2020）》中提出科技基础条件平台建设重点是国家研究实验基地、大型科学工程和设施、科学数据与信息平台、自然科技资源服务平台和国家标准、计量和检测技术体系。上述文件更多的强调通过加大投入，集聚区域及国家的创新资源，为企业和科研机构的创新提供技术、知识和信息服务。从我国科技创新平台发展的初期来看，上述战略对于缓解我国企业和研发机构科技资源缺乏的困境，推动资源共享起到重要作用，但是随着相关中央和地方政府对创新平台建设的重视，各地纷纷上马各类科技平台项目，从数量上看各地科技平台已经基本能够满足创新的需要，但是由于存在各自为政，缺乏沟通以及项目上马前的充分论证，各地的科技创新平台难免存在重复建设。接下来科技平台发展的主要任务应该围绕区域科技创新的特点和需求进行有效整合整合，打通各平台之间独立管理的藩篱，实现由"资源供给型"向"需求保障型转变"。

（2）大力增强创新平台的服务能力，提高运行管理水平。

一般而言，科技创新平台具有资源整合功能、对接和协调功能、共享与扩散功能、降低风险功能。资源整合功能是指创新平台汇集了区域高校、科研机构和政府等各方的创新资源，通过多方共建将各创新主体的优势资源加以有机整合，形成资源的优势互补和局部规模优势，推动创新资源供给的丰富化和共享化。对接功能是指创新平台的建立必须充分考虑创新资源的供给和需求，创新平台不仅需要提供技术供给和需求信息，同时也通过提供重大科研设备和关键共享技术来推动区域创新主体之间的联系与合作，保障技术合作双方的权益。共享与扩散功能是指创新平台通过提供关键共性技术研发设备和技术知识来实现创新资源的共享，推动技术知识在实现平台内部的子平台之间、平台与合作主体之间、平台与服务对象之间以及服务对象相互之间的创新资源共享，使得有限的资源发挥最大的效用，推动区域创新能力的提升。创新平台也有助于降低企业研发的风险，一方面通过创新平台避免了企业在研发设备上的重复建设，同时也通过提供相关的创新知识和信息帮助企业了解相关技术领域的最新发展趋势，提高企业的决策水平。

上述服务能力的实现首先需要加强平台体系建设的顶层设计和宏观统筹，推动平台建设与相关政策体系的匹配。科技平台的效能提升不仅取决于物质技术条件的投入，同时也取决于管理体制和运行机制。政府除了加大投入外，还要强化人才队伍和服务体系建设，加强平台的开放性，推动区域平台之间以及国内平台和国际平台之间的交流与合作,提升科技平台体系的整体服务效能。

(3) 平台建设投入从依靠财政逐步向依靠全社会投入转变。

创新平台的公共品属性决定了政府在平台建设中的重要角色和地位。从国外创新平台建设的经验来看,政府在创新平台建设中的主要作用包括三个方面:一是资金投入;二是通过制定一系列政策法规等为平台建设创造良好的发展环境;三是引导并推动平台建设的形成和发展。日本和韩国的创新平台以政府为主导,由高校、科研机构和大企业为主体实行联合开发和产学研合作,经费来源主要是政府投入。作为世界第一的科技强国,美国的科技创新平台尽管主体投入仍属于政府,但是其余创新主体在资金的投入上也占有一定的份额。以美国系统创新工程技术研究中心为例,政府投入仅占30%,而工业企业在创新平台资金投入中所占的比重也达到30%(见表6.11)。多方投入的好处不仅有助于减轻政府的财政负担,也有助于提升政府资金的使用效率,此外创新主体的资金投入使其由间接利益相关者变成了直接利益相关者,有助于增强创新主体的责任感,提升创新平台的运营和管理水平。

表6.11　美国协同创新工程技术研究中心资金来源

部门	功能	职责	资助份额
国家基金委	整合者/催化作用	资金资助、管理指导、评估、协调沟通	30%(另有其他政府机构20%,地方政府10%)
工业企业	积极参与者	资金支持、合作研究项目,为科研人才提供实习机会	30%
大学	长期顾问和技术支持	提供研究设施和资源、学生教育和培养、开展	10%

我国平台建设的初期投入以政府财政资金为主,但是随着平台建设数量的增多以及平台运营管理的深化和提升,资金投入要逐步实现由单纯的财政投入向"多元投入"转变。这一转变的实现不仅需要政府合理有效的利用政策工具引导社会资源参与科技平台体系的建设和运行,同时也需要政府实现科技平台建设由"资源供给型"向"需求保障型"的战略导向转变。科技创新平台只有在能够充分满足各类创新主体需要的基础上才能形成自我造血机制,吸引社会资本的投入。政府资金的投入应集中在一些基础性的、关键性的共性技术平台的建设上,发挥政府资金的引领和撬动效应,使有限的资金用在刀刃上。

(4) 完善落实科技创新平台及其相关政策,营造良好的平台发展环境。

首先要加强科技创新平台的运营监管,制定并执行科技创新平台绩效考核评价制度,定期对科技创新平台的运营状况进行考核评价,实行优胜劣汰,确保各类平台规范高效运行。科技创新平台的良好发展需要一系列相互补充相互促进的政策体系,包括支持科技创新平台建设的财税政策、金融政策、产业政策、土地政策、经济政策、人才政策、科技政策、创新创业政策、特殊补贴奖励政策等,上述政策的制定和实施必须符合国情并具有可操作性,同时要紧跟国际国内发展新形势,注重适度超前、具体可操作和实用激励。另外,根据平台的重要性基于差别化的政策优惠,包括土地供应和资金支持方面的优先安排等。

6.5　积极推进科研院所与中小企业的合作

大学与企业的关系经历了从分离到相互渗透最终到相互结合

的发展过程。虽然人类第一所大学很早就诞生了,但是直到18世纪末大学与企业关系仍然处于分离状态,18世纪发生的第一次工业革命与大学基本无关,第一次工业革命的基础多是工匠们的手艺及经验的积累。工匠们的手艺及经验来源于师傅带徒弟或子承父业,无需大学教育。所以,在18世纪虽然涌现出大量的创造发明,但遗憾的是大学并没有被卷入到主流知识创造和发展的进程之中。

自19世纪初开始,大学与企业间开始相互渗透,到20世纪中期,二者的合作日益紧密。大学的这种转变重要原因之一在于大学中科学理论和应用学科打破了原来的神学、哲学一统天下的局面,如欧文斯学院的化学、梅森科学学院的酿造、卡尔松学院的工程教育等。科学理论研究为工业发展提供了重要的理论基础,不仅促进了教学与科研的发展,也培养了工业发展所必需的技术人才。但是在19世纪初期大学与企业之间并没有出现大规模的联系,而是以零星的、间接联系为主。直到20世纪上半叶,随着大学的科学研究功能不断拓展,以及工业发展对技术需求和对科学知识的依赖,大学和企业之间的联系方式逐渐由间接转变为直接,但是合作仍然主要出现在单个组织之间。

自20世纪60年代开始,随着知识社会的到来,知识成为新的财富源泉,如何激发新知识创造,推动知识的传播与共享,管理知识型员工等都为公司、行业乃至国家的发展提供了机遇与挑战。为了应对知识经济带来的挑战,各国政府也采取了不同策略转变政府的治理方式,特别是从原来单纯的维护市场竞争与交换秩序,通过宏观政策来调节资源配置、提升资源利用效率向努力再造科学技术生产的源泉、塑造新型的产学研合作关系转变。因此,自从20世纪中期开始,大学与企业的关系开始向开放、多元、网络状、动态化方向发展。大学、政府、企业、中介组织、金融界等多个主体以知识为载体，以协同创新为制度改革核心，共同迎接知识经济和全球化带来的不确定性环境变化。大学与企业关系逐渐从单个行为的合作向多元主体、网络化的协同创新发展模式转变。

从历史上看，大学与政府和企业的互动可以总结出五种模式：以外部市场交易为纽带的互动模式（即大学的技术成果通过外部市场交易行为出售给企业）、以产权为纽带的互动模式（即大学和企业投资入股新建新的经济实体）、以政府项目计划为纽带的互动模式（即政府发起和资助针对某一领域的合作计划）、以大学和企业之间自发产生的项目为纽带的互动模式（大学和企业处于各自需要，自愿、自动的寻求和合作）和大学科技园区模式（以大学为依托建立科技园区，吸引相关领域的企业入驻，推动大学科技成果的产业化）（范旭、方一兵，2004）。

从企业自身技术创新的类型来看有四种，即企业自建研发机构开发本企业需求的新技术、企业积极参与到社会（国家或民间的）推进的创新科技发展计划以及民间产学研技术攻关联盟、企业出资委托研究机构研发和企业直接购买知识产权。对于大多数中小企业而言，囿于自身有限的资源，很难通过自建研发机构来研发新计划，而参与到社会创新计划和结成研发联盟、委托大学等科研机构研发以及直接购买知识产权比较适合中小企业的实际情况，随着中小企业的发展和实力的增强，再逐步建立自身的研发中心。除了第一种模式，其余三种模式都要求中小企业与外部创新主体进行交易或者合作，即使中小企业采取自建研发中心的模式，它在创新过程中也需要与外部进行合作，因此从企业自身技术创新的类型来看和中小企业开放式创新的理念相契合。

大学不仅是创新人才培养的主要基地，同时也是新知识创造的摇篮,在区域创新网络中大学处于非常重要的地位,与大学的合作也是广大中小企业嵌入区域创新网络的重要途径。从大学在人类经济发展历史中的作用来看,大学已经由单纯的人才培养和知识创造向新知识的传播、推广和应用转变,大学已经承担起利用技术与科研成果为社会服务的第三功能。当今社会很多高科技产品都是由大学的研究成果经过商业化转化而来的,也有的是由高等院校与企业的研究机构共同研发,进行技术创新的结果。显然,与中小企业合作推动技术创新的扩散和转移也是历史赋予大学的使命。

为了推动大学的技术转移我们国家出台了一系列政策,具体如表 6.12:

表 6.12　我国推动大学技术转移的政策法规汇总

政策名称	颁布机构及年份	政　策　要　点
《中华人民共和国科学技术进步法》	全国人大常委会,1993 年	国家建立和发展技术市场,推动科学技术成果商品化
《中华人民共和国促进科技成果转化法》	全国人大常委会,1996 年(2015 年修订)	国务院和地方政府将科技成果转化纳入国民经济和社会发展计划,并组织协调实施科技成果转化。科技成果完成人应享有不低于 20％的技术转移收入。国家用于科技发展的经费,应有一定比例用于科技成果转化,主要用于转化的引导资金、贷款贴息、补助资金和风险投资以及其他相关用途。
《关于促进科研成果转化的若干规定》	国务院,1999 年	除另有约定外,技术入股可占注册资本的 35％。科研机构、高等学校的技术转让收入免征营业税。设立科技型中小企业技术创新基金。
《高等学校知识产权保护管理规定》	教育部,1998 年	规定利用学校条件产生的技术成果(包括发明)属职务技术成果,使用权和转让权归学校所有。

政策名称	颁布机构及年份	政 策 要 点
《中共中央、国务院关于加强技术创新，发展高科技，实现产业化的决定》	中共中央、国务院，1999年	高等学校要充分发挥自身人才、技术、信息等方面的优势，鼓励教师和科研人员进入高新技术产业开发区从事科技成果商品化、产业化工作。支持发展高等学校科技园区，培育一批知识和智力密集、具有市场竞争优势的高新技术企业和企业集团，使产学研更加紧密地结合。
《关于充分发挥高等学校科技创新作用若干意见》	科技部、教育部，2002年	推动高校成立技术转让机构。鼓励运用专利许可、技术转让、技术入股等各种方式推进高校所开发技术的扩散应用。允许高校遵照国家相关政策规定，自主制订有关鼓励技术发明、转让的规定，以调动高校师生从事科技创新的积极性。鼓励和支持高校师生兼职创业，处理好相关的知识产权、股权分配等问题，处理好兼职创业与正常教学科研的关系。
《关于国家科研计划项目研究成果知识产权管理的若干规定》	科技部、财政部，2002年	国家授予科研项目承担单位科研项目研究成果及其形成的知识产权，项目承担单位可依法自主决定实施、许可他人实施、转让、作价入股等，并取得相应收益。
《中华人民共和国促进科技成果转化法》	全国人大常委会，2015年（修订）	(1)明确了市场化定价的合法性，并且明确了市场化定价的方式和程序；(2)加大了对成果完成人和转化工作做出重要贡献的人员的激励力度；(3)进一步完善了科技成果处置、收益和分配有关的制度；；(4)进一步完善了科研成果的评价体系，明确了相关部门的职责；(5)提出要建立和完善科技报告制度和建立科技成果的信息系统。
《实施〈中华人民共和国促进科技成果转化法〉若干规定》	国务院，2016年	(1)国家设立的研发机构、高等院校应当完善技术转移工作体系。(2)对完成、转化职务科技成果做出重要贡献的人员给予奖励和报酬做了原则性规定：提取不低于百分之五十的比例。

除了制定促进大学技术转移的政策规范外，国家教育部和原国家经贸委于 2001 年底依托大学联合成立了 6 个国家技术转移中心，这些国家技术转移中心在促进依托高校技术转移及科技成果转化、加强国际技术交流与合作、为企业创新提供综合服务等方面发挥着重要的作用。另外，各级政府、大学、企业和科研机构合作建立的各种科技工业园区，也有力地推动了校企之间的合作。但是推动中小企业与大学的合作方面我们政府还有许多工作有待进一步深化。

6.5.1 推动大学研究的配置结构动态适应产业发展的需求

在西方发达国家，企业的创新能力较强，研发投入比较多，除了应用研究外，一些企业甚至还从事一些基础性研究。与发达国家相比，我国的大学除了从事基础性研究以外还从事相当一部分的应用研究以弥补企业内研发能力的不足。大学将过多的精力花费在应用研究上必然会导致对基础性研究的关注下降，最终必然影响我国技术进步的后劲。2011 年我国大学基础研究占其研究经费支出比例为 32.9%，应用研究的比例为 54.6%，试验发展的比例为 13.3%，而美国大学中基础研究占 74.8%，应用和开发研究仅占 25.3%。与美国相比，我国大学仍主要从事应用研究，试验发展工作也占有相当比例。从研究经费的来源来看，我国大学研究经费中政府资金所占比例为 59.5%，企事业单位委托资金比例高达 33.2%。相比而言，美国大学研究经费中来自政府的比例为 68.5%，来自企业的比例仅为 5.5%，其余主要来自公益基金和社会捐赠。即使对于研究型大学而言，中美两国的研究经费来源结构也相差很大。我国首批进入"985 工程"的 9 所研究型大学的科技经费中,来自企事业单位的委托资金比例高达21.1%,而美国主要公立研究型大学的研究经费中,来自企业的比例仅为3.8%(宗晓华、洪银兴,2013)。

在产业发展的不同阶段对企业和大学研究协同创新所提出的要求也不同,大学研究的结构配置只有动态适应这种产业发展的要求才能与企业形成创新能力互补。从产业发展的趋势看,应用技术研发的主体应该是企业,大学应该重点从事基础研究。但是由于当前我国企业的研发能力相对较低,完全仿照国外的模式让企业担当应用技术研究的主体显然不符合国情。很多企业在无法承担相应研究功能的情况下必然降低研发投入,弱化自身的研发功能,转而采取直接购买专利技术的方式来解决自身的产品技术问题。长此以往,企业的技术能力不仅无法得到有效的提升,也会加大企业吸收和转化大学技术的难度,最终影响我国产业竞争力的提升。因此在当前我国企业研发能力较低的情况下,大学可以适当提高应用研究的比例,同时通过相应的政策措施激励大学与企业之间的研发合作,逐步提升企业的研发能力,等到我国企业的研发能力达到一定水平后再逐步降低大学应用研究所占的比重。

6.5.2　实现大学和企业研发的激励相容

大学与企业的合作主要集中在应用技术研究领域,但是我国大学的科研经费来源主要有两个途径,一个是通过财政拨款,这个属于纵向项目,还有一个是来自企业界的资助,这个被称之为横向项目。纵向项目的研究主要集中在基础性和理论性课题,应用性相对较弱。而横向项目主要帮助企业解决实际应用中的问题,尽管横向项目可以使研究人员获得一定的报酬但是对于职称评定和论文发表用处不大。一方面现在大多数高等级的学术类期刊偏重于发表理论性较强的文章,另一方面企业资助的项目所获得成果属于企业,如要针对研发项目的核心技术发表论文一般需要经过企业的同意,否则会导致技术泄露而给合作企业造成损失。国家对于大学科研的考核主要是根据公开发表的科研成果,通过这种成果的公开来实现知识的创造和扩散。而企业出于竞争的目的希望将最新的研究成果保留在企业内部以维持竞争优势。因此大学科研成果的相对开放性和企业知识的私有性之间存在着一定的矛盾。

尽管一些大学将横向课题纳入教师业绩考核的范畴,但是其重要性以及所占的比重远远低于纵向课题。因此,推动大学和企业的广泛而有效的合作需要政府从政策层面解决合作研发激励相容的问题,提高应用研究在大学科研人员业绩考核中的比重。另外,横向课题的获取大多通过教师和企业之间的私人联系,目前各地并没有一个良好的公共平台来连接大学和企业之间的技术合作,这种技术合作平台的建立可以由地方政府牵头,集中区域内高校资源和企业资源,实现区域内技术供给和需求的匹配平台,随着技术平台的日益成熟再逐步实现跨省级的互通融合。

6.5.3　推动大学跨学科知识融合

从大学发展的历史来看,学科结构是大学一种传统的组织原则,大学教学和科研的组织框架都是以学科建设为主线的。大学的科研和教学也是按照学科门类分别开展,教学和科研之间的联系也是以学科为基础,通过科研来增加专门知识的存量,通过教学来传播专门知识。但随着科学技术的发展以及知识社会的到来,大学与社会经济联系日益密切,科学研究的范式也在不断调整,与此同时社会对大学的教学和科研也提出了新的要求。首先是知识更新速度不断加快，知识呈现出爆炸式增长。英国学者詹姆斯·马丁在 20 世纪 90 年代说，人类的知识，20 世纪是每 10 年增长一倍，而目前是每 3 年，知识就会折旧 80%。这些知识更新中有原创性的基础知识更新，但更多的是应用性知识的更新。而应用知识的创造往往需要不同学科领域的知识进行整合才能满足消费者和社会实践的需要。其次，知识传播手段的变化不仅加快了知识的扩散速度，同时也对新知识的创造起到推波助澜的作用。与传统的土地、资本和劳动力不同，知识作为新的财富源泉在使用过程中会出现边际效应递增，新知识的使用不仅不会降低知识本身的价值，反而会通过与其他知识的结合产生新的知识。不同知识的交汇是产生新知识的重要途径，人类对知识搜索和获取的便利推动了不同知识的交汇和融合，促进了新知识的产生。第三，科技对经济增长的推动作用超越了人类历史上的任何时期，为此各国政府不仅采取各种方式促进新知识的创造，同时也采取有效措施来推动知识的应用和传播。为了更好地适应知识经济时代的特点，需要大学由传统的学科独立逐步向跨不同领域及超越学科框架的合作研究范式转变。通过以大学为主体建立跨学科、高水平的研究平台，配以广泛的信息交流和研究成果人员互换机制，有利于凝聚相关学科的研究力量，实现科研水平的跨越式发展。

6.6　推动大企业和中小企业的合作[①]

中小企业和大企业保持良好的共生关系不仅有助于促进中小企业的生存和发展，同时也有助于大企业降低成本，提升竞争力。

---

① 田伟、田红云、颜有明. 中小企业与大企业协作配套关系研究[J]. 现代管理科学，2018(12)：54—56.

然而,在我国产业中,大企业与中小企业之间业务趋同、缺乏协作不仅造成了资源的浪费,同时也将中小企业推向了与大企业竞争的对立面。从发达国家中小企业的发展历程来看,中小企业与大企业之间良好的竞争与合作关系是经济保持持续竞争力的关键。近年来,随着国际分工和产业分工的进一步深化,以产业链为主线,大企业和中小企业之间的协作配套不仅发展成为极其重要的产业组织形式,同时也成为政府推动中小企业技术升级以及产业结构优化的重要切入点。

专业化协作是随着企业间合作的发展而出现的,王缉慈(2001)认为合作既包括发包商和下承包商之间为了及时、定量地生产高质量产品而进行的互补行为,也包括竞争对手之间为了创造外部规模经济而进行的合作。

国外中小企业与大企业的协作配套拥有一些成功的经验。日本的大企业和中小企业之间通过独特的系列化生产体制结成一种纵横交错的网络关系,实现从原材料共赢、零配件生产、组装到销售一条龙,双方开始由直接对抗关系转变为相互利用、相互扶植的关系(刘群慧等,1999)。而韩国自 20 世纪 60 年代后期开始,中小企业与大企业逐步形成外围企业与中心企业的格局,韩国政府实施的财阀优先政策,严重阻滞了中小企业的竞争能力。

从本质上看,中小企业与大企业的协作配套关系属于战略联盟的一种形式,尽管现有的关于供应链、战略联盟以及交易成本理论等方面的研究大大加深了人们对协作配套关系的理解,但是专门从中小企业的视角研究其与大企业协作配套关系的文献并不多见。特别是我国正处于产业结构升级的关键时期,通过协作配套来提升中小企业的技术创新能力和市场生存能力是加快产业升级、优化产业微观结构、提升产业国际竞争力的有效途径。

6.6.1 以制造业为重点，兼顾其他行业

中小企业与大企业协作配套生产体系有其特定的产业适用条件，并非所有产业都适合开展这种配套生产方式，无论是美国还是日本，中小企业与大企业协作配套生产体系主要存在于产业链较长的产业，特别是制造业、建筑业和部分服务业。我国作为一个制造大国，以制造业为重点，兼顾建筑业以及部分服务业，大力推进中小企业与大企业的协作配套完全符合我国当前经济发展的特点和需要。

作为一个制造业大国，要想成为制造业强国必须在高精尖技术方面有所发展，从国家层面而言，推进协作配套工作的侧重点应该向电机、汽车、通用及专用设备、交通运输设备、电器机械及器材、通信设备、计算机及其他电子设备、仪器仪表等技术含量比较高的产业倾斜，究其原因一方面是因为上述行业产业链相对较长，具有大量的中间产品，适宜分包制度的实施，另一方面是由于上述产业大多属于高技术产业，通过大企业的技术溢出和资金帮助，中小企业可以在配套协作中尽快实现技术升级和管理能力的提升，从而在较短的时间内实现我国产业竞争力的提升和整个产业结构的升级。具体到地方政府，则应该根据本地区的情况和特点，围绕优势产业、优势资源，以点带面，重点突破，这样更容易将协作配套工作推向深入。

值得注意的是，一些传统行业如纤维、服装、食品加工等行业以及建筑业和服务业，同样也存在中小企业与大企业配套协作的机会，尽管这些行业中协作配套生产模式对于带动整个行业的技术升级不如高技术行业那么明显，但是协作配套同样有利于提高中小企业的生存能力和大企业的竞争力。此外，这些行业的配套

协作有利于解决大量劳动力就业,在产业中形成和谐的竞争秩序,避免大而全、小而全,缓解大企业和中小企业之间的恶性价格竞争。

6.6.2 以产业集群为依托,培育专业化分工协作机制

当今世界产业集群广泛分布,产业集群是产业发达国家的核心特征。我国各类产业集群多达数千个,主要分布在化纤纺织、丝绸纺织、制衣、制鞋、电子、信息、医药、塑料、汽摩配件、精细化工、五金制品等行业。产业集群中企业之间的结构关系主要有三种:第一种情况是中心——外围结构产业集群,有几个大的企业,外围是一大批中小企业给它配套。第二种就是由众多的中小企业组成的网络状的集群。第三种模式就是混合结构产业集群,是中心—外围结构和网状结构产业集群的一种结合。

有中心企业的纵向合作关系中,中心企业会推动较弱的中小企业的技术进步与发展,但可能形成一种非对称性的依赖关系。在无核心的纵向合作关系中,上下游企业的规模或实力相当的,不存在核心企业。无核心企业的纵向合作关系容易形成一种对称或平衡关系,但是由于缺乏技术、资金或实力雄厚的核心企业的引导和帮助,可能使整个集群的发展速度较慢并处于价值链的低端。

在我国当前的条件下,推进中小企业与大企业的协作配套必须要依托已有的产业集群,政府应该有步骤、有目的地推进中心—外围集群模式,推动仅有横向一体化分工的集群逐步向具有横向和纵向混合型分工的集群转变,促进分工水平进一步深化,最终形成"小规模、大协作"的专业化协作生产模式。加快推进集群中的信息、金融等服务平台建设,构建公平的竞争环境,降低交易的不

确定性,丰富产品结构,增强产业关联度。

6.6.3 以大企业为中心引导大中小企业走协作发展之路

大企业在协作配套网络体系中居于中心地位,大企业的经营状况直接影响到广大协作配套中小企业的生死存亡。

我国十几万个机械企业,有80％属"全能型"企业,企业自制铸件和锻件分别占80％和90％以上,而同类企业,美国自制铸件在40％以上,日本自制铸件只有15％左右(张玉春、李宗植)。"大是美的,小同样也是美的",一个合理的富有活力的产业结构中必须具有相当实力的、具有全球竞争力的大企业,同时也必须拥有一大批富有活力的小企业。我国产业结构中存在的问题是大企业大而全,小企业缺乏特色。

中心企业在管理网络学习过程方面承担着重要角色。中心企业占据着网络的关键位置。当网络中的一群企业面临相同或者类似的集体问题时,他们为了解决共同的问题往往会创建一个中心组织来执行组织学习的程序,提升成员企业的竞争力。中心企业将网络成员分散的资源和能力聚集起来,并承担者网络治理的协调机制。水平跨企业网络的中心企业承担着三个方面的角色:(1)集体战略的咨询的角色。描绘成员企业的集体利益以及有价值的外部机会。(2)协调网络的知识流动。指定成员来解决伙伴关系管理,或者建立流程来解决共同的问题以及吸收企业。(3)集中整理和传播反馈。中心企业整理网络成员的反馈并为知识溢出创造新的机会。企业推动成员企业加入解决共同问题并探索新的合作机会。

构建中小企业与大企业协作配套生产体系必须构建一批居于

配套网络核心的大企业集团,因此必须有计划地引导大企业走协作配套的发展模式,同时在一些重点行业鼓励横向兼并,形成一批有实力的大企业集团,推动以大企业为主导的,大小企业共生的协作网络的形成和发展。

6.6.4　针对协作配套,制定相应的财税、金融和采购等政策

尽管国家已经制定了诸多推动中小企业发展的政策,但更多的是从一般层面上保护中小企业,为中小企业营造公平的竞争环境,基本没有专门针对协作配套制定相应的政策措施。为了尽快推动大企业与中小企业协作配套业务的发展,我们认为政府可以初步从以下几个方面着手:

第一,制定相关的税收政策。政府可以通过对相关行业中参与协作配套的大企业和中小企业给予一定的税收减免,以鼓励大企业和中小企业形成协作配套业务关系。

第二,政府采购政策。国外许多国家的政府采购都规定中小企业采购必须占有一定的比例。政府可以在采购产品时对于通过协作配套生产的大企业的产品优先采购,或者规定所采购大企业的产品必须分包一定比例给中小企业,从而有针对性的鼓励中小企业与大企业的配套协作。

第三,融资优惠政策。对于协作配套的大企业和中小企业在资金上给予一定的支持,对于配套型中小企业实施贷款贴息和适度的贷款担保,建立推动配套协作的专项资金。大力推进"供应链融资",即从整个产业链角度出发,开展综合授信,把供应链上的相关企业作为一个整体,根据交易中构成的链条关系和行业特点设定融资方案,将资金有效注入到供应链上的相关企业,提供灵活运

用的金融产品和服务的一种融资模式。通过供应链融资可以有效的解决中小企业融资难问题，促进协作配套业务的发展。

第四，鼓励大企业为中小企业培训人才。对于大企业而言，与中小企业协作最担心的是中小企业的技术力量薄弱，中小企业在配套协作中所碰到的资金问题对于有实力的大企业来说并不是什么大问题，但是中小企业的技术和管理能力直接决定这它能否为大企业提供高质量的、稳定的配套产品。拥有一定技术水平和熟练操作经验的人员是中小企业技术提升的关键。

尽管人力资源开发问题在我国越来越受到重视，但大企业为配套企业开展培训很少见。从国际经验来看，已经有一些国家为鼓励公司培训人力资源提供经费资助。韩国给予大公司在培养中小企业人才方面以税收补偿。此外，新加坡、马来西亚都在这方面进行了卓有成效的实践。我国可以采取资助私营部门培训计划及与国际机构合作等措施，努力促进大企业与中小企业建立培训联系。

第五，制定相关的法律法规，保护协作配套中小企业的利益不受大企业的侵犯。中小企业在与大企业进行经济交往的过程中往往处于不利地位，大企业依靠其资金、技术和市场控制力可能对中小企业进行不平等交易，如大企业对中小企业的销售垄断，限制中小企业与其他用户的交往；过分的质量要求和强行的压价；要求中小企业接受苛刻的供货时间和条件；任意拖欠中小企业的货款；随意改变供货企业，使中小企业处于被动的地位等等。为改变中小企业在大中小企业关系中的被动局面，许多国家制定了有关保护中小企业利益的政策。如英国政府规定，大企业给予某一个中小企业的承包合同不得超过该企业生产能力的一定比例。一般的中小企业其承包合同不应超过该企业生产能力的 30％；汽车和航空航天工业的承包合同不宜超过其生产能力的 60％ 等。为了鼓励和扶持中小企业与大企业建立配套协作关系,我国应该借鉴国外的有关经验,制定有关保护中小企业利益的相关政策,为中小企业的协作配套创造一个良好的发展环境。

第六,直接奖励。对大企业协作配套业务增量部分直接给予奖励。

6.6.5 打造全国性的协作配套行业组织和中介机构

成熟良好的中小企业与大企业协作配套体系建立离不开行业组织和诸多中介机构。在日本企业协作体系中,六大企业集团有着关键性的作用,它们几乎囊括了日本经济所有重要产业部门。六大集团均有起协调作用的非正式组织"社长会",像三井集团的二木会、住友集团的白水会、三菱集团的金曜会、三和集团的三水会、芙蓉集团的芙蓉会、第一劝业集团的三金会等。虽然社长会不是正式组织,但是在垄断企业之间的信息沟通、行为协调、人员安置、重大决策等方面起着重要作用。在美国的中小企业服务体系既有公办的也有民办的服务机构和中介服务组织,这些组织为中小企业提供信息政策咨询、经营管理和人才培训等各种服务。在美国由政府牵头成立的小企业发展中心为中小企业提供技术援助与管理指导,组织经理服务团为中小企业主提供免费指导和低费用的培训联合学校,科研部门、商会、协会和其他社区服务机构向中小企业提供各种形式的支持与服务。

在我国,也必须逐步建立起服务于中小企业与大企业协作配套的行业协会、服务机构。实证调研表明,目前中小企业之所以难以与其他地区的企业开展交流和合作,主要是缺乏一个有效沟通的桥梁,因此特别需要社会中介组织的服务。不少企业希望能建立和完善市场化的中介服务网络,希望有行业协会或商会、投资管理公司、咨询公司等中介机构在企业开拓国内外市场、加速知识及信息的传播、促进企业技术创新和人才培训等方面给予帮助,希望多通过博览会、交流会、研讨会、专业中介等形式协助企业拓展合作渠道。

6.7 加快创新中介服务体系建设

在开放式创新条件下,企业不仅要能够及时获得外部创新资源,还要能够将获得的外部创新知识资源转化吸收,内化成自身的创新能力,此外企业的非核心技术也能够顺利地通过外部市场与其他企业进行交易。科技中介机构作为国家创新系统内的重要网络节点,是创新主体之间进行知识、技术转移和交换的重要桥梁和纽带。完善高效的科技中介服务体系不仅是中小企业成功实施开放式创新的保障,也是开放式创新的内在要求。

在区域及国家创新网络中,科技中介起着重要的作用,科技中介不仅能够综合各方面的信息,全方位提供中小企业技术创新中所需要的各种资源,解决和帮助解决中小企业开放式创新中所面临的信息、技术和资金等瓶颈,优化配置创新资源,重新分配和扩散区域创新知识,降低知识转移成本和创新风险,承担创新主体之间的黏合剂和催化剂的作用。通过沟通创新网络内的各个主体,为创新提供良好的外部环境。

6.7.1 科技中介服务体系的内涵及发展概况

1999 年中共中央、国务院印发的《关于加强技术创新、发展高科技、实现产业化的决定》中指出：科技中介服务机构属非政府机构，它是科技与应用、生产与消费不可缺少的服务纽带。要尽快制定和完善关于科技中介服务组织的法规，规范其行业行为，加强管理。要引导各种技术创新服务机构、技术评估机构以及技术经纪机构等中介机构，为加速科技成果的转让提供良好的服务。积极发展信息咨询服务机构，为企业特别是广大中小企业提供经营管理、技术、市场营销、信息、人才、财务、金融、法律等方面的服务。对以向社会提供公共服务为主的中介服务机构，经认定后可按非营利机构运作和管理。要进一步培育和健全技术市场。加强重大技术供需信息库以及科技信息网络等基础设施建设。要通过改革，完善科技推广服务体系，建立科研机构、高等学校、各类技术服务机构和企业紧密结合的科技推广服务网络。

根据所提供的社会功能，我国的科技中介机构可以分为三类：第一类是"技术转移型"机构，这类机构或者拥有专业技术并了解相关技术的现状和演化趋势，如工程技术 R&D 中心，专业技术推广服务中心，或是与技术 R&D 机构关系密切，并具有相当技术水平鉴定能力的机构，如技术产权交易中心，常设技术市场等；第二类是"创业支撑型"机构，如高新技术园区、创业中心、企业孵化器、生产力促进中心、大学科技园等，这类机构拥有创业、创新、企业管理方面的知识库，可以为企业创业期的技术转化克服流程、设备、扩散方面的障碍因素，并随技术源同步发展；第三类是"知识提供型"机构，主要是为企业的科技活动提供技术、智力、管理等方面的知识，如科技情报所、专利事务所、人才中介机构、认证咨询中心、质量检测机构以及各类科技咨询机构等（李文博，2011）。

我国的科技中介服务体系起步于 20 世纪 70 年代，经过 40 多年的发展，我国的科技中介机构数量呈现爆发性增长，技术市场的

交易额也达到新的量级。根据 2017 年中国科技统计年鉴,自
2012—2016 年我国生产力促进中心基本维持在 2000 多个,服务
的企业总数达 300 万左右,2013 年是我国生产力促进中心发展的
高峰期,近年来有所下降(见表 6.13)。2016 年我国在统科技企业
孵化器达 3255 个,其中国家级 859 个,非国家级 2396 个。在孵企
业达 133286 个,在孵企业累计获得财政资助额 186.4 亿元,累计
获得风险投资额 1480.63 亿,2016 年在孵企业当年申请的知识产
权数为 139999 个(具体见表 6.14)。

表 6.13　生产力促进中心主要经济指标

指　　标	2012 年	2013 年	2014 年	2015 年	2016 年
中心总数(个)	2281	2581	2152	2688	1925
总资产(亿元)	295.1	351.0	325.0	284.4	298.4
服务企业总数(万个)	38.0	38.7	42.7	44.2	20.8
中心年总服务收入(亿元)	89.0	139.1	68.2	57.6	52.5
为企业增加销售额(亿元)	2535.2	5282.8	2480.7	1794.4	1400.7
增加利税(亿元)	341.7	397.1	447.1	275.0	208.9
为社会增加就业(万人)	186.2	193.7	153.8	127.9	115.1

资料来源:2107 年中国科技统计年鉴

表 6.14　科技企业孵化器基本情况

项　　目	2015 年	2016 年
在统孵化器数量(个)	2533	3255
国家级	733	859
非国家级	1800	2396
孵化期内企业总数(个)	145956	173779

项　目	2015 年	2016 年
在孵企业（个）	102170	133286
当年新增在孵企业（个）	31886	48095
累计毕业企业（个）	74853	89694
当年毕业企业（个）	11594	15020
在孵企业累计获得财政资助额（千元）	17355689	18642782
在孵企业累计获得风险投资额（千元）	84728394	148063270
当年获得风险投资额（千元）	25863597	38598328
累计获得投融资的企业数量（个）	26636	33238
孵化器孵化基金总额（千元）	36565207	68779374
在孵企业 R&D 投入（千元）	31556843	41477145
当年知识产权申请数（个）	107667	139999
拥有有效知识产权数（个）	155369	223066
发明专利	39003	51954

资料来源：2107 年中国科技统计年鉴

　　全国的技术市场成交额稳步增长，2016 年技术开发交易额达到 3479.6 亿元，其中交易的主要形式是技术委托开发，合作开发占的比重较小。技术服务市场比较庞大，2016 年技术服务交易额达 5851.13 亿元，其中技术中介交易额达 24.14 亿元，但是 2016 年技术中介交易额较 2012 年增长超过 6 倍，说明技术中介发展非常迅速。专利交易中，发明专利占据了 50% 以上的比重（见表 6.15）。尽管缺乏我国科技中介机构完整的统计数据，但是从我国近年来生产力促进中心、孵化器等重要载体的发展情况以及知识产权交易数据可以看出我国科技中介服务业逐渐形成了数量众多、服务能力大幅提升,服务形式日益多样化的服务体系。

表 6.15　全国技术市场成交合同金额　　单位:亿元

项目	2012 年	2013 年	2014 年	2015 年	2016 年
技术开发	2635.95	2773.41	2949.01	3047.18	3479.64
技术委托开发	2457.43	2604.11	2649.02	2733.92	3139.04
技术合作开发	178.52	169.30	299.98	313.26	340.60
技术转让	1020.84	1083.76	1137.17	1466.53	1607.89
技术咨询	150.22	195.10	244.29	263.12	468.33
技术服务	2630.07	3416.85	4246.72	5058.96	5851.13
其中技术中介	3.5	3.18	7.44	19.74	24.14
专利	670.85	569.63	661.42	675.34	1297.32
发明专利	463.96	286.47	433.29	357.20	730.73
实用新型专利	203.98	281.22	217.18	306.75	557.08
外观设计专利	2.90	1.94	10.96	11.39	9.5

资料来源:2017 年中国科技统计年鉴

6.7.2　我国当前有关科技中介服务体系的政策及存在的问题

改革开放以后我国的科技中介服务体系发展迅猛,从种类看我国的科技中介机构主要包括生产力促进中心、各类科技企业孵化器、国家级创业服务中心、大学科技园、各类科技咨询机构、科技情报机构、科技风险投资中心、科技评估机构、专利代理机构、科技招投标机构、各类行业协会和专业技术协会等。我国已有的关于科技中介服务体系的政策措施主要也是针对上述机构的发展、运营和管理的。

我国已有的关于科技中介服务体系建设的法律文件主要有《中华人民共和国科学技术进步法》(1993 年公布，2007 年修订)、《中华人民共和国促进科技成果转化法》(1996 年公布，2015 年修订)、《中华人民共和国中小企业促进法》(2002 年公布，2017 年修订)，上述法律从宏观上提出要鼓励和发展技术市场，包括：(1)鼓励创办从事技术评估、技术经济等活动的中介服务机构，引导建立社会化、专业化和网络化的技术交易服务体系；(2)对于公共研究开发平台和科学技术中介服务机构的建设给予支持。(3)县级以上人民政府有关部门应当在规划、用地、财政等方面提供支持，推动建立和发展各类创新服务机构。

中央和国务院出台的科技中介服务体系建设的相关政策文件主要有：《中共中央国务院关于加强技术创新，发展高科技，实现产业化的决策》(1999 年)、《创业投资企业管理暂行办法》(2005年)、《国家中长期科学和技术发展规划纲要(2006—2010 年)》(2005 年)、《国家自主创新基础能力建设"十一五"规划》(2007年)、《国务院办公厅关于加快发展高技术服务业的指导意见》(2011 年)、《关于深化科技体制改革加快国家创新体系建设的意见》(2012 年)、《"十二五"国家自主创新能力建设规划》(2013 年)、《关于强化企业技术创新主体地位全面提升企业创新能力的意见》(2013 年)、《"十三五"国家科技创新规划》(2016 年)、《关于印发促进科技成果转移转化行动方案的通知》(2016 年)。各文件的主要内容见表 6.16。

表 6.16　国务院出台的与科技中介服务体系建设相关的主要政策文件

文 件 名 称	颁布部门	年份
中共中央国务院关于加强技术创新，发展高科技，实现产业化的决策	中共中央、国务院	1999 年
国家中长期科学和技术发展规划纲要（2006—2010 年）	国务院	2005 年
国家自主创新基础能力建设"十一五"规划	国务院	2007 年
国务院办公厅关于加快发展高技术服务业的指导意见	国务院	2011 年
关于深化科技体制改革加快国家创新体系建设的意见	中共中央、国务院	2012 年
"十二五"国家自主创新能力建设规划	国务院	2013 年
关于强化企业技术创新主体地位全面提升企业创新能力的意见	国务院	2013 年
促进科技成果转移转化行动方案的通知	国务院	2016 年

资料来源：作者根据政府发布的文件进行整理。

　　科技部出台的有关科技中介的文件数量比较多，主要是针对生产力促进中心、科技企业孵化器、大学科技园、技术市场、创业服务中心等（具体见表 6.17）。早期的政策主要集中在增加投入、迅速扩大科技中介机构的总体数量和规模、营造科技服务机构发展的良好环境，近年来有关科技中介机构的政策主要集中于如何优化服务体系结构、增加科技服务能力、提升科技服务的系统效能以及对现有机构进行协调整合等方面。政策着力点的演变反映了我国科技中介机构的发展已经由扩展数量规模向协同整合提升效能方向转变。

表 6.17 科技部出台的与科技中介服务体系建设相关政策文件

文 件 名 称	颁布部门	颁布年份
生产力促进中心管理办法	科技部	1997 年颁布，2003 年修订
中国科技企业孵化器"十五"期间发展纲要	科技部	2001 年
关于大力发展科技中介机构的意见	科技部	2002 年
科技部落实科技中介机构建设年工作要点	科技部	2003 年
关于进一步加快生产力促进中心发展的意见	科技部	2004 年
关于加快发展技术市场的意见	科技部	2006 年
科技企业孵化器(高新技术创业服务中心)认定和管理办法	科技部	2006 年
国家高新技术产业化及其环境建设(火炬)"十一五"发展纲要	科技部	2007 年
国家技术转移示范机构管理办法	科技部	2007 年
科技企业孵化器评价指标体系(试行)	科技部	2007 年
科技企业孵化器认定和管理办法	科技部	2010 年
地方促进科技和金融结合试点方案提纲	科技部	2011 年
关于进一步加强火炬工作促进高技术产业化的指导意见	科技部	2011 年
高新技术产业化及其环境建设"十二五"专项规划	科技部	2012 年
国家科技企业孵化器"十二五"发展规划	科技部	2012 年
技术市场"十二五"发展规划	科技部	2013 年
生产力促进中心绩效评价办法	科技部	2014 年
关于加快高新技术创业服务中心建设与发展的若干意见	科技部	2000 年
关于"十五"期间大力推进科技企业孵化器建设的意见	科技部	2001 年

文 件 名 称	颁布部门	颁布年份
关于进一步提高科技企业孵化器运行质量的若干意见	科技部	2003 年
中国海外科技创业园试点工作指导意见	科技部	2003 年
高技术创业服务中心管理办法	科技部	2005 年
中国科技企业孵化器"十一五"发展规划纲要	科技部	2006 年
生产力促进中心"十一五"发展规划纲要	科技部	2006 年
国家级示范生产力促进中心认定和管理办法	科技部	2007 年 7 月制定，2011 年 5 月修订，2013 年 7 月废止
国家级示范生产力促进中心绩效评价工作细则	科技部	2007 年 10 月，2011 年修订
关于进一步加强生产力促进中心业务联盟建设的函	科技部	2011 年
关于进一步促进科技型中小企业创新发展的若干意见	科技部	2011 年
科技服务体系火炬创新工程实施方案(试行)	科技部	2011 年
现代服务业科技发展"十二五"专项规划	科技部	2012 年
国家高新技术产业开发区"十二五"发展规划纲要	科技部	2013 年
科技创新服务体系建设试点工作指引	科技部	2013 年

资料来源：资料来源：作者根据政府发布的文件进行整理。

多部委联合出台的文件主要集中在大学科技园以及针对科技中介机构财政、金融和税收政策，涉及的部门主要有教育部、财政部、科技部、国家税务总局、国家知识产权局和证监会、银监会等。

内容主要涉及对科技中介机构的用地优先划拨、免征房产税和土地使用税;对大学科技园区的发展进行多方扶持;引导银行业金融机构加大对科技型中小企业的信贷支持;引导和支持企业进入多层次资本市场等(具体见表6.18)。

表6.18　多部委联合出台的科技中介服务体系建设相关政策文件

文 件 名 称	颁布部门	年份
关于贯彻落实〈中共中央国务院关于加强技术创新,发展高科技,实现产业化的决定〉有关税收问题的通知	财政部、国家税务总局	1999 年
关于促进创业投资企业发展有关税收政策的通知	财政部、国家税务总局	2007 年
关于国家大学科技园有关税收政策问题的通知	财政部、国家税务总局	2007 年
关于科技企业孵化器税收政策的通知	财政部、国家税务总局	2013 年
关于充分发挥高等学校科技创新作用的若干意见	科技部和教育部	2002 年
"技术创新引导工程"实施方案	科技部和教育部	2006 年
关于进一步加强地方高等学校科技创新工作的若干意见	科技部和教育部	2006 年
国家大学科技园"十五"发展规划纲要	科技部和教育部	2011 年
关于进一步推进国家大学科技园建设与发展的意见	科技部和教育部	2014 年
国家大学科技园认定和管理办法	科技部和教育部	2006 年
国家大学科技园"十一五"发展规划纲要	科技部和教育部	2006 年
国家大学科技园评价指导意见	科技部和教育部	2010 年
国家大学科技园认定和管理办法	科技部和教育部	2010 年
国家大学科技园"十二五"发展规划纲要	科技部和教育部	2011 年

文 件 名 称	颁布部门	年份
"十一五"国家科技基础条件平台建设实施意见	科技部、财政部、发改委、教育部	2005 年
科技型中小企业创业投资引导基金管理暂行办法	财政部、科技部	2007 年
国家技术转移促进行动实施方案	财政部、科技部	2007 年
国家技术创新工程总体实施方案	科技部、财政部、教育部、国资委、全国总工会、国家开发银行	2009 年
促进科技和金融结合试点实施方案	科技部、中国人民银行、银监会、证监会等	2010 年
关于促进科技和金融结合加快实施自主创新战略的若干意见	科技部、中国人民银行、银监会等	2011 年
关于加快培育和发展知识产权服务业的指导意见	国家知识产权局、发改委、科技部等九部门	2012 年

资料来源：参考赵正国. 我国科技中介服务体系建设政策梳理及思考[J]. 今日科苑，2017(7)：60—65. 并结合相关文件整理所得。

6.7.3 进一步完善我国科技中介服务体系的建议和对策

在开放式创新范式下，创新越来越呈现出生态化、开放化、全球化、网络化的特性，科技中介对于创新主体获取外部知识资源、创新主体共生共荣的重要性日益凸显。重视创新生态系统建设，必然导致对于政、产、学、研、资、介的结合，但是科技中介服务发展的现状还难以满足创新驱动发展的要求：服务水平较低、服务结构单一、提供创新链全链条服务的中高端机构较少、是国家创新体系建设的薄弱环节。未来,应该从整个创新链、创新系统出发,强调科技中介的"服务自觉"意识和提升服务能力,凸显"体系化服务""多功能整合服务"的"服务+"功能,为创新活动提供支撑性服务,服务于创新链的全过程、全链条,其角色将更进一步从"科技中介"向"创新服务"演进。

（1）科技中介服务体系必须面向中小企业技术创新全过程

在不同的创新阶段,中小企业对创新资源的需求是不同的。有学者将中小企业技术创新的内部过程划分为:发现/决策阶段、R&D阶段、生产与制造阶段和新产品营销四个阶段。在发现决策阶段,中小企业需要从各种创新源泉获得新思想新观点,并在调研的基础上对获得观点进行筛选,筛选的原则主要有:新思想与消费者需求的一致性;新思想与企业使命一致性;新思想与企业资源和能力的匹配度等。在发现和决策阶段,企业主要面临的创新障碍来源于技术评估、相关信息的收集等。在R&D活动阶段,企业主要面临技术方面的困境,在研发过程中可能会遇到技术难题或者因为技术能力不足而导致研发进程的延缓甚至失败,因此此时的中介服务体系要能够及时帮助企业找到拥有相关技术能力的伙伴或信息,并帮助中小企业实现交易。在生产与制造阶段,新产品的生产可以分为小规模试制和大规模生产阶段,小规模试制过程中可能会遇到设备不足、工艺不够可靠、设计方面的调整、技术力量不足等问题。大批量的生产可能需要增加设备和人员投入,面临产品性能的稳定性、新产品的合格率、生产成本较高等问题,企业自身无法解决时,需要寻求外部资源来帮助解决,此时就需要科技中介发挥作用。在新产品营销阶段,企业可能会遇到渠道不畅、营销组合策略的制定、市场需求的变化、激烈的市场竞争、仿制品出现以及宏观经济环境变化等情况,需要中介服务提供管理咨询、市场信息和市场开拓方面的服务。

从总结服务体系的功能来看,主要提供政策咨询、融资及信用担保、技术开发推广、技术评估论证、新技术交易、企业孵化、国际合作、创新培训、市场开拓服务、产权交易、人才交流以及管理和法律服务。在不同的阶段,中小企业技术创新所面临的障碍不同,相应地对中介服务体系的要求也不同,具体如表6.19。

表6.19　中介服务体系、创新阶段以及障碍的关系

中小企业技术创新阶段	发现/决策阶段	R&D活动	生产和制造	新产品营销
服务体系　政策咨询				
融资及信用担保				
技术开发推广				
技术评估论证				
新技术交易				
企业孵化				
国际合作				
创新培训				
市场开拓服务				
产权交易				
人才交流				
管理及法律				
技术创新面临的障碍	创意的产生、获取或者筛选	技术难题、技术能力不足、开发成本高、样品不合格	设备不足、工艺不可靠、设计调整、技术储备不足、产品合格率、设备和人员投入、生产成本高	渠道不畅、营销策略、需求变化、劲烈竞争、仿制品、宏观环境

资料来源:根据李文元,梅强(2009)的观点进行整合而得

（2）科技中介服务体系的构建必须实现由中介→服务→服务体系的角色转变

从1980年我国第一个科技中介机构诞生以来,科技中介经历了从单纯的促进技术交易和扩散,向服务内容深化、组织形式多元化方向发展,未来我国中介服务将向服务体系化,系统化以及多功能整合式发展。

区域和国家创新网络中,中小企业开放式创新的成功实施是以系统内良好的"知识分配力"为前提。"知识分配力"(knowledge distribution power)的概念最早是由OECD国家创新系统项目的研究中首先提出来的。知识对于经济发展的作用不仅取决于知识自身的生产能力,还取决于知识在经济系统中的传播、扩散和利用能力,而"知识分配力"的概念就是表达了一个经济系统中对于知识的传播扩散和利用的能力,它不仅包含知识转移和转化能力,而且包含知识吸收与知识应用的能力。知识经济的特征承认,知识的转移和扩散与知识的生产同样重要。

开放式创新要求我国科技中介机构实现由中介→服务→服务体系的角色转变。开放式创新强调企业打破自身的创新边界,充分利用企业外部资源,同时将自身的非核心创新资源通过外部共享实现商业化或非商业化利用。在这个过程中中介机构起着举足轻重的作用。我国早期的科技中介机构主要承担着知识和技术转移的中介和桥梁,它解决了长期计划经济所导致的科技与经济的脱节,有效地推动了科研成果转化为生产力。随着我国由计划经济向市场经济转型,科技中介已成为创新体系中不可或缺的部分,其原有的单一的中介功能逐渐向服务功能转变,功能也日趋多样化,向兼具服务和生产功能转化,通过提供服务来推动生产的发展。如今,我国已经将创新作为国家的重大发展战略,提出建立创新型国家,在国家创新系统建设中,科技中介的功能进一步由中介服务向"创新链条"的前后两端扩展,科技中介必须形成全方位、全过程、多功能的科技中介服务体系,为广大创新主体提供全程的服务。在基础研究、应用研究阶段,科技中介提供科学数据、文献、技术等服务;在试验发展阶段,提供技术标准、检验检测、技术集成、研发服务、技术市场、技术评估等服务;在技术商品化阶段,提供创新创业、科技金融、创新管理等服务。科技中介已从"服务"向"服务体系"转变(郭兴华、李正风,2014)。

(3) 加强专业人才的培养

科技中介机构功能的有效发挥一定程度上取决于专业人员。我国科技中介机构与国外相比除了体制上的差异外,更重要的差距在从业人员的专业素养。科技中介服务业属于知识密集型行业,需要经济型复合人才,这些人才不仅需要对相关的技术领域有所了解,掌握技术商品的研究开发、试验、试制和规模生产等基本科技常识,还要求拥有丰富的法律法规知识,包括《技术合同法》《专利法》《税法》《企业法》《民法》等,此外科技从业人员还需要掌握金融、财务、企业管理、市场营销、统计调查、商务谈判、组织协调等方面的相关知识,这样才能更好地完成技术交易过程,提升对技术成果未来发展前景的判断能力。当然能够及时了解相关市场的行情,密切追踪相关技术的行业发展趋势也成为科技中介从业人员必备的素养。

由于科技中介人员能力构成体系的复合性和多学科交叉性,决定着科技中介人员培养的复杂性和长期性。从目前看我国的科技中介从业人员的培养主要靠市场自动形成或者一些短期培训,绝大多数从业人员属于半路出家,大学里并没有相关的专业。这样造成我国专业性的科技中介从业人员短缺,高素质的中介人才更是凤毛麟角,比较突出的是我国现有技术经纪人数量难以满足大量技术成果转化的需求,且大多数技术经纪人完全没有达到复合型从业人员的要求。上述问题成为制约我国科技中介机构功能有效发挥的瓶颈,而解决上述问题需要政府从以下几个方面着手:首先通过繁荣和发展科技中介行业,提高该行业对高素质人才的吸引力,逐步建立和完善行业规范,提高科技中介从业人员的收入和社会地位,使更多有丰富知识和经验的人才加入到科技中介行列。其次,逐步完善科技中介人员的教育培训体系,通过发挥高等院校、社会培训机构的教育培训功能,设立相关专业来培养专业基础扎实的科技中介生力军。第三,为专业科技中介人才的发展提供良好的外部环境,提供更多的实习实践机会,让这些人员在实际操作中积累经验,不断成长壮大,最终形成思想道德高、科学素质高、市场意识强、专业知识博、信息渠道宽、业务能力强的科技中介队伍。

(4)以市场化为导向,转变科技中介机构的经营管理机制,减少对政府的依赖。

在我国,政府是推动科技中介机构发展的主要力量,目前我国很多科技中介机构从政府部门衍生出来,属于事业法人,其收入主要来自财政拨款。这种发展模式有助于科技中介机构的初期发展,但是却难以持续。首先发展完善的科技中介服务体系需要巨大的资金,单靠财政拨款根本就是杯水车薪,难以满足巨大的市场需求。其次,科技中介机构主要以帮助技术供给和需求方实现潜在的交易为目的,除了一些基础性研究外,大多数工作需要适应技术市场的需求,这不仅是市场经济发展的要求,也是科技中介机构自我发展的需要。只有以市场为导向,推动公益服务与营利性服务的分离,吸引更多的民间资本参与到中介服务体系中来,而不是仅仅依赖于财政拨款,实现中介机构和政府的实质上的分离才能有效激励中介机构形成自我生存和发展的能力。因此科技中介机构必须找准市场定位,独立开展市场调研,独立发现市场机遇而不是仅仅完成政府下达的任务。政府应鼓励民营企业与其他社会力量联合兴办中介机构,推动中介服务机构的全面化、社会化和体系化。

6.8 秉持创新系统观,实施宽基创新政策

近年来我国创新政策的制定和实施面临着诸多挑战,这些挑战部分来源于外部经济发展的要求,部分来自内部政策的制定和实施。尽管原有的创新政策有力地推动了我国科技的发展,但是实践中仍然存在许多的难题,特别是中小企业依然存在的创新资源的匮乏,创新能力的低下,人员素质亟待提升等问题;科技成果转化的市场机制还未有效形成;另一部分来自创新政策制定者本身,包括创新政策的结构和政府推动创新行为的变革。总的来看原先的主导创新政策模型是建立在线性观和集中在科技推动和供应驱动的高科技政策基础之上,必须通过新的更为广阔的方法加以提升和弥补。一些学者将这种新出现的方法称之为基础广泛的创新政策(broad-based innovation policy),我们称之为"宽基创新政策"。这种基础广泛的方法意味着非技术创新,如服务创新和创意部门也成为创新政策的目标,而且创新的概念也不仅仅局限于企业执行的活动。基础广泛的创新政策可以扩展到包含更宽的社会利益和措施,并以支持公共服务产品中的服务创新为目标。下面我们通过分析比较创新螺旋模型的演进探讨推动中小企业开放式创新的宽基创新政策。

6.8.1　基于三螺旋创新模型的线性创新观

我国传统的创新政策主要是建立在三螺旋创新理论模型基础之上，政策的重点是针对高校、企业和政府三个影响创新的重要主体。三螺旋(Triple Helix)理论也称 TH 理论，是从 20 世纪 90 年代中后期开始流行的创新结构理论，该模型 1995 年由 Etzkowitz 和 Leydesdorff 提出，并在学术界引起巨大反响。从根本上说，三螺旋理论提出了一种非线性螺旋形的创新模式，是指大学、产业、政府在创新过程中通过组织的结构性安排、制度性设计实现三方密切合作、相互作用，以加强资源分享与信息沟通，提高整体效率。

在三螺旋创新模型里，学术界(大学和高等院校)、政府和产业构成了三个螺旋，他们相互合作以创造和发现新的知识、技术、产品和服务。在这个创新模型里，大学和产生于学术界的基于科学的技术扮演重要角色。政府的角色是制定政策并支持科学技术的发展、企业战略联盟发展和营销产品以及从事产品和过程创新。三螺旋模型的演变经历了三个不同的发展阶段。第一个阶段是三个螺旋在制度上进行界定，第二个阶段注意力更多集中在系统中以及不同知识系统之间的沟通，第三个阶段集中在学术界、政府和产业之间的组织整合。

然而随着社会经济的发展，科技对经济推动作用超过了历史上的任何时期，科技作为重要的生产要素已经商品化，因此如何匹配技术的供给与需求，推动技术快速扩散、转化和开发成为发挥科技生产力作用的重要环节，作为承担上述功能的载体——科技中介应运而生。所谓"科技中介"是指在技术创新的过程中，以知识、技术、经验、资金和信息等，为技术研发机构、技术需求机构提供技术创新和技术应用服务的各类机构。它们在技术的供给方和需求方之间发挥桥梁纽带和组织协调作用,通过技术服务推动技术创新主体的研究开发活动,促进已有技术成果的转移、扩散,并根据技术需求与可能的提供者建立联系。(张云德,2003)

鉴于科技中介在创新扩散和产业转化中的重要作用,一些学者提出了由企业、大学、政府以及科技中介组成的四螺旋创新模型。在模型中传统的产学研合作平台与科技中介形成的创新服务平台相互支持、相互补充、相互合作,共同推动区域和国家创新系统的发展。尽管一些学者认为加入科技中介的四螺旋模型本质上只是对传统三螺旋模型的小幅改进,因为他们认为这些组织本来就应该包含在三螺旋模型中,它们只是在三螺旋组织中扮演经纪人或者网络关系建立者的角色,这个模型和先前创新系统的概念非常相似。但是鉴于科技中介在我国相对比较缺乏以及科技中介对我国科技成果转化的重要,我们在这里仍然将它视为螺旋的一极。

作为创新方法和创新政策的工具,三螺旋模型有它的局限性。Etzkowitz 和 Klofsten(2005)研究了区域层面的三螺旋模型发现,发展三螺旋模型所产生的"自我更新能力"的区域很少。根据Yawson(2009)的观点,政府、大学和产业三螺旋模型缺少了重要的用户(或公众)螺旋。许多先进技术,如生物技术和纳米技术因为缺少这个螺旋而受到伤害。学科规划已经不再是创造和组织知识的主要系统,知识的创造目前已经跨学科、更具本能的反应性、非线性、复杂性和交叉性。因此包含公众螺旋成为关键,因为对科学知识的评价取决于它的社会稳定性和包容性。公共利益在这方面是很重要的。公众螺旋强调能够提升社会福利的新发现和创新,即生态创新(eco-innovation)。它有助于在科学、科学家和教育策略之间创造联系。

三螺旋模型秉承了创新过程的线性观,这种观点认为科学导致技术,而技术满足市场需要。它将商业研发视为科学的应用并预想从基础科学研究到商业应用是一个平稳的单向的流动。在这个模式中,创新被视为是天才个体或研发团队获得知识的伟大跨越。创新也被视为从基本研究到市场应用的线性过程。从创新过程的几个后期阶段甚至没有反馈传递到研发的初始阶段,其他阶段之间也没有反馈。

创新过程的线性观其缺陷是很明显的,首先在激进性和渐进性创新中反馈和试验是很重要的,而且基础创新研究并不总是导致创新设计。相反,设计和试验新产品和新流程中出现的问题往往会播下研究的种子,并且在某种情况下甚至产生新的科学分支。尽管其他类型的交互作用也很重要,但是技术创新也可能独立地与科学发生交互作用。线性模型的失败提出了形成其他创新源的需要,后续的创新理论强调创新典型地发生在常态化的、合作的社会和经济活动中,伴随着技术进步以及激进性跨越,创新已经成为渐进的、社会的和组织的变化。因此,对创新关注的焦点已经转移到多个行动者网络中的交互的、非线性的创新过程。

传统三螺旋模型的另一个重要缺陷主要是强调了创新的供应方,忽略了创新的终极需求方。而非线性的、系统导向的创新理论和研究是从更多方面观察创新的方法,这种观点认识到创新过程中各种要素之间存在多种类型的交互作用和复杂的交互依赖性。它也赋予需求方极大的重要性而不是仅仅集中于供应方。创新系统的概念可以同时在狭隘和宽泛的意义上进行理解。狭隘的创新系统定义首先包含了大学的研发功能、公共和私人的研发机构以及公司,反映了由上而下的创新模型。而更为宽泛的创新系统概念更具有交互性并且是由下而上,包含了经济结构的所有部分和方面以及影响认知、搜索和探索的制度建立。

6.8.2 创新的五螺旋模型与创新的系统观

无论是三螺旋模型还是增加了科技中介的四螺旋模型都不是长期的创新增长的充分条件，需要将创新使用者因素整合进来。之所以如此，其重要原因之一是公司的竞争环境发生了变化。随着全球竞争的加剧和高质量技术解决方案源泉变得日益廉价，公司无法基于传统的价格和质量作为驱动力来保持竞争优势。公司必须寻找替代的竞争优势源泉，并且在创新过程和商业模式中实施转变以便向市场传递更有价值的产品和服务。企业的这些新的创新战略包含日益开放的商业模式，注意力更聚焦于理解潜在消费者需求，用户更加直接地介入到创新过程的不同阶段。一些学者认为企业、大学、政府和普通社会的交互作用是可持续增长的要求（Khan 和 Al-Ansari，2005）。由于创新使用者的角色增加迅速，在发展新产品、服务和概念时我们需要接触使用者的知识，了解使用者需求并在创新过程中系统地让使用者介入，因此有必要将公众加入到创新螺旋模型中，形成由大学、企业、政府、中介机构和公众构成的五螺旋创新模型。新的模型强调了基于媒介的和基于文化来整合公众的重要性，其结果就是创新的目标和策略必须整合有关知识创造、创新、创意产业、政治、生活方式、文化、价值观和艺术等公共观念。

新的五螺旋模型要求创新观念实现由线性模型向系统化模式再向知识生产的新模式转变，这种新模式强调知识的创造来自边界和跨专业，并且除了经济的情境还包含社会的情境，其中创新使用者扮演着重要角色。基于这种新的观念，要求创新政策的制定和实施做出相应调整。新的创新五螺旋模型不仅强调技术创新也强调非技术创新，如服务创新和创意产业已经成为更具有吸引力的目标。此外,创新概念已经不再严格限定于企业活动,相应地创新政策也可以扩展到包含更为广泛的社会利益和以支持公共服务生产中的服务创新为目标的方法。扩展创新政策活动需要从原先聚焦于特定的狭隘的创新先锋转变为运用大量分散的、水平的和功能性的多样化措施来支持更广泛和更全面的创新活动。这种新的创新政策措施包括从集中于创新投入的、计划导向的政策向更为灵活的、聚焦于市场发展的企业导向政策转变。这个意味着政策模型从寻求最佳实践向更为定制化的政策以及支持私人企业和公共组织中内部竞争力发展政策转变。

创新活动的五螺旋模型比三螺旋模型和加入科技中介的四螺旋模型能够推动更多类型的创新,三螺旋和四螺旋类型的创新活动集中在高技术创新的产生,这些创新建立在最新技术和研究知识基础之上。因为这样,三螺旋和四螺旋模型被认为更适合基于科学的高技术公司而不是其他类型的企业。相反,创新活动的五螺旋模型能够聚焦于其他类型创新的产生和应用已有技术、研究知识以及用户知识。对于中小企业而言,五螺旋模型以及用户导向创新活动类型的增加可以打开参与创新活动的更多的机会,其他类型的中小企业可以参与到创新活动而不仅仅是只有强大科学基础的企业可以参与。

用户高度参与的创新活动的五螺旋模型可以帮助中小企业缩短孵化时间,管理和减少与新产品和服务开发相联的风险。这种类型的创新活动也被认为对中小企业、微型组织和初创企业具有吸引力,这些企业在资金获取上存在问题,除非创意、概念、产品和服务的吸引力被合理证明。许多学者指出,中小企业的发展可能性非常依赖于在他们的创新活动中如何让用户介入。三螺旋和四螺旋模型可以被视为追求研究/技术驱动创新的系统的方法,而五螺旋模型被视为追求需要和用户导向创新的系统方法。五螺旋模型是一个宽泛的多维度概念,它涉及大量不同活动和行动者。

6.8.3 促进中小企业开放式创新的宽基创新政策

创新的资源多种多样,既包括资金、实物也包括知识和技术,提供创新资源的主体也具有多元性。创新的五螺旋模型充分体现了创新主体的多元性和相互之间的交互作用。因此,在开放式创新条件下,中小企业获取外部资源不能仅限于企业、研究机构、高校或者政府,同时也必须包含用户。而事实上,中小企业的创新更偏向于应用型创新,其中用户及其需求有着举足轻重的作用。用户的知识灵感、用户的需求和建议可以成为中小企业的创新源泉,而用户的价值观、文化背景、生活方式都会影响中小企业创新方案的选择和评价。

已有的创新政策主要集中在解决中小企业创新所需要物质、资金、人才和技术等资源,但是创新过程的复杂性和影响因素的多样决定了已有的创新政策措施无法满足开放式创新的需要。有一些基础性的因素影响着中小企业创新潜能的实现:(1)在中小企业层面,缺乏将互补能力进行垂直整合的能力。因此,中小企业必须被组织参与合作网,这种网络能够汇聚互补性资源和能力。(2)缺乏有效使用产业中所产生的商业机会的机制和程序,特别是当目标市场的特点显现出关于技术驱动还是市场拉动的经典困境中更是如此。(3)知识源比较少或者难以获得,有必要支持中小企业内部的过程。(4)中小企业中的工人对于合作准备不充分,这些工人一般而言也不习惯与其他中小企业合作。(5)缺乏法律能力来管理项目所产生的知识产权。(6)在新产品和服务开发的过程中,缺乏统一的程序来允许顾客、终端用户和市民介入其中。由于阻碍中小企业创新,因此有必要超越传统的产业集群和孵化支持,重新调整现有的区域创新支持方法。这种类型比较成功的区域创新模式可以参考欧洲 Livng Labs 概念,这种模型包含了用户驱动的开放式创新特点,整合了诸如主题创新社区,建立了中小企业合作网络,并建立 Livng Labs 的创新设施。Livng Labs 被视为第一个能够让公司、研究机构、公共组织和政策制定者以某种方式结构化和治理用户介入创新的实例。它是对传统集群和区域创新政策的补充,是一种支持用户参与创新的中介组织。

宽基创新政策不仅包含了原有的以技术发明和创造为核心,推动企业之间、企业和大学、企业和研究机构以及企业和政府之间的互动和交流的创新政策,同时宽基创新政策还要求拓宽创新概念到包含服务产品的创新,组织过程的创新,它不仅包括经济意义,也包含更广的社会利益,以及以支持服务创新为目标的措施。宽基创新概念要求包含创新需求侧的政策工具,更广的知识源泉范围以及知识制造者和使用者之间多功能的交往。宽基创新概念在设计和执行创新政策时考虑到创新发展和扩散的所有要素。宽基创新作为一个新的概念,尽管其相关内涵以及政策应用仍处于探索阶段,但是宽基创新应该具有以下几个方面的特点:

- 在创新活动的范围上,超越传统的基于供应驱动研发的创新,包含了需求/用户驱动的创新活动;
- 在创新类型上超越产品和过程创新,包含其他形式的创新(如组织创新和营销创新等);
- 在创新观念上从线性创新模式向系统创新方式转变;
- 扩展了创新的产业范围,使之包含低技术和服务产业以及公共部门；

- 在创新政策工具方面超越传统的创新和科学政策，包含了所有的政策部门；

- 扩展了创新政策目标上，超越生产率、雇工和企业绩效，以推动个体、组织、区域乃至国家层面多层次创新为目标。

宽基创新活动包含了整个创新系统，它的行动者、活动、联系、以及作为创新生产者和推动者的产出和影响、过程或者创新目标。相应地，它也包含各种创新形式，如政策创新，文化创新，社会创新、制度创新、结构创新、技术创新和服务中的创新。在创新背景下不同维度之间的内在联系是一个系统的变化，这种变化也可以称之为结构性的创新，即社会系统或者子系统中的结构、文化和实践的基础性变化。从系统创新观点来看，支持系统中的交互作用以及识别现有的技术和经济机会或者创造新的技术机会是政策的一部分。创新机会的程度应该是对某种特定类型交互作用进行资源分配支持的决策标准，因而也是对特定技术和部门进行资源分配支持的标准。此外，制定政策时需要评估创新方向的可行性以便政策不处于"失明"状态并无差别支持所有的创新方向选择。政策制定者应该制定选择规则，例如影响经济增长和劳动力雇佣来支持新颖的创造。

作为一个新的创新概念，宽基创新政策应用还有待进一步探索。从本质上看，宽基创新政策秉承创新系统观，它建立在包含用户的创新五螺旋模型理论基础之上，它不仅是实施开放式创新的要求，也是适应创新系统化网络化的要求。宽基创新政策的实施必将有力推动中小企业融入区域创新系统，促进区域创新资源的流动和共享，实现基础性创新和应用性创新相辅相成协调发展。

6.9　本章小结

本章首先简要分析了政策影响中小企业开放式创新及网络嵌入的机制，然后从金融财税政策、知识产权政策、创新平台建设、加强科研院所与中小企业的合作、推动大企业与中小企业的合作以及创新中介服务体系建设等方面分析了现有政策不足，并提出了有针对性的改进意见。最后，指出未来创新政策的制定和实施必须秉持创新系统观，实施宽基创新政策。

第 7 章　研究结论及未来展望

前面几章对开放式创新和网络嵌入性理论进行了回顾和总结,通过引入组织学习概念从理论上分析了网络嵌入性影响中小企业开放式创新的机理,构建相关概念模型和理论假设,并运用江苏省制造型中小企业的调研数据实证检验了这一模型和假设。在此基础上从企业层面研究了中小企业嵌入创新网络的能力和途径,并从宏观层面探讨了网络背景下推动中小企业开放式创新的政策。本章将在对前文研究结果进行总结的基础上,进一步阐述本研究的主要理论贡献和局限性,同时指出未来网络情境下中小企业开放式创新研究发展方向,为后续的研究提供参考。

7.1　主要研究内容及结论

7.1.1　主要研究内容

本书的主要研究内容包括四个部分:即对相关理论的总结和回顾,网络嵌入性影响中小企业开放式创新的理论机理及实证检验,中小企业嵌入创新网络的能力和途径,网络情境下促进中小企业开放式创新的政策研究。

第一部分,基础理论总结和介绍。这一部分主要对已有的相关理论研究成果进行回顾和梳理,首先厘清了开放式创新内涵、开放式创新过程、开放式创新者的分类以及开放式创新的行业特点等基本知识和概念。其次对国外有关开放式创新的能力、开放式创新所面临的风险和挑战、开放式创新对企业绩效的影响、开放式创新的管理方法和实施途径、推动开放式创新的政策等方面的成果进行了总结和梳理。第三,对国外中小企业开放式创新的最新研究成果进行了综述。重点梳理了中小企业开放式创新的特点、中小企业实施开放式创新的障碍、吸收能力与中小企业开放式创新、中小企业开放式创新对绩效的影响、中小企业实施开放式创新的策略和方法等方面的理论研究成果。第四,回顾了开放式创新网络研究的最新进展,包括开放式创新网络形成、网络治理、创新网络与绩效的关系、推动网络形成和发展的策略。第五,对国内开放式创新理论研究的最新进展进行了回顾。在上述理论综述的基础上,对已有理论研究成果进行了简要评析。

第二部分,网络嵌入影响中小企业开放式创新的机理及其实证检验。本部分包括理论分析和实证检验两章内容,主要通过引入组织学习的概念来解释网络嵌入对于中小企业开放式创新绩效的影响。本部分首先介绍了创新网络和网络嵌入性的相关概念、创新网络的分类和要素、嵌入性的维度划分,阐述了创新网络与中小企业开放式创新的关系,探讨了网络嵌入性对于网络中知识转移的影响,并讨论了创新网络中知识吸收的途径——跨组织学习的过程和协调机制。实证检验部分首先对组织学习理论进行了简要介绍,包括组织学习的定义,组织学习的过程及障碍,组织学习维度的划分。其次,从理论上探讨了结构嵌入性和关系嵌入性与创新绩效的关系、组织学习和创新绩效的关系、网络嵌入性和组织学习的关系,建立了以组织学习作为中介变量的网络嵌入性影响中小企业创新绩效的概念模型和理论假设。在借鉴已有的关于网络嵌入性、组织学习和创新绩效量表的基础上,通过问卷调研收集江苏省制造型中小企业的相关数据,运用 SPSS 和 AMOS 软件等分析工具对概念模型进行检验。

第三部分,中小企业嵌入创新网络的模式、能力和途径。本部分分析了中小企业网络嵌入的模式以及关系性嵌入和交易性嵌入,指出网络能力是中小企业嵌入创新网络的重要能力,并对网络能力的概念、构成和要素进行研究;从中小企业网络伙伴关系的形成、发展和终结三个阶段探讨了如何嵌入创新网络。

第四部分,网络情境下推动中小企业开放式创新的政策研究。首先分析了政府政策影响中小企业开放式创新的机理,然后从金融财税政策、知识产权政策、创新平台建设、科研院所与中小企业的合作、大企业和中小企业的合作、中介服务体系建设等方面对已有的政策措施进行了分析和梳理,指出已有创新政策在推动中小企业开放式创新方面存在的不足,并提出了相应的对策和建议。最后强调,未来创新政策研究和制定应秉持创新系统观,实施宽基创新政策,不仅要针对创新的供给,同时也要兼顾创新的需求。

7.1.2　主要研究结论

本研究的主要结论有以下几点:

(1) 创新网络为中小企业开放式创新提供了稳定的可靠的外部创新资源。网络对成员创新行为的影响主要通过网络结构和网络关系,其中网络结构影响网络中知识的分布,而网络关系影响网络中的知识转移。创新网络中中小企业实施开放式创新的关键是通过组织学习来吸收、转化和利用外部知识资源,提升开放式创新绩效。

（2）通过对江苏省制造型中小企业的调研和数据分析表明：①网络嵌入性及其各维度对创新绩效存在着正向的促进作用。本文借鉴现有学者对于网络嵌入性的维度划分，将网络嵌入性划分为结构嵌入性与关系嵌入性，首先运用 SPSS 统计分析软件对网络结构嵌入性和关系嵌入性与创新绩效的关系进行了分析，发现网络嵌入性不同维度对创新绩效具有正向影响。②组织学习及其各维度（利用式学习、探索式学习、转化式学习）对创新绩效有着正向的促进作用。本研究从利用式学习、探索式学习、转化式学习三个维度来研究组织学习及其各维度对创新绩效的影响关系。研究结果表明，组织学习对企业创新绩效有着显著的正向影响。③网络嵌入性对组织学习有着正向影响。其中关系嵌入性对利用式学习、探索式学习与转化式学习均有正向影响，结构嵌入性对利用式学习、探索式学习和转化式学习有正向影响。④组织学习在结构嵌入性、关系嵌入性与创新绩效之间扮演着中介作用。本书采用温忠麟等关于中介效应的检验程序和方法，依次检验网络嵌入性与创新绩效、网络嵌入性与组织学习、组织学习与创新绩效的关系，研究表明组织学习在结构嵌入性、关系嵌入性与创新绩效之间具有部分中介作用。

（3）中小企业嵌入创新网络的模式主要有关系嵌入和交易嵌入，网络能力是决定中小企业能否有效嵌入创新网络的深层次能力，它是指中小企业在创新网络中发起、发展和终结伙伴关系的能力。关系发起主要包括选择新的伙伴和吸引新的伙伴。而伙伴关系发展过程中，中小企业需要利用硬性合约和软性合约，并对合作中的机会主义行为进行治理，其中信任机制的建立对于伙伴关系的发展至关重要。此外，中小企业有必要根据伙伴关系的动态演化及时做出评价,为淘汰和终结伙伴关系建立相应的程序。

（4）政府可以通过制定相关的金融财税政策、知识产权政策、建设创新平台、促进科研院所与中小企业的合作、推动大企业和中小企业的合作、构建完善的中介服务体系建设等来推动中小企业更好地嵌入创新网络,实施开放式创新。从未来发展趋势看,政府应秉持创新系统观,实施宽基创新政策,创新政策的制定和实施要同时兼顾创新的供给方和创新需求方,更好地满足中小企业开放式创新的需要。

7.2 理论贡献与研究的局限性

7.2.1 主要的理论贡献

本书从网络嵌入视角研究了中小企业开放创新机理,主要理论贡献如下:

（1）从网络嵌入视角研究中小企业开放式创新机理为理解中小企业开放式创新中外部资源的吸收和利用提供了新的视角。已有的关于中小企业开放式创新的文献主要探讨了中小企业开放式创新的特点、动机、障碍,吸收能力的作用,中小企业实施开放式创新的策略和方法,很少有文献分析网络情境下中小企业的开放式创新行为。随着社会分工的日益精细化和企业相互之间合作和依赖性的加深,社会关系网络对企业的经营管理活动影响日增,中小企业开放式创新也不例外,具体体现在企业的创新行为依赖于区域或者产业创新网络,中小企业创新的开放性不仅促进了企业外部网络关系的形成,同时外部网络关系一旦形成反过来又会影响企业的开放式创新行为。因此,将中小企业的开放式创新行为置于创新网络情境中不仅是对开放式创新理论研究的重要补充,同时也符合当前企业创新活动的实际状况。

(2)引入组织学习的概念作为理解中小企业开放式创新过程中吸收和利用外部知识的中介变量,进一步深化了开放式创新的理论研究。早期开放式创新理论的研究主要探索了开放式创新活动对于企业创新绩效的直接影响,事实上企业不是一个简单的知识存储器,开放式创新过程中外部知识进入企业并被企业所转化和利用并不是一个自动的过程,近年来一些学者认识到这一理论研究中的问题并通过引入吸收能力来解释开放式创新活动影响企业创新绩效的机理。本书认为尽管吸收能力引入强调了开放式创新活动中对于知识吸收的重要性,但是并没有从根本上解决如何吸收外部知识的问题,隐藏在吸收能力背后的因素是组织学习,通过组织学习才能更好地吸收、转化和利用外部知识。为此本书通过将组织学习作为中介变量,探讨了中小企业开放式创新影响创新绩效的机理,是对已有理论研究的进一步深化。

(3)从网络能力和创新伙伴关系演化的全过程来解释中小企业嵌入创新网络的途径。尽管很多文献探讨了嵌入性对于网络中知识分布和转移的影响,但是对于企业如何更好地嵌入到创新网络涉及不多,本书通过引入网络能力概念从网络伙伴关系的发起、发展和终结分析了中小企业嵌入创新网络的途径,并探讨了发起、发展和终结网络伙伴关系的具体方法,为中小企业开放式创新实践提供了理论参考。

(4)有关开放式创新政策的研究一直是开放式创新理论研究的重点和难点,本书从开放式创新的基本理论出发探讨了政策影响中小企业开放式创新的机理,探讨了推动中小企业开放式创新的金融财税政策、知识产权政策、创新平台建设、科研院所与中小企业的合作、大企业和中小企业的合作、中介服务体系建设等,为政府的政策制定和实施提供理论支撑。

7.2.2　研究的局限性

尽管本研究取得了一些有价值的理论贡献,但由于受研究者自身经验和研究资源的限制,仍存在以下不足之处:

第一,在问卷发放方面,尽管本研究采取纸质发放和在线填写两种方式,并借助政府相关部门的力量发放问卷,但受各种因素的影响(人力、财力、物力有限),在对各种不符合问卷进行剔除后(主要包括填写问卷与研究对象不符、问卷相关题项填写不完整等),最终只取得150份有效问卷,问卷样本量并不多。并且本书的研究对象主要针对江苏省中小制造企业,得出的相关研究结论是否也适用于其他行业或地区的中小企业,仍需做进一步的研究。

第二,量表设计方面,本文主要借鉴国内外学者已有的关于开放度、网络嵌入性、组织学习和创新绩效的相关成熟量表,从理论上来说,量表设计是否符合中国国情,还有待进一步的检验。

第三,虽然本书探讨了政策影响中小企业开放式创新的机理,通过对已有创新政策的比较分析指出其不足,并就如何推动中小企业开放式创新提出了相应的政策建议,但是上述建议对策是否切实可行,还有待进一步的检验。

7.3　对未来研究的展望

本研究对开放式创新理论进行了补充和完善,加深了人们对中小企业开放式创新机理的认识,为企业更好地嵌入创新网络以及政府宏观政策的制定提供了理论支持。从未来研究的趋势看,在以下几个方面还有待进一步深入：

第一，创新网络中的跨层次组织学习。组织学习虽然有助于解释开放式创新中中小企业外部知识的吸收、转化和利用，但是人们对于网络中的跨层次组织学习的机理了解还不够深入，尽管本书对此进行了研究，但是对于创新网络中组织群体之间的学习以及公共知识的产生，知识的跨组织边界转移，学习如何在跨组织边界发生的，构成跨组织学习的潜在过程及其多层次性质等等，这些问题是网络理论者和组织学习研究者容易忽略的问题，有待进一步深入探讨。

第二，已有的关于中小企业开放式创新政策的研究大多缺乏针对性，事实上很多原有的创新政策本身对开放式创新具有一定的激励效果，但是由于对企业实施开放式创新的机理缺乏深刻的认识以及政府对于开放式创新的作用和意义认识不足，导致在制定推动中小企业开放式创新计划时缺乏统一的规划。本书结合中小企业开放式创新的机理，分析政策可以从促进创新网络的形成、营造创新合作氛围、推动中介服务体系的构建和完善、保护创新主体的合法权益以及构建网络平台基础设施五个方面来制定推动中小企业开放式创新的政策，但是对于创新政策实施的效果也缺乏实证检验。

第三，宽基创新政策是开放式创新的必然要求，也是未来创新政策制定和实施的新趋势。最新的创新理论认为区域的创新主体构成一个生态圈，它是一个由相互连接组织构成的网络，是对创新网络内涵的进一步延伸和扩展，它是由各类型创新要素和所处创新环境共同组成的竞生共合、动态演化的开放系统。组成创新生态圈的各主体通过协同创新、竞生共合、共同演化来实现自身良好、有序的发展。在创新生态圈中，既有创新的供给也有创新的需求,传统的创新理念仅仅对大学和研发机构等创新供给方给予重视,但是忽略了技术创新的需求方。事实上创新需求方不仅影响甚至限定了创新的未来发展方向,同时也拥有创新所必需的重要的知识和资源,将其纳入创新政策的考量范围之内也是推动一国技术创新的必然趋势和要求。

7.4 本章小结

本章对全文的内容进行了总结和概括,明晰了主要的研究结论,指出了研究的局限性,并对未来的研究进行了展望。

主要参考文献

［1］白景坤，丁军霞.网络能力与双元创新的关系-环境动态性的调节作用［J］.科学学与科学技术管理，2016，08：138-148.

［2］蔡彬清，陈国宏.链式产业集群网络关系、组织学习与创新绩效研究［J］.研究与发展管理，2013，04：126-133.

［3］曹鹏，陈迪，李健.网络能力视角下企业创新网络机理和绩效研究——基于长三角制造企业实证分析［J］.科学学研究，2009，27（11）：1742-1748.

［4］曹霞，刘国巍.资源配置导向下产学研合作创新网络协同演化路径［J］.系统管理学报，2015，05：769-777.

［5］曾昆.国外科技创新平台建设经验综述［J］.中国工业评论，2017（12）：68-72.

［6］曾萍，宋铁波.国外组织学习与绩效关系的研究述评［J］.图书情报工作，2010，10：71-74.

［7］曾庆辉，王国顺.基于产业网络的企业网络能力与创新绩效关系实证研究［J］.经济地理，2014（10）：111-118.

［8］常红锦，仵永恒.网络异质性、网络密度与企业创新绩效-基于知识资源视角［J］.财经论丛，2013，06：83-88.

［9］陈劲，梁靓，吴航.开放式创新背景下产业集聚与创新绩效关系研究——以中国高技术产业为例［J］.科学学研究，2013（4）：623-629.

［10］陈国权.组织学习和学习型组织：概念、能力模型、测量及对绩效的影响［J］.管理评论，2009，01：107-116.

［11］陈江，曾楚宏，刘志成.组织学习量表的开发与构建-基于组织行为视角［J］.软科，2011，03：31-35.

［12］陈璟菁.新服务开发创新绩效的实证研究-从组织学习视角分析［J］.技术经济与管理研究，2013，03：30-34.

［13］陈莉平，方方.晋江中小企业集群关系网络嵌入对竞争优势的影响［J］.科技进步与对策，2010，16：36-40.

[14] 陈文沛. 知识转移视角下获得式学习对开放式创新的影响及环境动态性的作用[J]. 软科学,2014(7):48 - 52.

[15] 陈学光. 网络能力、创新网络及创新绩效关系研究[D]. 杭州:浙江大学,2007.

[16] 陈艳,范炳全. 中小企业开放式创新能力与创新绩效的关系研究[J]. 研究与发展管理,2013(2):24 - 35.

[17] 陈钰芬,陈劲. 开放式创新促进创新绩效的机理研究[J]. 科研管理,2009,04:1 - 9 + 28.

[18] 陈钰芬. 探求与企业特质相匹配的开放式创新模式[J]. 科研管理,2013(9):27 - 35.

[19] 陈志明. 开放式创新与企业创新绩效关系研究[J]. 科技进步与对策,2016a(5):59 - 65.

[20] 陈志明. 企业外向型开放式创新对突破性创新绩效的影响——组织协作机制的调节效应[J]. 科技管理研究,2016b(13):16 - 21.

[21] 程巧莲,尹立国,孙永川,李俊男. 企业主导的创新社区构建:开放式创新的视角[J]. 科研管理,2017(4):487 - 493.

[22] 池仁勇. 区域中小企业创新网络的结点联结及其效率评价研究[J]. 管理世界,2007,01:105 - 112 + 121.

[23] 崔海云,施建军. 结构洞、输出型开放式创新与企业技术能力[J]. 贵州财经大学学报,2016a(3):20 - 29.

[24] 崔海云,施建军. 结构洞、外向型开放式创新与企业市场能力的关系研究[J]. 贵州社会科学,2016b(2):57 - 61.

[25] 戴亦欣,胡赛全. 开放式创新对创新政策的影响———基于创新范式的视角[J]. 科学学研究,2014(11):1723 - 1731.

[26] 党兴华,李雅丽,张巍. 资源异质性对企业核心性形成的影响研究-基于技术创新网络的分析[J]. 科学学研究,2010,(2):299 - 306.

[27] 董豪,曾剑秋,沈孟茹. 隐性知识在开放式创新与创新绩效中的调节作用——基于信息通信产业的实证研究[J]. 中国科技论坛,2017(3):43 - 49.

[28] 董黎晖,宋国防,赵璋. 中小企业开放式创新能力提升途径研究[J]. 技术经济与管理研究,2014(6):39 - 44.

[29] 范钧,王进伟. 网络能力、隐性知识获取与新创企业成长绩效[J]. 科学学研究,2011(9):1365 - 1373.

[30] 范仕娜,马婷婷,阮爱君,方佳音. 开放式创新模式下企业创新网络、组织学习与企业创新绩效关系的实证研究-以浙江省企业为案例[J]. 中国市场,2015,(25):200 - 203.

[31] 范旭,方一兵. 区域创新系统中高校与政府和企业互动的五种典型模式[J]. 中国科技论坛,2004(1):66 - 70.

[32] 方刚. 基于资源观的企业网络能力与创新绩效关系研究[D]. 浙江大学,2008.

［33］高照军. 内向型开放式创新、国际化、投机性学习与创新绩效的关系［J］. 科技进步与对策,2016(10):8－13.

［34］郭兴华,李正风. 从开放式创新看科技中介机构角色演变及政策选择［J］. 科学管理研究,2014(6):5－8.

［35］郝生宾,于渤,吴伟伟. 企业网络能力与技术能力的耦合度评价研究［J］. 科学学研究,2009(2):250－254.

［36］何建洪,贺昌政. 创新型企业的形成——基于网络能力与创新战略作用的分析［J］. 科学学研究,2013(2):298－309.

［37］胡在铭. 区域创新发展模式:基于三螺旋理论视角的分析——以河南省为例［J］. 经济论坛,2015(6):16－19.

［38］季桓永,金永生,张静. 开放式创新与企业绩效——学习导向与网络外溢的调节作用［J］. 北京邮电大学学报(社会科学版),2017(4):53－58.

［39］简兆权,柳仪. 关系嵌入性、网络能力与服务创新绩效关系的实证研究［J］. 软科学,2015,05:1－5.

［40］江积海,蔡春花. 联盟组合的结构特征对开放式创新的影响机理——瑞丰光电的案例研究［J］. 科学学研究,2014(9):1396－1404.

［41］蒋春燕,赵曙明. 社会资本和公司企业家精神与绩效的关系:组织学习的中介作用-江苏与广东新兴企业的实证研究［J］. 管理世界,2006,10:90－99.

［42］蒋春燕,赵曙明. 组织学习、社会资本与公司创业-江苏与广东新兴企业的实证研究［J］. 管理科学学报,2008,06:61－76.

［43］蒋天颖. 员工知识学习绩效模型研究［J］. 科学学研究,2009,10:1551－1556.

［44］李纲、陈静静、杨雪. 网络能力、知识获取与企业服务创新绩效的关系研究——网络规模的调节作用［J］. 管理评论,2017(2):59－68.

［45］李兰冰. 区域创新网络的多层次发展动因与演进机制研究［J］. 科技进步与对策,2008,11:45－48.

［46］李明,马尧坤. 创新中知识产权协调功能分析［J］. 湖南社会科学,2016(5):142－146.

［47］李山. 基于校企知识转移的开放式创新研究［D］. 江西财经大学,2013.

［48］李维安,邱昭良. 网络组织的学习特性辨析［J］. 科研管理,2007,06:175－181.

［49］李文博. 我国科技中介服务体系与发达国家的差距及对策［J］. 中国科技论坛,2011(7):153－160.

［50］李文元,梅强. 基于中小企业技术创新全过程的科技中介服务体系构建研究［J］. 中国科技论坛,2009(6):59－63.

［51］李贞,张体勤. 企业知识网络能力的理论架构和提升路径［J］. 中国工业经济,2010(10):107－116.

［52］李志强,果艳梅. PH内向型开放式创新对企业创新绩效的影响机制研究

[J]. 上海管理科学,2016(2):7-14.

[53] 李志远,王雪方.组织学习与客户知识管理能力的关系研究-关系嵌入的调节[J].科学学与科学技术管理,2015,03:152-162.

[54] 梁靓.开放式创新中合作伙伴异质性对创新绩效的影响机制研究[D].浙江大学,2014.

[55] 林春培,余传鹏,吴东儒.探索式学习与利用式学习对企业破坏性创新的影响研究[J].研究与发展管理,2015,06:19-28.

[56] 林少疆,徐彬,陈佳莹.企业创新网络结构嵌入性对协同创新能力影响的实证研究-共生行为的中介作用[J].软科学,2016,06:16-19+25.

[57] 刘建湘,单汨源.开放式创新与组织学习对企业创新绩效的作用机理[J].求索,2016(1):104-108.

[58] 刘群慧,李丽.关系嵌入性、机会主义行为与合作创新意愿-对广东省中小企业样本的实证研究[J].科学学与科学技术管理,2013,07:83-94.

[59] 刘新梅,耿紫珍,朱睿,刘敏.战略导向与组织创造力-三种类型组织学习的中介效应[J].研究与发展管理,2013,04:104-115.

[60] 刘媛.跨国公司开放式创新的风险及其规避机制[J].贵州社会科学,2017(10):134-139.

[61] 刘征驰,张晓换,石庆书.开放式创新下的专用性知识获取——知识关联与进入权安排[J].软科学,2015(7):51-55.

[62] 罗琼.基于企业生命周期的开放式创新能力与创新绩效关系研究[J].财经理论与实践(双月刊),2016(1):119-124

[63] 罗颖,王腾,易明.开放式创新与产业集群创新绩效的关联机理研究[J].管理学报,2017(2):229-234.

[64] 吕一博,韩少杰,苏敬勤,王淑娟.大学驱动型开放式创新生态系统的构建研究[J].管理评论,2017(4):69-82.

[65] 吕一博,施萧萧,冀若楠.开放式创新对企业渐进性创新能力的影响研究[J].科学学研究,2017(2):289-301.

[66] 孟丁,唐国华.技术创新战略开放度对企业技术创新绩效影响的实证研究[J].研究与发展管理,2013,06:34-46.

[67] 倪渊,张健.基于生命周期的联盟企业网络能力评价[J].中国科技论坛,2015(11):66-72.

[68] 彭华涛,Bert Sadowski.开放式创新网络形成及演化的探索性案例研究[J].科研管理,2014(8):51-58.

[69] 任胜钢.企业网络能力结构的测评及其对企业创新绩效的影响机制研究[J].南开管理评论,2010,13(1):69-80.

[70] 任宗强,吴海萍,丁晓.中小企业内外创新网络协同演化与能力提升[J].科研管理,2011,09:7-14.

[71] 邵福泽,周伟.开放式创新、战略柔性与创新绩效——一个交互效应模型[J].科技进步与对策,2016(5):1-7.

［72］沈必扬,邓瑞,吴添祖.企业创新网络和企业核心竞争力[J].商业研究,2005(6):150-17.

［73］宋晶、孙永磊.合作创新网络能力的形成机理研究——影响因素探索和实证分析[J].管理评论,2016(3):67-75.

［74］孙华,王楠楠,丁荣贵,魏康宁.依托组织核心能力的开放式创新模式选择[J].科研管理,2016(11):35-42.

［75］孙善林,彭灿,杨红.高管团队社会资本对企业开放式创新能力的影响研究——以资源获取与资源整合为中介变量[J].研究与发展管理,2017(4):71-81.

［76］谭云清,原海英,马永生,翟森竞.资源约束、知识搜索对企业开放式创新影响[J].科研管理,2017(4):641-647.

［77］谭云清.网络嵌入特征、搜索策略对企业开放式创新的影响研究[J].管理学报,2015(12):1780-1787.

［78］陶永明.吸收能力在开放式创新过程中作用的产业差异性[J].财经问题,2015(4):117-122.

［79］田红云,刘艺玲,贾瑞.中小企业创新网络嵌入性与知识吸收能力的关系[J].科技管理研究,2016(15)186-191.

［80］田红云,刘艺玲,贾瑞.中小企业创新网络嵌入性与知识吸收能力的关系[J].科技管理研究,2016,15:186-191+196.

［81］万劲波,赵兰香,牟乾辉.国家创新平台体系建设的回顾与展望[J].中国科学院院刊,2012(6):702-708.

［82］万骁乐,郝婷婷,戎晓霞,孟庆春.共创视角下考虑开放式创新的供应链价值创造研究[J].中国管理科学,2017(7):57-66.

［83］汪欢吉,陈劲,李纪珍.开放式创新的合作伙伴异质度对企业创新模式的影响[J].技术经济,2016(6):16-23.

［84］汪涛,王繁荣,陈炜然.开放式创新背景下新兴企业创新模式对创新绩效的影响[J].科技进步与对策,2017(1):80-86.

［85］王大洲.企业创新网络的进化与治理:一个文献综述[J].科研管理,2001,22(5):96-103.

［86］王海花,蒋旭灿,谢富纪.开放式创新模式下组织间知识共享影响因素的实证研究[J].科学学与科学技术管理,2013(6):83-90.

［87］王海花,谢富纪.企业外部知识网络能力的结构测量——基于结构洞理论的研究[J].中国工业经济,2012(7):134-146.

［88］王海花,谢富纪.企业外部知识网络能力的影响因素——基于扎根方法的探索性研究[J].系统管理学报,2015(1):130-152.

［89］王海军,冯军政,施慧斌.开放式创新模式及伙伴资源动态优化机制研究[J].科学学与科学技术管理,2015(12):62-69.

［90］王娇俐,王文平,束慧.多元主体知识网络支撑的内生型产业集群升级机制-基于浙江余姚灯具产业集群的实证研究[J].财经论丛,2014,06:11-16.

［91］王敏、李亮. 激励中小企业技术创新的税收优惠政策效应研究[J]. 统计与决策,2014(24)：170－173.

［92］王鹏耀. 网络能力对企业绩效影响的研究——基于价值网视角的分析[D]. 北京交通大学,2011.

［93］王文华,张卓. 开放式创新模式下外部技术与内部研发协同管理体系研究[J]. 科技管理研究,2017(9)：15－20.

［94］卫武,彭鹏,李金凯. 小微企业的网络嵌入性、外部学习与企业绩效[J]. 科学决策,2016,03：38－55.

［95］温兴琦,David Brown. 开放式创新模式拓展与治理研究[J]. 中国科技论坛,2016(4)：5－10.

［96］温忠麟,叶宝娟. 中介效应分析：方法和模型发展[J]. 心理科学进展,2014,05：731－745.

［97］邬爱其. 企业创新网络构建与演进的影响因素实证分析[J]. 科学学研究,2006,24(1)：141－149.

［98］吴贵生,李纪珍,孙议政. 技术创新网络和技术外包[J]. 科研管理,2007(7)：34－43.

［99］吴晓云,杨岭才,李辉. 智力资本的集约化战略：技术领先与开放式创新[J]. 科学学与科学技术管理,2016(2)：172－180.

［100］夏恩君,王素娟,张明,赵轩维. 企业开放式创新社区网络创新绩效内部影响因素分析——NK模型视角[J]. 科技进步与对策,2014(9)：80－84.

［101］夏恩君,张明,王素娟,张一. 开放式创新社区网络创新绩效研究—基于数理分析与实证检验[J]. 中国管理科学,2013(11)：549－556.

［102］邢小强,全允桓. 网络能力：概念、结构与影响因素分析[J]. 科学学研究,2006,24：558－563.

［103］邢小强,全允桓. 网络能力：概念、结构与影响因素分析[J]. 科学学研究,2006,(增刊下)：558－563.

［104］徐佳,魏玖长,王帅,赵定涛. 开放式创新视角下区域创新系统演化路径分析[J]. 科技进步与对策,2017(3)：25－34.

［105］徐蕾,魏江,石俊娜. 双重社会资本、组织学习与突破式创新关系研究[J]. 科研管理,2013,05：39－47.

［106］许冠南,周源,刘雪锋. 关系嵌入性对技术创新绩效作用机制案例研究[J]. 科学学研究,2011,11：1728－1735.

［107］薛卫,曹建国,易难,雷家骕. 企业与大学技术合作的绩效：基于合作治理视角的实证研究[J]. 中国软科学,2010(3)：120－132.

［108］闫春,蔡宁. 创新开放度对开放式创新绩效的作用机理[J]. 科研管理,2014(3)：18－24.

［109］闫春. 组织二元性对开放式创新绩效的作用机理——商业模式的中介作用[J]. 科学学与科学技术管理,2014(7)：59－68.

[110] 姚山季,来尧静,金晔. 顾客参与驱动企业研发绩效的机制研究：组织学习视角[J]. 科学学与科学技术管理,2015,05：95－104.

[111] 姚山季. 智力资本对顾客参与的驱动影响：转化式学习视角[J]. 管理科学,2016,02：77－92.

[112] 叶斌,陈丽. 区域创新网络的共生演化仿真研究[J]. 中国软科学,2015,04：86－94.

[113] 易朝辉,罗志辉. 网络嵌入、技术能力与大学衍生企业绩效[J]. 科研管理,2015,10：94－103.

[114] 于明洁,郭鹏,张果. 区域创新网络结构对区域创新效率的影响研究[J]. 科学学与科学技术管理,2013,08：56－63.

[115] 余菲菲. 我国中小企业结盟能力与开放式创新模式耦合机制研究[J]. 软科学,2015(11)：20－25.

[116] 余维新,顾新,万君. 开放式创新模式下知识分工协同机制研究：知识流动视角[J]. 中国科技论坛,2016(6)：24－30.

[117] 禹献云. 协作研发网络演化及其对技术创新的影响研究[D]. 湖南大学,2013.

[118] 韵江,卢从超,杨柳. 双元学习与创造力对绩效的影响--一个团队层面的研究[J]. 财经问题研究,2015,05：3－11.

[119] 韵江,马文甲,陈丽. 开放度与网络能力对创新绩效的交互影响研究[J]. 科研管理,2012,07：8－15.

[120] 张宝建,胡海青,张道宏. 企业创新网络的生成与进化—基于社会网络理论的视角[J]. 2011,04：117－126.

[121] 张宝建、孙国强、裴梦丹、齐捧虎. 网络能力、网络结构与创业绩效——基于中国孵化产业的实证研究[J]. 南开管理评论,2015(2)：39－50.

[122] 张方华. 网络嵌入影响企业创新绩效的概念模型与实证分析[J]. 中国工业经济,2010,04：110－119.

[123] 张华,郎淳刚. 以往绩效与网络异质性对知识创新的影响研究-网络中心性位置是不够的[J]. 科学学研究,2013,10：1581－1589.

[124] 张巍、党兴华. 企业网络权力与网络能力关联性研究——基于技术创新网络的分析[J]. 科学学研究,2011(7)：1094－1101.

[125] 张永成. 开放式创新下的组织网络能力建构[D]. 东北财经大学,2011.

[126] 张月娟. 网络嵌入、知识获取与代工企业成长绩效的关系研究[D]. 浙江工商大学,2014.

[127] 张云德. 社会中介组织的理论与运作[M]. 上海：上海人民出版社,2003：74－85.

[128] 张振刚,陈志明,李云健. 开放式创新、吸收能力与创新绩效关系研究[J]. 科研管理,2015(3)：49－56.

[129] 赵凤,王铁男,王宇. 开放式创新中的外部技术获取与产品多元化：动态能力的调节作用研究[J]. 管理评论,2016(6)：76－85.

[130] 赵付春,冯臻. 开放式创新绩效实现机制实证研究：基于 IT 能力理论的视角[J]. 科技进步与对策,2015(8)：1－6.

[131] 赵立雨,张彦海. 创新网络环境下开放式创新与企业创新绩效关系研究[J]. 科技进步与对策,2016(2)：99－102.

[132] 赵立雨. 基于知识搜寻的开放式创新绩效研究[J]. 中国科技论坛,2016(3)：36－41.

[133] 赵立雨. 开放式创新对企业创新绩效影响研究——内部 R&D 与环境波动的调节作用[J]. 科学学与科学技术管理,2016(6)：119－127.

[134] 赵炎,郑向杰. 网络嵌入性与地域根植性对联盟企业创新绩效的影响-对中国高科技上市公司的实证分析[J]. 科研管理,2013,11：9－17.

[135] 赵振. 开放式创新效能提升的制度基础：关系治理还是契约治理[J]. 科技进步与对策,2016(1)：101－107.

[136] 朱晓琴. 企业网络能力、跨组织知识管理与创新绩效的关系研究：以中国制造企业为例[D]. 西南财经大学,2011.

[137] 朱秀梅、陈琛、蔡莉. 网络能力、资源获取与新企业绩效关系实证研究[J]. 管理科学学报,2010(4)：44－56.

[138] 宗晓华,洪银兴. 创新范式转型与中国大学-企业协同创新机制的深化[J]. 高等教育研究,2013(7)：1－9.

[139] Achim Hecker. Cultural Contingencies Of Open Innovation Strategies [J]. International Journal of Innovation Management, 2016, 20 (7)：1650067.

[140] Alexander Brem, Petra A. Nylund and Emma L. Hitchen. Open innovation and intellectual property rights：How do SMEs benefit from patents, industrial designs, trademarks and copyrights？[J]. Management Decision, 2017,55(6)：1285－1306.

[141] Andre Spithoven, Bart Clarysse and Mirjam Knockaert. Building absorptive capacity to organize inbound open innovation in traditional industries [J]. Technovation, 2011(31)：10－21.

[142] Ann-Kristin Zobel. Benefiting from Open Innovation：A Multidimensional Model of Absorptive Capacity [J]. J Prod Innov Manag, 2017, 34(3)：269－288.

[143] Antonio Capaldo. Network governance：A cross-level study of social mechanisms, knowledge benefits, and strategic outcomes in joint-design alliances [J]. Industrial Marketing Management, 2014,43(4)：685－703.

[144] Arina Gorbatyuk. Geertrui Van Overwalle, Esther van Zimmeren. Intellectual Property Ownership in Coupled Open Innovation Processes [J]. International Review of Intellectual Property and Competition Law, 2016,47(3)：262－302.

[145] Atuahenegima, K. , Murray, J. Y. . Exploratory and Exploitative Learning in New Product Development: A Social Capital Perspective on New Technology Ventures in China [J]. Journal of International Marketing, 2007,15(2): 1 - 29.

[146] Auh S, Menguc B. . Balancing exploration and exploitation: The moderating role of competitive intensity [J]. Journal of Business Research, 2005,58(12): 1652 - 1661.

[147] Baum, J. , Calabrese, T. , Silverman, B. S. . Don't go it alone: alliance networks and startups' performance in Canadian biotechnology [J]. Strateg. Manage. J. 2015,21(3): 267 - 294.

[148] Björn Remneland Wikhamn and Alexander styhre. Open Innovation as a Facilitator for Corporate Exploration [J]. International Journal of Innovation Management, 2017,21(6): 1750042.

[149] Bongsun Kim, Eonsoo Kim, Nicolai J. Foss. Balancing absorptive capacity and inbound open innovation for sustained innovative performance: An attention-based view [J]. European Management Journal, 2016,34(1): 80 - 90.

[150] Boschma, R. A. , Proximity and innovation: a critical assessment [J]. Regional Studies, 2005,39(1): 61 - 74.

[151] Bruno cassiman and giovanni valentini. open innova-tion: are inbound and outbound knowledge flows really complementary? [J]. Strat. Mgmt. J. , 2016,37(6): 1034 - 1046.

[152] Burt R S. . The network structure of social capital [J]. Research in Organizational Behavior, 2000,22(00): 345 - 423.

[153] Burt, R. S. . Structural Holes, the Social Structure of Competition [M]. Harvard University Press, Cambridge, MA. 2010.

[154] Byungun Yoon, Juneseuk Shin and Sungjoo Lee. Open Innovation Projects in SMEs as an Engine for Sustainable Growth [J]. Sustainability, 2016,8(2): 146.

[155] C Farrukh, P Fraser and M Gregory. Development of a structured approach to assessing practice in product development collaborations [J]. Proc. Instn Mech. Engrs, 2013,217(8): 1131 - 1144.

[156] Capaldo, A. , &. Petruzzelli, A. M. . In search of alliance-level relational capabilities: Balancing innovation value creation and appropriability in R&D alliances [J]. Scandinavian Journal of Management, 2011,27(3): 273 - 286.

[157] Chesbrough, H. . The era of open innovation [J]. MIT Sloan Management Review, 2003b,44(3): 35 - 41.

[158] Chesbrough, H. . Open business models: How to thrive in the new

innovation landscape [M]. Boston: Harvard Business School Press, 2006.

[159] Chesbrough, H.. Open innovation: The new imperative for creating and profiting from technology [M]. Boston: Harvard Business School Press, 2003a: 43 - 62.

[160] Chesbrough, H., Crowther, A. K.. Beyond high tech: early adopters of open innovation in other industries [J]. R&D Management, 2006, 36(3): 229 - 236.

[161] Chesbrough, Henry. Graceful Exits and Foregone Opportunities: Xerox's Management of Its Technology Spinoff Organizations [J]. Business History Review, 2002. 76(4): 803 - 838.

[162] Cohen, W. M., Levinthal, D. A.. Absorptive capacity: a new perspective on learning and innovation [J]. Administrative Science Quarterly, 1990,35: 128 - 152.

[163] Colin C. J. Cheng, Chenlung Yang, Chwen Sheu. Effects of open innovation and knowledge-based dynamic capabilities on radical innovation: An empirical study [J]. J. Eng. Technol. Manage, 2016, 41(7 - 9): 79 - 91.

[164] Corey Billington, Rhoda Davidson. Leveraging Open Innovation Using Intermediary Networks [J]. Production and Operations Management, 2013,22(6): 1464 - 1477.

[165] Dan Zhang, Shengxiao Li, Dengpan Zheng. Knowledge search and open innovation performance in an emerging market Moderating effects of government-enterprise relationship and market focus [J]. Management Decision, 2017,55(4): 634 - 647.

[166] Das, T. K., & Rahman, N.. Determinants of partner opportunism in strategic alliances: a conceptual framework [J]. Journal of Business and Psychology, 2010,25(1): 55 - 74.

[167] DavideChiaroni, Vittorio Chiesa, Federico Frattini. The Open Innovation Journey: How firms dynamically implement the emerging innovation management paradigm [J]. Technovation, 2011,31(1): 34 - 43.

[168] DeSanctis, G, J Glass and I Ensing. Organizational designs for R&D [J]. Academy of Management Executive, 2002,16(3): 55 - 66.

[169] Dhanaraj, Charles; Lyles, Marjorie A.; Steensma, H. Kevin; Tihanyi, Laszlo. Managing tacit and explicit knowledge transfer in IJVs: the role of relational embeddedness and the impact on performance [J]. Journal of International Business Studies, 2014,35(5): 428 - 444.

[170] Dianne M. Proia. Guidelines for Entering Into an Open Innovation Agreement [J]. 2009, Baylor Business Review, 21(8): 22 - 23.

[171] Henry W. Chesbrough and Andrew R. Garman. How Open Innovation Can Help You Cope in Lean Times [J]. Harvard Business Review, December, 2012,40(3): 58 - 66.

[172] Draulans, J. , A. P. deman, and H. Volberda. Building Alliance Capability: Management Techniques for Superior Alliance Performance [J]. Long Range Planning, 2003,36(2): 151 - 166.

[173] Duarte, M. , & Davies, G.. Testing the conflict-performance assumption in business-to-business relationships [J]. Industrial Marketing Management, 2003,32(2), 91 - 99.

[174] Edwards Tim, Delbridge Rick, and Munday Max. "Understanding innovation in small and mediumsized enterprises: A process manifest" [J]. Technovation, 2005,25(10): 1119 - 1127.

[175] EIRMA. Innovation through spinning in and out [R]. Working Group Report WG60, Eirma, Paris, 2003.

[176] Elias G. Carayannis, Dirk Meissner. Glocal targeted open innovation: challenges, opportunities and implications for theory, policy and practice [J]. J Technol Transf, 2017,(42): 236 - 252.

[177] Ellen Enkel, Oliver Gassmann and Henry Chesbrough. Open R&D and open innovation: exploring the phenomenon [J]. R&D Management, 2009,39(4): 311 - 316.

[178] Erica Mazzola, Giovanni Perrone, Dzidziso Samuel Kamuriwo. Network embeddedness and new product development in the biopharmaceutical industry: The moderating role of open innovation flow [J]. Int. J. Production Economics, 2015,160(201): 106 - 119.

[179] Fang Huang, John Rice. The Role of Absorptive Capacity in Facilitating "Open Innovation" Outcomes: A Study of Australian SMEs in the manufacturing sector [J]. International Journal of Innovation Management, 2009,13(2): 201 - 220.

[180] Favre-Bonté, Véronique; Gardet, Elodie; Thevenard-Puthod, Catherine. Inter-organizational network configurations for ski areas innovations [J]. European Journal of Innovation Management, 2016,19(1): 90 - 110.

[181] Fernando G. Alberti and Emanuele Pizzurno. Oops, I did it again! Knowledge leaks in open innovation networks with start-ups [J]. European Journal of Innovation Management, 2017,20(1): 50 - 79.

[182] Francesca Michelino, Antonello Cammarano, Emilia Lamberti and Mauro Caputo. A patent-based analysis of bio-pharmaceutical firms at the knowledge domain level [J]. European Journal of Innovation Management, 2017,20(1): 112 - 134.

[183] Gebauer H, Worch H, Truffer B. Absorptive capacity, learning

processes and combinative capabilities as determinants of strategic innovation [J]. European Management Journal, 2012,30(1): 57 - 73.

[184] Gebauer Heiko, Worch Hagen, Truffer Bernhard. Processes and Absorptive capacity, learning capabilities as determinants ofcombinative strategic innovation [J]. European Management Journal. 2012,30(1): 57 - 73.

[185] Gebreeyesus, M. , Mohnen, P.. Innovation Performance and Embeddedness in Networks: Evidence from the Ethiopian Footwear Cluster [J]. World Development. 2013,41(3): 302 - 316.

[186] Gene Slowinski and Matthew W. Sagal. Good practices in open innovation [J]. Research • Technology Management, 2010,53(5): 38 - 45.

[187] Giller, Caroline; Matear, Sheelagh. The termination of inter-firm relationships [J]. The Journal of Business & Industrial Marketing, 2001,16(2): 94 - 112.

[188] Giuliani E, Bell M. The micro-determinants of meso-level learn-ing and innovation: evidence from a Chilean wine cluster [J]. Research Policy, 2005,34(1): 47 - 68.

[189] Glenn P. Carroll, Sanjay Srivastava, Adam S. Volini, Marta M. Piñeiro-Núñez and Tatiana Vetman. Measuring the effectiveness and impact of an open innovation platform [J]. Drug Discovery Today, 2017,22(5): 776 - 785.

[190] Hagedoorn, J. , N. Roijakkers, and H. Kranenburg. Inter-firm R&D Networks: The Importance of Strategic Network Capabilities for Hightech Partnership Formation1. [J]. British Journal of Management, 2006,17(1): 39 - 53.

[191] Hakikur Rahman and Isabel Ramos. Open Innovation in SMEs: From Closed Boundaries to Networked Paradigm [C]. In Proceedings of the Issues in Informing Science and Information Technology Education Conference, 2010,(7): 471 - 487.

[192] Hannah Van,Stijn K. , Reinhilde V. Researcher networks and productivity [C]. Aalborg: Dime-druid Academy Winter Conference 2011 on Comwell Rebild Bakker, 2011.

[193] Hannele Vayrynen, Nina Helander and Tytti Vasell. Knowledge management for open innovation: Comparing research results between SMEs and large companies [J]. International Journal of Innovation Management, 2017,21(5): 1740004.

[194] Hardwick Jialin, Anderson Alistair R and Cruickshank Douglas. Trust formation processes in innovative Collaborations [J]. European Journal of Innovation Management, 2013,16(1): 4 - 21.

[195] Harris L. , Coles A. Building innovation networks: Issues of Strategy and Expertise [J]. Technology Analysis & Strategic Management, 2000,(2): 229 - 241.

[196] Hatala JP. Social network analysis in human resource development: A new methodology [J]. Human Resource Development Review, 2006,5 (1): 45 - 71.

[197] Haucap, J. , Klein, G. J.. How Regulation Affects Network and Service Quality in Related Markets [J]. Economics Letters, 2012,117 (2): 521 - 524.

[198] Havila, Virpi and Medlin, & Christopher. Ending-competence in business closure [J]. Industrial Marketing Management, 2012,41(3): 413 - 420.

[199] He Z, Wong P. Exploration and exploitation: An empirical test of the ambidexterity hypothesis [J]. Organization Science, 2004, 15 (4): 481 - 494.

[200] Helena Chiu, Yen-ting, Lee, Ting-lin. Structural embeddedness and innovation performance: Capitalizing on social brokerage in high-tech clusters [J]. Innovation: Management, Policy & Practice, 2012, 14 (3): 337 - 348.

[201] Henry Chesbrough, Wim Vanhaverbeke and Joel West. Open Innovation: Researching a New Paradigm [M]. Oxford: Oxford University Press, 2006.

[202] Henry Chesbrough. Open Platform Innovation: Creating Value from Internal and External Innovation [J]. Intel Technology Journal, 2003, 7(3): 5 - 9.

[203] Henry W. Chesbrough, Melissa M. Appleyard. Open Innovation and Strategy [J]. California Management, 2007,50(1): 57 - 76.

[204] Henttonen, K, V Ojanen and K Puumalainen. Searching for appropriate performance measures for innovation and development projects [J]. R&D Management, 2015,46(5): 914 - 927.

[205] Hippel, E von. A source of novel product concepts [J]. Management Science, 1986,32(7): 791 - 805.

[206] Hitt, M. A. , et al. Partner selection in emerging and developed market contexts: Resource-based and organizational learning perspectives [J]. The Academy of Management Journal, 2000,43(3): 449 - 467.

[207] Hutt, M. D. , Stafford, E. R. , Walker, B. A. , & Reingen, P. H. Case study defining the social network of a strategic alliance [J]. MIT Sloan Management Review, 2000,41(2): 51 - 62.

[208] Hyukjoon Kim, Yongtae Park. The effects of open innovation activity

on performance of SMEs: the case of Korea [J]. International Journal of Technology Management, 2010,52(3 - 4): 236 - 256.

[209] J Hogan. Open Innovation Or Open House: How To Protect Your Most Valuable Assets [J]. Medical device technology, 2005 (4): 30 - 31.

[210] Jan de Wit, Ben Dankbaar, and Geert Vissers. Open Innovation: the New Way of Knowledge Transfer? [J]. Journal of Business Chemistry, 2007,4(1): 11 - 19.

[211] Janssen Wil, Bouwman Harry, René van Buuren, Timber Haaker. An organizational competence model for innovation intermediaries [J]. European Journal of Innovation Management, 2014,17(1): 2 - 24.

[212] Barden J Q, Mitchell W. Disentangling the Influences of Leaders' Relational Embeddedness on Interorganizational Exchange [J]. Academy of Management Journal, 2007,50(6): 1440 - 1461.

[213] Jerez-Gomez, P. Cespedes-Lorente, J. &-Valle-Cabrera, R. Organizational learning capability: a proposal of measurement [J]. Journal of Business Research, 2005,58(6): 715 - 725.

[214] Joakim Wincent, Sergey Anokhin and Hakan Boter. Network Board Continuity and Effectiveness of Open Innovation in Swedish Strategic Small-firm Networks [J]. R&-D Management, 2009,39(1): 55 - 67.

[215] Johan Grönlund, David Rönnberg Sjödin, Johan Frishammar. Open Innovation and Stage-gate Process: A Revised model for New Product Development [J]. California Management Review, 2010,52(3): 106 - 131.

[216] John Skardon. The role of trust in innovation networks [J]. Procedia-Social and Behavioral Sciences, 2011,26(26): 85 - 93.

[217] Johnsen, T. , Wynstra, F. , Zheng, J. , Harland, C. , &- Lamming, R. Networking activities in supply networks [J]. Journal of Strategic Marketing, 2000,8(2): 161 - 182.

[218] Juan Ignacio Igartua, Jose Albors Garrigós, and Jose Luis Hervas-Oliver. How innovation management techniques support an open innovation strategy [J]. Research • Technology Management, 2010,53 (5): 41 - 52.

[219] Kaisa Henttonen, Hanna Lehtimäki. Open innovation in SMEs Collaboration modes and strategies for commercialization in technology-intensive companies in forestry industry [J]. European Journal of Innovation Management, 2017,20(2): 329 - 347.

[220] Asakawa K, Nakamura H, Sawada N. Firms' open innovation policies, laboratories' external collaborations, and laboratories' R&-D performance

[J]. R & D Management, 2010,40(2): 109 - 123.

[221] Klaus Fichter. Innovation communities: the role of networks of promotors in Open Innovation [J]. R&D Management, 2009, 39 (4): 357 - 371.

[222] Knight, L. , & Pye, A. Exploring the relationships between network change and network learning [J]. Management Learning, 2004,35(4): 473 - 490.

[223] Lamprinopoulou C, Tregear A and Ness M. Agrifood SMEs in Greece: The role of collective action [J]. British Food Journal, 2006,108(8): 663 - 676.

[224] Laperche B. How to Coordinate the Networked Enterprise in a Context of Open Innovation? A New Function for Intellectual Property Rights [J]. Journal of the Knowledge Economy, 2012,3(4): 354 - 371.

[225] Laursen, K, Salter. A. . Open for innovation: The role of openness in explaining innovation performance among U. K. manufacturing firms [J]. Strategic Management Journal, 2004,27(2): 131 - 150.

[226] Laursen, K. , Salter, A. J. . Searching high and low: what type of firms use universities as a source of innovation? [J]. Research Policy, 2004,33(8): 1201 - 1215.

[227] Leminen, Seppo; Nyström, Anna-Greta; Westerlund, Mika; Kortelainen, Mika J. . The effect of network structure on radical innovation in living labs [J]. The Journal of Business & Industrial Marketing, 2016,31(6): 743 - 757.

[228] Li Y, Wei Z L, Zhao J, Zhang C L and Liu Y. Ambidextrous organizational learning, environmental munificence and new product performance: Moderating effect of managerial ties in China [J]. International Journal of Production Economics, 2013,146(1): 95 - 105.

[229] Lichtenthaler U. Absorptive capacity, environmental turbulence, and the complementarily of organizational learning process [J]. Academy of Management Journal, 2009,52(4): 822 - 846.

[230] Lichtenthaler, U. . Open innovation in practice: an analysis of strategic approaches to technology transactions [J]. IEEE Transactions on Engineering Management, 2008,55(1): 148 - 157.

[231] Lopez-Vega H, Tell F, Vanhaverbeke W. Where and how to search? Search paths in open innovation [J]. Research Policy, 2016,45(1): 125 - 136.

[232] M. G. Perin, C. H. Sampaio, D. Jiménez-Jiménez, J. G. Cegarra-Navarro. Network Effects on Radical Innovation and Financial Performance: An Open-mindedness Approach [J]. Rio de Janeiro,

2016,13(4): 1 - 24.

[233] M. Muzamil Naqshbandi. Managerial ties and open innovation: examining the role of absorptive capacity [J]. Management Decision, 2016,54(9): 2256 - 2276.

[234] Ma X, Yao X, Xi Y. How do interorganizational and interpersonal networks affect a firm's strategic adaptive capability in a transition economy? [J]. Journal of Business Research, 2009, 62 (11): 1087 - 1095.

[235] Mitrega M, Forkmann S, Ramos C, et al. Networking capability in business relationships—Concept and scale development [J]. Industrial Marketing Management, 2012,41(5): 739 - 751.

[236] Marco Greco, Michele Grimaldi, Livio Cricelli. An analysis of the open innovation effect on firm performance [J]. European Management Journal, 2016,34: 501 - 516.

[237] Marcus Holgersson, Ove Granstrand. Patenting motives, technology strategies, and open innovation [J]. Management Decision, 2017, 55 (6): 1265 - 1284.

[238] Marcus Matthias Keupp and Oliver Gassmann. Determinants and archetype users of open innovation [J]. R&D Management, 2009,39 (4): 331 - 341.

[239] María Isabel Roldán Bravo, Francisco Javier Lloréns Montes, Antonia Ruiz Moreno. Open innovation in supply networks: an expectation disconfirmation theory perspective [J]. Journal of Business & Industrial Marketing, 2017,32(3): 432 - 444.

[240] Ebers M, Maurer I. Connections count: How relational embeddedness and relational empowerment foster absorptive capacity [J]. Research Policy, 2014,43(2): 318 - 332.

[241] Marshall C. The dynamic nature of innovation partnering: a longitudinal study of collaborative interorganizational relationships [J]. European Journal of Innovation Management, 2011,7(2): 128 - 140.

[242] Mascarenhas, B. , Bajeva, A. , & Jamil, M. Dynamics of core competencies in leading multinational companies [J]. California Management Review, 1998,40(4): 117 - 132.

[243] Guertler M R, Lindemann U. . Identifying open innovation partners: A methodology for strategic partners selections [J]. International Journal of Innovation Management, 2016,20(5): 1640011.

[244] Matthias R. Guertler, Ioanna Michailidou and Udo Lindemann. How to assess a company's open innovation situation? [J]. Design science, 2016,2.

[245] Mattia Bianchi, Alberto Cavaliere, Davide Chiaroni, Federico Frattini, Vittorio Chiesa. Organisational modes for Open Innovation in the bio-pharmaceutical industry: An exploratory analysis [J]. Technovation, 2011,31: 22 – 33.

[246] Mattia Bianchi, Annalisa Croce, Claudio Dell Era, C. Anthony Di Benedetto, and Federico Frattini. Organizing for Inbound Open Innovation: How External Consultants and a Dedicated R&D Unit Influence Product Innovation Performance [J]. J PROD INNOV MANAG, 2016,33(4): 492 – 510.

[247] Mattia Bianchi, Sergio Campodall Orto, Federico Frattini and Paolo Vercesi. Enabling open innovation in smalland medium-sized enterprises: how to find alternative applications for your technologies [J]. R&D Management, 2010,40(4): 414 – 431.

[248] Maura McAdam, Rodney McAdam, Adele Dunn, Clare McCall. Development of small and medium-sized enterprise horizontal innovation networks: UK agri-food sector study [J]. International Small Business Journal, 2014,32(7): 830 – 853.

[249] Mauro Caputo, Emilia Lamberti, Antonello Cammarano and Francesca Michelino. Exploring the impact of open innovation on firm performances [J]. Management Decision, 2016,54(7): 1788 – 1812.

[250] Miguel Meuleman, Andy Lockett, Sophie Manigart and Mike Wright. Partner Selection Decisions in Interfirm Collaborations: The Paradox of Relational Embeddedness [J]. Journal of Management Studies, 2010, 47(6): 995 – 1019.

[251] Dubickis M, Gaile-Sarkane E. Transfer of know-how based on learning outcomes for development of open innovation [J]. Journal of Open Innovation Technology Market & Complexity, 2017,3(1): 4.

[252] Mitrega M, Pfajfar G. Business relationship process management as company dynamic capability improving relationship portfolio [J]. Industrial Marketing Management, 2015,46(3): 193 – 203.

[253] Mitrega M, Zolkiewski J. Negative consequences of deep relationships with suppliers: An exploratory study in Poland [J]. Industrial Marketing Management, 2012,41(5): 886 – 894.

[254] Hossain M, Kauranen I. Open innovation in SMEs: a systematic literature review [J]. Journal of Strategy & Management, 2016,9(1): 58 – 73.

[255] Muhammad Usman, Wim Vanhaverbeke. How start-ups successfully organize and manage open innovation with large companies [J]. European Journal of Innovation Management, 2017,20(1): 171 – 186.

[256] Nicolette Lakemond, Lars Bengtsson, Keld Laursen, and Fredrik Tell. Match and manage: the use of knowledge matching and project management to integrate knowledge in collaborative inbound open innovation [J]. Industrial and Corporate Change, 2016, 25 (2): 333 - 352.

[257] Nina Hasche, Gabriel Linton and Christina Öberg. Trust in open innovation-the case of a med-tech start-up [J]. European Journal of Innovation Management, 2017,20(1): 31 - 49.

[258] Olga Kokshagina, Pascal Le Masson, Florent Bories. Fast-connecting search practices: On the role of open innovation intermediary to accelerate the absorptive capacity [J]. Technological Forecasting & Social Change, 2017,120(1): 232 - 239.

[259] Patricia van Hemert, Peter Nijkamp, Enno Masurel. From innovation to commercialization through networks and agglomerations: analysis of sources of innovation, innovation capabilities and performance of Dutch SMEs [J]. Ann Reg Sci, 2013,50(2): 425 - 452.

[260] Paul E. Bierly III and Scott Gallagher. Explaining alliance partner selection: fit, trust and strategic expediency [J]. Long Range Planning, 2007,40(2): 134 - 153.

[261] Peter Teirlinck & André Spithoven. The Spatial Organization of Innovation: Open Innovation, External Knowledge Relations and Urban Structure [J]. Regional Studies, 2008,42(5): 689 - 704.

[262] Peters, L. D. , Pressey, A. D. , & Johnston, W. J.. Contingent factors affecting network learning [J]. Journal of Business Research, 2016,69(7): 2507 - 2515.

[263] Philipp Nitzsche, Bernd W. Wirtz and Vincent Göttel. Innovation success in the context of inbound open innovation [J]. International Journal of Innovation Management, 2016,20(2): 1 - 38.

[264] Ping, R. and Dwyer. F. R. A preliminary model of relationship termina-tion in marketing channels [J]. Advances in Distribution Channel Research, 1992,(1): 215 - 33.

[265] Reinartz, W. , Krafft, M. , & Hoyer, W. D.. The customer relationship management process: Its measurement and impact on performance [J]. Journal of Marketing Research, 2004,41(3),293 - 305.

[266] Ritter T. , Hans George Gemünden. Inter-organizational Relationships and Networks: An Overview [J]. Journal of Business Research, 2003, 56(8): 691 - 697.

[267] Ritter, T. , & Gemünden, H. G.. Network competence: Its impact on innovation success and its antecedents [J]. Journal of Business

Research, 2003,56(9): 745 - 755.

[268] Ritter, Thomas, & Geersbro, Jens. Organizational relationship termination competence: A conceptualization and an empirical test [J]. Industrial Marketing Management, 2011,40(6),988 - 993.

[269] Robert Arnkil, Anu Jarvensivu, Pasi Koski, Tatu Piirainen. Exploring Quadruple Helix Outlining user-oriented innovation models [R]. University of Tampere Working Paper, 2010.

[270] Roberto Gabriele, Anna D'Ambrosio, Francesco Schiavone. Open Innovation and the Role of Hubs of Knowledge in a Regional Context [J]. Journal of the Knowledge Economy, 2017,8(3): 1049 - 1065.

[271] Rohrbeck, R. , Holzle, K. , Gemunden, H. G.. Opening up for Competitive Advantage-How Deutsche Telekom Creates An Open Innovation Ecosystem [J]. R&D Management, 2009,39(4): 420 - 430.

[272] Rusanen, Helena. Finding the right partners for innovation networks [C]. ISPIM Conference Proceedings; Manchester, 2013: 1 - 19.

[273] S. P. Borgatti. Centrality and network flow [J]. Social Network, 2005,27(1): 55 - 71.

[274] Sabiölla Hosseini, Alexandra Kees, Jonas Manderscheid, Maximilian Röglinger, Michael Rosemann. What does it take to implement open innovation? Towards an integrated capability framework [J]. Business Process Management Journal, 2017,23(1): 87 - 107.

[275] Sabrina Lenz, Monica Pinhanez, Luis Enrique Urtubey de Cesaris. Open Innovation and the Challenges of Human Resource Management [J]. International Journal of Innovation Management, 2016, 20 (7): 1650063.

[276] Sarel Gronum, Martie-Louise Verreynne, and Tim Kastelle. The Role of Networks in Small and Medium-Sized Enterprise Innovation and Firm Performance [J]. Journal of Small Business Management 2012, 50(2): 257 - 282.

[277] Satish Nambisan and Mohanbir Sawhney. Orchestration Processes in Network-Centric Innovation: Evidence From the Field [J]. Academy of Management Perspectives, 2011(8): 40 - 57.

[278] Schreiner, M. , Kale, P. , & Corsten, D.. What really is alliance management capability and how does it impact alliance outcomes and success? Strategic Management Journal, 2009,30(13): 1395 - 1419.

[279] Seabright, M. A. , Levinthal, D. A. , & Fichman, M. (1992). Role of individual attachments in the dissolution of interorganizational relationships. Academy of Management Journal, 35(1),122 - 160.

[280] Serhat Sag, Bülent Sezen, Mevlüdiye Güzel. Factors That Motivate or

Prevent Adoption of Open Innovation by SMEs in Developing Countries and Policy Suggestions [J]. Procedia-Social and Behavioral Sciences, 2016(235): 756 - 763.

[281] Sharlene Biswas, Chris Akroyd. The governance of inter-firm co-development projects in an open innovation setting [J]. Pacific Accounting Review, 2016,28(4): 446 - 457.

[282] Simona Popa, Pedro Soto-Acosta, Isabel Martinez-Conesa. Antecedents, moderators, and outcomes of innovation climate and open innovation: An empirical study in SMEs [J]. Technological Forecasting & Social Change, 2017,118(5): 134 - 142.

[283] Spector J. M. , Davidsen P. L. . How can organizational learning be modeled and measured [J]. Evaluation and Program Planning. 2006, 29(1): 63 - 69.

[284] Spithoven, A. , W. Vanhaverbeke, N. Rojiakkers, and N. Roijakkers. Open innovation practices in Small and Medium enterprises [J]. Small Business Economics, 2013,41(3): 537 - 562.

[285] Srikanth Paruchuri. Intraorganizational Networks, Interorganizational Networks, and the Impact of Central Inventors: A Longitudinal Study of Pharmaceutical Firms [J]. Organization Science, 2010, 21 (1): 63 - 80.

[286] Stefanos Marangos, Lorraine Warren. A mapping for managers: open innovation for R&D intensive SMEs in the life sciences sector [J]. European Journal of Innovation Management, 2017,20(2): 210 - 229. Sungjoo Lee, Gwangman Park, Byungun Yoon, Jinwoo Park. . Open innovation in SMEs—An intermediated network model [J]. Research Policy, 2010,39(2): 290 - 300.

[287] Sungmin Ryu, HyeJeong Cho, and Kyunghee Kim. Effects of Network Embeddedness on the Relationship Between Environmental Volatility and Interfirm Contracts [J]. Journal of Business-to-Business Marketing, 2013,20(3): 139 - 153,2013.

[288] Sverre J Herstad, Carter Bloch, Bernd Ebersberger and Els van de Velde. National innovation policy and global open innovation: exploring balances, tradeoffs and complementarities [J]. Science and Public Policy, 2010,37(2): 113 - 124.

[289] Thomas Clauss, Patrick Spieth. Governance of open innovation networks with national vs international scope [J]. Journal of Strategy and Management, 2017,10(1): 66 - 85.

[290] Tianjiao Xia and Stephen Roper. Unpacking Open Innovation: Absorptive Capacity, Exploratory and Exploitative Openness, and the Growth

of Entrepreneurial Biopharmaceutical Firms [J]. Journal of Small Business Management 2016,54(3): 931 - 952.

[291] Tove Brink. The Impact on Growth of Outside-in and Inside-out Innovation in SME Network Contexts [J]. International Journal of Innovation Management, 2014,18(4): 1450023.

[292] Tyler, B. . The complementarity of cooperative and technological competencies: a resource-based perspective [J]. Journal of Engineering and Technology Management, 2001,18(1): 1 - 27.

[293] Ulrich Lichtenthaler. Integrated Roadmaps For Open Innovation [J]. Research • Technology Management, 2008,51(3): 45 - 49.

[294] Ulrich Lichtenthaler. Open innovation: past research, current debates, and future directions [J]. Academy of Management Perspectives, February, 2011,25(1): 75 - 93.

[295] Ulrich Lichtenthaler. Outbound open innovation and its effect on firm performance: examining environmental Influences [J]. R&D Management, 2009,39(4): 317 - 330.

[296] Ulrich Lichtenthaler. Technology exploitation in the context of open innovation: Finding the right 'job' for your technology [J]. Technovation 2010,30(7): 429 - 435.

[297] Ulrika H. Westergren, Jonny Holmström. Exploring preconditions for open innovation: Value networks in industrial firms [J]. Information and Organization, 2012,22(4): 209 - 226.

[298] Uros Sikimic, Vittorio Chiesa, Federico Frattini, and Vittoria G. Scalera. Investigating the Influence of Technology Inflows on Technology Outflows in Open Innovation Processes: A Longitudinal Analysis [J]. J Prod Innov Manag, 2016,33(6): 652 - 669.

[299] Valentina Lazzarotti and Raffaella Manzini. Different modes of Open Innovation: a Theoretical Framework and an Empirical Study [J]. International Journal of Innovation Management, 2009, 13 (4): 615 - 636.

[300] Vareska Van de Vrande, Jeroen P. J. de Jong, Wim Vanhaverbeke, Maurice de Rochemont. Open innovation in SMEs: Trends, motives and management challenges [J]. Technovation, 2009, 29 (6): 423 - 437.

[301] Vesalainen, J. , and H. Hakala. . Strategic Capability Architecture: The Role of Network Capability [J]. Industrial Marketing Management, 2014,43(6): 938 - 950.

[302] Victor A. Gilsing, G. M. Duysters. Understanding novelty creation in exploration networks—Structural and relational embeddedness jointly

considered [J]. Technovation, 2008,2008,28(10): 693 - 708.

[303] Wagner, S. M.. A firm's responses to deficient suppliers and competitive advantage [J]. Journal of Business Research, 2006,59(6): 686.

[304] Walter A, Auer M, Ritter T. The impact of network capabilities and entrepreneurial orientation on university spin off performance [J]. Journal of Business Venturing, 2006,21(4): 541 - 567.

[305] Wenbo Guo, Jing Betty Feng, Brad McKenna, Pengzhu Zhang. Interorganizational governance and trilateral trust building: a case study of crowdsourcing-based open innovation in China [J]. Asian Bus Manage, 2017,16(3): 187 - 207.

[306] Zaefarian, G. , Forkmann, S. , Mitrega, M. and Henneberg, S. C.. A capability perspective on relationship ending and its impact on product innovation success and firm performance [J]. Long Range Planning, 2017,50(2): 184 - 199.

后　记

　　本书系国家社科基金项目《基于网络嵌入视角的中小企业开放式创新机理及推进政策研究》(项目号:14BGL024)结题成果,部分内容已先期发表。

　　管理学领域的创新理论与实践是我的主要研究方向。我于2004年考入上海交通大学安泰管理学院攻读管理学博士学位,随业师陈继祥教授研究破坏性创新。2008年入职江苏大学以后,开始关注中小企业创新。中小企业面广量大,其创新活动在国民经济发展中意义重大,而学术界以往对此认识犹嫌不足。中小企业管理研究是江苏大学的重要特色之一,这里不仅设有江苏省中小企业发展研究基地、中小企业学院和中小企业发展研究中心,也有以梅强教授为首的中小企业研究的高水平团队。梅老师作为博士后合作导师,指导我完成了工信部中小企业司、江苏省中小企业局等部门委托的中小企业与大企业协作配套、中小企业的界定和江苏中小企业专精特新发展路径等课题。上述研究经历,为本项目顺利完成提供了良好条件和基础。

　　早期开放式创新理论研究成果主要关注大企业。但这一理论强调从外部获得创新资源的思路,为解决中小企业创新资源困境提供了新的途径。Granovetter(1992)指出企业的经济行为嵌入到企业所处社会网络中,且受企业的社会关系以及所处网络结构的影响。而创新网络是应付系统性创新的一种基本制度安排,其网络构架的关键联结机制就是企业之间的创新合作关系(Freeman，1991)。显然中小企业的开放式创新离不开创新网络的支持，而网络嵌入则是中小企业获取外部创新资源的前提条件。基于以上思考，我申报了国家社科基金项目。从立项到完成，历时四年。在研究过程中，项目课题组成员贾瑞和刘艺玲同学，李文鹄、田伟、谢刚、田刚和杨晶照老师以及宋旭总经理付出了大量的时间和精力。从研究思路和框架的构建、文献资料收集整理、问卷发放和数据采集到研究总报告撰写等环节，参研诸君各展其长，多有贡献。课题组成员贾瑞、田伟和刘艺玲撰写的内容在书中均有标注。本书得以成稿，必须感谢所有课题组成员。

本书是我学术生涯中一段探索的结晶。付梓之际，我深切感念多年来恩师的谆谆教诲，家人的关爱和默默支持，还有亲朋好友、同事的提携帮助，凡此都是推动我前行的动力。本书获得"江苏大学专著出版基金"的资助，并被"江苏大学五棵松文化丛书"收录，在此一并表示感谢！

田红云

二〇二〇年八月六日

图书在版编目(CIP)数据

网络嵌入与中小企业开放式创新/田红云著. —上海:上海三联书店,2020.12
ISBN 978 - 7 - 5426 - 7222 - 3

Ⅰ.①网… Ⅱ.①田… Ⅲ.①互联网络－影响－中小企业－企业创新－研究 Ⅳ.①F276.3

中国版本图书馆 CIP 数据核字(2020)第 191063 号

江苏大学专著出版基金资助出版

网络嵌入与中小企业开放式创新

著　者 / 田红云

责任编辑 / 冯　征
装帧设计 / 一本好书
监　制 / 姚　军
责任校对 / 张大伟　王凌霄

出版发行 / 上海三联书店
　　　　(200030)中国上海市漕溪北路 331 号 A 座 6 楼
邮购电话 / 021 - 22895540
印　刷 / 上海惠敦印务科技有限公司

版　次 / 2020 年 12 月第 1 版
印　次 / 2020 年 12 月第 1 次印刷
开　本 / 890×1240　1/32
字　数 / 350 千字
印　张 / 14.375
书　号 / ISBN 978 - 7 - 5426 - 7222 - 3/F・822
定　价 / 68.00 元

敬启读者,如发现本书有印装质量问题,请与印刷厂联系 021 - 63779028